MUSEUM BARBERINI

POTSDAM

Gerhard Richter
Abstraktion

Publikationen des Museums Barberini
Herausgegeben von
Ortrud Westheider und Michael Philipp

Ausstellung
Dietmar Elger
Ortrud Westheider
mit Valerie Hortolani

Mit Beiträgen von
Janice Bretz
Hubertus Butin
Dietmar Elger
Valerie Hortolani
Matthias Krüger
Kerstin Küster
Ortrud Westheider
Armin Zweite

PRESTEL München · London · New York

Leihgeber

Museum Frieder Burda, Baden-Baden
The „M" Art Foundation, Belgien
Sammlung Block, Berlin
Staatliche Museen zu Berlin, Nationalgalerie
Kunsthalle Bremen – Der Kunstverein in Bremen
Gerhard Richter Archiv, Staatliche Kunstsammlungen Dresden
Museum Küppersmühle für Moderne Kunst, Duisburg
Stedelijk van Abbemuseum, Eindhoven
Kunsthalle Emden – Stiftung Henri und Eske Nannen und Schenkung Otto van de Loo
Olbricht Collection, Essen
Hamburger Kunsthalle
Sprengel Museum Hannover
Stefan Asbrand-Eickhoff, Hessen
Gion Collection, Japan
Kunstmuseen Krefeld
Sammlung Würth, Künzelsau
Collezione Prada, Mailand
Städtische Galerie im Lenbachhaus und Kunstbau, München
Neues Museum. Staatliches Museum für Kunst und Design, Nürnberg
Vanmoerkerke Collection, Ostende
Fundação de Serralves, Museu de Arte Contemporânea, Porto
Museum Wiesbaden
Migros Museum für Gegenwartskunst, Zürich
Anthony d'Offay

sowie Privatsammlungen, die nicht genannt werden möchten

Vorwort

Gerhard Richters Werk ist in großen Retrospektiven gewürdigt worden. 2002 widmete ihm das Museum of Modern Art in New York eine Einzelausstellung. 2011 zeigten die Tate Modern, London, die Neue Nationalgalerie der Staatlichen Museen zu Berlin und das Centre Pompidou in Paris eine Präsentation, die im Titel *Panorama* schon den weiten Blick auf Richters Lebenswerk benannte. Wie diese Ausstellungen schlägt auch *Gerhard Richter. Abstraktion* den großen Bogen von den 1960er Jahren bis zu neuen, bislang noch nicht ausgestellten Arbeiten. Im Unterschied zu den Retrospektiven konzentriert sich die Ausstellung im Museum Barberini inhaltlich auf das für Richters Malerei zentrale Thema der Abstraktion.

Abstraktion war in den 1960er Jahren in beiden Teilen Deutschlands ein Reizwort. Im Osten – Richter studierte ab 1951 an der Hochschule für Bildende Künste Dresden – wurde Abstraktion als elitärer, abgehobener Stil des Westens bekämpft. Im Westen – Richter setzte sein Studium 1961 an der Düsseldorfer Akademie fort – galt sie bereits als konservativ, weil sich die junge Kunst in neuen Ausdrucksformen verwirklichte und Malerei obsolet erschien. Richter ergriff die ungeliebte Abstraktion als Verfahren, die Malerei in ihren Möglichkeiten neu zu befragen. Sie erlaubte ihm auch, sich mit den im Nationalsozialismus verfemten Traditionen der Moderne zu verbinden und Malerei zukunftsfähig zu machen. Die Ausstellung *Gerhard Richter. Abstraktion* zeigt die Entwicklung von den schwarz-weißen Photobildern und Farbtafeln über die Ausschnitte, die Grauen Bilder und Vermalungen bis zu den Abstrakten Bildern, wie Richter seine Gemälde von den späten 1970er Jahren an häufig betitelte.

Abstraktion ist Richters Methode, weil sie ihn von der gesehenen Realität wegführt und eine neue Realität erzeugt, die zu entdecken die Kunst sein Mittel ist. 2016, im Jahr vor der Eröffnung des Museums Barberini, erwarb die Hasso Plattner Stiftung das abstrakte Gemälde *A B, Still* (612-4) aus dem Jahr 1986 (Kat. 63), das den Anlass gab, dem Künstler das Ausstellungsthema Abstraktion vorzuschlagen. Zu unserer großen Freude hat Gerhard Richter dem Vorhaben zugestimmt, es mit zahlreichen, zum Teil noch nie gezeigten Leihgaben unterstützt und über das Konzept unserer Ausstellung immer wieder nachgedacht und es ergänzt. Diese Auseinandersetzung fiel in eine Zeit intensiver Vorbereitungen für seine Ausstellung im New Yorker Metropolitan Museum of Art im kommenden Jahr. Mit Dietmar Elger, Leiter des Gerhard Richter Archivs an den Staatlichen Kunstsammlungen Dresden und Co-Kurator der Potsdamer Ausstellung, danke ich dem Künstler für dieses Geschenk.

Der Katalog zur Ausstellung geht auf ein öffentliches Symposium zurück, das am 5. März 2018 im Museum Barberini stattfand. Michael Philipp, Chefkurator des Museums Barberini und Mitherausgeber der Publikationen des Museums Barberini, und ich bedanken uns bei allen Autoren für ihre neuen Forschungen zur Abstraktion bei Gerhard Richter, die in diesem Buch nachzulesen sind. Wir danken Valerie Hortolani, Kuratorin am Museum Barberini, für ihre redaktionelle Betreuung der Texte und ihre Unterstützung der Kuratoren bei der Realisierung der Ausstellung. Dafür arbeitete sie eng mit Konstanze Ell vom Atelier Richter und Kerstin Küster vom Gerhard Richter Archiv zusammen, denen wir ebenfalls herzlich danken.

Dietmar Elger und dem Gerhard Richter Archiv sind wir für die Vermittlung zahlreicher, selten gezeigter Werke aus mehr als 20 privaten Sammlungen dankbar. Es freut uns, dass das Museum Barberini im zweiten Jahr seines Bestehens das Vertrauen der Sammler genießt. Dank gilt darüber hinaus den Kolleginnen und Kollegen nationaler und internationaler Museen, die sich für die Ausleihe der Werke eingesetzt haben.

Abstraktion ist ein roter Faden durch Richters Malerei. So sprunghaft und vielgestaltig sie manchen Zeitgenossen beim Wechsel zwischen verschiedenen Werkphasen erschien, so konsequent entwickelte sich sein Werk als stetige Fortführung und Wandlung der Abstraktion. Wir wünschen unseren Besucherinnen und Besuchern, diese Konsequenz über fünf Jahrzehnte in Richters Werk zu erfahren.

Ortrud Westheider
Direktorin des Museums Barberini

Durch die Kunstgeschichte. Abstraktion bei Gerhard Richter

Ortrud Westheider

Gerhard Richter malt abstrakte Bilder. Bis heute. In den 1970er Jahren begann er eine Serie, die den Titel *Abstrakte Bilder* trägt und an der er bis heute arbeitet. Doch geht seine Beschäftigung mit Abstraktion weder in dieser Serie auf noch hat sie mit ihr begonnen. Vielmehr prägt das Verhältnis von Abstraktion und Realismus Richters gesamtes Schaffen. Sein Werk handelt von Abstraktion als Methode der Malerei und fußt damit tief in der Kunstgeschichte. Richter reflektiert die emanzipatorischen Ideen der Moderne und stellt sich kritisch dem Idealismus einer „Weltsprache" Abstraktion gegenüber. Dieser Universalismus prägte das Kunstverständnis in Westdeutschland, als Richter 1961 aus der DDR in die Bundesrepublik kam. Die junge Kunst begann dort gerade, einem ideologisch zwischen Sozialistischem Realismus und Informel gespaltenen Deutschland mit dem „Ausstieg aus dem Bild" zu begegnen[1] und der Malerei den Rücken zu kehren. Auch Richter spielte mit diesem Gedanken und gründete die Künstlergruppe Kapitalistischer Realismus mit, die mit Aktionen neue Ausdrucksformen der Kunst erprobte.[2]

Malerische Systeme

Als Nummer 1 in seinem Werkverzeichnis findet sich aber ein Gemälde. Es handelt sich um das Bild *Tisch* (1) von 1962 (Abb. 1). In ihm konfrontierte der Maler im Jahr nach seiner Ausreise die Darstellung eines Alltagsgegenstands mit einem ungegenständlichen Farbwirbel. Der Systemwechsel wird im Nacheinander des Werkprozesses vollzogen. Zuerst entstand das realistische Abbild eines Gegenstands, der sich in jedem Haushalt befindet. Der Tisch ist der Ort der Gemeinschaft, von den Mahlzeiten der Familie bis zum Gastmahl. Am Tisch wird diskutiert, studiert, geschrieben, gedichtet, aber auch praktisch gearbeitet. In seiner Universalität steht der von Richter gewählte Gegenstand in nichts der malerischen Geste nach, die er darüberlegte. Sie galt im Westen als Ideologem der Freiheit der Kunst.

Hier hatte sich seit den späten 1950er Jahren mit dem europäischen Informel und dem amerikanischen Abstrakten Expressionismus eine Ausschließlichkeit abstrakter Kunst etabliert, die der älteren, aus der neusachlichen Tradition stammenden Malergeneration den Anschluss an ihr Werk vor dem Nationalsozialismus erschwerte oder unmöglich machte.[3] Massenmord, Verfolgung und die Infragestellung des Individuums hatten die Grundfesten des Humanismus erschüttert, aus dem sich die Abstraktion der Moderne mit ihrem idealistischen Modell des Antimaterialismus gespeist hatte. Der Existentialismus war eine von den Künstlern geschätzte Philosophie, die das Individuum erneut ins Zentrum stellte.

In dieser Situation fand nach dem Ende des Zweiten Weltkriegs in Westeuropa und Amerika die kunstgeschichtlich bedeutendste Umdeutung der Abstraktion statt: Aus dem idealistischen Streben nach dem Großen Geistigen bei Wassily Kandinsky wurde der spontane Selbstausdruck des Künstlerindividuums. Im Action-Painting eines Jackson Pollock (Abb. S. 61) fand sich die reine Subjektivität, die malerische Geste verkörperte einmal mehr die Anwesenheit des Maler-Schöpfers. Nach dem Scheitern der großen Ideologien überwältigten Künstler mit nichthierarchisch organisierten Großformaten den Betrachter und forderten ihn zur eigenen Stellungnahme auf. Während Künstler im Osten Deutschlands nach geeigneten Bildmotiven und künstlerischen Verfahrensweisen zur Thematisierung des gesellschaftlichen Fortschritts als kollektiver Erfahrung in der sozialistischen Grundordnung der DDR suchten, wurde im Westen das Prinzip Individuum literarisiert und mit Abstraktion identifiziert.[4] An der Düsseldorfer Kunstakademie vertrat Richters Lehrer Karl Otto Götz diese Künstlergeneration (Abb. 2). Richter hatte das Werk von Götz, aber auch Gemälde von Pollock und den Künstlern der amerikanischen Abstraktion auf der *II. documenta* 1959 in Kassel gesehen und photographiert. Zurück in Dresden hatte er sich im Stil des Informel erprobt.[5]

Doch hat Richters Abstraktion nichts mit einem unkritischen Bekenntnis zum Ideologem des Westens zu tun. Nach seiner Ausreise aus der DDR, wo er durch sein Studium an der Dresdner Hochschule für Bildende Künste mit den Zielsetzungen des Sozialistischen Realismus vertraut und durch die Formalismus-Debatte der Diffamierung von Abstraktion als dekadenter Äußerung des kapitalistischen Bürgertums ausgesetzt gewesen war,[6] traf er in der BRD auf die Emphase der Abstraktion und zugleich auf die Protesthaltung einer jungen Generation von Künstlern, die sich kritisch zu dieser Festschreibung verhielten.

Richter besuchte in Düsseldorf die Fluxus-Aktionen von Joseph Beuys und Nam June Paik, die der Kunst eine neue Wendung gaben, neue Ausdrucksweisen und Medien einbezogen und den Kunstbegriff erweiterten. Doch Richter suchte nach Möglichkeiten jenseits der Polarität von Figuration und Ungegenständlichkeit. Im Rückblick stellte er fest: „Ich suchte bis dahin immer nach einem mög-

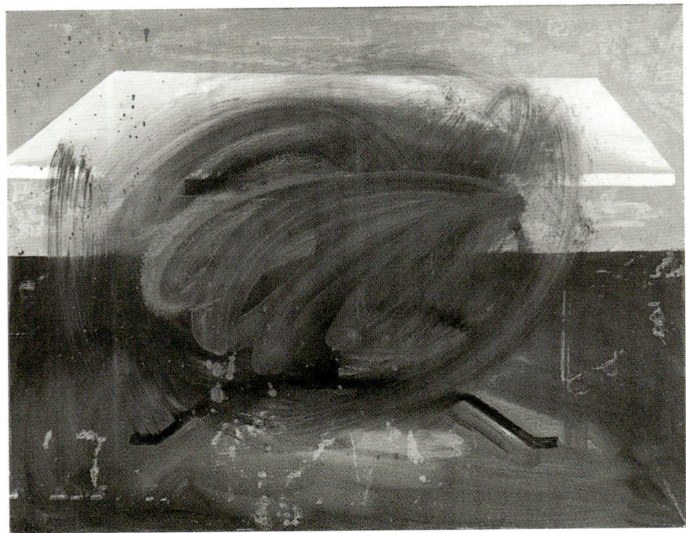

1 Gerhard Richter: *Tisch* (1), 1962
Öl auf Leinwand, 90 x 113 cm
Harvard Art Museums/
Busch-Reisinger Museum, Cambridge, MA,
Leihgabe aus Privatsammlung

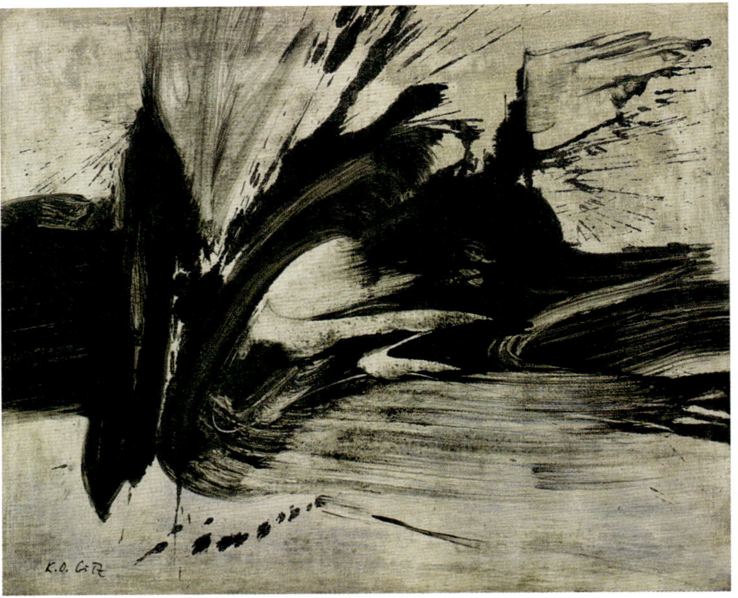

2 Karl Otto Götz: *Mymel,* 1960
Mischtechnik auf Leinwand, 100 x 120 cm
Saarlandmuseum Saarbrücken

lichen dritten Weg, wo der östliche Realismus und der westliche Modernismus irgendwie zu einem neuen und irgendwie erlösenden Gebilde werden."[7] Vor diesem Hintergrund ist das Gemälde *Tisch* (1) nicht als Ablösung des Systems Realismus durch Abstraktion zu verstehen. Der Gegenstand wird nicht durch die malerische Geste mit der Intention übermalt, ihn auszulöschen und den Weg des Realismus zugunsten der Abstraktion zu verlassen. Richters dritter Weg eröffnete sich zunächst in der gemalten Photographie. Das realistische Erfassen/Zitieren eines massenhaft reproduzierten Fundstücks ermöglichte ihm Neutralität. So konnte er den Realismus im Sinn der von ihm propagierten deutschen Pop Art begreifen[8] und zugleich die Abstraktion aus ihrer ideologischen Funktion im Ost-West-Konflikt herauslösen. Das Wichtigste an diesem dritten Weg sollte für Richter jedoch darin liegen, dass ihm die Photobilder das Festhalten an der Malerei ermöglichten.[9]

Von den frühen 1960er Jahren an durchlief Richter die unterschiedlichsten Werkphasen. Die Kritik reagierte auf neue Arbeitsabschnitte noch in den 1980er Jahren mit Skepsis und dem Vorwurf der Beliebigkeit.[10] Dieser Beitrag untersucht, wie Richter in seinem Beharren auf Malerei und seiner Suche nach einem dritten Weg zwischen Realismus und Ungegenständlichkeit kontinuierlich daran arbeitete, den Realismus des Scheinhaften zu überführen und den Modernismus zu zitieren und zu aktualisieren.[11] Der Text gliedert sich in zwei Abschnitte. Im ersten bilden zwei zeitgenössische kunstgeschichtliche Darstellungen zur Vorgeschichte der Abstraktion den Kontext für Richters Bezugnahme auf Künstleranekdoten. Im zweiten werden Richters Zitate avantgardistischer Positionen von Duchamp über Rodtschenko und Mondrian analysiert, um seine stilistische Entwicklung als kritische Kommentierung zu deuten.

Abstraktion. Die Quellen

In den 1960er Jahren erschienen einige kunstgeschichtliche Schriften, die sich mit der Vorgeschichte der abstrakten Kunst befassten. Sie verstanden Modernismus erstmals nicht als Bruch mit Traditionen realistischer Kunst. Vielmehr verfolgten sie abstrakte Tendenzen der Kunst bis in die Antike zurück. Richters Werke zeugen von einer Auseinandersetzung mit diesen Quellen.

Heinrich Lützelers Buch *Abstrakte Malerei* ist geprägt von der unmittelbaren Nachkriegssituation, in der er sich als Professor für Kunstgeschichte und Dekan an der Universität Bonn für die Rückgewinnung des akademischen Lebens nach dem Ende des Nationalsozialismus engagierte. Wenngleich es erst 1961 erschien, reflektiert sein Buch die Situation abstrakter und ungegenständlicher Malerei im Prozess der Rehabilitierung nach der Verfemung durch den Nationalsozialismus. Lützeler beschrieb die abstrakte Kunst als europäisches Phänomen, das in Amerika Resonanz gefunden habe. Japan und die japanische Kalligraphie nannte er als wichtigste Inspirationsquellen.[12] Lützeler entwickelte seine Geschichte der Abstraktion ausgehend von Paul Cézanne als Pionier der Abstraktion. In seiner Begriffsklärung setzte er aber abstrakte mit ungegenständlicher Kunst gleich. Das ist nicht selbstverständlich, bedeutet Abstraktion doch zunächst einmal nur ein *abs-trahere,* ein Wegziehen oder Weggehen vom Gegenständlichen. Lützeler aber zielte vor dem Hintergrund seiner christlichen Prägung mit Paul Klees Vorstellung einer „erweiterten Schöpfung"[13] auf das Ungegenständliche und schlug dafür auch den Begriff „konkrete Kunst" vor.[14] Gleichwohl erschloss er zahlreiche „abstrakte Züge" in der gegenständlichen Malerei seit der frühchristlichen Kunst[15] und legte eine erste Quellensammlung einflussreicher philosophischer Texte vor, eingeleitet von Platons Höhlengleichnis.

Bei seiner Suche nach einem Weg zwischen Realismus und ungegenständlicher Kunst griff Gerhard Richter einige für den Malereidiskurs seit der Antike zentrale Künstleranekdoten auf. Das Motiv des Vorhangs markiert eine erste Gruppe in Richters Werk (Kat. 1, 2), die ohne Photovorlage entstand.[16] Der Maler blieb in diesen Werken beim photographisch-dokumentarischen Schwarzweißgrau.[17] Das Motiv geht auf Plinius den Älteren zurück, der in seiner um 77 n. Chr. erschienenen *Naturalis historia* vom Streit der Maler Zeuxis und Parrhasios über die Wahrhaftigkeit der Kunst berichtet. Danach soll Parrhasios einen Vorhang so täuschend echt gemalt haben, dass der Widersacher verlangt habe, man möge ihn zur Seite schieben, damit er das Gemälde studieren könne.[18] Richters Vorhang ist als Ausschnitt wiedergegeben. Er setzt das Motiv zitathaft ein. Der Ausschnitt zeigt den unteren Saum des Vorhangs. Es geht ihm nicht um die Illusion, von der Plinius handelt, vielmehr scheint es, als lege er die Leinwand in Falten – eine Praxis, die in der zunehmenden Objektwerdung des Bildkörpers in den 1950er Jahren bei den Düsseldorfer ZERO-Künstlern wie Günther Uecker und Herbert Zangs anzutreffen ist. Doch Richters Beschäftigung mit dem Vorhang-Motiv und sein Verweis auf die in der Tradition der Malerei ubiquitäre Spielart der Gewandfalten bleiben im Medium der Malerei.[19]

1964 erschien das Buch *Die Vorgeschichte der abstrakten Kunst* von Otto Stelzer, der die Quellen der Abstraktion, anders als Lützeler, vor dem Hintergrund der Malerei des Informel aufzeigte.[20] Seit 1955 war Stelzer Professor an der Hochschule für bildende Künste in Hamburg. Ihm ging es um die Rolle des Zufalls und die Befreiung der Pinselschrift. Stelzer hielt die geometrische Abstraktion programmatisch außen vor. Auch er setzte Abstraktion mit ungegenständlicher Malerei gleich. Stelzers Buch war einflussreich, weil es die Geschichte der modernen Kunst nicht als Bruch mit der Tradition beschrieb, sondern abstrakte Strategien in Malerei und Literatur bis ins 18. Jahrhundert zurückverfolgte. Auch wenn Richter den Text nicht gelesen haben sollte, wird er Stelzers Überlegungen begegnet sein, weil sie unter Künstlern und an den Hochschulen allgemein diskutiert wurden.

Stelzer ging der Frage nach, ob es eine Kunst ohne Form gibt, und weitete sein Untersuchungsfeld über das Gegenstandslose zum Gestaltlosen aus.[21] Mit dieser Fragestellung bezog er die von Leonardo da Vinci überlieferte Ablehnung des Landschaftsstudiums in die Geschichte der abstrakten Kunst ein. Man brauche nur einen Schwamm an die Wand zu werfen und könne den Abdruck mit Hilfe der Phantasie zu landschaftlichen Strukturen ergänzen. Er zitierte auch Leonardos Empfehlung, schrundige, befleckte Mauern zu studieren und darin Gesichter oder Landschaften zu entdecken. Auch die Wolken gäben Anlass, die *trasmutazione di forme,* den beständigen Wandel der Natur, zu beobachten und künstlerische Entsprechungen dazu zu finden.[22]

Richter, der sich in Interviews vage zur Schönheit der Werke Leonardos äußerte,[23] hat im Lauf der Jahre vielfältig und wiederholt auf Leonardos Empfehlungen reagiert. 1967 begann seine Beschäftigung mit Wolkenbildern, die bis in die frühen 1970er Jahre anhielt. Die Pioniere der Wolkenmalerei im 18. und 19. Jahrhundert – wie Alexander Cozens, William Turner oder Pierre-Auguste Renoir – setzten Leonardos Ratschlag in Form einer Fleckenmalerei um, die ohne Umschweife in die Formlosigkeit mündete. Richter dagegen ging – davon zeugen die zahlreichen Vorlagen in seinem *Atlas* – einen Zwischenschritt über die Photographie. Auch wenn manche dieser Gemälde wie eine konsequente Weiterentwicklung seiner monochromen Grauen Bilder (Kat. 25, 26) wirken, zeigen Photovorlagen im *Atlas,* dass Richter die graue Fläche nicht etwa einer Aufhellung in Form einer freien Pinselschrift unterzog, die aus der Beobachtung flüchtig vorbeiziehender Himmelserscheinungen resultierte. Richter konterkarierte Leonardos Rat und dessen moderne Adaption durch die Wolkenmaler des 19. Jahrhunderts. Er folgte der Photovorlage mit dem zur Formlosigkeit anregenden Motiv im mimetisch-realistischen Stil und band so eines der kraftvollsten und nachhaltigsten Leitmotive der Abstraktion an die photorealistische Malerei.[24] Im Resultat sind die Erinnerungen an die Romantik so vordergründig, dass Richters Wolkenbilder in der Rezeption nie mit dem German Pop in Verbindung gebracht wurden, den Richter zu Beginn der 1960er Jahre proklamiert hatte. Faktisch gehören sie aber in diese Kategorie.

Informelle malerische Strukturen fand Richter auch im photographisch vergrößerten Blick auf die eigene Malerei. Im Blow-up-Verfahren zoomte er an das Malmaterial Farbe heran, um es im Gemälde *Ausschnitt (Makart)* (288) (Kat. 29) im großen Format wiederzugeben.[25] Das Ungestaltete der Farbe wird hier zum Äquivalent der stets im Wandel begriffenen Form der Wolken. Die Farbe wird als Möglichkeitsform thematisiert, da sich alles aus ihr gestalten lässt. Doch ähnlich wie bei der Werkgruppe der Wolken schaltete Richter mit der Photographie ein Medium dazwischen, das den Moment fixiert. Er distanziert sich darin von jeder Emphase, die dem Prozessualen der informellen Kunst zugeschrieben wird und die in Stelzers Leonardo-Rezeption ebenso mitschwingt wie in seiner Lektüre Jean Pauls über die Entsprechungen des ganz Großen und Fernen mit dem ganz Kleinen und Nahen, wenn etwa Wagenspuren auf lehmiger Straße wie Hochgebirge beschrieben werden.[26]

Richters Interesse an Leonardos Assoziationstheorie ist bis in die 1990er Jahre nachzuweisen. Man könne gar nicht verhindern, Dinge in den Abstrakten Bildern zu sehen.[27] In seinem Gemälde *Mauer* (808) (Kat. 70) spielt er im Titel eines seiner gerakelten, ohne Photovorlage entstandenen Bilder auf die Übung des Renaissancemalers an, mit Flecken auf einer Wand Gegenstände und Landschaften zu assoziieren. In diesem Gemälde hat Richter die Rakel in parallelen Streifen vertikal nebeneinander über die Bildfläche gezogen und so die zuletzt aufgetragene leuchtend karminrote Farbe mit dem dunklen Untergrund vermischt. Daraus ergibt sich eine Struktur, die an Holz erinnert. Durch Abstreifen der Farbe entsteht eine Art Motiv: Wie Vorhang und Mauer ist die Wand aus Holzbrettern im Malereidiskurs mit dem Phänomen der Augentäuschung verbunden.[28]

Schon 1965 hatte sich Richter mit einer Gruppe von Gemälden mit dem Titel *Umgeschlagene Blätter* (Abb. 3) auf die Tradition des Trompe-l'œil (Abb. 4) bezogen, um den Blick hinter das Bild zu thematisieren.[29] Bei Richter liegt unter dem weißen Blatt ein weiteres weißes Blatt. Es geht ihm allein um

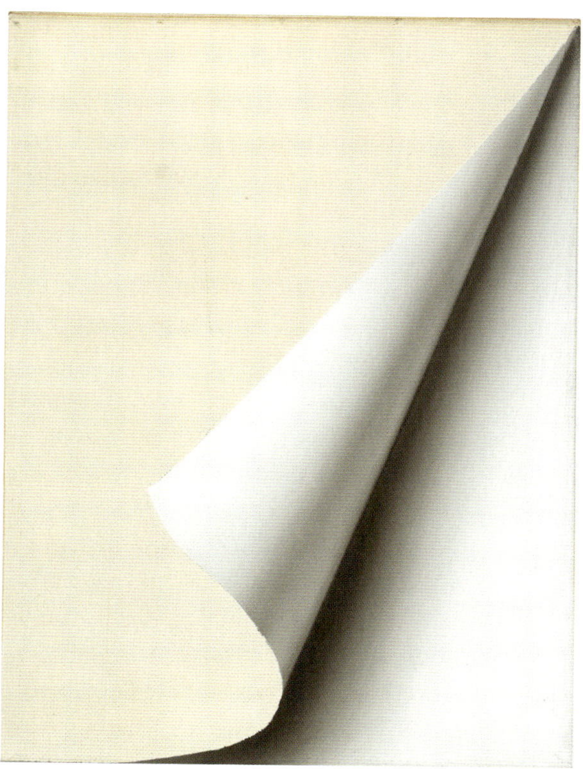

3 Gerhard Richter: *Umgeschlagenes Blatt* (70-1), 1965
Öl auf Leinwand, 24 x 18 cm
Privatsammlung, Düsseldorf

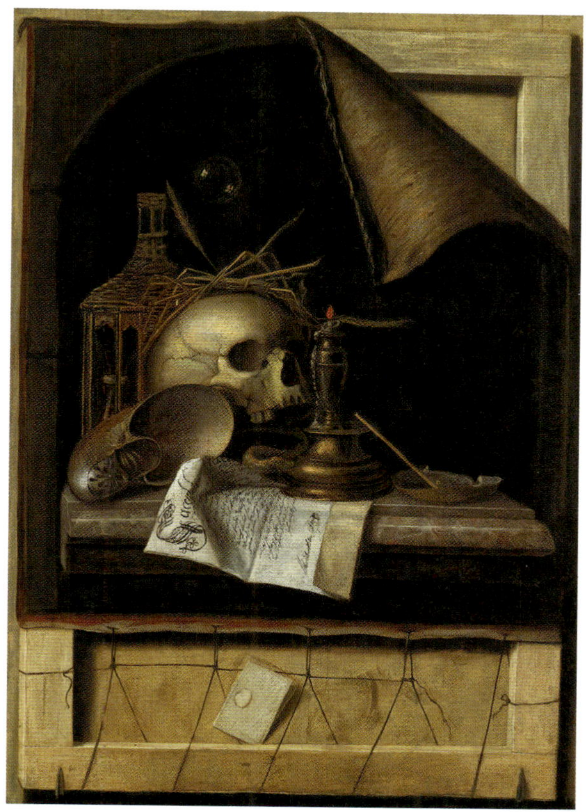

4 Cornelis Gijsbrechts: *Vanitas-Stillleben,* um 1680
Öl auf Leinwand, 89 x 62 cm
Privatsammlung

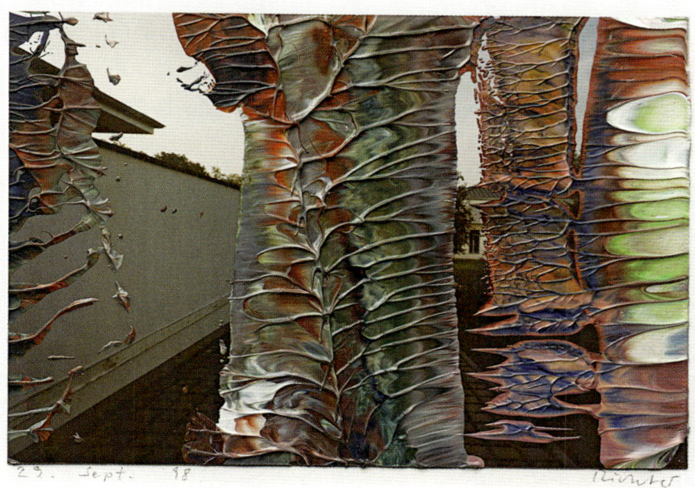

5 Gerhard Richter: *29. Sept. 98 (Mauer),* 1998
Öl auf Farbphotographie, 9,8 x 14,5 cm
Munich Re Art Collection, München

das Umblättern und Sichtbarmachen verschiedener Schichten. Das Thema von Schichtungen beschäftigte ihn seit den 1990er Jahren auch in seinen Photoübermalungen (Kat. 56–61). Darunter befindet sich eine, die wiederum *Mauer* im Titel führt (Abb. 5). Das Photo zeigt eine makellos weiße Gartenmauer. Die darauf abgeklatschte Farbe bildet vertikale Blöcke – Mauern aus Farbe, die den Blick versperren und an einigen Stellen Durchblicke freigeben. Auch im kleinen Format erreicht Richter Monumentalität. Er führt die Farbe zugleich als Rohstoff und machtvolle Struktur vor.

Im Untertitel des Gemäldes *Vorhang (Morandi)* (58) von 1964 (Privatsammlung, New York) erwies Richter dem italienischen Maler seine Reverenz. Es handelt sich um eine der seltenen expliziten Bezugnahmen auf andere Künstler in seinem Werk und ist im Zusammenhang mit Richters Beschäftigung mit den Quellen der Abstraktion von Bedeutung, weil Giorgio Morandi für eine Position zwischen Abstraktion und Realismus steht. Bereits vor seiner Ausreise aus der DDR hatte Richter von Morandi angeregte Stillleben gemalt. Werke des italienischen Malers (Abb. 6) hatte er auf der *II. documenta* 1959 in Kassel gesehen. Morandis Stillleben sind Variationen über in verschiedenen Konstellationen gezeigte Körper von Gefäßen und Flaschen, deren Kolorit auf wenige Farben konzentriert ist. Auf diese Weise entstand ein in Farben und Formen reduziertes Werk, das sich mit Oberflächen und Volumina auseinandersetzt. Realismus und Abstraktion halten sich die Waage, das machte Morandi für Richters Suche nach einem dritten Weg so anziehend. 1965 schuf Richter mehrere Objekte aus mit Ölfarbe bemalten PVC- und Karton-Röhren (Abb. 7), die die reduzierten Volumina Morandis in den Raum holen. Wie für die Vorhang-Bilder verwendete Richter zur Bemalung Schwarz, Weiß und die Graustufen, die das reale Volumen illusionistisch verdoppeln.

Auch für Motive wie Wellbleche, Röhren, Türen und seit 1968 auch Fenster (Kat. 4) setzte Richter die Grisaillemalerei ein und knüpfte damit an den Paragone zwischen Malerei und Skulptur an, wie er in Künstlertraktaten der zweiten Hälfte des 15. Jahrhunderts erscheint. Richters Auseinandersetzung mit diesem Medienvergleich geht möglicherweise auf sein Studium an der Hochschule für Bildende Künste in Dresden zurück, wo er in baubezogener Malerei unterwiesen wurde. Zu seinen selbständigen Arbeiten als Künstler in der DDR gehörte ein Wandbild für das Dresdner Hygiene-Museum. Das Zusammenspiel mit der Architektur war ihm seither ein Thema.[30] In Düsseldorf bediente sich Richter in seinem Beharren auf Malerei mit Vorhang und Fenster jener ikonischen Motive dieses Mediums, die auf dieses zurückverweisen. Das Fenster repräsentierte die seit der Renaissance wirkungsmächtigste Metapher für die Malerei. Die Reduktion auf Schwarz und Weiß, die den Baukünsten nahesteht, und die auf die Fläche bezogene Rahmung brachte ihn wenig später zu ersten Objekten aus Glas (Abb. 8, Kat. 79).

Richters Bezüge auf die kunsttheoretischen Grundlagen der Malerei fallen in eine Zeit, in der die Gattung unter dem Generalverdacht eines bürgerlichen und reaktionären Kunstverständnisses stand. Mit Arte povera, Minimal Art, Performance und Videokunst gingen Künstler in Europa wie Amerika andere Wege. Richter dagegen legitimierte die Malerei, indem er sich mit ihren Grundlagen befasste. Das allein erklärt seine Kunst jedoch nicht. Seine Gemälde erhalten in dieser Auseinandersetzung eine Sachlichkeit, die dem Realismus die Scheinhaftigkeit nimmt und der Abstraktion die Emotionalität. Sie bewegt sich zudem souverän zwischen den Medien. Richters dritter Weg führte sein Werk weit über die Photomalerei hinaus.

Verweisnahmen auf die Moderne: Duchamp, Rodtschenko, Mondrian

Im Sommer 1965 besuchte Gerhard Richter die Ausstellung *Marcel Duchamp. Ready-mades, Objekte, Collagen, Skulpturen* im Museum Haus Lange in Krefeld. Duchamps Methode des *objet trouvé* gab der rheinischen Künstlerszene Impulse zur Entwicklung einer raumbezogenen Kunst. Auch Richter empfing von dieser Ausstellung Anregungen für eine Installation mit vier Glasscheiben (Abb. 8). Doch anders als viele Künstlerfreunde führte Richter die Auseinandersetzung mit Duchamp erneut zurück zur Malerei.

In diesem ersten Objekt aus Glas stellte sich Gerhard Richter in die Tradition der Avantgarde des frühen 20. Jahrhunderts, die eine gläserne Transparenz als ideale Realisation einer Utopie des Großen Geistigen ansah.[31] Im Glas schien sich die Oberfläche zu entmaterialisieren. Dennoch war Glas ein nüchternes Material und keine Illusion. Glas entband den Maler von der Entscheidung für eine Farbe. Nach der Reduktion auf Schwarz, Weiß und Grau war es die nächste konsequente Folge. Das warf die Frage auf, ob dieses Experiment den Maler auch dauerhaft zur Skulptur und ihrer aktuellen Ausdrucksform, der Installation, führen würde. Doch Richter dachte weiterhin über die Möglichkeiten einer Erweiterung der Malerei nach. Während zeitgleich in der Anti-Form-Bewegung die amerikanischen Bild-

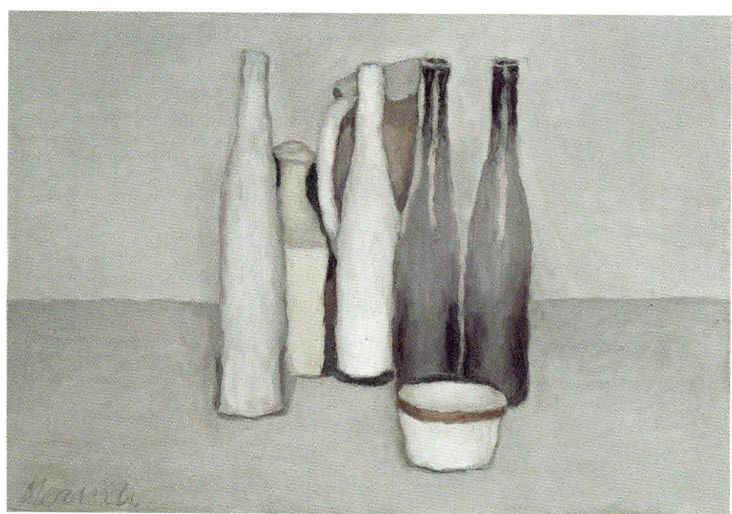

6 Giorgio Morandi: *Stillleben,* 1957
Öl auf Leinwand, 30 x 44 cm
Privatsammlung

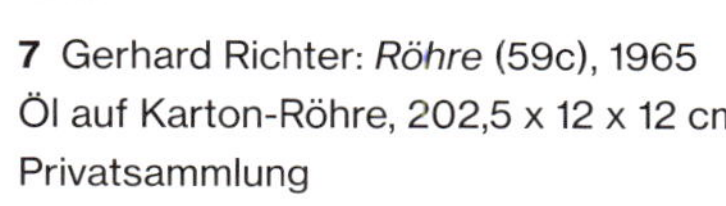

7 Gerhard Richter: *Röhre* (59c), 1965
Öl auf Karton-Röhre, 202,5 x 12 x 12 cm
Privatsammlung

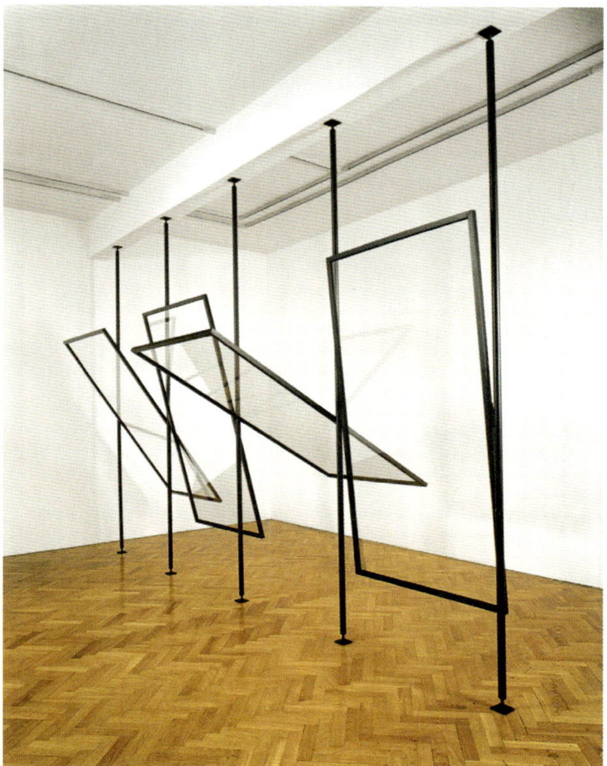

8 Gerhard Richter: *4 Glasscheiben* (160), 1967
4 Glasscheiben in Stahlrahmen, je 190 x 100 cm
Sammlung Herbert, Gent

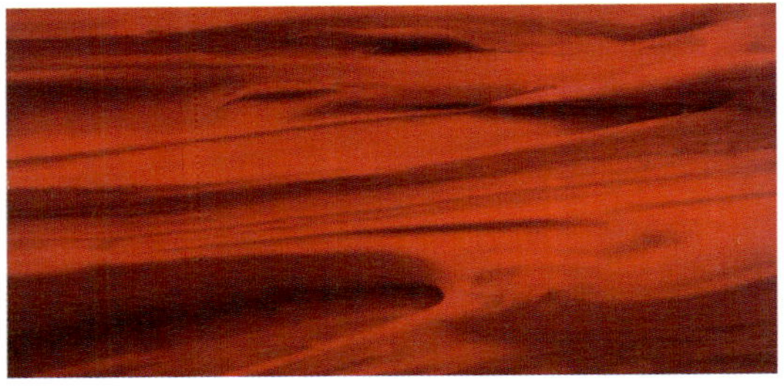
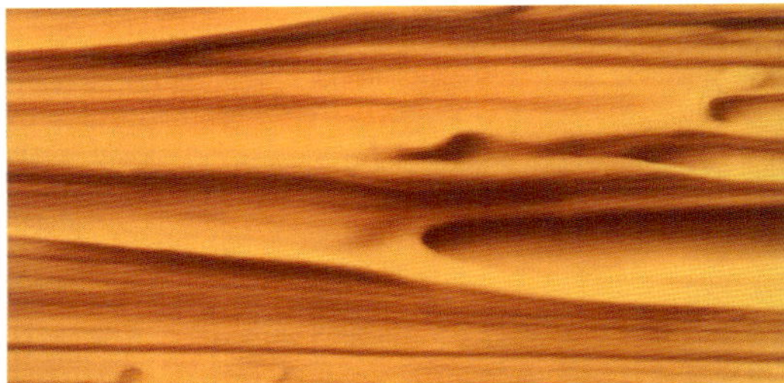
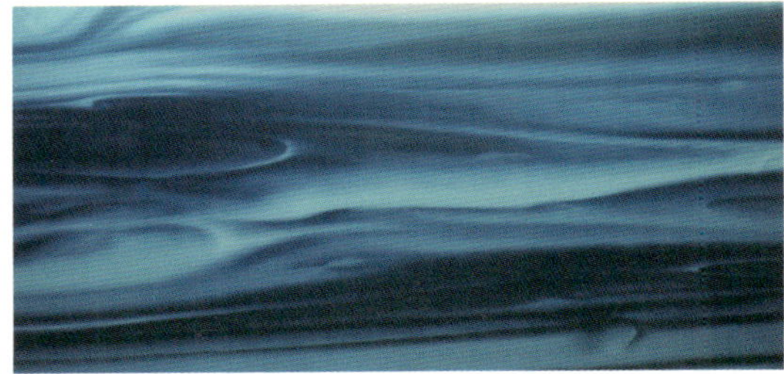

9 Gerhard Richter: *Rot - Gelb - Blau* (345-1 bis 345-3), 1973
Öl auf Leinwand, je 300 x 600 cm
Sammlung BMW, München

10 Alexander Rodtschenko:
Reine Farbe Rot, Reine Farbe Gelb, Reine Farbe Blau, 1921
Öl auf Leinwand, je 62,5 x 52,7 cm
Sammlung Rodtschenko/Stepanowa, Moskau

hauer Robert Morris – mit hängenden Filzskulpturen – und Richard Serra – mit Bleischüttungen – im Medium der Skulptur einer der geometrischen Abstraktion entgegenstehenden Morphologie des Ungeformten nachspürten,[32] fand Gerhard Richter parallel zu seiner Arbeit mit Glas einen Weg, über das Motiv der Wolken Elemente der traditionellen Landschaftsmalerei in den Diskurs des Gestaltlosen einzuschleusen.

1966 begann er die Serie der Farbtafeln (Kat. 13–20). Richter erinnerte sich 20 Jahre später: „Als ich 1966 die Farbtafeln gemalt habe, hatte das doch mehr mit Pop Art zu tun. Es waren ja abgemalte Farbmusterkarten, und der schöne Effekt dieser Farbmuster war, dass sie so gegen die Bemühungen der Neo-Konstruktivisten, Albers etc. gerichtet waren."[33] Richters Verweisnahme auf Duchamp führte ihn also zurück ins Medium der Malerei. Mit Hilfe der vorgefundenen Farbkarte löste er sich jedoch aus der Kontinuität der geometrischen Abstraktion eines Josef Albers und begründete eine Abstraktion auf neuem Terrain (vgl. den Beitrag von Hubertus Butin, S. 34–45).

Während Richter in seinen Farbtafeln durch opake Farben eine flächige, nichtrelationale Malerei erzeugte, kehrte er in seinen parallel zu den Grauen Bildern entstandenen Vermalungen zu Modulationen des Materials und damit zum Duktus der Farbe und seinen Repräsentationen des Künstlerindividuums zurück (Kat. 21–24). Auch in den neutral grauen Gemälden (Kat. 25–27) konzentriert sich alles auf die Pinselschrift, während die Serie der grauen Spiegel ins Gegenteil umschlägt (Kat. 75). Dieses Gegeneinander der Bildmodi erinnert an den Streit zwischen Verfechtern einer lasierenden, an die glatten, geschlossenen Oberflächen der Photographie erinnernden Malweise und einer pastosen, gegen die akademischen Regeln des Lasierens angehenden malerischen Praxis im 19. Jahrhundert. Jean-Léon Gérôme stand dabei für die eine, Vincent van Gogh für die andere Seite.[34] Die Malerei van Goghs legte mit ihrem freien, gestischen Farbauftrag die Spuren des Individuums offen.

In den Vermalungen (Kat. 21–24) arbeitete Richter mit einem breiten Pinsel in die noch feuchte Farbe der Leinwand hinein, vermischte sie gleichmäßig über die gesamte Bildfläche und näherte sich so der monochromen Malerei an.[35] Richter hat sich beginnend mit den Vermalungen wiederholt mit den Primärfarben Rot, Gelb und Blau auseinandergesetzt. Für das BMW-Gebäude in München entstanden 1973 drei Werke im monumentalen Format von drei auf sechs Metern in der Machart der Ausschnittbilder (Abb. 9).[36] Diese Beschäftigung mit den Grundfarben geht zum Ursprung der monochromen Malerei zurück, der schon in den 1920er Jahren mit Diskussionen um das Ende der Malerei verbunden war und vor dem Hintergrund der Vorbehalte gegen die Malerei in den 1960er Jahren wieder an Aktualität gewann.

Der russische Konstruktivist Alexander Rodtschenko malte die ersten monochromen Bilder der Kunstgeschichte. Mit seinen Gemälden *Reine Farbe Rot, Reine Farbe Gelb* und *Reine Farbe Blau* (Abb. 10) schuf er 1921 drei einfarbige Tafeln in den drei Grundfarben. Zur ersten Präsentation dieser Bilder im September 1921 in der Moskauer Ausstellung *5 x 5 = 25* äußerte er: „In dieser Ausstellung sind von mir zum ersten Mal in der Kunst die drei Grundfarben proklamiert worden."[37] 1939 schrieb er rückblickend: „Ich habe die Malerei zu ihrem logischen Ende gebracht und habe drei Bilder ausgestellt: ein rotes, ein blaues und ein gelbes, und dies mit der Feststellung: Alles ist zu Ende. Es sind die Grundfarben. Jede Fläche ist eine Fläche, und es soll keine Darstellung mehr geben."[38] Alfred H. Barr, Gründungsdirektor des Museum of Modern Art in New York, hatte die drei Tafeln mit den drei Grundfarben bereits 1929 in seinem Vortrag „The Death of Painting. The Triumph of the Artist" als das Ende der Malerei betrachtet. Seiner Sicht schlossen sich spätere Interpreten an.[39] Allein Benjamin H. D. Buchloh und Peter Weibel sahen im analytischen Charakter der Tafeln eine über den Abschied von der Malerei hinausweisende Qualität: Buchloh fasste Rodtschenkos Anwendung wissenschaftlicher Verfahrensweisen auf die Malerei als Modell einer neuen ästhetischen Praxis auf; Weibel schrieb, die drei Leinwände hätten eine Krise der Repräsentation ausgelöst und eine „Kultur des Werdens" angelegt.[40]

Im Januar 1919 hatte sich um Rodtschenko der Zusammenschluss radikaler Erneuerer (Asskranow) gruppiert, eine Abspaltung vom Suprematismus.[41] Die Ausstellung *5 x 5 = 25* knüpfte zwei Jahre später daran an – nicht jedoch, um abermals das Ende der Malerei zu verkünden, sondern um Malerei auf der Grundlage der Faktur als Objekt zu präsentieren.[42] Mit den drei Grundfarben sollte vielmehr ein Konzept des Neuanfangs formuliert werden. Die Monochromie, die „reine Farbe", liefert Bausteine für eine Entwicklung der Zukunft: „Das Gegenstandslose in der Malerei überrascht Euch deshalb, weil die Malerei dem Leben vorangeht und nicht, wie man meint, von ihm isoliert ist. Das Gegenstandslose sieht lediglich die Zukunft voraus", schrieb Rodtschenko 1921.[43]

Rodtschenkos Überzeugung, die Abstraktion gehe der Darstellung der Wirklichkeit voran, stimmt mit Richters Abstraktionsbegriff überein. Zu seinen 1982 auf der *documenta 7* ausgestellten Gemälden äußerte Gerhard Richter: „Wenn wir einen Vorgang beschreiben, eine Rechnung aufstellen oder einen Baum fotografieren, schaffen wir Modelle; ohne sie wüssten wir nichts von Wirklichkeit und wären Tiere. Abstrakte Bilder sind fiktive Modelle, weil sie eine Wirklichkeit veranschaulichen, die wir weder sehen noch beschreiben können, auf deren Existenz wir aber schließen können."[44]

1998 malte Richter das Abstrakte Bild *Rhombus* (851-1) (Abb. 11). Darin zitierte er die Form der Gemälde Piet Mondrians (Abb. 12). Dieser hatte sie von den traditionellen Emblemtafeln übernommen, die zur Ausstattung niederländischer Kirchen gehörten. Dieselbe geometrische Form erfährt in unterschiedlichen Kontexten Bedeutungsverschiebungen. Erinnerten die Tafeln im Kirchenraum an Verstorbene, so dienten sie Mondrian zur Veranschaulichung von theosophischen Ideen. Schwarze Gitterlinien scheinen über das begrenzte Bildfeld hinaus in den Raum auszustrahlen. Sie schärfen das Bewusstsein des Betrachters für die kosmischen Verbindungen im Raum. Bei Richter hingegen bleibt das Bildfeld abgeschlossen. Es führt die auch für Mondrians Abstraktion signifikanten Primärfarben Rot, Gelb, Blau in Schichten vor Augen, wobei das Rot dominiert, Gelb und Blau das Rot aber vom Grund her in seiner Erscheinung beeinflussen. Es entsteht der Eindruck, als pulsiere das Rot, vom Blau zurückgenommen, vom Gelb befeuert, wobei die Rhombenform das Gegenüber des Betrachters in seiner aufgerichteten Haltung spiegelt. Während Richter in den rechteckigen Formaten die Rakel vorwiegend vertikal ansetzt, um diese Beziehung zum Betrachter herzustellen, übernimmt hier die Rhombenform diese Aufgabe. Die Farbe erstreckt sich – eine weitere Hommage an Mondrian – vertikal und horizontal. Sie hat bei Richter ihre weltanschauliche Richtung verloren.

In Richters Auseinandersetzung mit Kunsttheorie, Künstleranekdoten und Avantgardemalerei zeichnet sich ein durchgehendes Motiv ab. Damit nimmt Richter für seine Abstrakten Bilder einen Universalismus in Anspruch, der sich unterscheidet von der „Weltsprache" Abstraktion, wie sie von den *documenta*-Begründern Arnold Bode und Werner Haftmann nach dem Zweiten Weltkrieg als Sprache der westlichen Welt gefeiert wurde.[45] Richters Universalismus will niemanden überzeugen. Malerei ist für ihn legitim, weil sie der Wirklichkeit vorangeht.

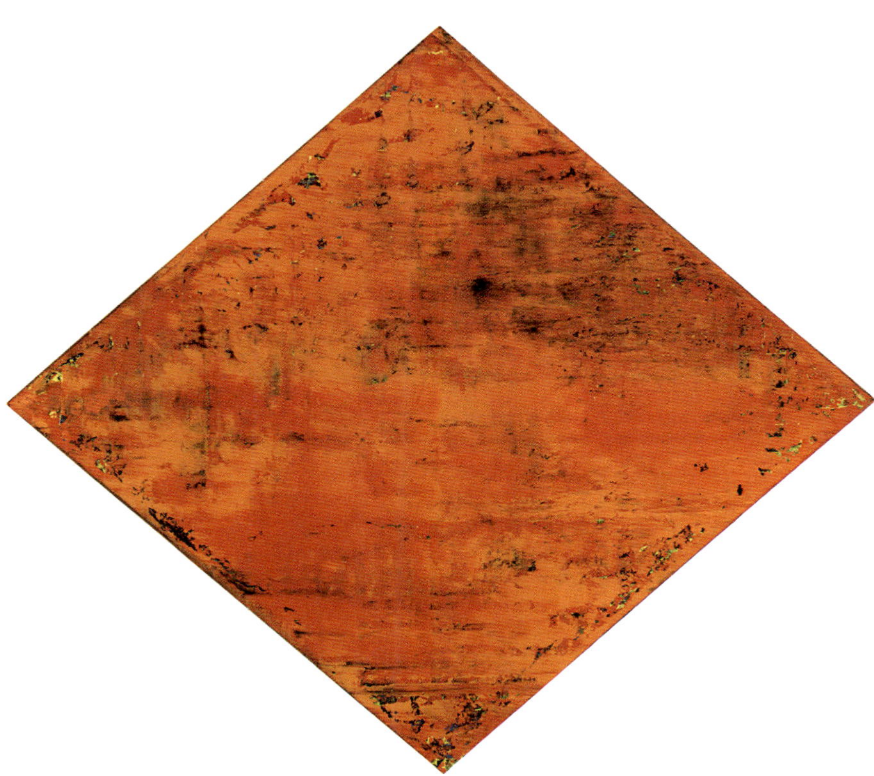

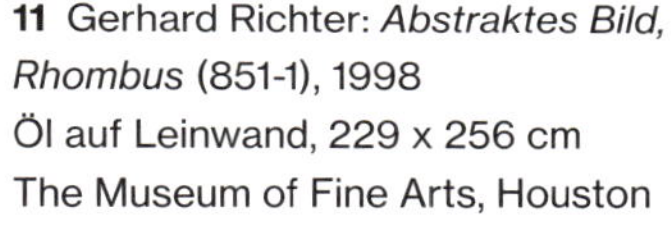

11 Gerhard Richter: *Abstraktes Bild, Rhombus* (851-1), 1998
Öl auf Leinwand, 229 x 256 cm
The Museum of Fine Arts, Houston

12 Piet Mondrian: *Tableau I: Rhombus mit vier Linien und Grau,* 1926
Öl auf Leinwand, 117,2 x 115,6 cm
The Museum of Modern Art, New York,
Vermächtnis Katherine S. Dreier

1 Vgl. Laszlo Glozer: Ausstieg aus dem Bild. Wiederkehr der Außenwelt, in: *Westkunst. Zeitgenössische Kunst seit 1939*, Ausst.-Kat. Museen der Stadt Köln, 1981, S. 234–283, hier S. 236.

2 Vom 11. bis 26. Mai 1963 fand die Ausstellung *Kuttner, Lueg, Polke, Richter* in einem leerstehenden Ladenlokal in Düsseldorf statt. Richter beschrieb das Projekt als „erste Ausstellung deutscher Pop Art" und prägte den Begriff „Kapitalistischer Realismus". Im Oktober desselben Jahres organisierten Richter und Konrad Lueg eine Ausstellung mit „Demonstration" in einem Möbelhaus in der Düsseldorfer Innenstadt. Unter dem Titel *Leben mit Pop – eine Demonstration für den kapitalistischen Realismus* fand ein Happening statt, bei dem die Künstler als lebende Skulpturen auftraten. Vgl. Amy Dickson: Chronologie, in: London 2011, S. 281–294, hier S. 283 f.

3 Vgl. Martin Warnke: Von der Gegenständlichkeit und der Ausbreitung der Abstrakten, in: *Die fünfziger Jahre. Beiträge zu Politik und Kultur,* hrsg. von Dieter Bänsch, Tübingen 1985, S. 209–222.

4 Vgl. Serge Guilbaut: *How New York Stole the Idea of Modern Art. Abstract Expressionism, Freedom and the Cold War,* Chicago 1985.

5 Vgl. New York 2002, S. 23.

6 An die Begegnung mit dem Abstrakten Expressionismus auf der *II. documenta* 1959 erinnerte sich Richter: „Die Unverschämtheit! Von der war ich sehr fasziniert und sehr betroffen. Ich könnte fast sagen, dass diese Bilder der eigentliche Grund waren, die DDR zu verlassen. Ich merkte, dass irgend etwas mit meiner Denkweise nicht stimmte", Interview mit Benjamin H. D. Buchloh (1986), in: Richter 2008, S. 164–189, hier S. 165.

7 Elger 2008, S. 31. In einem Interview mit Benjamin H. D. Buchloh verwendete Richter den Begriff auch negativ konnotiert: „Doch, das meine ich damit schon, denn da lebte ich in so einem Kreis, der ein moralisches Anliegen für sich in Anspruch nahm, der überbrücken wollte, einen Mittelweg suchte zwischen Kapitalismus und Sozialismus, einen sogenannten dritten Weg. Und so kompromisslerisch war auch dann unsere Denkweise und das, was wir in der Kunst suchten. Das war also gar nicht radikal, um das treffendere Wort für unverschämt zu nennen, und das war nicht wahrhaftig, sondern voller falscher Rücksichten", Richter 1986 (wie Anm. 6), S. 165. Zu Richters künstlerischer Suche jenseits der Polarität von Abstraktion und Figuration vgl. auch Camille Morineau: Das Blow-up, Primärfarben und Verdopplungen, in: London 2011, S. 123–136; Astrid Honold: *Blur in Motion. Die Verwischung als vermittelnde Bewegung im Werk von Gerhard Richter,* Masterarbeit, Freie Universität Berlin 2015.

8 Die Januar-Ausgabe des Magazins *Art International* machte Richter und seine Freunde 1963 mit der amerikanischen Pop Art bekannt. Richter fuhr mit Lueg nach Paris, wo sie sich in Galerien als deutsche Pop-Art-Künstler vorstellten. In der Galerie Ileana Sonnabend sahen sie Arbeiten von Roy Lichtenstein.

9 „Als ich die ersten Photos abmalte, hatte ich zum ersten Mal das Gefühl, etwas Besonderes und vor allem etwas Eigenes zu machen. Im damaligen Jargon hieß das auch etwas ‚Radikales'. Und die, die das sahen, hatten plötzlich keine Argumente mehr, außer dem einen natürlich, daß das so nun auch nicht geht: überhaupt keine Regel beachten und einfach nur ein Photo abmalen", Elger 2008, S. 58.

10 Vgl. Walter Grasskamp: *Der lange Marsch durch die Illusionen. Über Kunst und Politik,* München 1995.

11 In der Edition *Übersicht* (1998) verortete Richter seinen Platz in der Kunstgeschichte in Form eines Diagramms. Vgl. Stefan Gronert: Art History as Art. A Survey, in: Mehring u. a. 2010, S. 125–144, hier S. 136–141.

12 Vgl. Heinrich Lützeler: *Abstrakte Malerei. Bedeutung und Grenze,* Gütersloh 1961, S. 11.

13 Ebd., S. 175.

14 Ebd., S. 12.

15 Ebd., S. 161.

16 Vgl. Christoph Schreier: Befragung der Sphinx, in: Bonn 2017, S. 17–24, hier S. 18.

17 Vgl. Michael Diers: Grauwerte. Farbe als Argument und Dokument, in: *Who's afraid of. Zum Stand der Farbforschung,* hrsg. von Anne Hoormann und Karl Schawelka, Weimar 1998, S. 276–301.

18 „Zeuxis malte im Wettstreit mit Parrhasius so naturgetreue Trauben, daß Vögel herbeiflogen, um an ihnen zu picken. Daraufhin stellte Parrhasius seinem Rivalen ein Gemälde vor, auf dem ein leinener Vorhang zu sehen war. Als Zeuxis ungeduldig bat, diesen doch endlich beiseite zu schieben, um das sich vermeintlich dahinter befindliche Bild zu betrachten, hatte Parrhasius den Sieg sicher, da er es geschafft hatte, Zeuxis zu täuschen. Der Vorhang war nämlich gemalt", C. Plinius Secundus d. Ä.: *Naturalis historia/Naturkunde,* hrsg. und übers. von Roderich König, München 1978, 35,65, S. 54.

19 Vgl. auch *Hinter dem Vorhang. Verhüllung und Enthüllung seit der Renaissance. Von Tizian bis Christo,* Ausst.-Kat. Museum Kunstpalast, Düsseldorf 2016.

20 Otto Stelzer: *Die Vorgeschichte der abstrakten Kunst. Denkmodelle und Vor-Bilder,* München 1964.

21 Vgl. ebd., S. 23.

22 Vgl. ebd., S. 179.

23 Gerhard Richter: Interview mit Christiane Vielhaber (1986), in: Richter 2008, S. 191–198, hier S. 197.

24 Zur Wolkenmalerei und ihrer Rolle in der Vorgeschichte der abstrakten Kunst vgl. *Wolkenbilder. Die Erfindung des Himmels,* Ausst.-Kat. Bucerius Kunst Forum, Hamburg 2004.

25 Vgl. Morineau 2011 (wie Anm. 7), bes. S. 124. Morineau plädiert hier für eine Deutung, die nicht auf der Polarität von Abstraktion und Figuration beruht, und betont, Richter betrachte den Unterschied zwischen seinen figurativen und seinen abstrakten Gemälden nur als äußerlich.

26 Vgl. Stelzer 1964 (wie Anm. 20), S. 89.

27 Vgl. auch Morineau 2011 (wie Anm. 7), S. 124.

28 Das Motiv der hölzernen Wand, auf der Gegenstände befestigt scheinen, die zum Greifen nah sind, gehört zu den wichtigsten Motiven der Trompe-l'œil-Malerei. Vgl. *Täuschend echt. Illusion und Wirklichkeit in der Kunst,* Ausst.-Kat. Bucerius Kunst Forum, Hamburg 2010.

29 Vgl. Hubertus Butin: Blattecke, in: ebd., S. 180.

30 Im *Atlas* finden sich Zeichnungen von Architekturen. Zahlreiche Entwürfe für phantastische Räume entstanden, indem der Künstler Photos von Wolken zeichnerisch ergänzte.

31 Bruno Taut gründete 1919 die Künstlergemeinschaft Die Gläserne Kette. Die meisten ihrer Mitglieder waren Architekten. In ihrer Korrespondenz entwickelten sie eine Vision für eine Architektur der Zukunft.

32 Vgl. Monika Wagner: *Sack und Asche. Materialgeschichten aus der Hamburger Kunsthalle,* Hamburg 1997, S. 28–37.

33 Richter 1986 (wie Anm. 6), S. 170–173.

34 Vgl. Bernd Busch: *Belichtete Welt. Eine Wahrnehmungsgeschichte der Fotografie,* München 1989, S. 288; Matthias Krüger: *Das Relief der Farbe. Pastose Malerei in der französischen Kunstkritik 1850–1890,* München 2007, S. 215.

35 Vgl. Ina Hildebrandt: *Monochromie. Gerhard Richter und das letzte Bild,* München 2014.

[36] Vgl. Friedel 2011.

[37] *5 x 5 = 25,* Ausst.-Kat., Moskau 1921, Typoskript, o. S., Sammlung Rodtschenko/Stepanowa, Moskau.

[38] Alexander Rodtschenko: *Arbeit mit Majakowski,* 1939, Manuskript, zit. n. *Von der Malerei zum Design. Russische konstruktivistische Kunst der Zwanziger Jahre,* Ausst.-Kat. Galerie Gmurzynska, Köln 1981, S. 190 f.

[39] Vgl. Gail Harrison Roman: Art after the Last Picture: Rodtschenko, in: *Art in America* 68 (1980), S. 120–131; Thierry de Duve: Who is Afraid of Red, Yellow and Blue, in: *Artforum* 22,1 (1983), S. 30–37, 41–52; *Rot, Gelb, Blau. Die Primärfarben in der Kunst des 20. Jahrhunderts,* Ausst.-Kat. Kunstmuseum, St. Gallen 1988; Johannes Meinhardt: *Ende der Malerei und Malerei nach dem Ende der Malerei,* Ostfildern 1997.

[40] Benjamin H. D. Buchloh: The Primary Colors for the Second Time. A Paradigm Repetition of the Neo-Avant-Garde, in: *October* 37 (1986), S. 41–52; Peter Weibel: Von der Verabsolutierung der Farbe zur Selbstauflösung der Malerei, in: *Nach der Destruktion des ästhetischen Scheins. Van Gogh, Malewitsch, Duchamp,* hrsg. von Hans Matthäus Bachmayer u. a., München 1992, S. 151–166, hier S. 164.

[41] Vgl. Margarita Tupitsyn: Being-in-Production. The Constructivist Code, in: *Rodchenko & Popova. Defining Constructivism*, Ausst.-Kat. Tate Modern, London 2009, S. 13–20, hier S. 15.

[42] Auch die an der Ausstellung teilnehmende Ljubow Popowa war an dieser Konkretion interessiert. Sie reichte fünf Skizzen ein unter dem Gesamttitel *Versuche von malerischen Kraft-Konstruktionen* als „Reihe vorbereitender Versuche zu konkreten materialisierten Konstruktionen", wie sie im Katalog schrieb, vgl. Köln 1981 (wie Anm. 38), S. 65. Mit Alexander Wesnin leitete sie an den WChUTEMAS die Abteilung für Farbe.

[43] Alexander Rodtschenko: Alles ist Experiment (1921), in: ders.: *Alles ist Experiment. Der Künstler-Ingenieur,* hrsg. von Pierre Gallissaire, Hamburg 1993, S. 47 f.

[44] Gerhard Richter: Text für Katalog *documenta 7* (1982), in: Richter 2008, S. 121.

[45] Vgl. Werner Haftmann: *Malerei im 20. Jahrhundert. Eine Entwicklungsgeschichte,* 2 Bde., München 1954.

Abstraktion und Schein im Werk von Gerhard Richter

Dietmar Elger

Die Abstraktion ist für mich das Alltägliche: Sie ist normal so wie das Laufen oder das Atmen.[1]
Gerhard Richter, 1999

Gerhard Richter hat in seinem Werk während der vergangenen mehr als fünf Jahrzehnte die verschiedensten Stilelemente erprobt: Auf die grauen Photobilder nach Vorlagen aus Illustrierten und Familienalben folgten ab Mitte der 1960er Jahre im schnellen Wechsel konkrete Illusionen von Licht- und Schattenformationen, Farbtafeln, Zitate informeller Malerei, romantisierende Landschaften, Vermalungen in Rot-Blau-Gelb, Grün- und Grautönen sowie monochrome Grau-Bilder. Seit 1976 prägen die vielfarbigen und gestischen Abstrakten Bilder sein Œuvre, deren individuelle Ausprägung aus unterschiedlichen Formensprachen und Farbstrukturen er seitdem kontinuierlich weiterentwickelt. Aus dieser Genese der Abstrakten Bilder hat Richter bereits 1999 die folgende Erfahrung gewonnen: „Ich bin zum Beispiel nicht in der Lage, ein Bild herzustellen, das so ähnlich ist wie das Bild X, das ich vor einem Jahr gemalt habe."[2] Schließlich führte er 2008 mit den meist kleinformatigen Hinterglasbildern und 2011 mit den monumentalen, bis zu zehn Meter breiten, computergenerierten Strips zwei neue Bildkonzepte in sein Werk ein.

Die frühe Kritik warf Gerhard Richter deshalb eine chamäleonhafte Wandlungsfähigkeit vor, erkannte aber auch die Einheit in der Vielfalt seines Werks an.[3] Richter hat diese konzeptuelle Konsequenz in seiner Malerei immer betont und 1991 die methodische Identität über alle Stilbrüche hinweg hervorgehoben: „Andererseits sehe ich aber auch eine grundsätzliche unveränderte Haltung, ein gleichbleibendes Anliegen bei mir, das durch alle Arbeiten geht wie ein Stil."[4] Es sei sogar so, führte Richter weiter aus, dass alle seine Bilder eine identische Charakteristik auszeichne, wodurch sie sich einfacher als seine Werke identifizieren ließen, als dies bei den Bildern vieler anderer Künstler möglich sei.[5]

Dies gilt ebenso für das Verhältnis zwischen gegenständlichen Motiven und abstrakten Bildfindungen. Die Produktion der Abstrakten Bilder seit 1976 unterbricht Richter immer wieder durch die Arbeit an kleinen Gruppen oder einzelnen gegenständlichen Gemälden. Den Kerzenbildern und Schädeln von 1982/83 folgten romantisierende Landschaften, Portraits und gelegentlich Stillleben. Dabei bilden Figuration und Abstraktion keine Gegensätze, sondern ergänzen einander, sind sozusagen die zwei Seiten ein und derselben Medaille. In vielen Bildern entlehnen sie sogar stilistische Eigenschaften des jeweils anderen. Manche Motive nähern sich dieser Grenze so sehr an, dass eine Trennlinie nicht mehr erkennbar ist. In Richters übermalten Photos ist dieses Wechselspiel zwischen den beiden Darstellungsmodi von photographischer Illusion und malerischer Abstraktion geradezu Thema der Werkgruppe (Kat. 56–61). Es findet sich aber ebenso eindrucksvoll in einigen Gemälden wie den *Abstrakten Bildern* mit der Werknummer 551 von 1984. Die kleinformatigen *Abstrakten Bilder* (551-1 bis 551-3 und 551-8) (Kat. 42–45) imitieren das Schema von Richters gleichzeitigen Landschaften, indem sie deren Bildstruktur skizzenhaft und mit groben Pinselstrichen nachempfinden. Dies zeigt sich vor allem im Vergleich des *Abstrakten Bildes* (551-2) (Abb. 1, Kat. 43) mit der Landschaft *Wiesental* (572-4) von 1985 (Abb. 2).

Die weiteren Ausführungen zum Thema der Abstraktion werden sich deshalb vor allem auf eine Seite dieser Medaille konzentrieren. Sogenannte abstrakte Bilder – wobei der Begriff abstrakt hier kleingeschrieben wird – existieren im Œuvre des Künstlers seit 1964. Erst zwölf Jahre später begann Richter die Werkgruppe der Abstrakten Bilder – nun großgeschrieben und dadurch als eigenständige Werkgruppe definiert. Durch ihre komplexen, widersprüchlichen Strukturen von Formen und Farben unterscheidet sie sich deutlich von den früheren Abstraktionen. Die Abstrakten Bilder bilden das inzwischen umfangreichste Konvolut innerhalb seines Gesamtwerkes. Nachdem Richter dem ersten Bild von 1976 noch den Titel *Konstruktion* (389) (Kat. 30) gegeben hatte, entschied er sich später für die Bezeichnung Abstrakte Bilder. Er grenzt diese Bilder damit ausdrücklich von einer rein gegenstandsfreien Malerei ab, indem er seinen abstrakten Motiven immer noch ein gegenständliches Moment zugesteht, von dem die Bilder *abstrahiert* erscheinen. Richter war dieser Bezug stets wichtig, und er ist ihm in seinen Abstrakten Bildern seit 1976, aber auch in allen seinen anderen und früheren Abstraktionen, auf unterschiedliche Weise gerecht geworden. In einem Interview mit Ulrich Wilmes hat er 2008 für alle seine abstrakten Bilder die folgende Grundbedingung aufgestellt: „Bilder stellen immer etwas dar, was sie nicht sind. Auch abstrakte Bilder lesen wir, suchen wir ab um zu erfahren, was da gezeigt wird. Nur so Farbe, das wäre ja langweilig."[6]

Abstraktion und Gegenständlichkeit

Dass Abstraktion und Wiedererkennbarkeit konkreter Motive in seinem Werk keine Gegensätze sind und einander keineswegs ausschließen, hat Gerhard Richter von Beginn an hervorgehoben. Um 1962 entstand eine Reihe nach photographischen Vorlagen gemalter Bilder. Einige von ihnen zerstörte Richter

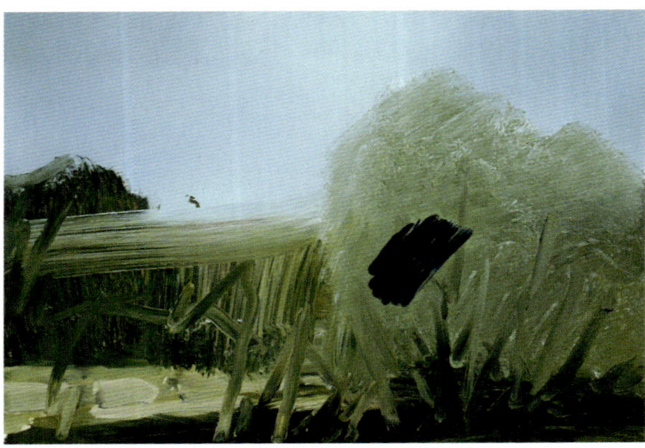

1 Gerhard Richter: *Abstraktes Bild* (551-2), 1984
Öl auf Leinwand, 43 x 60 cm
Privatsammlung, Schweiz (Kat. 43)

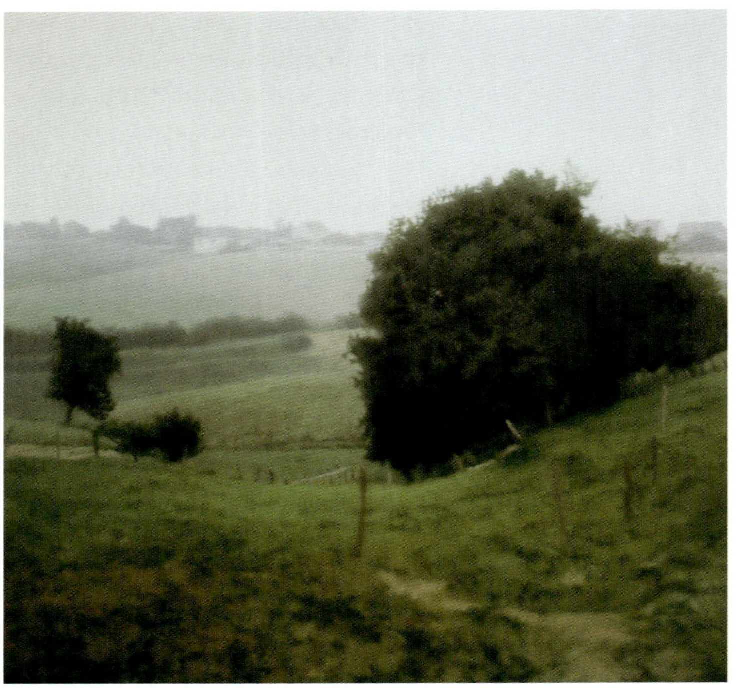

2 Gerhard Richter: *Wiesental* (572-4), 1985
Öl auf Leinwand, 90,5 x 94,9 cm
The Museum of Modern Art, New York.
Blanchette Rockefeller, Betsy Babcock, and
Mrs. Elizabeth Bliss Parkinson Funds, 1985

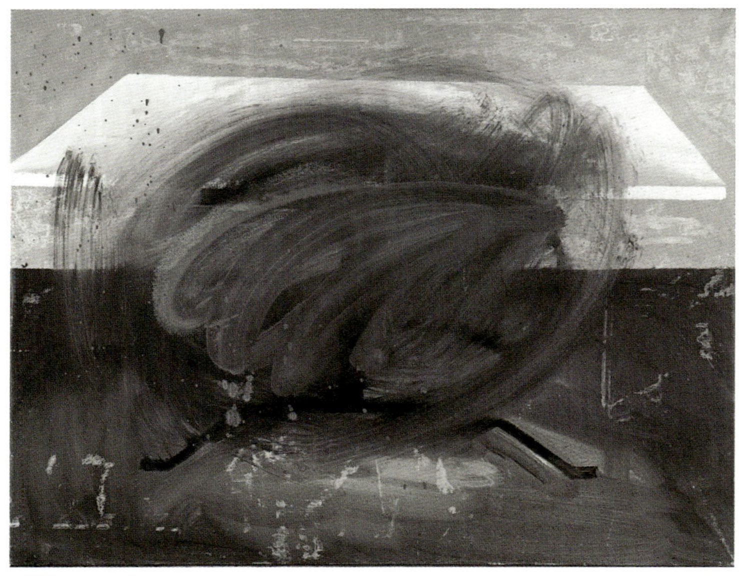

3 Gerhard Richter: *Tisch* (1), 1962
Öl auf Leinwand, 90 x 113 cm
Harvard Art Museums/
Busch-Reisinger Museum, Cambridge, MA,
Leihgabe aus Privatsammlung

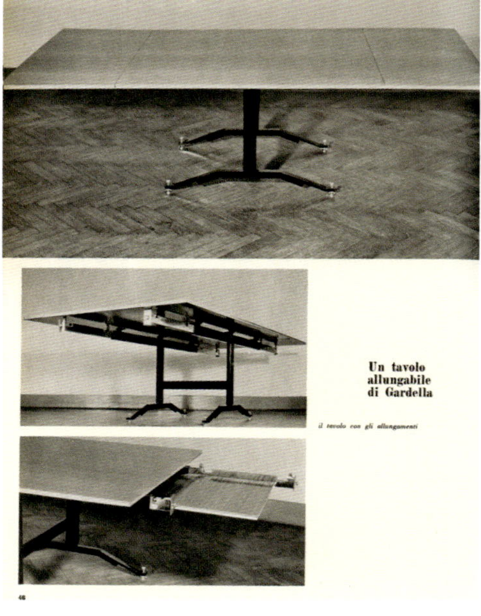

Un tavolo allungabile di Gardella

il tavolo con gli allungamenti

4 Vorlage zu *Tisch* (1), 1962,
aus: *domus* 329 (August 1956), S. 46

später, andere nahm er in seinen nummerierten Werkkatalog auf. An die erste Position und damit programmatisch an den Beginn setzte er das Bild *Tisch* (1) von 1962 (Abb. 3). Das Verzeichnis enthält lediglich zwei weitere Bilder aus jenem Jahr, das (später zerstörte) Portrait *Hitler* (3) sowie *Faltbarer Trockner* (4).

Das mit Ölfarbe auf Nessel gemalte, 90 x 113 cm große Gemälde *Tisch* (1) ist in gleicher Weise ein Bild des Übergangs wie des Neubeginns (vgl. den Beitrag von Armin Zweite, S. 46–57). Richter malte das Motiv nach einer Vorlage aus der italienischen Architektur- und Designzeitschrift *domus* vom August 1956 (Abb. 4). Die in Grautönen ausgeführte, illusionistische Darstellung eines modernen Möbels löschte Richter in einem zweiten Arbeitsschritt durch einen kräftigen kreisenden Malgestus partiell wieder aus. 1991 erinnerte er sich an den Entstehungsprozess des Bildes so: „Ich malte es, war aber mit den Ergebnissen nicht zufrieden und überklebte Teile des Bildes mit Zeitungspapier. [...] Ich war unzufrieden, weil ich die Farbe zu dick aufgetragen hatte, und jetzt war ich noch unzufriedener, also übermalte ich es. Nun plötzlich gefiel es mir, und ich fand, dass ich es so lassen sollte, ich weiß nicht warum."[7]

Tisch (1) ist auch deshalb ein Schlüsselwerk im Œuvre von Gerhard Richter, weil die eruptive, gestische Vermalung das gegenständliche Motiv keineswegs auslöscht, ersetzt oder negiert, sondern beide Modi malerischer Darstellung – illusionistische Wiedergabe und autonome abstrakte Form – gleichberechtigt lesbar bleiben. Dies führt hier bereits zu dem Phänomen, das sich bis heute in zahlreichen abstrakten, gelegentlich aber auch in den gegenständlichen Bildern Richters zeigt: Das nur noch partiell identifizierbare Objekt wird auch als geometrische abstrakte Gestalt wahrgenommen, und die kreisende abstrakte Farbstruktur gewinnt im Gegenzug illusionistische Qualitäten.

Auch wenn Richter *Tisch* (1) von 1962 an den Beginn seines Werkkatalogs gestellt hat, lässt sich die dialogische Konzeption gegenständlicher und abstrakter malerischer Modi weitere Jahre zurückverfolgen. Noch in Dresden entstand 1960 die für sein damaliges Schaffen ungewöhnliche Zeichnung *Ohne Titel (Ist das ein Land ...)* (Abb. 5). Richter träufelte hier verdünnte schwarze Tusche auf das Blatt und ließ sie langsam zerfließen, so dass sich eine zufällige fleckige Struktur bildete. Anschließend konturierte er die Ränder dieser gestaltlosen Form mit einem Federstift. Unter der Zeichnung notierte er einen Maßstab, der die Darstellung einer kartographischen Landschaft mit mehr als 30 000 Kilometern Ausbreitung suggeriert. Am oberen Blattrand fügte Richter der Zeichnung eine Windrose hinzu, die die Himmelsrichtungen markiert. Die abstrakte Struktur, die dem Betrachter ähnlich einem Rorschach-Test eine Assoziationsfläche bietet, erhält dadurch eine fast präzise landschaftliche Topographie, bei der die Tintenflecke Berge, Seen, Flüsse und Inseln formen. Richter hat diese *Landkarte* auf dem Blatt durch einen Text ergänzt, der mit den Sätzen beginnt: „Ist das ein Land – ein Land. Seine Ausmaße sind nicht vorstellbar, seine Wälder unzählbar, seine Seen so groß wie Kontinente, die Gipfel seiner Berge stoßen in den Himmel u. es gibt dort Höhlen, die bis zur Hölle reichen. Was ist das für ein Land".[8]

Noch drei Jahre früher entstand eine Serie von 31 Monotypien (Kat. 47), bei denen Richter die schwarze Druckfarbe mit der Gummirolle in horizontalen Bahnen auftrug. In einige Motive fügte er kleine schwarze Figuren ein, die den abstrakten schwarzen Strukturen einen Maßstab und eine landschaftliche Anmutung geben. Bei anderen Blättern reicht allein der dem Konvolut zugeteilte Titel *Elbe,* um die Assoziationen des Betrachters zu wecken und ihm in den horizontalen Farbspuren den Fluss mit seinen Ufern unter einem dunklen Nachthimmel zu suggerieren. 1971 wird Richter das identische Verfahren eines maßstäblichen Perspektivwechsels bei der 200 x 300 cm umfassenden *Großen Teyde-Landschaft (mit zwei Figuren)* (284) (Abb. 6) erneut praktizieren. Vorlage zu dieser Landschaft ist die Photographie eines kleinen Stücks aufgeworfener Erde an einem Wegrand, das er während eines Urlaubes auf Teneriffa photographierte. Zurück im Atelier projizierte Richter dieses Detail auf die große Leinwand, übertrug es mit Ölfarbe, vermalte es weich und erzeugte durch die beiden vertikalen Pinselstriche die Suggestion zweier Wanderer in einem Landschaftspanorama.[9]

Jede abbildhafte Darstellung von Wirklichkeit ist zugleich eine Abstraktion dieses Naturvorbilds, wenn auch nicht immer – wie bei den hier beschriebenen Beispielen *Elbe* und *Große Teyde-Landschaft (mit zwei Figuren)* (284) – in Form einer illusionistischen Konstruktion von Abbildhaftigkeit. Auf diese Erfahrung hat Richter in seinen Statements und Interviews wiederholt hingewiesen: „Malerei als Schein – das hat nichts mit Scheinwelt zu tun und dergleichen. Ich will sagen, dass ich gar keine Malerei kenne, die nicht illusionistisch ist, genau wie das Foto."[10] Richter hat allen seinen abstrakten Bildern immer auch ein gegenständliches Moment zugesprochen und dabei die Notwendigkeit unterstrichen, in ihnen ein naturalistisches Motiv oder eine abbildhafte Erinnerung zu finden. 2008 stellte er in

Bezug auf die Abstrakten Bilder kategorisch fest: „Wie wir es bei jedem anderen Bild, bei jedem Anblick überhaupt tun, wir suchen es ab nach Ähnlichkeiten mit Dingen und Zuständen, die wir kennen und gespeichert haben. Und natürlich gibt es bei völlig ungegenständlichen Bildern unzählig viele Stellen, die uns an irgendwas erinnern, die irgendwas ähnlich sind. Allerdings ergeben diese partiellen Ähnlichkeiten nie eine *normale* Figur oder so was. Sie zeigen also eine andere Welt, eine künstliche, und deshalb halte ich es für so nützlich, wenn wir diese abstrakten, also nicht entzifferbaren Anblicke, genauso als wörtliche Schilderungen nehmen, wie bei einem Foto, das einen wirklichen Gegenstand darstellt."[11]

Richter folgt diesem Prinzip, wenn er einigen seiner seit 1976 entstandenen Abstrakten Bilder Titel zuteilt, deren Details gegenständliche Assoziationen wecken, so *Pyramide* (522-2) von 1983 (Kat. 38) oder *Mauer* (808) von 1994 (Kat. 70). Andere hat er nach Personen oder Orten benannt, wie *Elger* (564-1) von 1981 (Privatsammlung, Stuttgart) oder *Athen* (573-3) vier Jahre später (FRAC Nord-Pas de Calais, Dunkerque). Werktitel wie *A B, Still* (612-4) und *Stand* (660) von 1986 und 1988 (Kat. 63, 65) sind hingegen offener, deshalb weniger abbildhaft, trotzdem aber keineswegs beliebig oder zufällig. Sie drücken mehr eine Stimmung oder Anmutung aus.

Entscheidend ist die grundsätzliche Verwandtschaft mit einem Naturvorbild, die Richter für alle seine Abstrakten Bilder seit 1976 postuliert. Er bezieht sich dabei auf die künstlerische Tradition von der Vorstellung des Bilderrahmens als Fensterrahmen. Der die Bildfläche einfassende Rahmen imitiert den durch den Fensterausschnitt begrenzten Blick in die Natur. In der Kunsttheorie wurde dieses Naturvorbild seit Leon Battista Alberti (1404–1472) als ein anzustrebendes Ideal für die Malerei gesehen, das erst mit der Moderne von den Kubisten aufgegeben wurde. Auch Richters Vorstellung ist eine andere. Seine Konzeption fokussiert sich auf die Darstellung eines zufälligen, durch den Fensterrahmen begrenzten Ausschnitts der Wirklichkeit. Ein solcher Ausschnitt repräsentiere zwar kein Idealbild der Natur. Er verfüge in seiner Ausschnitthaftigkeit, Komplexität und Zufälligkeit aber über eine Wahrheit und Richtigkeit, in denen Richter das Vorbild für seine Bilder sieht[12] und die der Vorstellung unserer gegenwärtigen Wirklichkeit gerechter werden als alle tradierten kunstästhetischen Theorien. In einem Statement für den Katalog der *documenta 7* im Jahr 1982 bezeichnete Richter seine Abstraktionen folgerichtig als „fiktive Modelle", „weil sie eine Wirklichkeit veranschaulichen, die wir weder sehen noch beschreiben können, auf deren Existenz wir aber schließen können"[13] (vgl. den Beitrag von Ortrud Westheider, S. 8–21).

Von dem programmatischen Bild *Tisch* (1) von 1962 (Abb. 3) führten Richter 1964 zwei geradezu widersprüchliche Konzepte von Malerei zur Abstraktion. In jenem Jahr gewann er erstmals den Eindruck, die Möglichkeiten seiner figurativen grauen Photobilder ausgereizt zu haben. In dieser Situation sah er sich mit der Frage konfrontiert, wie für ihn eine Malerei auch ohne photographische Vorlagen realisierbar sei. Aus dieser Herausforderung entstanden zunächst die Vorhang-Bilder und zwei Jahre später die ersten Farbtafeln (vgl. den Beitrag von Hubertus Butin, S. 34–45). Beide Werkgruppen haben ihren Ursprung in der Bildikonographie der amerikanischen Pop Art. Die Vorhänge finden sich zunächst lediglich als Hintergründe in Richters Auftragsportraits nach Passbildvorlagen (Abb. 7). Jetzt isolierte er dieses Detail und wertete es zum eigenständigen Bildthema auf. Gleichzeitig reduzierte er das Motiv des Vorhangs auf die Darstellung eines abstrakten Licht- und Schattenwechsels in Anlehnung an die Mitte der 1960er Jahre populäre Op Art. In *Vorhang* (58-1) von 1964 (Kat. 1) deutet sich dieser Abstraktionsprozess zu einer illusionistischen Helldunkel-Struktur bereits an. Mit dem *Vorhang III (hell)* (56), im folgenden Jahr entstanden (Kat. 2), führte Richter diesen Abstraktionsprozess weiter. Bei dem *Großen Vorhang* (163-1) von 1967 (Abb. 8) verweist schließlich nur noch der gegenständliche Titel auf die Genese dieses Motives. Gleichzeitig entwickelte Richter verwandte Werkgruppen, zu denen die Gemälde *Wellblech* (162) (Collezione Prada, Mailand) und *Gitter* (166) (Kat. 5), beide von 1967, sowie das *Schattenbild* (209-8) (Kat. 4) aus dem folgenden Jahr gehören. Alle Bilder behandeln das Thema Licht und Schatten und thematisieren die illusionistischen Qualitäten der Malerei.

Abstraktion und Photographie

Das *Schattenbild* (209-8) von 1968 zeigt eine von einer gemalten Umrahmung eingefasste helle Gitterstruktur, die von oben links beleuchtet wird und einen präzisen Schatten auf eine illusionistische Rückwand wirft. Diese sich verdoppelnde Illusion von Bild und bildlicher Darstellung ist das vorherrschende Thema des Werks. In einem Statement aus dieser Zeit hat Richter die Übertragung von Illusion auch auf seine abstrakten Bilder ausdrücklich hervorgehoben: „Irgendwann befriedigte es mich nicht mehr, Fotos

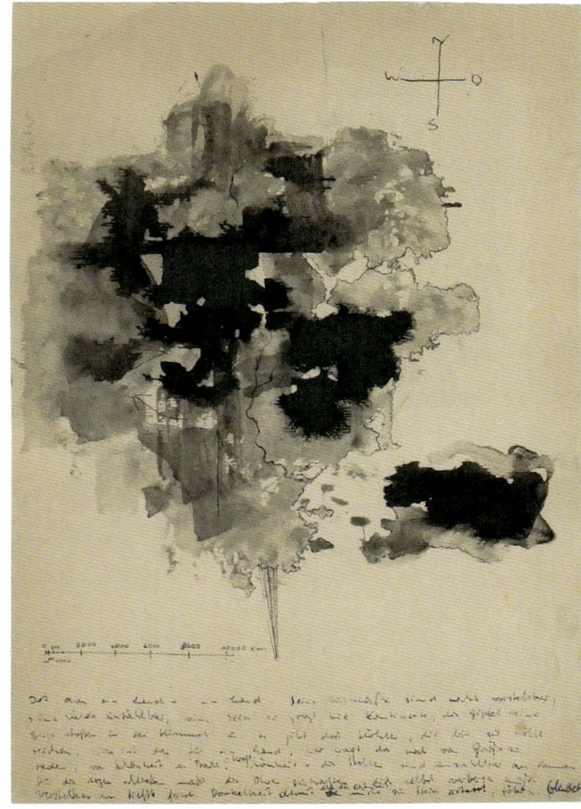

5 Gerhard Richter: *Ohne Titel (Ist das ein Land ...)*, 1960
Tusche auf Papier, 34,3 x 23,7 cm
Gerhard Richter Archiv,
Staatliche Kunstsammlungen Dresden

6 Gerhard Richter: *Große Teyde-Landschaft (mit zwei Figuren)* (284), 1971
Öl auf Leinwand, 200 x 300 cm
Crex Collection, Zürich

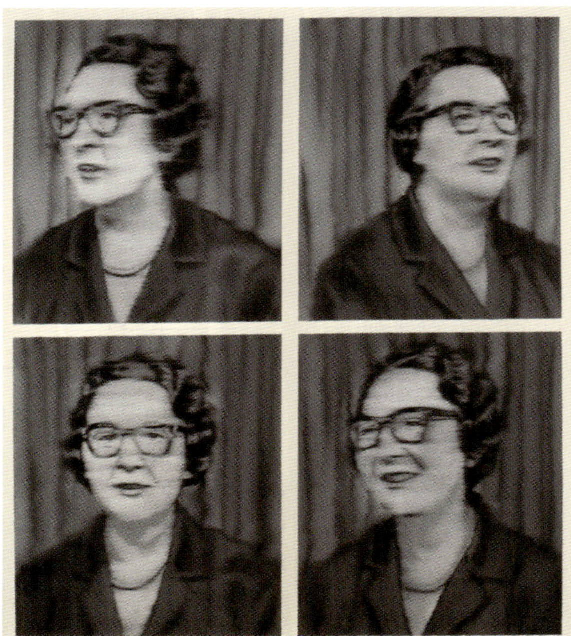

7 Gerhard Richter: *Portrait Dr. Knobloch* (41), 1964
Öl auf Leinwand, 100 x 90 cm
Gerhard Richter Archiv,
Staatliche Kunstsammlungen Dresden

8 Gerhard Richter: *Großer Vorhang* (163-1), 1967
Öl auf Leinwand, 200 x 280 cm
Städel Museum, Frankfurt am Main

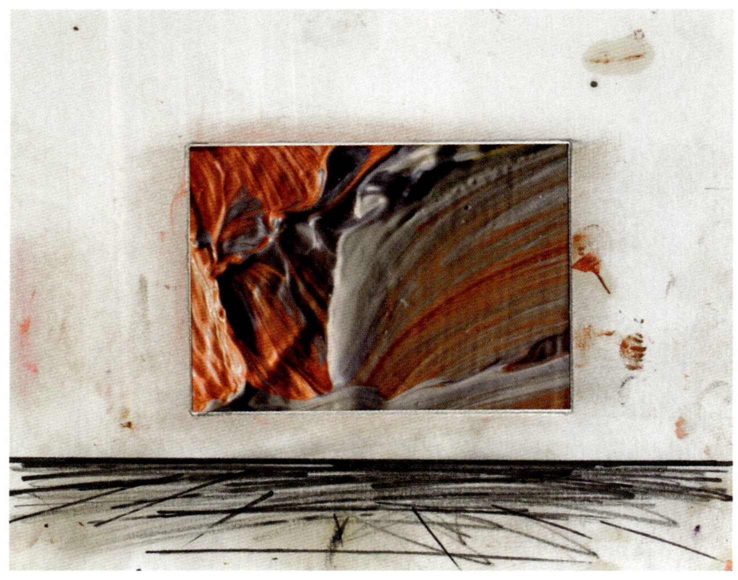

9 Gerhard Richter: *Atlas,* Tafel 95 (Detail), 1970
Städtische Galerie im Lenbachhaus und Kunstbau,
München (vgl. Kat. 28)

abzumalen; ich nahm die Stilmittel des Fotos – Genauigkeit, Unschärfe, Illusionshaftigkeit – und machte damit Türen, Vorhänge und Röhren."[14] Richter betonte mehrfach diesen Bezug des abstrakten Bilds zum Photo. Dabei übertrug er die Eigenschaften der Photographie, vor allem deren Illusionismus, nicht nur auf seine abstrakte Malerei, sondern setzte beide Medien sogar gleich: „wenn ich mich darüber hinwegsetze, dass man unter Fotografie ein Stück belichtetes Papier versteht, dann mache ich Fotos mit anderen Mitteln, nicht Bilder, die was von einem Foto haben. Und so gesehen sind meine Bilder, die ohne Fotovorlage entstanden (abstrakte usw.) auch Fotos."[15] Richter hob diese Gleichstellung von abstraktem Bild und Photographie aufgrund der Übertragung der Eigenschaften des einen Mediums auf das andere bereits 1972 in einem Interview hervor, und sie ist für seine Malerei bis heute gültig geblieben. Illusion – Richter spricht auch von Schein als seinem Lebensthema[16] – meint die partielle Ähnlichkeit mit Dingen, Räumen, Formen, Zuständen und Vorstellungen, die der Betrachter zu kennen oder zu erinnern glaubt. Richter betrachtet diese Erfahrung als einen für den Betrachter notwendigen erkenntnishaften Prozess, wenn die abstrakten Bilder eben nicht „nur so Farbe"[17] bleiben sollen. Mit dieser Aussage bekräftigt der Künstler seinen Anspruch, dass allen seinen abstrakten Werken eine Beziehung zur Gegenstandswelt innewohne, selbst dann, wenn sie, wie die monochromen Grau-Bilder der 1970er Jahre, das Nichts veranschaulichen.[18]

Zwischen 1969 und 1976 entstand eine umfangreiche Werkgruppe monochromer Grau-Bilder (Kat. 25–27). Richter mischte dabei das Grau in unterschiedlichen Tönen aus Schwarz und Weiß mit Blau oder Braun an und trug es gleichmäßig über die gesamte Bildfläche mit dem Pinsel, der Rolle oder dem Spachtel auf. Einige dieser Werke besitzen eine geschlossene Struktur, andere lassen einen bewegten Pinselduktus oder pastose Farbspuren erkennen. Die Grau-Arbeiten präsentieren sich als dunkle und verschlossene Oberflächen, denen Richter von allen seinen Bildern sogar den „rigorosesten Illusionismus"[19] zugesteht. In einem Brief von 1975 löste er diesen scheinbaren Widerspruch auf und hob selbst für die Grau-Bilder ihre Ähnlichkeiten zur Photographie hervor: „Die Unscheinbarkeit macht es so geeignet zu vermitteln, zu veranschaulichen, und zwar in geradezu illusionistischer Weise gleich einem Foto. Und es ist wie keine andere Farbe geeignet, ‚nichts' zu veranschaulichen."[20] 1978 bestätigte Richter diese widersprüchlichen Eigenschaften der Grau-Bilder seinen Interviewpartnern gegenüber mit folgender Anekdote: „In Venedig gibt es eine internationale Ausstellung mit einem vorgegebenen Thema: Realität und Abstraktion, in zwei getrennten Pavillons. Ich habe zwei identische großformatige, monochrom graue Bilder geschickt, und sie haben eins in den realistischen Pavillon gesteckt und eins in den abstrakten ... das hat mir gefallen."[21]

Abstraktion und Illusion

1970/71 und erneut zwischen 1977 und 1980 entstanden zwei Werkgruppen, die die Herausforderungen eines Illusionismus bzw. Scheins in der Abstraktion auf eine andere, zu den Grau-Bildern gegensätzliche Weise behandeln. Dabei unterscheiden sie sich ebenso von den früheren Vorhang-, Gitter-, Röhren- und Schattenbildern. Die Bilder der 1970er Jahre sind komplexer und thematisieren Illusionismus im Rahmen eines Wechselspiels aus Malerei und Photographie. Alle Beispiele, zu denen 1970 *Ausschnitt (rot-blau)* (273) und *Ausschnitt (Makart)* (288) von 1971 (Kat. 28, 29) gehören sowie die *Abstrakten Bilder* (421 und 426) von 1977 und 1978 (Kat. 31, 32), sind großformatig als Konsequenz des gleichen methodischen Vorgehens. Das Blow-up ist eine Grundkondition im Entstehungsprozess dieser Werke, die ihre Vorlagen alle in kleinen photographischen Details haben, die Richter auf Leinwände von mehr als vier Quadratmetern vergrößerte.

Die bereits erwähnte *Große Teyde-Landschaft (mit zwei Figuren)* (284) von 1971 (Abb. 6) mag die Anregung zu den ersten Ausschnitt-Bildern gegeben haben. Das Verfahren zumindest ist in beiden Fällen dasselbe. Für die Ausschnitte photographierte Richter mehrere ein bis zwei Quadratzentimeter kleine Details seiner Palette.[22] Die auf den Tafeln 89 bis 105 im *Atlas* montierten Abzüge zeigen solche Ergebnisse, in denen die Materialität der Farbe noch sichtbar erhalten bleibt (Abb. 9). Erst nachdem Richter die Vorlage auf die große Leinwand projizierte, realistisch abmalte und weich verwischte, löst sich das Motiv in einem illusionistischen, unbestimmbaren farbigen Strudel auf. „Die Ausschnitte", so hat er es 1980 in einem Brief beschrieben, werden „in der Vergrößerung als Malerei zum gegenstandslosen Anschein unbestimmter ‚Schönheit'".[23]

Die Ergebnisse konfrontieren den Betrachter mit Darstellungen von Farben und Strukturen, die ihm aus dem Spektrum seiner natürlichen Wahrnehmung unbekannt sind. Er beginnt deshalb, die

Bilder nach vertrauten Details und Ähnlichkeiten abzusuchen, und fühlt sich möglicherweise an eine mikro- oder makrokosmische Welt erinnert.[24] 1982 bewertete Richter diesen Erkenntnisprozess so: „weil alles Unbekannte uns ängstigt und gleichzeitig hoffnungsvoll stimmt, nehmen wir die Bilder als Möglichkeit, das Unerklärliche vielleicht etwas erklärlicher, auf jeden Fall aber umgänglicher zu machen."[25] Bevor er die Werkgruppe 1977 wieder aufnahm und dabei eine noch raffiniertere Wechselwirkung von Bild und Photographie in seinem Werk etablierte, entstand im Jahr zuvor ein Gemälde, das für die nachfolgenden Abstrakten Bilder eine ähnlich programmatische Position einnimmt, wie es 14 Jahre zuvor der *Tisch* (1) für die Polarität von Gegenständlichkeit und Abstraktion in seinem Werk getan hatte.

Abstraktion und Schein

Nach den Grau-Bildern begann Richter die Werkgruppe der Abstrakten Bilder im Sommer 1976 mit einem Paukenschlag. Ohne Vorbereitung durch Zeichnungen oder kleinere Bilder entstand auf einer 250 x 300 cm großen Leinwand die *Konstruktion* (389) (Kat. 30). Die kompliziert strukturierte, vielfarbige und abstrakte Komposition wird ihrem Titel mehr als gerecht. Richter hat hier zahlreiche, auf mehrere imaginäre Fluchtpunkte zulaufende Balken und Bänder in präzisen Konturen angelegt. Dabei durchdringen und überlagern die geometrischen Strukturen und Formen einander, so dass auf der Bildfläche kein einheitlicher Raum entsteht und sein Illusionismus permanent durchbrochen wird. Die strengen, im Vergleich geradezu didaktisch anmutenden Gitter- und Schattenbilder aus der zweiten Hälfte der 1960er Jahre sind einfache Vorbilder dieser komplexen abstrakten *Konstruktion* (389) von 1976.

Einen weniger konstruierten, dafür mehr malerischen abstrakten Illusionismus erreichte Richter nach diesem ersten Abstrakten Bild erneut über den Umweg der Photographie. Da es ihm noch nicht gelang, einen malerischen Gestus auf ähnlich große Leinwände zu übertragen, entstanden zunächst zahlreiche kleine abstrakte Ölskizzen. Einige von ihnen wählte er später aus, photographierte sie und übertrug ihre Motive illusionistisch mit Ölfarbe auf große Leinwände. Mit diesem Verfahren griff er auch auf die Ausschnitt-Bilder von 1971 zurück. Die Konzeption ist jedoch eine andere, komplexere, die zugleich an Richters seit 1966 praktiziertes Verfahren erinnert, eigene Werke in ein anderes Medium zu übersetzen, um ihnen dadurch eine neue und gesteigerte Bedeutung zu geben. „Die oben genannten Oelskizzen (als Versuche einer Malerei ohne Plan, ohne Stil, Ideologie, Konstruktion oder Expression, dabei nicht blind oder automatisch oder vom Zufall bestimmt) setzte ich in den letzten 2 Jahren um (in) großformatige ‚Bilder', die die Wirklichkeit der Malerei der Skizzen durch ihren Anschein ersetzen", beschrieb Richter 1979 diesen Prozess der medialen Transformation in einem Brief an Benjamin H. D. Buchloh.[26]

Das 250 x 200 cm große *Abstrakte Bild* (421) von 1977 (Kat. 31) entstand nach einer der ersten Ölskizzen, dem lediglich 26 x 23 cm großen *Abstrakten Bild* (398-2) aus dem Vorjahr (Abb. 11). Das andere *Abstrakte Bild* (436) (Kat. 32) malte Richter 1978 nach einem Aquarell als Vorlage (Abb. 12). Anfangs waren ihm diese Vorbilder noch zu sehr „Rohstoff".[27] Erst allmählich erkannte er in ihren malerischen Qualitäten vollgültige Bilder und verzichtete auf die einschränkende Charakterisierung als Skizzen. Wenn Richter im Interview 2009 erklärte, „Bilder stellen immer etwas dar, was sie nicht sind",[28] dann bedeutet dies auf diese von ihm so genannten „Weichen Abstrakten" zwischen 1977 und 1980 übertragen, dass sie sich auf eine Wirklichkeit von Vor-Bildern beziehen, die selbst bereits Abstrakte Bilder sind. 1981 gelangen Richter mit Werken wie dem *Abstrakten Bild* (479-1) (Kat. 34) die ersten gestischen, mit teils pastosem Farbauftrag gemalten Abstrakten Bilder im großen Format. Sie gerieten ihm fortan so spontan, widersprüchlich und doch überlegt wie zuvor nur seine kleinen Ölskizzen.

Zeitgleich mit den „Weichen Abstrakten" entstand 1978 das photographische Werk *128 Photos von einem Bild* (441), das Gerhard Richter 1998 auch in einer kleinen Auflage produzierte (Kat. 46). Für die Photoarbeit fertigte er 128 schwarz-weiße Detailaufnahmen seines im selben Jahr gemalten *Abstrakten Bildes (Halifax)* (432-5) (Abb. S. 54, 232) an, wofür er die vom Keilrahmen abgespannte Leinwand unter wechselnden Lichtverhältnissen beleuchtete und die Kamera in unterschiedlichen Winkeln und Entfernungen zum Aufnahmeobjekt positionierte (Abb. 10). Hierbei hat er das Gemälde geradezu kubistisch fragmentiert und anonymisiert. Durch die extremen photographischen Details und das Schwarz-Weiß lassen sich die Motive nicht mehr als Ausschnitte einer Bildoberfläche identifizieren. Der Betrachter entdeckt in den Photographien eine andere Wirklichkeit als die, die das Gemälde zeigt.[29] Das aus acht Blättern mit jeweils 16 Einzelaufnahmen zusammengestellte Tableau erscheint wie die aus 128 Details rekonstruierte Ansicht einer fremden kargen Landschaft zwischen Mikro- und Makrokosmos, wie

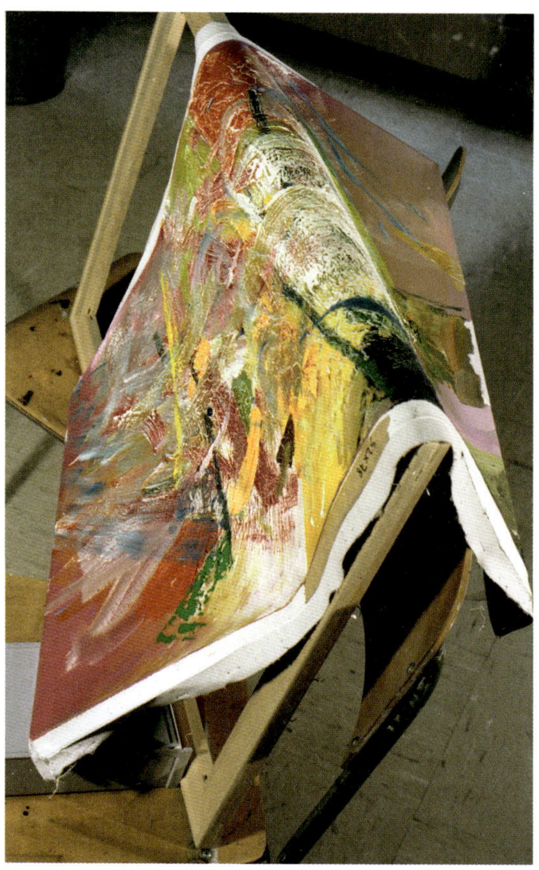

10 Vom Keilrahmen abgespannte Leinwand des *Abstrakten Bildes (Halifax)* (432-5), 1978 (Abb. S. 54)

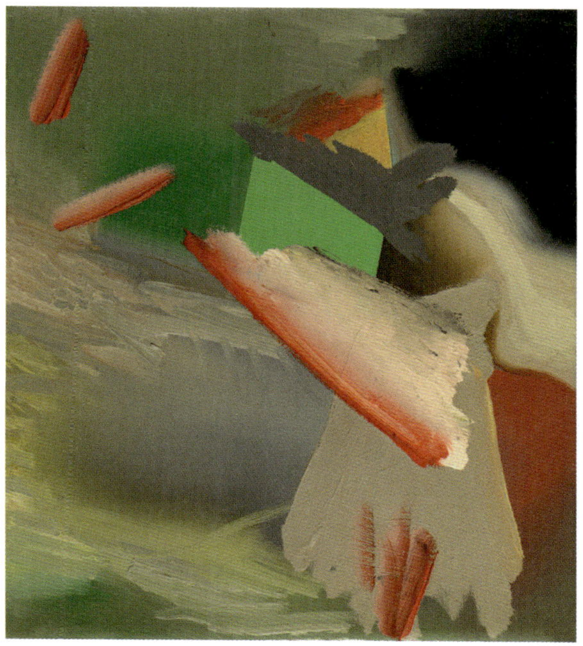

11 Gerhard Richter: *Abstraktes Bild* (398-2), 1976
Öl auf Leinwand, 26 x 23 cm
Privatsammlung, Amsterdam (vgl. Kat. 31)

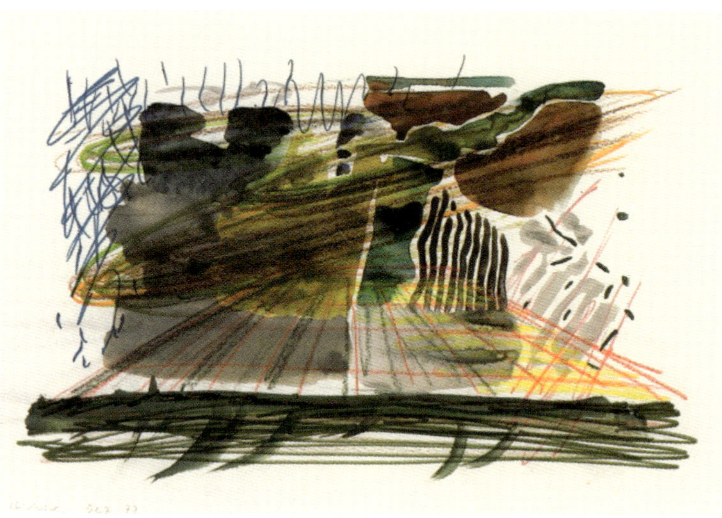

12 Gerhard Richter: *Ohne Titel,* 1977
Aquarell, Kreide, Filzstift und Bleistift auf Papier, 21 x 29,7 cm
Privatsammlung (vgl. Kat. 32)

sie ähnlich bereits die Ausschnitt-Bilder von 1971 und die zeitgleichen „Weichen Abstrakten" zeigen. In einem Gespräch beschrieb Richter 2013 die assoziative Wirkung der *128 Photos von einem Bild* (441) wie folgt: „Die Details selbst waren nicht so interessant, sondern dass ich sie landschaftlich sehen konnte, so als wäre es der Anblick eines fremden Planeten, den man betritt oder überfliegt."[30]

Auf eine andere Weise nimmt die Werkgruppe der Strips ab 2011 auf ein einzelnes früheres Abstraktes Bild Bezug. Richter entwickelte alle Strips aus dem *Abstrakten Bild* (724-4) von 1990 (Kat. 67), das sich durch die Vielfalt und Kleinteiligkeit seiner Farbelemente auszeichnet und sich deshalb als Ausgangsmaterial für die Konzeption der Streifenbilder besonders eignete. Bei den Strips handelt es sich um Digitaldrucke auf Papier, die auf eine Alu-Dibond-Platte aufgezogen und hinter Acrylglas montiert werden. Ihre horizontalen Streifenmotive sind Ableitungen oder Derivate der Farbstruktur des *Abstrakten Bildes* (724-4), ohne dass sich selbst bei einer intensiven Betrachtung noch auf diese Beziehung schließen ließe.

Die Strips sind das Ergebnis eines komplizierten Werkprozesses unter Zuhilfenahme eines Computerprogramms, bei dem die Oberfläche des *Abstrakten Bildes* (724-4) dekonstruiert und in 4096 vertikale Streifen fragmentiert wurde (vgl. das Kapitel *Transparenz und Reflexion. Spiegel, Glas und Strips*, S. 194–207). Jede dieser gerade einmal 0,08 mm breiten Sequenzen wurde durch Spiegelungen in die Länge gezogen und in kurze vertikale Teilstücke zerlegt. Die Ausdrucke fügte Richter anschließend neu zusammen und druckte sie im Inkjet-Verfahren aus. Die Ergebnisse, wie der monumentale zehn Meter breite *Strip* (930-4) von 2013 (Kat. 78), sind eine Kombination aus den in einem determinierten Verfahren gefundenen, scheinbar zufälligen Streifen und Richters ordnender Gestaltung. Der Künstler hat diese Form der Bildfindung aus Zufall und Manipulation immer als einen Glücksfall für seine Arbeit empfunden: „Bei meinen Bildern habe ich es eh immer mit dem Zufall zu tun und kriege gern etwas geschenkt. Ich habe das Gefühl, ich bekomme diese Bilder geschenkt."[31] Jedes noch so kleine Detail in den Strips ist in dem *Abstrakten Bild* (724-4) von 1990 bereits enthalten, auch wenn der Betrachter keinen einzelnen Ausschnitt in dem Gemälde wiederfindet. So wird das *Abstrakte Bild* (724-4) von 1990 zum Urbild und zu der Wirklichkeit, auf die ab 2011 jedes einzelne Beispiel aus der Werkgruppe der Strips Bezug nimmt.

„Abstrakte Bilder sind fiktive Modelle, weil sie eine Wirklichkeit veranschaulichen, die wir weder sehen noch beschreiben können, auf deren Existenz wir aber schließen können", hielt Gerhard Richter 1982 in seinem Statement für den Katalog der *documenta 7* fest.[32] In allen seinen abstrakten Bildern seit den 1960er Jahren entwirft er ein Beziehungsmodell der Abstraktion zu ihren Vorbildern in der Gegenstandswelt, das nicht länger das traditionelle Idealbild einer ästhetischen, harmonischen Komposition anstrebt. Stattdessen weisen alle abstrakten Bilder Richters eine Unabgeschlossenheit und Ausschnitthaftigkeit auf, ihre Farben und Formen organisieren sich hierarchiefrei auf der Bildfläche, und dem Zufall sind im Gestaltungsprozess große Freiräume gelassen. Insofern repräsentieren seine abstrakten Bilder – vor allem die seit 1976 entstandenen Werke – ein fiktives und zugleich sehr zeitgenössisches und demokratisches Modell der komplexen, fragmentierten und widersprüchlichen Wirklichkeit.

[1] Gerhard Richter: Gespräch mit Paolo Vagheggi (1999), in: Richter 2008, S. 355 f., hier S. 356.

[2] Zit. n. Dieter Schwarz: Über Aquarelle und verwandte Dinge, in: Winterthur 1999, S. 5–16, hier S. 13.

[3] Vgl. Elger 2008, S. 187 f.

[4] Gerhard Richter: Interview mit Jonas Storsve (1991), in: Richter 2008, S. 275–281, hier S. 279.

[5] Ebd.

[6] Gerhard Richter: Abstrakte Bilder müssen eine Richtigkeit haben. Gerhard Richter im Gespräch mit Ulrich Wilmes, in: Wilmes 2009, S. 45–55, hier S. 49.

[7] Gerhard Richter: Kommentare zu einigen Bildern (1991), in: Richter 2008, S. 264–275, hier S. 264.

[8] Gerhard Richter: Beschriftung auf der Zeichnung *Ohne Titel (Ist das ein Land ...)*, 1960, Gerhard Richter Archiv, Staatliche Kunstsammlungen Dresden, siehe Abb. 5.

[9] Denselben Prinzipien folgt die *Abendlandschaft (mit Figur)* (260) von 1970 (Sprengel Museum Hannover).

[10] Gerhard Richter: Interview mit Amine Haase (1977), in: Richter 2008, S. 96–103, hier S. 97. – Vgl. auch Gerhard Richter: Interview mit Irmeline Lebeer (1973), in: ebd., S. 72–83, hier S. 72, 79: „Ich sehe keinen Unterschied zwischen einer Landschaft und einem abstrakten Bild. Der Begriff ‚Realismus' hat für mich keinen Sinn."

[11] Richter 2009 (wie Anm. 6), S. 49.

[12] Vgl. Gerhard Richter: Interview mit Christiane Vielhaber (1986), in: Richter 2008, S. 191–198, hier S. 198.

[13] Gerhard Richter: Text für Katalog *documenta 7* (1982), in: ebd., S. 121.

[14] Gerhard Richter: Statement (1967), in: ebd., S. 47 f.

[15] Gerhard Richter: Interview mit Rolf Schön (1972), in: ebd., S. 59–61, hier S. 60.

[16] Vgl. Gerhard Richter: Notizen 1989, in: ebd., S. 216–224, hier S. 223: „Illusion – besser Anschein, Schein ist mein Lebensthema."

[17] Richter 2009 (wie Anm. 6), S. 49.

[18] Vgl. Gerhard Richter: Aus einem Brief an Edy de Wilde (23.2.1975), in: Richter 2008, S. 91 f.

[19] Richter 1977 (wie Anm. 10), S. 98.

[20] Richter 1975 (wie Anm. 18), S. 92.

[21] Gerhard Richter: Interview mit Bruce Ferguson und Jeffrey Spalding (1978), in: Richter 2008, S. 109–112, hier S. 111. Richter bezieht sich hier auf die Ausstellung *Dalla natura all'arte, dall'arte alla natura* auf der Kunstbiennale in Venedig 1978. Bei den beiden, je 250 x 200 cm großen Werken handelte es sich um das Bild *Grau* (349-2) von 1973 (Staatliche Museen zu Berlin, Nationalgalerie) und ein weiteres, nicht identifiziertes Bild *Grau* von 1974.

[22] Vgl. Gerhard Richter: Brief an Birgit Pelzer (25.3.1980), in: Richter 2008, S. 115 f., hier S. 115.

[23] Ebd.

[24] Mit dem vierteiligen Bilderzyklus *Silikat* (885-1 bis 885-4) von 2003 (Kunstsammlung Nordrhein-Westfalen, Düsseldorf) und Werken wie *Abstraktes Bild (Silikat)* (880-4) von 2002 (Artist Room Collection, Tate, London, und National Galleries of Scotland, Edinburgh) und *Abstraktes Bild (Haut)* (887-2 und 887-3) von 2004 (Artist Room Collection, Tate, London, und National Galleries of Scotland, Edinburgh) griff Richter auf motivische Vorlagen aus dem molekularen und atomaren Bereich zurück, wie sie nur Elektronenmikroskope sichtbar machen können.

[25] Richter 1982 (wie Anm. 13), S. 121.

[26] Gerhard Richter: Brief an Benjamin H. D. Buchloh (30.8.1979), in: Richter 2008, S. 113–115, hier S. 114.

[27] Gerhard Richter: Antworten auf Fragen von Marlies Grüterich (2.9.1977), in: ebd., S. 94 f., hier S. 95.

[28] Richter 2009 (wie Anm. 6), S. 49.

[29] Methodisch ähnelt Richters Werk der Photoarbeit *Élevage de poussière* (1920) von Man Ray und Marcel Duchamp (vgl. das Kapitel *Natur und Material. Landschaftliche Abstraktionen*, S. 146–167).

[30] Hans Ulrich Obrist: Interview mit Gerhard Richter, in: Obrist/Schwarz 2013, S. 55.

[31] Ebd., S. 112 f.

[32] Richter 1982 (wie Anm. 13), S. 121.

Raster und Readymade. Gerhard Richters Farbtafelbilder der 1960er und 1970er Jahre

Hubertus Butin

Beide Bilder haben ähnlich klingende Titel, beide widmen sich der Farbe Gelb, und doch könnten die zwei Werke kaum unterschiedlicher sein. Ernst Wilhelm Nays Ölgemälde von 1958 aus Privatbesitz heißt *Mit vielfältigem Gelb,* während Gerhard Richters Lackgemälde von 1966 aus dem Museum Frieder Burda, Baden-Baden, mit *Sechs Gelb* (141) betitelt ist (Abb. 1, 2). Nay war in den 1950er Jahren einer der führenden und erfolgreichsten Maler des bundesrepublikanischen Wirtschaftswunders, und seine Werke wurden in jenem Jahrzehnt sogar in New York mehrfach ausgestellt. Bekannt sind seine ab 1954 entstandenen sogenannten *Scheibenbilder* mit ihren rhythmischen Strukturen und farbigen Modulationen.[1] Das Gemälde *Mit vielfältigem Gelb* zeigt eine abstrakte Komposition, die vor allem aus Zitronengelb, Dunkelgelb und Ocker besteht. Im selben Jahr, in dem dieses Bild entstand, bezeichnete Nay seine Malerei mit mystifizierendem Pathos als „eine universale Empfindung [...], die eine neue Definition des Religiösen enthält, eine *weltzugewandte* Transzendenz".[2] In übersteigertem Selbstbewusstsein nennt er dabei seinen Namen in einem Atemzug mit Kasimir Malewitsch und Wassily Kandinsky, obwohl seine Kunst nicht im Geringsten der Radikalität der Avantgarde der 1910er und 1920er Jahre und ihrer kunsthistorischen Bedeutung nahekommt. Heute wirken seine Bilder – das sei hier bewusst kritisch angemerkt – weitgehend harmlos dekorativ. Friedrich Wolfram Heubach, der von 1968 bis 1973 in Köln die wegweisende Künstlerzeitschrift *Interfunktionen* herausgab, beschrieb das geistige Klima in der Bundesrepublik der 1950er Jahre im Rückblick mit bissiger Rhetorik: „Nur wenn man sich vergegenwärtigt, in welchem Maße damals Politik und Kultur von verquastem, christlich verschnittenem Existentialismus [...] und einem [...] Terror des Positiven, von ‚Eigentlichkeit' und ‚Tiefe' beherrscht wurden, – kurz gesagt von einer Mentalität, der jedwedes Konkrete und Kritische als ‚ungeistig' zuwider war, – nur dann wird man ermessen können, von welcher Radikalität das Happening, Fluxus, die Situationisten, ja selbst die frühen Pop-Artisten waren."[3]

Gerhard Richters *Sechs Gelb* wirkt aufgrund seiner andersartigen Bildkonzeption wie ein natürlicher Gegenpart zu Ernst Wilhelm Nays *Mit vielfältigem Gelb*. Obwohl sich beide künstlerischen Arbeiten sowohl in ihren Titeln als auch formalästhetisch der Farbe widmen, setzt Richter auf ein anderes Verständnis von Bildlichkeit, deren Bedeutungsdimension und historischer Kontext im Folgenden beleuchtet werden.

Farbe als Readymade

Im Oktober 1963 formulierte Marcel Duchamp in einem Interview eine provokante These, die dem traditionellen Konzept einer expressiven oder symbolischen Bedeutung von Farbe zuwiderläuft: „Eine Farbtube, die ein Künstler verwendet, ist nicht vom Künstler produziert worden; sie stammt von dem Fabrikanten, der Farben herstellt. Also macht der Maler tatsächlich ein Readymade, wenn er mit einem fabrizierten Objekt malt, das man Farbe nennt."[4] Zwei Jahre zuvor hatte Duchamp in einem Vortrag im New Yorker Museum of Modern Art behauptet, alle mit Hilfe von Farbtuben hergestellten Gemälde seien „unterstützte Readymades".[5] Diese Aussagen erscheinen überspitzt, zumal nicht Gemälde, sondern nur die verwendeten Tuben als Readymades im Sinne eines bereits existierenden, industriellen Produkts bezeichnet werden können. Und doch gehört die Idee der Farbe als Readymade zu den paradigmatischen Vorstellungen in der Kunst des 20. Jahrhunderts.[6] Gemeint ist eine radikale Form der Verselbständigung oder Autonomisierung der Farbe, indem diese nicht mehr wie in einer abstrakten Malerei auf einer Leinwand erscheint, sondern als reines Material[7] in Form von Farbpigmenten, Farbtuben, -dosen und -näpfchen präsentiert wird. In den 1950er und 1960er Jahren findet sich diese künstlerische Praxis etwa bei Man Ray, Yves Klein, Robert Rauschenberg, Jasper Johns und Giulio Paolini.[8] Auch Gerhard Richter zeigt mit seiner als *Farb-Tasse* betitelten Arbeit von 1969 (Wilhelm-Hack-Museum, Ludwigshafen am Rhein) die Farbe als reines Material in seiner direkten und unmalerischen Dinghaftigkeit und mit selbstbezüglichem Eigenwert. Das Objekt besteht aus einer mit grauer Ölfarbe gefüllten Porzellantasse, in der ein Rührholz steckt.[9]

Neben dieser objekthaften Variante der Verabsolutierung der Farbe existiert auch eine bildhafte Variante, deren kunsthistorische Tradierung für Richters Werke noch größere Relevanz besitzt. Sie basiert auf handelsüblichen Farbmusterkarten, die in gedruckter oder gemalter Form in Farbengeschäften den Kunden präsentiert werden, um die Auswahl möglicher Farbtöne vorzuführen. Das vermutlich erste Kunstwerk, in dem industriell hergestellte Musterkarten als Motiv erscheinen, ist Marcel Duchamps Ölgemälde *Tu m'* von 1918 (Yale University Art Gallery, New Haven, CT). Die komplex gestaltete Arbeit zeigt unter anderem eine scheinbar unendliche Reihe verschiedenfarbiger, übereinander-

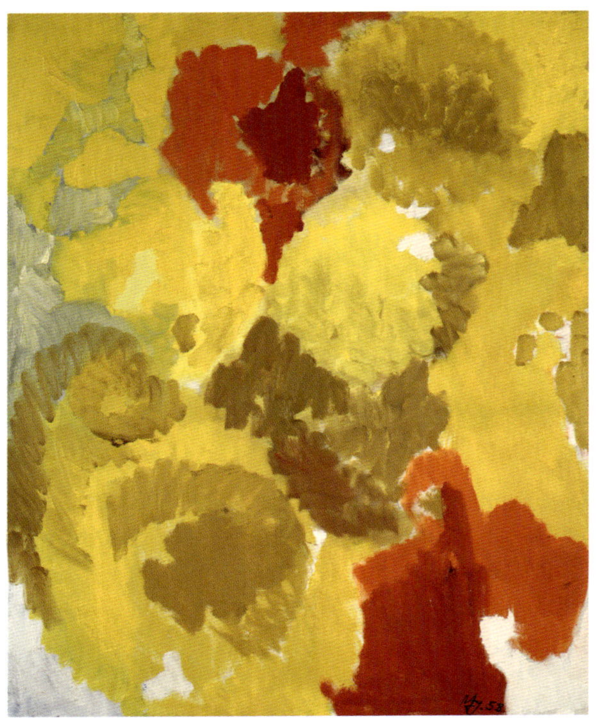

1 Ernst Wilhelm Nay: *Mit vielfältigem Gelb,* 1958
Öl auf Leinwand, 100 x 81 cm
Privatsammlung

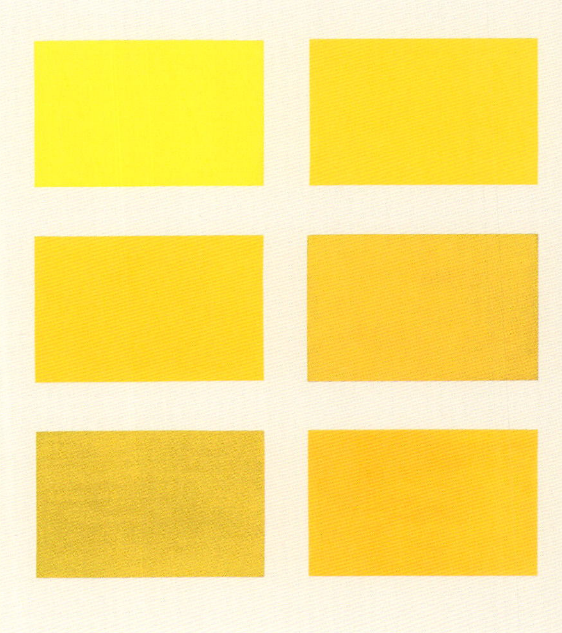

2 Gerhard Richter: *Sechs Gelb* (141), 1966
Lackfarbe auf Leinwand, 200 x 170 cm
Museum Frieder Burda, Baden-Baden

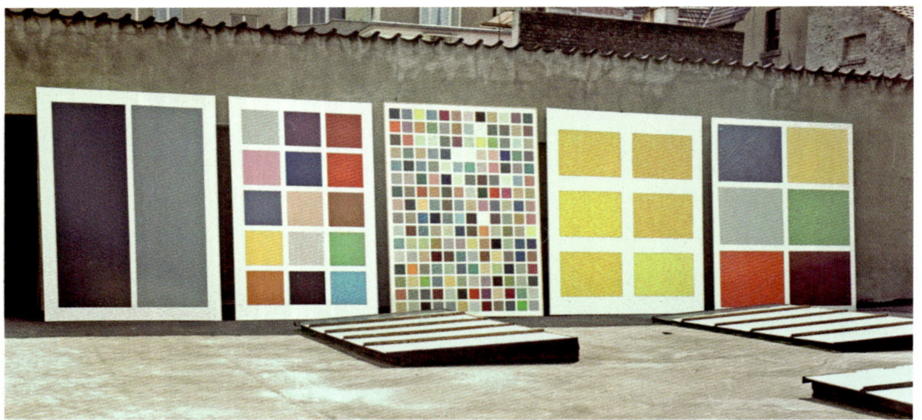

3 Farbtafelbilder Gerhard Richters auf dem Dach
seines Ateliers im Fürstenwall 204 in Düsseldorf, 1966

gelagerter Rhomben in perspektivischer Verkürzung.[10] Nach Aussage von Duchamps Galerist Arturo Schwarz handelt es sich um Kopien von Farbmustern aus einem Katalog für Ölfarben.[11] In der Ausstellung *Dada 1916–1923* in der New Yorker Sidney Janis Gallery hatte der Künstler Robert Rauschenberg dieses Werk 1953 gesehen und sich davon vermutlich für seine Arbeit anregen lassen. Während Duchamp seine Farbmusterkarten noch illusionistisch gemalt hatte, verwendete Rauschenberg 1955 tatsächliche Musterproben. Für sein großformatiges Combine-Painting *Rebus* (Privatsammlung, Dauerleihgabe im Museum of Modern Art, New York) collagierte der Künstler über 100 kleine, monochrome Farbstreifen aus einem Farbmusterbuch, das er in einem Laden erworben hatte, in einer horizontalen Reihe mittig auf die Leinwand.[12] Am oberen Rand jeder Probe sind zwei Löcher sichtbar, die der Bindung der Farbstreifen dienten. Die Muster sind in dem Bild also deutlich als industrielle Farbproben und somit als Readymades erkennbar. Sie sind allerdings kein wesentlich bildbestimmendes Element, da der Künstler auf die dreiteilige Leinwand außerdem Stoffteile, Comicstrips, Poster, Zeichnungen, Photos und Drucksachen klebte, die er anschließend mit Pinselstrichen und Farbspritzern bearbeitete. 1962 verwendete der italienische Künstler Giulio Paolini ähnliche Farbproben hingegen als alleiniges und bildbeherrschendes Motiv für seine Arbeit *Ohne Titel* (Privatsammlung).[13] Mit kleinen Metallklammern befestigte er 25 individuell monochrome Karten aus Karton auf einer durchsichtigen Plastikfolie, die über einen Holzrahmen gespannt ist. Indem dieses Werk die Farben modellhaft vorführt, erscheint es wie eine strenge Analyse der Grundlagen bildnerischer Praxis.

Farbmusterkarten als bildnerische Vorlagen

Bei Sonnen-Herzog, einem Düsseldorfer Geschäft für Handwerkerbedarf, waren Gerhard Richter 1966 die dort ausliegenden Farbmusterkarten aufgefallen. Er war sofort fasziniert von diesen sachlichen, in keiner Weise auf ein Künstlersubjekt verweisenden Motiven.[14] Im selben Jahr fertigte der Künstler seine ersten seriellen Farbtafelbilder (Abb. 3) nach dem Vorbild der Musterkarten der deutschen Firma Ducolux. Es entstanden 18 Arbeiten auf Leinwand und eine auf Holz, die wie Farbmusterkarten gleich große monochrome Farbflächen in quadratischer oder längsrechteckiger Form zeigen (vgl. das Kapitel *Zufall und Konzept. Farbtafeln*, S. 88–103). Die seriell angeordneten Farben berühren sich nicht, sondern sind durch weiße Stege voneinander getrennt, so dass jede Farbe einen großzügigen Freiraum für sich in Anspruch nimmt und es zu keiner oder kaum einer Interaktion mit den benachbarten Farben kommt. Die Bilder haben jeweils 2, 3, 6, 8, 9, 10, 12, 15 oder 18 Farbflächen, nur zwei Bilder weisen 100 beziehungsweise 192 Farbtöne auf (Kat. 13–15). Die Titel geben entweder die Anzahl der Farben an – zum Beispiel *9 Farben* –, oder die Werke sind schlichtweg als *Farbtafel* bezeichnet. Das nach Richters Angaben erste Bild dieser Reihe, *192 Farben* (136) (Kat. 13), wurde in Ölfarbe ausgeführt, während alle anderen mit industriellen Lackfarben der Marke Ducolux gemalt sind. Der Künstler entschied sich für dieses Malmaterial, da es eine glatte, glänzende Oberfläche ermöglicht, die keinen individuellen Pinselduktus aufweist und die Bilder somit betont unpersönlich wirken lässt.

Damit hat Richter im Geist der Pop Art die banalen und massenhaft produzierten Vorlagen aus einem Handwerkergeschäft nobilitiert und im Kunstkontext bildwürdig gemacht. Die Gemälde zitieren die Präsentation der Farben als Readymades sowie die längliche Flächenform und die modellhafte, antikompositionelle Erscheinung der Farbmusterkarten. Allerdings kopierte Richter die Karten nicht exakt, sondern verteilte die Farben „ganz willkürlich“, wie er 2015 erläuterte.[15] Trotzdem – oder gerade deshalb – sehen seine Farbtafelbilder in ihrer Struktur tatsächlich wie Farbmusterkarten aus, was ein Vergleich verdeutlichen kann.

Betrachtet man die Ducolux-Musterkarte von 1963 (Abb. 4), so fällt auf, dass nur die Gelb-, Blau- und Rottöne Gruppen bilden, die anderen Farben jedoch keiner systematischen Ordnung folgen. So erscheint etwa nach Dunkelbraun ein Hellgrün oder nach Dunkelgrün ein leuchtendes Rot, was farbtheoretisch keinen Sinn ergibt. Für den Hersteller ist eine durchgehende Farbabfolge nicht notwendig, da eine solche Karte lediglich eine Farbkollektion zeigen soll, die auf die spezifischen Marktbedürfnisse ausgerichtet ist und somit für bestimmte Moden und Trends steht. Deshalb ist auf der Vorderseite der alten Ducolux-Karte bezeichnenderweise zu lesen: „Die Modetöne der Saison“. Gerhard Richters Lackgemälde *Zehn Farben* (135-1) von 1966 (Abb. 5) weist ebenfalls keine ästhetisch normative Farbordnung auf. Denn neben einem intensiven Rot sind vier Grautöne, je zwei pastellige Grün- und Brauntöne sowie Türkis zu sehen. Auch die 100 Farbtöne der komplexeren Arbeit *Zehn große Farbtafeln* (144) aus demselben Jahr bilden nur partiell Farbfamilien mit jeweils einem gemeinsamen Grundton.[16] Die Systematik wird wie auf den Farbmusterkarten immer wieder durchbrochen. Wie demonstrativ Gerhard Richter mitunter auf die verwendeten Vorlagen verwies, zeigt sich gerade an dieser zehnteiligen Arbeit. Während die Gemälde an ihrem heutigen Standort in der Kunstsammlung Nordrhein-Westfalen in Düsseldorf flach an der Wand hängen, hatte der Künstler sie 1967 bei der Gruppenausstellung *Demonstrative 67* im DuMont-Verlagshaus in Köln auf Stelzen stehend, Kante an Kante wie ein aufgeklapptes Leporello präsentiert (Abb. 6). Damit wurde direkt auf die Form einer geöffneten Farbmusterkarte angespielt.

Ebenfalls 1966 entstand das Lackgemälde *Fünfzehn Farben* (138), das in einer seriellen Rasterstruktur jeweils drei Farbquadrate in fünf Reihen zeigt (Abb. 7). Bereits 1963 hatte der amerikanische Pop-Art-Künstler Jim Dine ein ähnliches Bild produziert (Abb. 8). Es entspricht nahezu derselben Struktur und demselben Konzept wie Richters *Fünfzehn Farben,* doch hat Dine unterhalb seiner zwölf farbigen Rechtecke den Bildtitel in großen Buchstaben auf die Leinwand gesetzt: *A Color Chart*. Damit wies er unmissverständlich – aber auch allzu didaktisch – auf die Bildvorlage hin. Gerhard Richter kannte Jim Dines Gemälde nicht, als er sein eigenes Bild produzierte.[17] Vier Tafeln in Richters *Atlas* – seiner fortlaufenden Sammlung von Photos, Collagen und Skizzen – zeigen Entwürfe für Farbtafelbilder, die Beschriftungen neben oder unterhalb der einzelnen Farbflächen in Form von Farbnamen und Produktnummern enthalten.[18] Bei der Ausführung der Gemälde verzichtete der Künstler aber darauf, solche technischen Angaben oder gar die Begriffe „Farbkarte“ oder „Farbmusterkarte“ zu übernehmen.

Richter begann mit seinen Farbtafelbildern 1966, also im selben Jahr, als auch Blinky Palermo an seinem ersten Stoffbild mit dem lapidaren Titel *Rot-Rosa* (Sammlung Sattler, München) arbeitete.[19] Beide Künstler hatten sich 1963 als Studenten an der Düsseldorfer Kunstakademie kennengelernt und wurden enge Freunde. Palermo ließ – von Richters Frau Ema – für seine Bilder zwei oder drei monochrome Stoffbahnen aus Baumwolle, Leinen oder Nessel horizontal oder vertikal zusammennähen und spannte diese dann auf Keilrahmen. Der Stoff und dessen Farbe, also Bildträger und Farbfläche, sind in solchen Werken eins, da die Farbe vom Künstler nicht aufgetragen wurde, sondern bereits Bestandteil der industriell produzierten Stoffbahnen ist. Die Identität von Farbe und Material lässt die Farbe auch hier als Readymade erscheinen, was Richter in seinen Auffassungen wahrscheinlich bestärkt hat, zumal beide Künstler in engem gedanklichen Austausch standen.

Strategische Willkür versus traditionelle Farbtheorien

Gerhard Richter faszinierten die kommerziellen Farbkarten nicht nur deshalb, weil er mit ihnen Farben als Readymades erscheinen lassen kann, sondern auch, weil solche Musterkarten das Gegenteil von traditionellen künstlerischen Farbsystemen darstellen. Letztere bilden immer eine hierarchische und normative Ordnung, wie man sie zum Beispiel auch von den Farbspektren des Regenbogens oder optischer Prismen kennt. Das Farbrad des Naturforschers Isaac Newton (1704), die Farbenkugel des Romantikers Philipp Otto Runge (1810), der Farbkreis des für die Kunst einflussreichen Chemikers Michel-Eugène Chevreul (1839) und die aufgeklappte Farbenkugel des Bauhaus-Lehrers Johannes Itten (1921) sind bekannte Beispiele von Farbsystemen aus der Kunst- und Wissenschaftsgeschichte. Diese Farbtheorien und ihre Visualisierungen gehen von einem kontinuierlichen Farbspektrum aus, das mit seinen Tonabstufungen von Rot über Orange, Gelb, Grün und Blau bis zu Violett reicht.

Künstler, die sich auf solche Farbsysteme beziehen oder daraus eigene Theorien entwickelt haben, sind Gerhard Richter mitunter suspekt. Wie er 1986 in einem Interview äußerte, sieht er seine Farbtafelbilder im deutlichen Gegensatz etwa zu den Werken von Josef Albers. Als ein Beispiel für die ganz in der Tradition des Bauhauses stehende Arbeit von Albers kann die berühmte Gemälde- und Graphikserie *Homage to the Square* genannt werden. Unter diesem Titel produzierte der Künstler in den USA zwischen 1949 und 1976 – also noch während Richter an seinen Farbtafelbildern arbeitete – zahlreiche Werke, die als Paradebeispiel für eine systematische Analyse der Interaktionen zwischen den Farben gelten. Seine gleichnamige Serie von Siebdrucken auf Papier von 1962 besteht aus zehn Blättern, die jeweils drei oder vier ineinander verschachtelte Quadrate in unterschiedlichen Farben präsentieren.[20] Mit didaktischem Impetus zeigte Albers auf, dass Farben aufgrund ihrer optischen Wechselbeziehung, also der gegenseitigen Beeinflussung durch benachbarte Farben, ein sehr relatives künstlerisches Mittel sind. Deshalb kann ein und derselbe Farbton neben verschiedenen anderen Farben eine Vielzahl von Erscheinungs- und Wirkungsweisen entfalten. *Homage to the Square* reflektiert somit auf systematische Weise bild- und rezeptionsästhetische Fragen. Gerhard Richter erscheinen solche Arbeiten, wie er sagte, als „zu kunstgewerblich und dekorativ“.[21] Subjektive Empfindungen oder

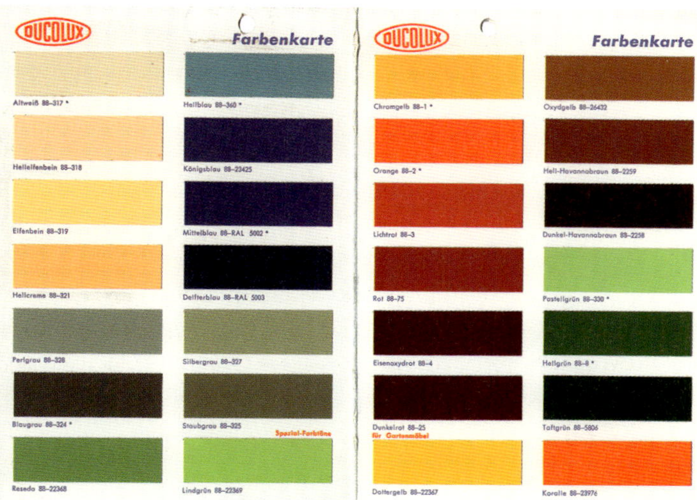

4 Farbmusterkarte der Firma Ducolux, 1963, Privatsammlung

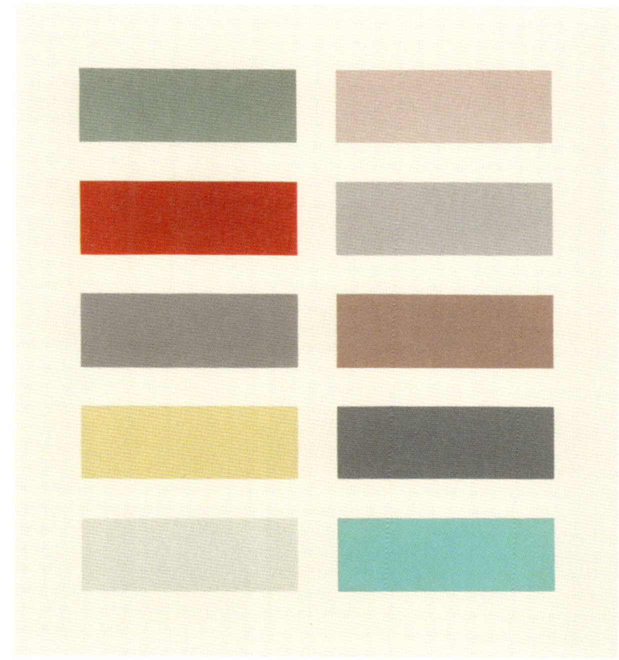

5 Gerhard Richter: *Zehn Farben* (135-1), 1966
Lackfarbe auf Leinwand, 135 x 120 cm
Sammlung Minskoff, New York

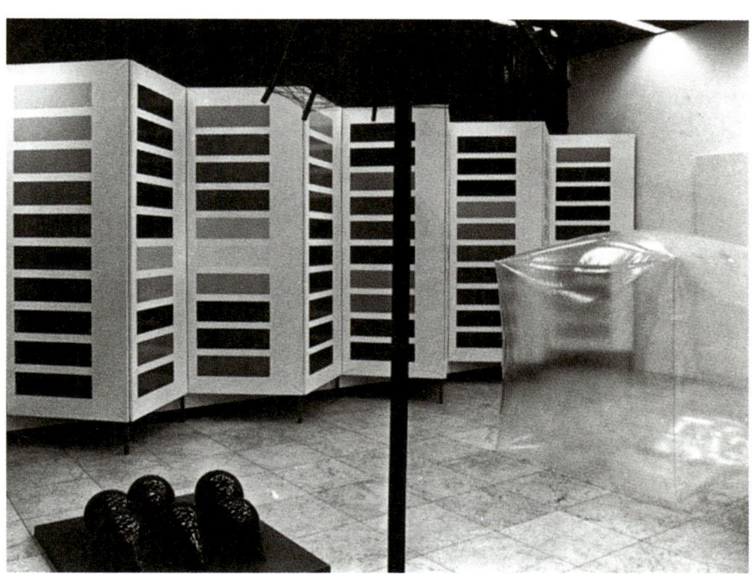

6 Gerhard Richters *Zehn große Farbtafeln* (144) von 1966
in der Gruppenausstellung *Demonstrative 67* im DuMont-Verlagshaus,
Köln, 1967

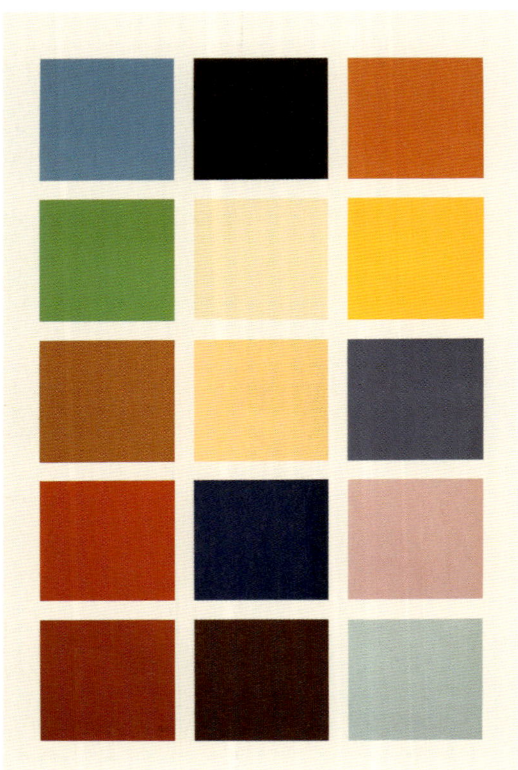

7 Gerhard Richter: *Fünfzehn Farben* (138), 1966
Lackfarbe auf Leinwand, 200 x 130 cm
Sammlung Robert M. Kaye

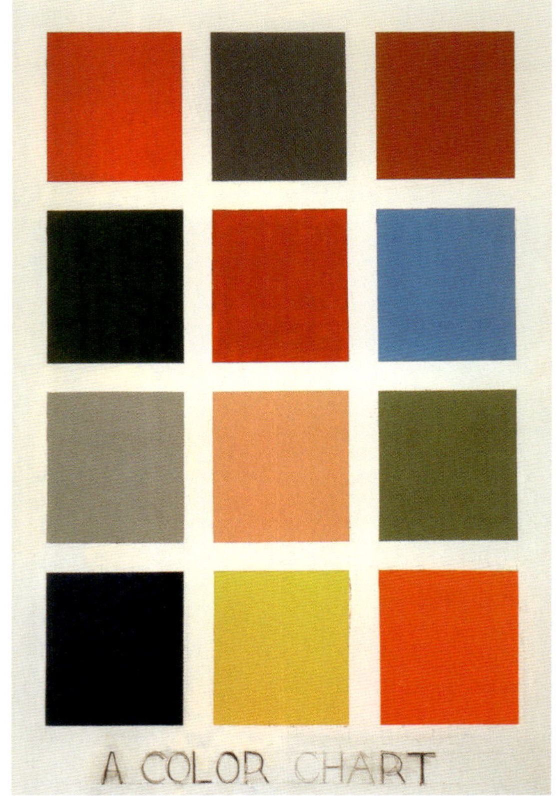

8 Jim Dine: *A Color Chart,* 1963
Öl auf Leinwand, 184 x 122 cm
Privatsammlung, New York

wahrnehmungspsychologische Farbeffekte sollten in Richters Kunst der 1960er Jahre keinen Platz haben. Die Farben werden von ihm ohne jeglichen Ausdruckswert und ohne jede Symbolik als Readymades vorgeführt. Dadurch stehen die Farbtafelbilder fernab jeder Tradition der geometrisch-konstruktiven Kunst wie beispielsweise der Vertreter des Bauhauses oder der Schweizer Konkreten.

All das, womit Farbe in der Geschichte der Kunst normalerweise assoziiert wird, ist von Richter negiert worden. Dies zeigt sich auch terminologisch, da man bei seinen Farbtafelbildern zwar von Farbe, aber nicht mehr von Kolorit sprechen kann. Der Begriff des Kolorits bezeichnet den farblichen Gesamteindruck eines Bildes, der künstlerisch durch eine einheitliche, bildübergreifend gestaltete Farbigkeit erzielt wird. Seit dem 16. Jahrhundert ist die Vorstellung vom Kolorit eine ästhetische Schlüsselkategorie der Malerei, ein Ideal der bildnerischen Erscheinung, dem im Lauf der Jahrhunderte bis in die Gegenwart mal mehr, mal weniger Bedeutung beigemessen worden ist.[22] Richter verweigert ein Kolorit, da er mit den Farbproben in ihrer reinen Materialität keinen kompositorischen Zusammenhang schafft. Denn die willkürliche Verteilung der Farben kann keine auf Kontrasten basierende Komposition erzeugen, sondern lässt etwas entstehen, das nur ganz sachlich als Struktur bezeichnet werden kann.

Zufall als bildkonstituierendes Konzept

Nach einer mehrjährigen Unterbrechung griff Gerhard Richter das Thema der Farbtafelbilder 1971 wieder auf, modifizierte das Konzept allerdings grundlegend. In jenem Jahr entstanden vier Lackgemälde mit je 180 und 20 mit je neun Farbtönen sowie ein Siebdruck. Das Gemälde *180 Farben* (300-1) von 1971 (Abb. 9) ist das erste Werk, das nicht mehr auf dem Vorbild einer Farbmusterkarte basiert, sondern auf eine streng konzeptuelle Strategie zurückgeht. Aus den Grundfarben Gelb, Rot und Blau mischte der Künstler 180 verschiedene Farbtöne und ließ deren Positionierung auf der Bildfläche durch ein Losverfahren entscheiden, indem er Papierzettel mit Nummern aus einem Eimer zog. Richter setzte hier also den Zufall als ein zentrales bildkonstituierendes Mittel ein. Als er damals seinem Drucker Tünn Konerding an der Düsseldorfer Kunstakademie erzählte, dass nicht er selbst, sondern sein Künstlerfreund Blinky Palermo bei einem bestimmten Bild die Farbnummern gezogen habe, meinte Konerding: „Das sieht man."[23] Es ist skurril und zugleich absurd anzunehmen, dass der im Losverfahren generierte Zufall zu einer im Bild erkennbaren individuellen Handschrift führen könnte, also auf Palermo tatsächlich verweisen würde. Dennoch übernahm Richter die Aufgabe des Losziehens dann doch lieber wieder selbst.

Die Einbeziehung des Zufalls in den künstlerischen Prozess hat in der Geschichte der Kunst eine lange, wenn auch in sich stark differierende Tradition. Ohne dem hier ausführlich nachgehen zu wollen, sei zumindest kurz darauf hingewiesen, dass sich die spezielle Praxis des Auslosens zur Festlegung einer Werkstruktur auf grundlegende Weise auch bei Marcel Duchamp im frühen 20. Jahrhundert finden lässt. Seine Arbeit *Erratum Musical* ist eine Partitur für drei Stimmen, deren Niederschrift 1913 folgendermaßen erfolgte: Duchamp und seine zwei Schwestern zogen nacheinander aus einem Hut kleine Papierzettel, die jeweils mit einer einzelnen Musiknote beschrieben waren.[24] Der Künstler notierte sie auf einem Notenblatt für jede Stimme in der Reihenfolge ihrer Ziehung, so dass sowohl die Abfolge der Töne als auch der Zusammenklang der drei Stimmen ein Zufallsprodukt ergaben. Auch Gerhard Richter hat die Elemente seiner Bilder unter Ausschluss jeder Subjektivität durch das Los ermittelt, was ein organisiertes Chaos im Sinn eines Zustands höchster Unordnung erzeugte. Das Auslosen als Zufallsgenerator verhindert – wie auch schon bei der willkürlichen Farbverteilung in den Farbtafelbildern von 1966 – eine Ordnung nach den Abstufungen eines Farbspektrums oder nach intendierten kompositorischen Kontrasten. Während die Rechtecke durch das Raster ein Höchstmaß an Ordnung zeigen, vermittelt sich die Verteilung der Farben als ein Höchstmaß an Unordnung. Richters Farbtafelbilder sind damit ein Musterbeispiel einer in farblicher Hinsicht hierarchielosen Sprache der Kunst.

1973 und 1974 kamen in Richters Œuvre zu den 25 Arbeiten von 1971 noch 25 weitere Lackgemälde hinzu mit zwischen 4 und 4096 Farbtönen (Abb. S. 231, Kat. 16–18). Das Werk *4096 Farben* (359) von 1974, das sich heute in einer Londoner Privatsammlung befindet, ist unter den Farbtafelbildern das komplexeste Bild. Im selben Jahr übertrug der Künstler das Strukturprinzip seiner Gemälde auch in das Medium der Druckgraphik. Es entstanden der Offsetdruck *1260 Farben* und die ähnliche druckgraphische Serie *Farbfelder. 6 Anordnungen von 1260 Farben.* Die sechs Offsetdrucke enthalten jeweils 1260 Farben in Form von kleinen, neben- und untereinander angeordneten Rechtecken, wobei jedes Blatt eine andere Verteilung der Farbtöne aufweist (Abb. 10). Um das Konzept für diese Graphikserie festzulegen, fertigte Richter mit Bleistift und schwarzem Filzschreiber eine Zeichnung auf Karton an

(Abb. 11). Dieses Blatt ist kunsthistorisch aufschlussreich, da es anschaulich macht, wie der Künstler konzeptuell vorgegangen ist. In der Zeichnung erscheinen die Kästchen noch ohne Farben; stattdessen weisen sie jeweils eine dreistellige Zahl auf, die der Künstler in die Flächenformen hineingeschrieben hat. Ein Beispiel kann die später vom Drucker vorgenommene Umsetzung einer solchen von Richter notierten Zahl in einen Farbton verdeutlichen: Die Zahl 258 bedeutet 2 Teile Rot + 5 Teile Blau + 8 Teile Gelb, was den Farbton Olivgrün ergibt. In einigen Kästchen erscheint anstatt einer Zahl ein V, das in der Druckersprache für Vollton steht, das heißt, dass dieser Farbton mit 100 Prozent gedruckt werden sollte.

Die Reihenfolge der Zahlen und die daraus resultierenden Farbtöne wurden für alle Kästchen des ersten der sechs Offsetdrucke ausgelost, indem Richter Papierzettel mit Nummern aus einem Eimer zog. Er setzte also auch hier wieder den Zufall als zentrales bildkonstituierendes Prinzip ein. Die auf diese Weise ermittelten Zahlenfolgen wurden für die weiteren fünf Blätter beibehalten, allerdings vertauschte der Drucker nach Anweisung des Künstlers die jeweiligen Farben, so dass zum Beispiel die Zahl 258 nicht mehr ein helles Olivgrün, sondern beim nächsten Druck ein gedecktes Blauviolett ergab. Jedes der sechs Blätter der Serie weist damit eine andere Farbverteilung auf.

Serielle Rasterstrukturen als Ordnungsprinzip

Neben dem Konzept des Zufalls durch das beschriebene Losverfahren ist das Prinzip des Seriellen die zweite grundlegende Kategorie, die die *Farbfelder*-Mappe und alle anderen von Richters Farbtafelbildern der 1970er Jahre kennzeichnet. Das Arbeiten in Serien war eines der zentralen künstlerischen Verfahren in den 1960er und 1970er Jahren in der Pop Art, Minimal Art und Conceptual Art sowie in der geometrisch-konstruktiven Kunst dieser Zeit. Als künstlerisches Konzept und als Gestaltungsform basiert Serialität immer auf dem Prinzip einer Wiederholung des Gleichen oder zumindest Ähnlichen. Der amerikanische Künstler Mel Bochner, der mit seinen Ausstellungen und Publikationen die Aufmerksamkeit gezielt auf serielle Verfahren lenkte, formulierte 1967 den grundlegenden Satz: „Serielle Ordnung ist eine Methode und kein Stil.“[25] Die Anwendung serieller Prinzipien ist für Bochner kein stilistisches Phänomen, das einer bestimmten Ästhetik entspricht, sondern die Manifestation eines spezifischen künstlerischen Vorgehens. Im Gegensatz zu einem intuitiven oder gar expressiven Arbeiten plädierte er im Sinne der Conceptual Art für eine systematische Methode, für die ein vorher festgelegtes Konzept kennzeichnend ist.

Dies trifft auch auf Gerhard Richters Farbtafelbilder der 1970er Jahre zu. Diese Werke weisen eine strenge Bildorganisation auf, der ein serielles und symmetrisches Ordnungsprinzip zugrunde liegt. So sind etwa im Lackgemälde *1024 Farben* (351) von 1973 (Kat. 16) 1024 farbige Quadrate über die gesamte Bildfläche verteilt, so dass sich eine All-over-Struktur ergibt.[26] Die rechtwinklige Anordnung der Farbkästchen und ihre Zwischenräume lassen eine gleichmäßige Rasterstruktur entstehen. Auch hier erscheint der Begriff der Komposition unangebracht. Denn alle Elemente stehen ohne kompositorische Hierarchie in einem egalitären Verhältnis zueinander, das heißt, die Kästchen sind prinzipiell nicht nur gleichförmig, sondern auch gleichwertig. Die amerikanische Kunsthistorikerin Rosalind E. Krauss bezeichnete 1978 die Struktur eines solchen Rasters als „ein Emblem der Moderne“,[27] da es als eine paradigmatische Bildform des 20. Jahrhunderts betrachtet werden kann.

Entwickelt wurde das Prinzip bildnerischer Rasterstrukturen sowohl von Piet Mondrian (Abb. S. 19) und Josef Albers als auch etwa von Man Ray und Hans Arp in den 1910er und 1920er Jahren. In den 1950er Jahren wurde es von Ellsworth Kelly aufgegriffen.[28] Gerhard Richter hat das Raster in den 1960er und 1970er Jahren weiterentwickelt und mit der Vorstellung von Farbe als Readymade verbunden (vgl. das Kapitel *Struktur und Illusion. Abstraktionen der 1960er Jahre,* S. 70–87). Letzteres betrifft allerdings nur Richters Farbtafelbilder von 1966. Denn je kleinteiliger und komplexer diese Bilder in den 1970er Jahren wurden, desto weniger erinnern sie noch an reale Musterkarten. Die Farben haben sich hier zu selbstreferenziellen bildnerischen Elementen verselbständigt. Dies trifft besonders auf solche Werke zu, die eine sehr hohe Anzahl von Farbtönen zeigen, wie etwa das genannte Lackgemälde *4096 Farben.*

Bei der grundsätzlichen Reflexion der Möglichkeiten einer zeitgenössischen Malerei und Druckgraphik hat Gerhard Richter mit seinen Farbtafelbildern ein Motiv und eine künstlerische Produktionsform gefunden, die – mit Blick auf die zeitgleichen Strömungen der Pop Art, Minimal Art und Conceptual Art – natürlicherweise Teil ihres historischen Kontextes sind. Dabei hat Richter die Mittel einer solchen Kunst auf spezifische Weise untersucht und radikale Bildformen entwickelt, indem er mehrere grundlegende Aspekte zusammenführte: erstens die Idee der Farbe als Readymade durch die Verwen-

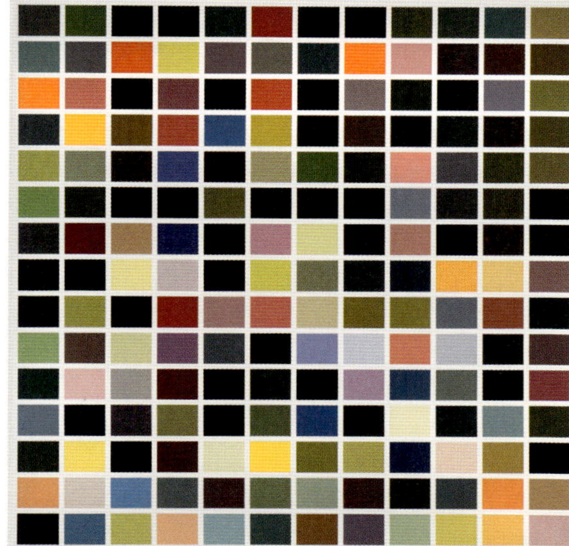

9 Gerhard Richter: *180 Farben* (300-1), 1971
Lackfarbe auf Leinwand, 200 x 200 cm
Privatsammlung, New York

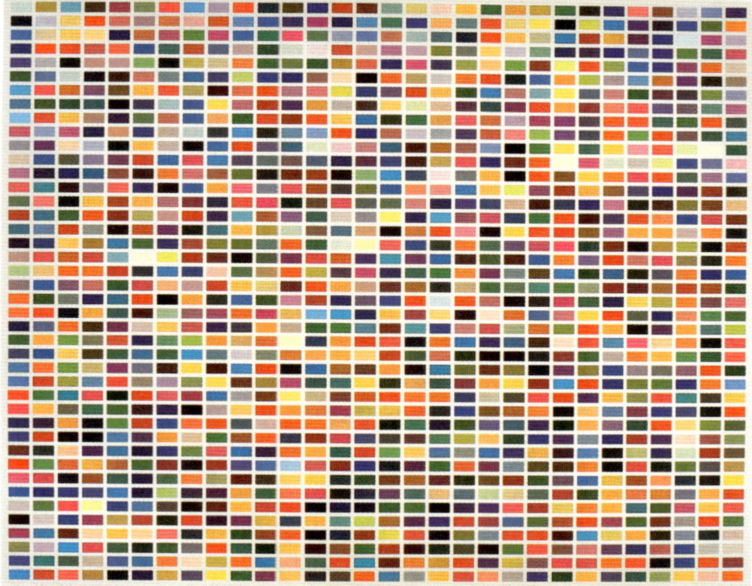

10 Gerhard Richter: *Farbfelder. 6 Anordnungen von 1260 Farben,*
Blatt a (*Rot-Gelb-Blau*) (Edition 51), 1974
Offsetdruck auf weißem Karton, 64,4 x 79,2 cm
Privatsammlung

11 Gerhard Richter: Konzeptueller Entwurf für *Farbfelder. 6 Anordnungen von 1260 Farben*, 1974
Filzstift und Bleistift auf Karton, 65,5 x 80 cm
Olbricht Collection, Essen

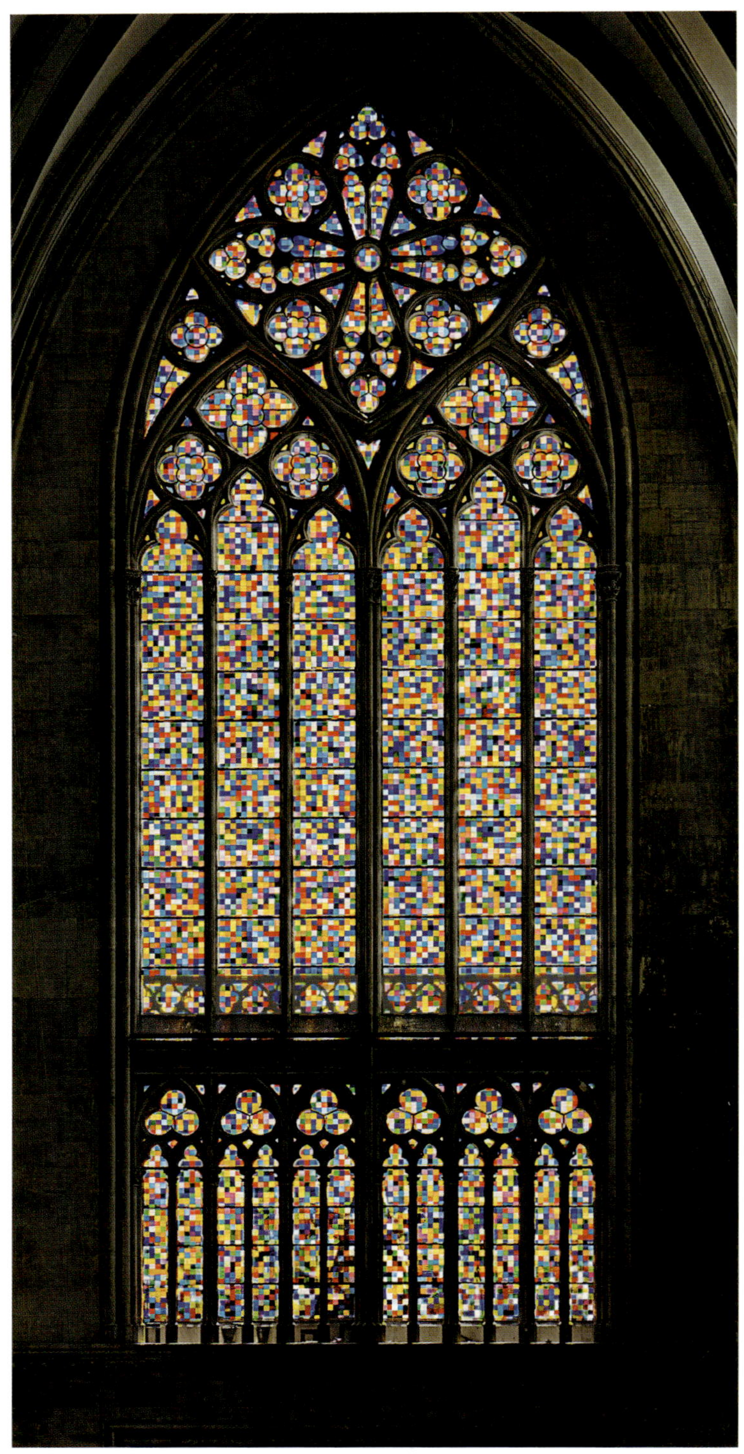

12 Gerhard Richter: *Kölner Domfenster* (900), 2007
Mundgeblasenes Echt-Antikglas, 2300 x 900 cm
Kölner Dom

dung von Farbmusterkarten als bildnerische Vorlagen; zweitens das Konzept des Zufalls als bildkonstituierendes Prinzip; drittens die damit einhergehende Ablehnung traditioneller Farbtheorien; viertens die Anwendung streng serieller und antikompositioneller Rasterstrukturen und fünftens die damit verbundene weitgehende Ausschaltung subjektiver Kategorien. Trotz oder gerade aufgrund dieser Abwendung von traditionellen Formen der Bildfindung kommt den Farbtafelbildern in Richters vielfältigem Œuvre eine kunsthistorisch bedeutende Stellung zu. Ihren ortsspezifischen Höhepunkt fand diese Kunst 2007 in Gerhard Richters *Kölner Domfenster* (900), das wohl als seine populärste Arbeit bezeichnet werden kann (Abb. 12).[29]

1 Aurel Scheibler: *Ernst Wilhelm Nay. Werkverzeichnis der Ölgemälde,* Bd. 2: *1952–1968,* Köln 1990, S. 64–237.

2 *E. W. Nay. Lesebuch. Selbstzeugnisse und Schriften 1931–1968,* bearb. von Magdalene Claesges, Köln 2002, S. 186 f.

3 Friedrich Wolfram Heubach: Die Kunst der 60er Jahre, in: *Die 60er Jahre. Kölns Weg zur Kunstmetropole. Vom Happening zum Kunstmarkt,* Ausst.-Kat. Kölnischer Kunstverein, Köln 1986, S. 112–116, hier S. 114.

4 Zit. n. Francis Roberts: „I Propose to Strain the Laws of Physics". Interview with Marcel Duchamp, in: *Art News* 67,8 (Dezember 1968), S. 46 f. und 62–64, hier S. 47 (Übers. Hubertus Butin).

5 Marcel Duchamps Vortrag erschien erstmals unter dem Titel „Apropos of Readymades", in: *Art and Artists* 1,4 (Juli 1966), S. 47 (Übers. Hubertus Butin).

6 Siehe zum Beispiel *Color Chart. Reinventing Color. 1950 to Today,* Ausst.-Kat. The Museum of Modern Art, New York 2008.

7 Bereits bei Vincent van Gogh klingt die Auffassung von der Farbe als Readymade an. Obwohl Farbe bei diesem Künstler noch eine expressive, darstellende Funktion hat, scheint er die industriell hergestellte Farbe auch als unmittelbar einzusetzendes Material aufgefasst zu haben, wenn er über seine Naturdarstellungen schreibt: „Ich drücke die Wurzeln und Stämme aus den Tuben", Vincent van Gogh an Theo van Gogh, in: Vincent van Gogh: *Briefe an seinen Bruder,* hrsg. von Johanna Gesina van Gogh-Bonger, Frankfurt am Main 1988, Nr. 221.

8 Hubertus Butin: Gerhard Richters Editionen und die Diskurse der Bilder, in: Butin u. a. 2014, S. 11–108, hier S. 32 f.

9 Abb. ebd., S. 33.

10 Abb. in: Arturo Schwarz: *The Complete Works of Marcel Duchamp,* Bd. 2, 3. Aufl., New York 1997, S. 439, 658.

11 Abb. ebd., Bd. 1, S. 225.

12 Abb. in: *Robert Rauschenberg. Retrospektive,* Ausst.-Kat. Museum Ludwig, Köln 1998, S. 117.

13 Abb. in: *Giulio Paolini. Von heute bis gestern. Da oggi a ieri,* Ausst.-Kat. Neue Galerie im Landesmuseum Joanneum, Graz 1998, S. 195.

14 Die britische Farbenfirma Craig & Rose hatte bereits um 1910 ähnliche Farbmusterkarten hergestellt. Abb. in: Patrick Baty: *The Anatomy of Colour. The Story of Heritage Paints and Pigments,* London 2017, S. 206.

15 Gerhard Richter: E-Mail an den Autor, 15.6.2015.

16 Abb. in: Elger 2011–2017, Bd. 1, S. 299.

17 Der britische Künstler Damien Hirst transformierte die Ducolux-Farbenkarte von 1963 (Abb. 4) im Jahr 2015 in drei großformatige Lackgemälde und produzierte somit eine Art gemaltes Readymade, Abb. in: *Colori. Emotions of Color in Art,* Ausst.-Kat. Castello di Rivoli, Museo d'Arte Contemporanea, und GAM – Galleria Civica d'Arte Moderna e Contemporanea, Turin 2017, S. 243.

18 Abb. in: Richter 2015a, Taf. 275, 276, 279, 280.

19 Abb. in: *Palermo. Bilder und Objekte. Werkverzeichnis,* hrsg. von Thordis Moeller und Kunstmuseum Bonn, Bd. 1, Köln 1995, Nr. 49.

20 Abb. in: Brenda Danilowitz: *The Prints of Josef Albers. A Catalogue Raisonné. 1915–1976,* 2. Aufl., Manchester/New York 2010, S. 96–98.

21 Gerhard Richter: Interview mit Benjamin H. D. Buchloh (1986), in: Richter 2008, S. 164–189, hier S. 173.

22 Christoph Wagner: „Kolorit" und „Farbe" als Kategorien der Ästhetikgeschichte, in: *Farben in Kunst- und Geisteswissenschaften,* hrsg. von Jakob Steinbrenner, Christoph Wagner und Oliver Jehle, Regensburg 2011, S. 94–121.

23 Zit. n. Corinna Belz: *Gerhard Richter. Das Kölner Domfenster,* Dokumentarfilm, D 2008.

24 Abb. in: Schwarz 1997 (wie Anm. 10), S. 329, 572.

25 Mel Bochner: The Serial Attitude, in: *Artforum* 6,4 (Dezember 1967), S. 28–33, hier S. 28 (Übers. Hubertus Butin).

26 Elger 2011–2017, Bd. 2, Abb. S. 567.

27 Rosalind E. Krauss: Grids, You Say, in: *Grids. Format and Image in 20th Century Art,* Ausst.-Kat. The Pace Gallery, New York 1978, o. S.

28 Für einen Vergleich mit Werken dieser Künstler siehe Butin u. a. 2014, S. 36–39.

29 Hubertus Butin: Gerhard Richters Kölner Domfenster, in: Köln 2007, S. 45–53.

„Das Denken ist beim Malen das Malen“. Der Vorrang der Form bei Gerhard Richter

Armin Zweite

Als Gerhard Richter 1969 ein Verzeichnis seiner Gemälde anzulegen begann, führte er als Erstes ein Werk mit dem lapidaren Titel *Tisch* (1) (Abb. S. 10, 24) auf, das er 1962 in Düsseldorf geschaffen hatte. Als Beginn eines retrospektiv angelegten Werkverzeichnisses erscheint diese Arbeit insofern überraschend, als es sich hierbei nicht um einen vielversprechenden Auftakt handelt, sondern um ein Signal des Misslingens, der Auslöschung und der Flucht. Als Vorlage diente dem Maler eine Reproduktion aus dem August-Heft der italienischen Architektur- und Designzeitschrift *domus* von 1956 (Abb. S. 24).[1] Abgebildet ist dort ein Ausziehtisch von Ignazio Gardella, einem der seinerzeit führenden Architekten Italiens.[2] Dieses Sinnbild der italienischen Moderne hat Richter nicht einfach kopiert, sondern die Proportionen des Möbels sowie sein Verhältnis zum Raum deutlich verändert, wobei sich die volatile Eleganz in nüchterne Gediegenheit verwandelte. Anschließende Korrekturversuche scheiterten, so dass Richter die Komposition mit einigen heftigen Wischbewegungen zu löschen versuchte.

Zurück blieb ein großer, ovaler Fleck im Zentrum des Bildes, der mit seiner dynamischen Binnenstruktur zwischen der oberen und unteren Bildhälfte vermittelt. Im oberen, helleren Teil scheint zudem eine perspektivisch nach hinten verkürzte weißliche Fläche zu schweben, die sich im Zentrum des unteren Bereichs matt, verkleinert und mit aufgelösten Konturen reflektiert und dabei von zwei schrägen schwärzlichen Linien in Position gehalten wird. Die photographische Vorlage verdeutlicht, dass es sich bei den Schrägen um die schmalen Beine des Ausziehtischs handelt, während mit dem flachen, oben schwebenden Körper die Tischplatte gemeint ist. Die Trennung der Bildelemente und ihre symmetrische Anordnung veranschaulichen, dass trotz der rabiaten Verwerfung der Komposition ein wesentliches Moment der ursprünglichen Anlage des Bildes bewahrt blieb, nämlich ihre kompositorische Ausgewogenheit. Papierreste, Flecken und andere Unregelmäßigkeiten in verschiedenen Bereichen des Gemäldes modifizieren die gegenüber dem energischen Auslöschungsversuch resistente Ausponderierung der Komposition nur unwesentlich, was auch die elliptische Grundfigur der Verwischung im Zentrum betont.

Das Bild *Tisch* (1) vergegenwärtigt prospektiv die beiden Pole in Richters Schaffen: einerseits das Bemühen, die Realität mit Hilfe von Photos wiederzugeben, andererseits das Bestreben, die Emanzipation der Malmittel zu forcieren und abstrakt zu arbeiten.[3] Beides kommt hier zum Tragen: das Kalkulierte, Formbestimmte, Ausgewogene und Realitätsnahe ebenso wie das Gestische, Freie, Spontane und Zufällige. Beide Intentionen stehen im Werk nebeneinander und werden nicht gegeneinander ausgespielt.[4] Die Darstellung markiert eine Zäsur im Schaffen des Malers.[5] Richters spätere Strategien bei seinen Abstraktionen in Richtung auf Auslöschung, Enthaltung, Negation und Verbergung deuten sich hier bereits an (vgl. den Beitrag von Dietmar Elger, S. 22–33).[6]

Er zeigte das Bild im Sommer 1964 in seiner ersten Einzelausstellung in der Münchner Galerie Friedrich & Dahlem. Fünf Jahre später wurde das Werk in seinem ersten wichtigen Ausstellungskatalog reproduziert.[7] Offenbar hatte er in seinem zerstörerischen Akt eine besondere Qualität entdeckt – ohne jedoch bereits recht zu wissen, worin diese eigentlich bestand, wie er 30 Jahre später festhielt.[8] Das Machen stand gegenüber dem Denken im Vordergrund.

Das hier nur knapp erläuterte Beispiel ließe sich so verstehen, dass in der Malerei das Machen – das heißt in diesem konkreten Fall das Auslöschen, Zerstören und Überformen – nicht nur als vorrangig gegenüber dem Denken einzuschätzen sei, sondern dass dieses offensichtlich spontane Machen vielmehr an die Stelle des Reflektierens treten müsse. Sollte das zutreffen, dann würde Richter auf Überlegungen zurückgreifen, die bereits im späten 19. Jahrhundert formuliert worden sind, aber erst im 20. Jahrhundert ihre volle Wirksamkeit entfalteten. Es ist diese Fokussierung auf den Produktionsprozess, die seinerzeit die Distanz gegenüber rezeptions- und gehaltsästhetischen Ansätzen einleitete, wie sie beispielsweise von Immanuel Kant und Georg Wilhelm Friedrich Hegel formuliert wurden – das heißt gegenüber Positionen, die lange Zeit den ästhetischen Diskurs bis ins frühe 20. Jahrhundert mitgeprägt hatten. Während für Kant die schöne Kunst eine „Vorstellungsart [ist], die für sich selbst zweckmäßig ist, und, obgleich ohne Zweck, dennoch die Kultur der Gemütskräfte zur geselligen Mitteilung befördert" und daher „die reflektierende Urteilskraft und nicht die Sinnesempfindung zum Richtmaße hat",[9] realisiert sich für Hegel die Kunst „im Ideal einer individuellen Anschauung der Wirklichkeit mit der Bestimmung, in sich wesentlich die Idee erscheinen zu lassen".[10] Während Kant das Wohlgefallen am Kunstwerk und am Schönen als interesselos bestimmte und dafür ein Gemüt in „ruhiger Contemplation" voraussetzte, war für Hegel die schöne Kunst längst von Gedanken und Reflexionen überflügelt worden, so dass man sie nach der Seite ihrer höchsten Bestimmung nur als vergangene würdigen konnte. Die ästhetische Gegenwart der Kunst war damit für Hegel ihre Vergangenheit. Lag für Kant der Wert des Kunstwerks im psychischen Zustand des Betrachters, manifestierte er sich für Hegel in seiner Bedeutung.

Es war Konrad Fiedler (1841–1895), der in einer Reihe von Schriften eine völlig andere Auffassung vom Wesen der Kunst und speziell der Malerei formulierte, die offensichtlich Eingang in Richters Praxis und seine den Werkprozess begleitenden Überlegungen gefunden hat. Fiedler stammte aus einer jüdischen Industriellenfamilie, arbeitete nach seinem juristischen Staatsexamen für kurze Zeit in einer Leipziger Rechtsanwaltskanzlei und lebte dann als reisender Kunstschriftsteller, wobei seine Freundschaft mit Anselm Feuerbach, Hans von Marées und Adolf von Hildebrand für die Formulierungen seiner theoretischen Überlegungen von großer Bedeutung waren. Nach den Worten des Kunsthistorikers Gottfried Boehm, dem in jüngerer Zeit die Wiederentdeckung Fiedlers zu verdanken ist, setzte er der Kunst in ihrer Randstellung zum Leben „das Programm einer Kunst gegenüber, die nicht nur beiläufiges Ornament wissenschaftlicher Erkenntnisleistungen sein soll, sondern eine eigene, legitime Art von Erkenntnis“.[11] Mit der Gegenüberstellung von einigen Äußerungen Richters mit Passagen aus den Veröffentlichungen Fiedlers sowie der Beschreibung exemplarischer Werke des Malers soll im Folgenden versucht werden, den inneren Zusammenhang zu erläutern, ohne dabei die eigenständige Position des Malers in Frage zu stellen.

Trennung von Praxis und Theorie

Gerhard Richters zu Beginn der 1960er Jahre – kurz nach seiner Ausreise aus der DDR – in Düsseldorf geschaffenen Werke sind thematisch und stilistisch heterogen. Zur selben Zeit reflektierte er über die Bewertungskriterien künstlerischer Arbeit. 1962 skizzierte er in einem Brief an den in Ostberlin lebenden Bildhauer Wieland Förster seine Situation und reflektierte die Glaubwürdigkeit des eigenen Tuns: „eine bestimmte Qualität hat etwas nur – in Relation zur Umgebung. Die Relation zur Umgebung macht selbst die Existenz erst möglich. Will also fast sagen ich kann in Dresden nicht leben, und Picasso, Moore, Pollock im Schrank haben. Es ist Quälerei u. Aufgeriebenwerden, zwischen zwei Sachen zu leben. Es sei denn man hätte einen anderen Beruf, zu dem das Bedenken u. Begreifen, der Welt, der Kunst, der geteilten Welt, gehört oder der das Bedenken zuläßt, dem Bedenken Raum läßt (wie Holzfäller, Kuhhirte, Abortmann). Aber Malen kann nicht bedacht u. begriffen werden. Das Denken ist beim Malen das Malen (und nicht die geringste wörtliche Überlegung) d. h. das Reagieren mit der Farbe auf die vorhergehende, mit der Form auf die vorhandene.“[12]

Die Passage schildert nicht nur den Zwiespalt, den Richter zuvor, zur Hochzeit der sogenannten Formalismus-Debatte, in Dresden durchlebt hatte, sondern macht auch deutlich, wie er sich den künstlerischen Prozess vorstellte. So sah er sich gezwungen, all das innerlich wegzusperren, zu verheimlichen und zu unterdrücken, was ihn interessierte und begeisterte, da es der offiziellen Kunstdoktrin der DDR widersprach. Diese Schizophrenie ließe sich allenfalls bei profanen Tätigkeiten aushalten, nicht aber bei etwas so Existentiellem wie der Kunst. Wollte sich ein Künstler aber ganz seiner Kunst widmen, dürfe es keine Trennung zwischen Denken und Handeln geben. Die daraus resultierende Erkenntnis sollte Richter später häufig wiederholen. In seinen Notizen von 1962 heißt es entsprechend: „Malen hat mit Denken nichts zu tun, denn beim Malen ist das Denken Malen.“[13]

Was in diesen Worten zum Ausdruck kommt, sollte für Richters gesamte künstlerische Produktion maßgeblich bleiben,[14] wenn auch mit entscheidenden Ergänzungen und Modifikationen. Auffällig ist zunächst die Trennung seiner malerischen Praxis – das heißt des handwerklichen Agierens mit Pinseln und Farben auf einer Leinwand – von aller theoretischen Konzeption. Diese kann es vor Beginn der praktischen Arbeit zwar geben, doch sie spielt im Vollzug des Malens keine entscheidende Rolle, weil sich – so ist Richter zu verstehen – die künstlerische Vorstellungswelt erst im physischen Prozess des Malens herausbildet und erst im Nachhinein reflektiert und analysiert werden kann, denn, so Richter 1962 in einer Notiz: „Denken ist Sprache, Registratur und hat vorher und hinterher zu erfolgen.“[15] Die Reflexion über Ziele und mögliche Resultate kann laut Richter zwar vor Beginn der künstlerischen Aktivität oder nach Beendigung des Malprozesses stattfinden, nur während der eigentlichen Tätigkeit bleibt jede Überlegung ausgeschaltet oder tritt weitgehend zurück. Mit seiner Bemerkung „Das Denken ist beim Malen das Malen“ bringt Richter zum Ausdruck, dass der Künstler – mit den Worten Konrad Fiedlers gesprochen – „die Wirklichkeit in seinen Sinnesvorstellungen in viel unverfälschterer Gestalt besitz[e], als in dem System von Worten und Begriffen“.[16]

Die Vergegenwärtigung eines Motivs und die Art und Weise ihrer Realisierung beschäftigt Richter in seinem gesamten Œuvre. Entweder wird das Sujet dem Betrachter als verschwommenes präsentiert – so bei den 1966 entstandenen *Matrosen* (126) (Abb. 1) –, oder die Faktur lässt das Motiv nur in Umrissen erkennbar werden wie in den Bildern *Trinkende Frau* (196-1) von 1968 (Abb. 2) oder

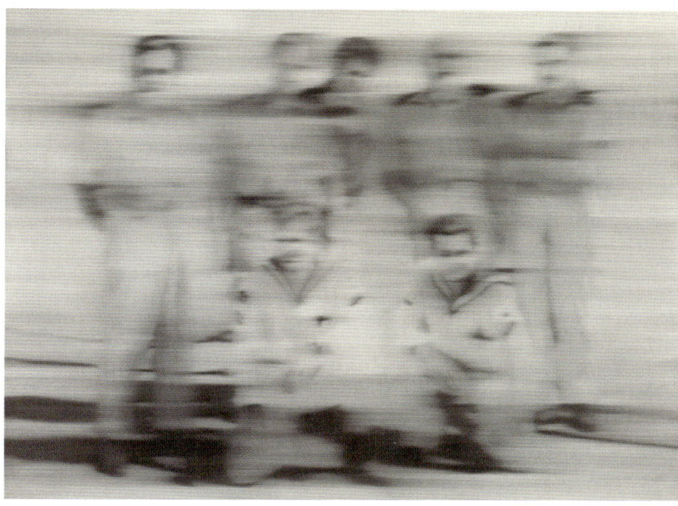

1 Gerhard Richter: *Matrosen* (126), 1966
Öl auf Leinwand, 150 x 200 cm
Privatsammlung, USA

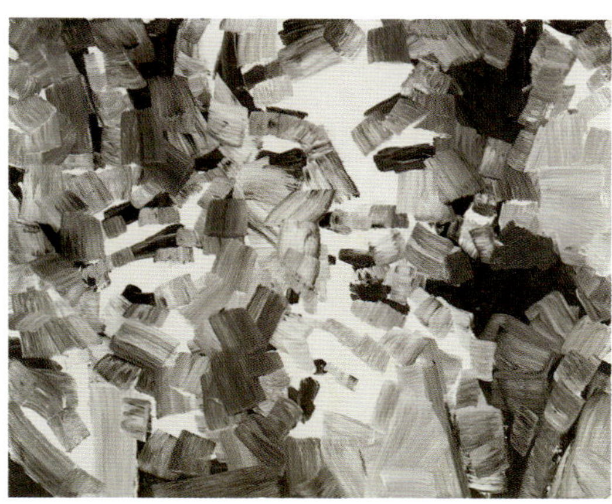

2 Gerhard Richter: *Trinkende Frau* (196-1), 1968
Öl auf Leinwand, 95 x 115 cm
Privatsammlung, Österreich

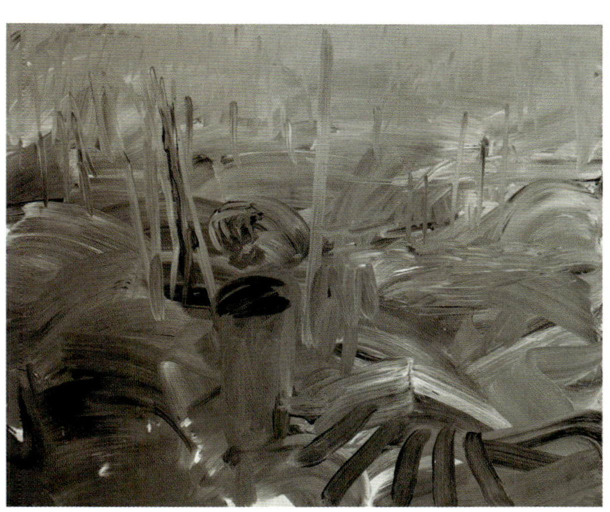

3 Gerhard Richter: *Weinernte* (195), 1968
Öl auf Leinwand, 95 x 115 cm
Privatsammlung

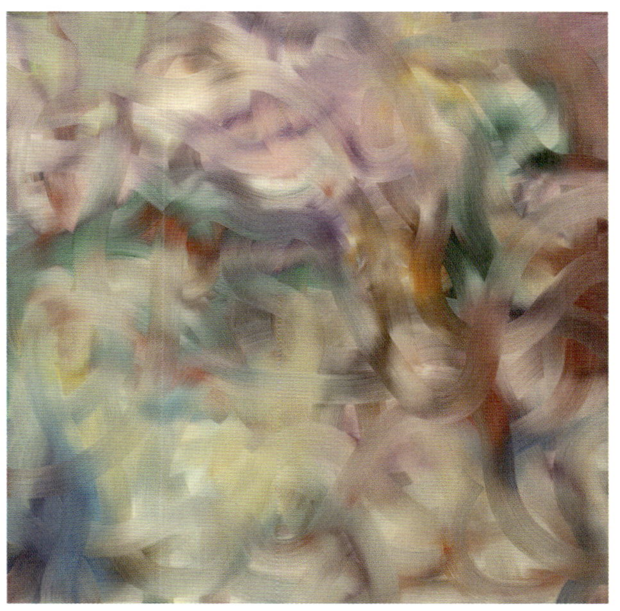

4 Gerhard Richter: *Farbschlieren* (192-2), 1968
Öl auf Leinwand, 200 x 200 cm
Privatsammlung

Weihnachtsmarkt (198) aus demselben Jahr (Kat. 6). Bei den Landschaften der späten 1960er Jahre wird dieses Wechselspiel prägend, wie etwa in dem Gemälde *Weinernte* (195) von 1968 (Abb. 3), das sich nur unwesentlich von den ebenfalls 1968 entstandenen *Farbschlieren* (192-2) (Abb. 4) abhebt. Das Nebeneinander von identifizierbaren, wenn auch meist verschwommen wiedergegebenen Sujets und auf motivische Anspielungen verzichtenden Darstellungen bleibt für das Gesamtwerk Richters bestimmend. Dabei kommt der Gruppe der als ungegenständlich zu bezeichnenden Werke ab den späten 1960er Jahren ein immer stärkeres Gewicht zu. Anerkennung fand Richter damals mit seinen quasirealistischen Arbeiten, denen Photos zugrunde liegen, während die Abstrakten Bilder zunächst mit Zurückhaltung aufgenommen wurden.

Verhältnis zur Wirklichkeit

Mit seinem Motto „Das Denken ist beim Malen das Malen" steht Gerhard Richter einer kunsttheoretischen Tradition und Praxis nahe, die Konrad Fiedler 75 Jahre zuvor bereits unter produktionsästhetischen Prämissen beschrieben hatte: „Gerade der Künstler wird sich bewußt sein, daß die höhere Entwicklung seines geistig-künstlerischen Lebens erst in dem Augenblicke beginnt, in dem sein Vorstellungsdrang die äußeren Organe seines Körpers in Bewegung setzt, in dem zur Tätigkeit des Auges und des Gehirns die Tätigkeit der Hand hinzutritt." Die künstlerische Praxis eröffne laut Fiedler überhaupt erst die Möglichkeit zur geistigen Entwicklung, denn der Künstler beginne „dann erst [...] die Bahn [zu betreten], auf der er sich aus Dunkelheit und Beschränkung zu steigender Klarheit und Freiheit emporarbeitet. All seine Begabung, all seine Genialität entwickelt sich erst in diesem äußerlich wahrnehmbaren Tun, in dem sich nicht die Darstellung, sondern die Entstehung der künstlerischen Vorstellungswelt vollzieht."[17]

Um die Entstehung einer künstlerischen Vorstellungswelt und ihre Bindung an einen physischen Akt ging es auch Richter, als er 1962 notierte: „Dass die Kunst die Natur kopiert, ist ein unheilvolles Missverständnis." Außerdem sei es, so Richter, eine „unsinnige Forderung und Behauptung: ‚das Unsichtbare sichtbar machen', das Unbekannte bekannt oder das Undenkbare denkbar".[18] Laut Richter stellt ein Künstler in seinen Gemälden nichts Reales oder Imaginäres dar, wie eine Landschaft, ein Stillleben, ein Portrait oder eine figürliche Szene. Er vergegenwärtigt oder illustriert nicht, was er wahrnimmt oder sich vorstellt, sondern erst im praktischen Umgang mit Pinseln und Farben entwickelt und konkretisiert sich ein Bild. Richter distanziert sich damit von rezeptions- und gehaltsästhetischen Ansätzen. Das lässt sich an seinen zu Beginn der 1970er Jahre entstandenen Werken wie *Ausschnitt* (291) von 1971 (Abb. 5) nachvollziehen. In seinem *Atlas* sind auf Tafel 89 neun Ausschnittphotos von Farbproben, jeweils ca. 13 x 18 cm groß, reproduziert (Abb. 6). Das Photo oben links bildete die Grundlage für das spätere monumentale Gemälde von 250 x 375 cm Größe, das gegenüber der Vorlage um 180 Grad gedreht ist.

Richters Äußerung „Das Denken ist beim Malen das Malen" lässt erkennen, dass er den künstlerischen Wert eines Bildes ausschließlich in dessen sichtbarer Gestaltung und Formgebung lokalisiert. 1972 äußerte er sich zur Problematik des Verhältnisses seiner Malerei zur Realität: „Ich kann über Wirklichkeit nichts Deutlicheres sagen als mein Verhältnis zur Wirklichkeit, und das hat dann was zu tun mit Unschärfe, Unsicherheit, Flüchtigkeit, Teilweisigkeit oder was immer. Aber das erklärt nicht die Bilder, sondern bestenfalls den Anlass, sie zu malen. Bilder sind also etwas anderes, sie sind z. B. nie unscharf. Das, was wir hier als Unschärfe ansehen, ist Ungenauigkeit, und das heißt Anderssein im Vergleich zum dargestellten Gegenstand."[19] Es geht Richter darum, deutlich zu machen, dass die Malerei die Realität nicht kopiert oder nachahmt, sondern dass die Kunst eine andere, unabhängige Realität vergegenwärtigt, die sich vor allem in der Art und Weise der Formgebung realisiert.

Überspitzt lässt sich der Sachverhalt erneut mit den vom Neukantianismus geprägten Schriften Konrad Fiedlers darlegen, der in engem Kontakt zu den Künstlern Hans von Marées und Adolf von Hildebrand stand. Die Leistung eines Bildes bestehe darin, die „Sichtbarkeit eines Dinges so [zu] isolieren, daß die Vorstellung eines Gegenstandes, an dem die Sichtbarkeit erscheint, gänzlich schwindet und diese letztere zu einer selbständigen Form des Seins wird".[20] Die Sichtbarkeit wird zugleich als etwas Selbständiges vom Gegenstand und seiner Tastbarkeit losgelöst.[21] Dieses selbständige Gebilde, das als Kunstwerk beziehungsweise als Gemälde bezeichnet wird, bedürfe allerdings „eines Stoffes, der selbst wiederum sichtbar ist, und durch dessen Bearbeitung es möglich wird, jene Sichtbarkeitsgebilde tatsächlich herzustellen".[22] Bei der Bearbeitung werde dieser Stoff – beispielsweise Ölfarbe auf Leinwand – „zur Verleugnung seiner selbst gezwungen", weil er „nur dem Zwecke dienstbar gemacht wird, ein so stoffloses Gebilde wie die dem Gesichtssinn sich darstellende Gestalt der Dinge an sich selbst zum Ausdruck zu bringen".[23]

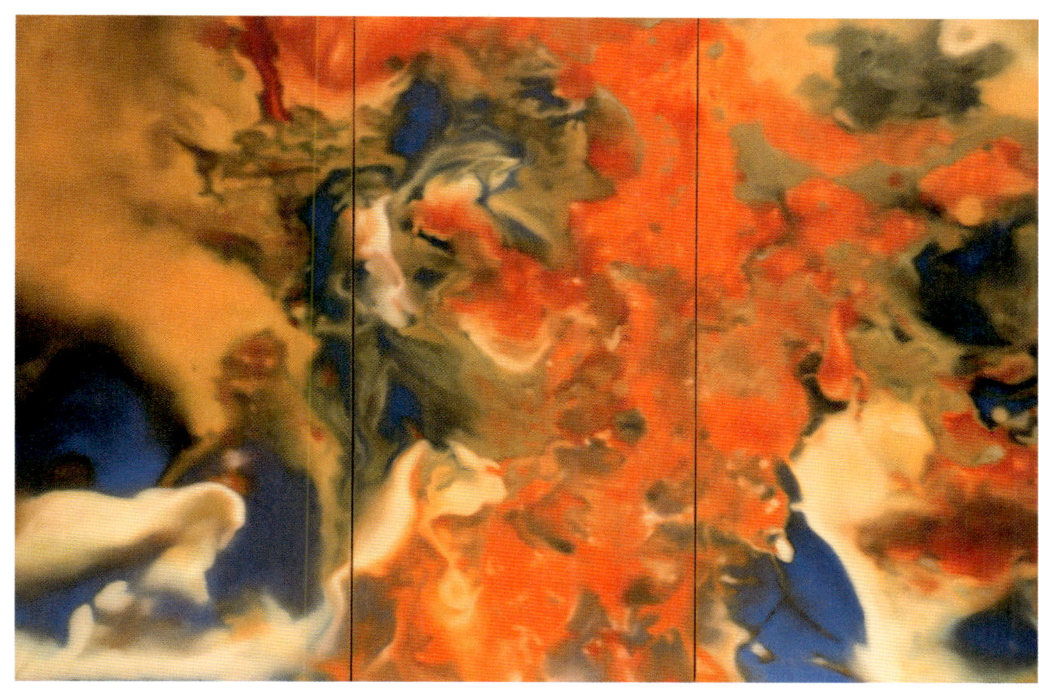

5 Gerhard Richter: *Ausschnitt* (291), 1971
Öl auf Leinwand, 250 x 375 cm
Sammlung Böckmann, Berlin

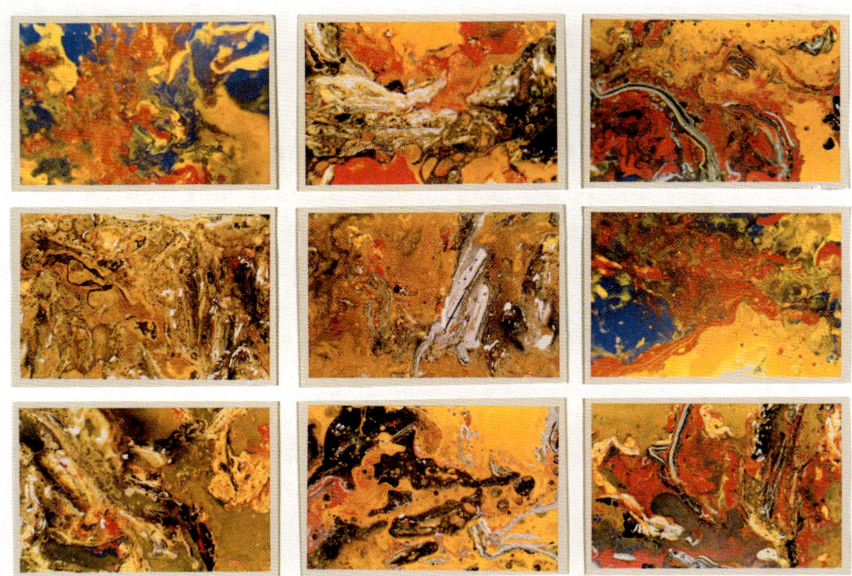

6 Gerhard Richter: *Atlas,* Tafel 89 (Ausschnittphotos 1970)
Städtische Galerie im Lenbachhaus und Kunstbau, München

Wenn Fiedler schreibt, dass „der Inhalt des Kunstwerks [...] nichts anderes [ist], als die Gestaltung selbst",[24] dann könnte Richter einen solchen Satz auch für sein Schaffen in Anspruch nehmen. Werke wie seine Vermalungen (Kat. 21–24) und viele andere entsprechen diesem Sachverhalt. Die Kunst ahmt in diesen Fällen nicht die Wirklichkeit nach, sie verwandelt sie auch nicht, sondern sie produziert sie als Vermischung der Grundfarben zu einem undurchdringlichen Gemenge, das nichts anderes darstellt als dieses Gemenge, hervorgebracht durch eine in sich verschleifende Faktur, in dem der Stoff, also die Farbe, zur „Verleugnung seiner selbst gezwungen" wird. „Denn nichts anderes ist die Kunst", so Fiedler, „als eins der Mittel, durch die der Mensch allererst die Wirklichkeit gewinnt."[25] An die Stelle des Seins tritt beständiges Werden und Vergehen. „Es ist uns", so schreibt Fiedler, „jeder feste Halt genommen, den uns die Annahme einer gegebenen, sei es von uns unabhängigen, sei es von uns abhängigen Wirklichkeit bot, und wir sehen uns mit unserem ganzen Wirklichkeitsbewußtsein auf ein Geschehen angewiesen, welches sich nicht außer uns, sondern in uns, durch uns ereignet."[26] Diesen Mangel an festem Halt registriert auch Richter, wenn er immer wieder Begriffe wie „Unschärfe, Unsicherheit, Flüchtigkeit, Teilweisigkeit" nicht nur für seine realitätsbezogenen Darstellungen, sondern auch für seine ungegenständlichen beziehungsweise abstrakten Arbeiten verwendet.

Malerische Logik

Mit den Schriften Fiedlers lässt sich noch ein weiterer Schritt in Verbindung zu Richters Werken machen, der ins 20. Jahrhundert führt. Laut Fiedler gelinge es dem Künstler, „von der anschaulichen Wahrnehmung unmittelbar zum anschaulichen Ausdruck überzugehen; seine Beziehung zur Natur ist keine Anschauungsbeziehung, sondern eine Ausdrucksbeziehung".[27] Das Sehen – also ein psychophysischer Vorgang – verstand Fiedler als eine sich „selbst realisierende Realität". Es ist außerdem selbstbezüglich: Wir sehen etwas und können zugleich unser eigenes Sehen beobachten. So stellt das Sehen nicht fest, verdoppelt nicht die Realität, bildet die Wirklichkeit nicht ab, sondern das Sehen deutet vielmehr, was es wahrnimmt. Dies deckt sich mit den Überlegungen anderer Künstler, wie denen Paul Klees, der Fiedlers Vorstellungen 1920 in einem Satz zusammenfasste: „Die Kunst gibt nicht das Sichtbare wieder, sondern macht sichtbar."[28] Auch Gerhard Richter scheint sich mit solchen Beobachtungen und Überlegungen in die Richtung zu bewegen, die Fiedler etliche Jahrzehnte früher bereits theoretisch fundiert zum Ausdruck gebracht hatte.

1972 wollte sich Richter, so eine Äußerung in einem Interview, „nicht auf das Bild von Wirklichkeit verlassen, das wir sehen; denn wir sehen es doch nur, wie es uns unser Linsenapparat Auge zufällig vermittelt, plus den sonstigen Erfahrungen, die dieses Bild korrigieren. Und weil das eben nicht ausreicht, weil wir neugierig sind, ob das alles nicht ganz anders sein kann, malen wir".[29] Ein Jahr später versteht Richter die Malerei „als eigenständige Wirklichkeit, die sich auf keine gegebene Realität außer sich selbst bezieht".[30] Sein großformatiges Gemälde *Rot-Blau-Gelb* (333-2) (Kat. 24), eine Vermalung von 1972, macht das evident. Möglicherweise im Rückblick auf derartige Werke, aber auch angesichts späterer Gemälde stellte Richter 1990 fest: „Das jeweilige Bild soll sich aus einer malerischen oder visuellen Logik entwickeln, sich wie zwangsläufig ergeben."[31]

Trotz ebenso fundamentaler Differenzen kann die Lektüre von Fiedlers Schriften, die in ihrer Gesamtheit erstmals 1913/14 in einer zweibändigen Ausgabe in München erschienen und 1971 bzw. 1991 von Gottfried Boehm ediert und kommentiert wurden, zum Verständnis mancher Aspekte der Malerei Richters beitragen. So hielt Fiedler unter dem Titel „Wirklichkeit und Kunst" fest: „Was uns nur in der Anschauung gegeben ist, kann auch nur Anschauung und weiter gar nicht sein, so wenig das, was im Begriff uns angehört, auch irgendetwas anderes sein kann, als der Begriff." Und er fügte einige Zeilen später hinzu: „Die als relativ erkannte Wirklichkeit besteht schlechterdings aus nichts anderem als aus den Formen, in denen sie unseren Sinnen und unserem Geiste, unserem Anschauungs- und unserem Erkenntnisvermögen gegeben ist und wenn wir diese Formen streichen, so geht die gesamte Wirklichkeit ohne Rest auf, es bleibt absolut nichts übrig."[32] Das bedeutet, dass das, was ein Kunstwerk nicht zeigen kann oder was die Ausdrucksbewegung nicht entwickelt, künstlerisch nicht vorhanden ist. Mit den Worten Gottfried Boehms, der Fiedlers Schriften kommentierte, heißt das: „Der Sinn ist weder vor noch hinter dem Werk, er ist der Werkprozess selbst – unter Bedingungen, die eine Unterscheidung nach Form und Inhalt gerade nicht mehr ermöglichen."[33] Dies ist vergleichbar mit einer These Theodor W. Adornos, dessen *Ästhetische Theorie* 1970 erschien: „Der Wahrheitsgehalt der Kunstwerke ist kein unmittelbar zu Identifizierendes. Wie er einzig vermittelt erkannt wird, ist er vermittelt in sich selbst. Was das Faktische am Kunstwerk transzendiert, sein geistiger Gehalt [...] schwebt nicht jenseits der Faktur, sondern die Kunstwerke transzendieren ihr Tatsächliches durch ihre Faktur, durch die Konsequenz ihrer Durchbildung."[34] Konrad Fiedler, der 1895 starb, konnte die Entwicklung der Kunst, beziehungsweise die der ungegenständlichen Malerei, nicht vorausahnen. Dennoch ist nicht zu leugnen, dass die abstrakte Kunst – und damit auch große Bereiche von Richters Œuvre – in der Konsequenz eines Werkhandelns aus selbstreflexiven Elementen liegt.

Welche Rolle die Faktur dabei spielt und was geschieht, wenn die Faktur selbst thematisiert und dabei transformiert wird – mit dieser Frage setzte sich Richter in den späten 1970er Jahren auseinander. Seine künstlerische Produktion dieser Zeit lässt sich als selbstreflexiver Prozess verstehen, der einerseits auf Zweifel am eigenen Tun zu deuten scheint, andererseits jedoch faszinierende Resultate zeitigt, so wenn Richter 1978 vergleichsweise kleine Abstraktionen, die immer etwas Gewaltsames, Ruppiges und Verzweifeltes signalisieren, in große, weiche Abstraktionen verwandelt, die alles Widersprüchliche und Dynamische in eine Darstellung von großer Gelassenheit, Souveränität und faszinierender Schönheit überführen. Aus dem *Abstrakten Bild* (398-2) von 1976 mit den Maßen 26 x 23 cm (Abb. S. 31) wurde nach einem aufwendigen Umsetzungsvorgang das „weiche" *Abstrakte Bild* (421) mit den Maßen 250 x 200 cm (Kat. 31), das damit um ein Vielfaches größer ist.

Es ist der Aspekt der körperlichen Tätigkeit, den auch Richter meint, wenn er formuliert: „Das Denken ist beim Malen das Malen." Auch für Konrad Fiedler war jede geistige – das heißt in diesem Fall künstlerische – Tätigkeit immer zugleich an körperliches Tun gebunden.[35] Die Möglichkeit des „Fortschrittes in der Entwickelung der Vorstellungen [...] ist von jener mechanischen Tätigkeit" abhängig.[36] An die „äußere körperliche Tätigkeit ist alles gebunden, was [der Künstler] erreichen kann".[37] Laut Fiedler werde der Künstler „nur in seiner Tätigkeit [...] das Bewußtsein gewinnen, daß ihm eine Seite der Welt anvertraut ist, damit er sie zum selbständigen und gestalteten Dasein bringe".[38] Von der engen Verknüpfung von physischer Aktivität und Sichtbarkeit geht auch Richter aus. Zwar sind auch ihm die „bildnerischen Mittel von elementarer Wichtigkeit", aber auf die Frage, ob der Wert eines Bildes mit der Pinselführung und der Technik etwas zu tun habe, antwortete er in einem Interview 1990: „Mehr mit Sehen, glaube ich. Das andere geht ja eh von der Hand, das ist kein Problem, malen kann man alles. Sehen, ob das, was man treibt, gut ist oder nicht, ist schwieriger. Aber es ist das einzig Wichtige. [...] Das Sehen ist ja auch der entscheidende Akt, der letztlich den Produzenten und den Betrachter gleichstellt."[39]

Was Richter zum Problem wurde, war die Raison d'Être der ästhetischen Autonomie seiner Werke. Das „Aufblasen ins große Format", das heißt die Verwandlung photographischer Vergrößerungen kleiner Farbreste seiner Palette oder kleiner, eigenständiger Bilder in großformatige Malereien auf Leinwand, bewirkte bei ihm auch Skepsis und Verunsicherung. So frappierend schön und inspirierend derartige Ergebnisse wie etwa das *Abstrakte Bild* (421) von 1977 auch anmuten, so haftet ihnen, wie Richter beobachtete, doch etwas von „faulem Zauber" an, der darin zu bestehen scheint, dass sie zwar vorgeben, eine „Mitteilung" zu machen, dies aber de facto nicht tun.[40]

Neuorganisation von Details

Dem Verhältnis von Hand und Auge beziehungsweise der Korrespondenz von Form, Struktur und Visualität widmete sich Richter mit einem Experiment. Sein Buch *128 details from a picture (Halifax 1978)* erschien 1980. Es enthält schwarz-weiße Detailaufnahmen der Oberfläche eines Abstrakten Bildes von 1978 (432-5), einer Ölskizze auf Leinwand mit den Maßen 52 x 78 cm (Abb. 7), die die Struktur des Bildes in diversen Ansichten zeigen. Richter photographierte die Gemäldeoberfläche aus unterschiedlichen Winkeln, Entfernungen und Lichtverhältnissen und beschrieb seine Arbeitsweise in diesem Buch.

Diese Photos (Abb. 8) veranschaulichen eine ungezügelte, chaotisch anmutende Faktur mit scharfen Graten, schrundigen Wölbungen, brüchigen Flächen, tiefen Rissen, ergänzt oder unterbrochen von wogenden Strichlagen, vernarbten Zonen, die mit amorphen Klecksen, Flecken, Verwischungen und Geschmier wechseln. Trotz ihrer mittelmäßigen Qualität vergegenwärtigen die schwarz-weißen Reproduktionen den emphatischen Duktus der Malerei in seiner differenzierten Struktur und seinem großen Informationsreichtum als komplexe „Mitteilung". Zugleich werden die Photos als konzeptuelles beziehungsweise minimalistisches Werk präsentiert, konsekutiv als Buch und simultan als Raster in der Arbeit *128 Photos von einem Bild* (441). 20 Jahre später überführte Richter sie auch in eine Edition (Kat. 46), die sein wiederkehrendes Interesse an dieser Arbeit und die Bedeutung für sein Schaffen belegen.[41]

Richters Experiment hat propädeutischen Charakter. Es verdeutlicht, dass nicht nur Ausschnitte und Vergrößerungen – die der Maler meist mit *Abstraktes Bild* bezeichnet – das formale Arsenal

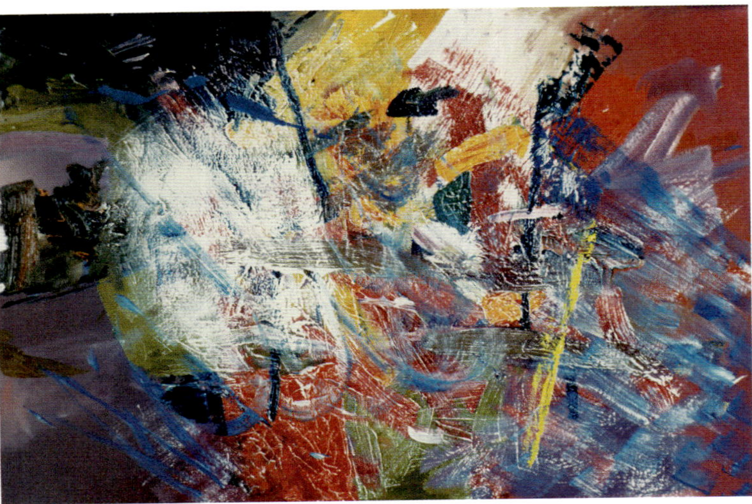

7 Gerhard Richter: *Abstraktes Bild (Halifax)* (432-5), 1978
Öl auf Leinwand, 52 x 78 cm
Privatsammlung

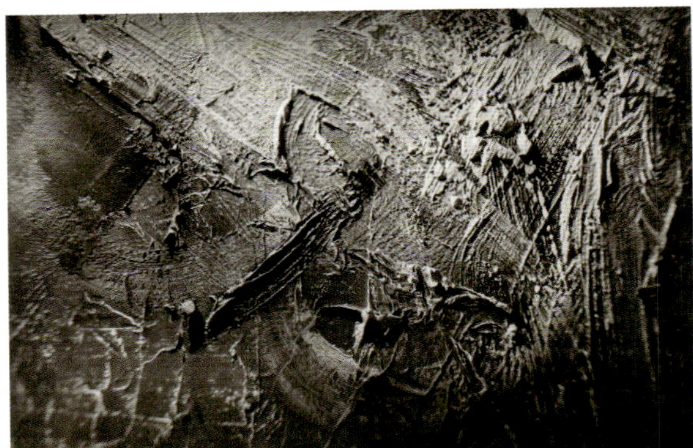

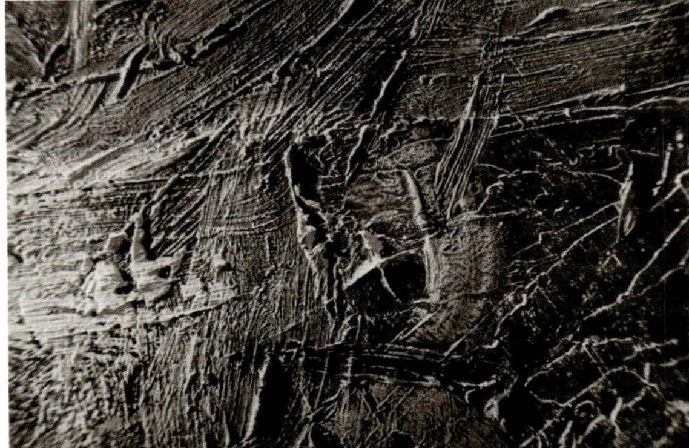

8 Photos von *Abstraktes Bild (Halifax)* (432-5)

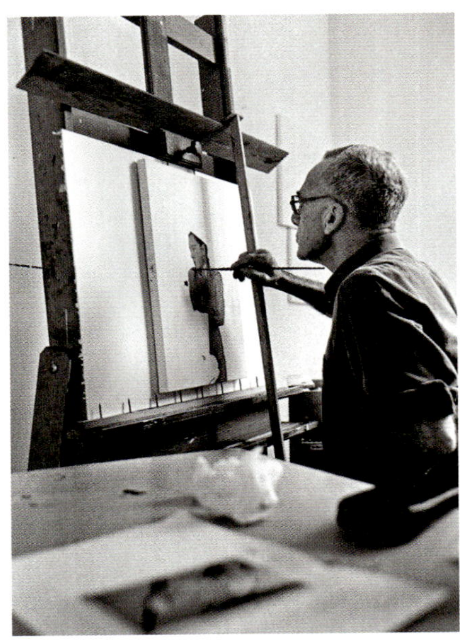

9 Gerhard Richter beim Malen der
Kleinen Badenden (815-1), 1994

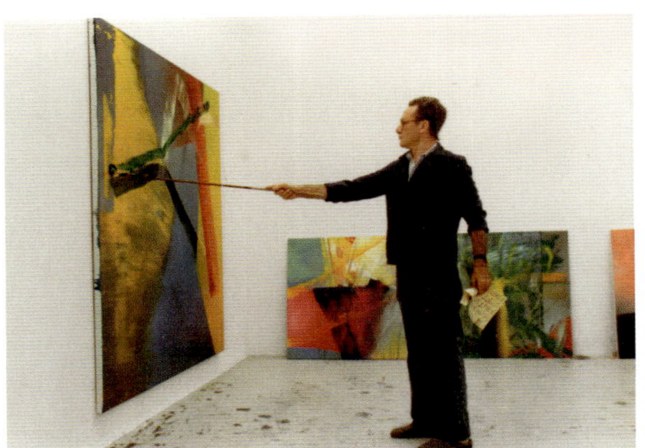

10 Gerhard Richter beim Malen eines
Abstrakten Bildes, Köln, 1984

vergrößern und erweitern, sondern dass auch aus der Summierung und Neuorganisation von Details einer Skizze das Potential der inhärenten Gestaltungsmöglichkeiten so sehr gesteigert werden kann, dass das Reservoir an „Mitteilungen“ und „Botschaften“ kaum auszuschöpfen ist. Es sind „Mitteilungen“, die zwangsläufig formal und ohne Transzendenz bleiben.

Richter thematisiert mit seinem Experiment das Sehen. An die Stelle weicher Formen treten zersplitterte und aufgerissene Farbelemente, die sich nicht mehr zu kohärenten Gebilden zusammenschließen, sondern wie aufgebrochene Flächen über zartfarbigen Gründen zu schweben scheinen. Damit wird ein anderer Grad an Komplexität erzielt und ein größeres Potential abstrakter Gestaltungsmöglichkeiten gegenüber den Vermalungen und den „Weichen Abstrakten“ erreicht. Auch hier lässt sich eine Analogie zu Konrad Fiedlers Theorien ziehen, die Gottfried Boehm als „Kernpunkt seines gesamten Denkens“[42] definierte. Fiedler schrieb, dass „in den elementarsten Versuchen einer bildnerisch darstellenden Tätigkeit [...] die Hand nicht etwas [tue], was das Auge schon getan hätte; es entsteht vielmehr etwas Neues, und die Hand nimmt die Weiterentwickelung dessen, was das Auge tut, gerade an dem Punkte auf und führt sie fort, wo das Auge selbst am Ende seines Tuns angelangt ist“. Fiedler führte die Wechselbeziehung zwischen Sehen und praktischer Tätigkeit noch weiter: „Indem der Mensch auch nur eine Linie zieht, ja indem er nur eine Gebärde macht, die etwas darstellen soll, was das Auge wahrgenommen hat, wird er [...] einsehen, daß er damit für seine Gesichtsvorstellung etwas tut, wozu das Auge, das spezielle Organ des Gesichtssinnes, aus eigener Kraft unvermögend ist.“[43]

Dafür benötigt die Hand ein Werkzeug, beispielsweise einen Pinsel. Nur bei kurzen Abständen zwischen Hand und Leinwand lässt sich die Bewegung kontrollieren, so dass bei einem längeren Pinsel der Zufall eine Rolle zu spielen beginnt. Wenn Richter einen kurzen Pinsel gebraucht, wie auf einem Photo beim Malen des Werks *Die kleine Badende* (815-1) von 1994 zu sehen (Abb. 9), geschieht dabei etwas anderes, als wenn er mit größerem Abstand von der Leinwand an einer großformatigen Abstraktion arbeitet (Abb. 10). Die Kontrollmöglichkeiten werden noch geringer, wenn an die Stelle von Pinseln unterschiedlicher Größe und Breite die Rolle oder die Rakel tritt, was sich in seinem Œuvre ab den 1980er Jahren verfolgen lässt (vgl. den Beitrag von Matthias Krüger, S. 58–69). Mit der nicht sehr breiten, aber dafür langen Rakel lässt sich die Farbe auf der gesamten Höhe und Breite eines Bildes in oft nur einem Zug verändern. Das Gewicht der opaken Farbmaterie steigert sich dabei, so dass das Hantieren zunehmend anstrengend wird. In der Beendigung dieses oft viele Stadien durchlaufenden Prozesses liegt die Ultima Ratio – das Bild als vollendet zu akzeptieren oder es zu verwerfen und einen neuen Versuch zu starten.

Konrad Fiedlers Schriften zählen zu den interessantesten, die sich in der zweiten Hälfte des 19. Jahrhunderts einer theoretischen Durchdringung künstlerischer Produktion widmen. Die Frage liegt nahe, ob Richter mit seiner Aussage „Das Denken ist beim Malen das Malen“ auf solche Zusammenhänge anspielte – und wenn ja, wie er zu dieser Einsicht gelangte: durch eigene Praxis oder die Kenntnis damals verfügbarer Quellen? Fiedler war ihm jedenfalls, wie er im Gespräch bestätigte, kein Begriff, so dass möglicherweise andere Quellen in Frage kommen. Willi Baumeister beispielsweise zitierte in seiner weit verbreiteten Schrift *Das Unbekannte in der Kunst,* die 1960 in zweiter Auflage erschien, den zentralen Satz Fiedlers: „Der Gehalt des Kunstwerks ist nichts anderes als die Gestaltung selbst.“[44] Und der Philosoph Arnold Gehlen widmete in seinem viel diskutierten Buch *Zeit-Bilder* (1960) den Vorstellungen Fiedlers einen längeren Passus. Wenngleich Fiedler keinerlei Vorstellung von abstrakter Kunst haben konnte, so ließe sich seiner Theorie – nach Otto Stelzer in seiner Studie *Die Vorgeschichte der abstrakten Kunst* von 1964 – doch die Ermutigung entnehmen, die Grenze zu überschreiten und die Lösung vom Gegenständlichen auf der Leinwand selbst vorzunehmen, wie dies beispielsweise Wassily Kandinsky um 1913 vollzog.[45] Die ungegenständliche Malerei – tachistische und informelle eingeschlossen – findet daher bei Fiedler „eine vorlaufende theoretische Rechtfertigung. Sie ist klarer und überzeugender als das meiste, was es zu dieser Frage in der modernen Kommentarliteratur gibt – Jahrzehnte im Voraus“.[46]

Der kleine, dunkle Sinn der Farben

Die von Fiedler beschriebene Praxis gewinnt bei den „reinen“ Abstraktionen Richters größere Bedeutung. Das Interagieren von Auge und Hand hat jedoch nicht nur in Fiedler einen wichtigen Advokaten, dessen Einfluss erst in den letzten Jahrzehnten zugenommen hat,[47] sondern lässt sich – wenn auch anders motiviert und entsprechend differenziert zum Ausdruck gebracht – bei Zeitgenossen Richters beobachten. So können Richters Überlegungen innerhalb des ästhetischen Diskurses der 1960er Jahre kontextualisiert werden.

Bei Richters ungegenständlichen Bildern spielen nicht nur verwischte Formen und Grauwerte eine Rolle, sondern auch die Farben, denen per se keine spezifische Bedeutung zukommt und deren Auswahl auch keinem Kalkül unterworfen ist (vgl. den Beitrag von Hubertus Butin, S. 34–45). Für diesen Aspekt hätte sich Richter auf Sartre stützen können, dessen Buch *Was ist Literatur?* er zu Beginn der 1960er Jahre wahrscheinlich gelesen hat. Für Sartre waren Farben keine Zeichen, da sie auf nichts verweisen, was außerhalb ihrer selbst liegt. Der Maler möchte, so Sartre, keine Signifikate auf seine Leinwand bringen, sondern „er will etwas Dingliches schaffen".[48] So soll der gelbe Riss am Himmel über Tintorettos *Golgatha* (Scuola Grande di San Rocco, Venedig) nicht Angst bezeichnen oder sie gar hervorrufen, sondern der Riss *ist* Angst und gleichzeitig gelber Himmel.[49] Es gebe eben keine Eigenschaft oder Empfindung, die so abgeklärt sei, dass sie nur noch Bedeutung wäre. „Der kleine, dunkle Sinn, der den Farben [...] innewohnt, die leichte Heiterkeit, die schüchterne Trauer, bleibt in ihnen oder umgeistert sie wie ein warmer Hauch; er ist *Farbe.*"[50] Der Künstler bedürfe daher „einer unassimilierbaren Materie, weil Schönheit sich nicht in Ideen auflöst". Und unerschöpfliche Freiheit erreiche der Maler nur, „weil er die Dinge radikal vom Denken unterscheidet".[51] Und wenn Sartre betonte, dass „der Autor sich seine Vorstellung über die Kunst des Schreibens erst beim Schreiben bildet",[52] kommt er Richters Formulierung „Das Denken ist beim Malen das Malen" nahe.

Beides zusammen – die Entstehung der ästhetischen Vorstellungswelt im malerischen Prozess und der kleine, dunkle Sinn ohne Verweischarakter, wie er in den Farben liegt – impliziert die Möglichkeit einer Malerei, die nicht unmittelbar Bedeutungen generiert, aber dennoch Sinn macht. „Das Denken ist beim Malen das Malen" – dieser Satz, der im Kern dem entspricht, was Fiedler mit anderen Worten zum Ausdruck brachte, wurde für Richters Praxis bestimmend. Er machte ihn auch zu einem Bewunderer der europäischen Malerei-Kultur und zum Gegner der Postmoderne, die die revolutionären Umbrüche und die jeweils neue Codes propagierenden Strategien der Moderne adaptiert, variiert und modifiziert – das heißt Praktiken verfolgt, die der Betrachter vermeintlich auch bei Richter selbst zu beobachten meint.

Im Februar 1986 notierte Richter: „Idee als Ausgang für ein Bild, das ist Illustration. Umgekehrt führt das ideenlose Agieren und Reagieren zu Form, die benannt und erklärt werden kann und somit Idee verursacht (‚Am Anfang war die Tat')."[53] Die Formulierung „Das Denken ist beim Malen das Malen" lässt sich demnach auch so verstehen, dass Richter ein traditionell metaphysisch-essentialistisches Modell der Form durch ein pragmatisches ersetzen möchte. Nicht was die Form darstelle, sei entscheidend, sondern was die Form tue. Die Pragmatik habe Vorrang gegenüber der Semantik.[54] Der Malprozess wird damit in erster Linie verstanden als ein „Reagieren von Form auf Form, eines Primären auf ein anderes Primäres", ohne dass etwas anderes ins Spiel kommt.[55] Dies bestätigte der Maler in einer Äußerung aus dem Oktober 1986: „Das Was ist das Schwierigste, denn es ist das Eigentliche. Das Wie ist vergleichsweise leicht. Mit dem Wie beginnen ist leichtsinnig, aber legitim. Das Wie anwenden, also die Bedingungen der Technik, des Materials wie die der physischen Möglichkeiten – im Hinblick auf die Absicht nutzen. Die Absicht: nichts erfinden, keine Idee, keine Komposition, keinen Gegenstand, keine Form – und alles erhalten: Komposition, Gegenstand, Form, Idee, Bild."[56] Die beständige Spannung zwischen Absicht und Bedingung sah Richter bis in sein Frühwerk zurückreichen: „Bereits in meiner Jugend [...] spürte ich sehr bald dieses Problem, kein Sujet zu haben. Natürlich griff ich Motive auf und stellte sie dar, aber meistens mit dem Gefühl, dass das nicht die eigentlichen, sondern aufgesetzte, abgegriffene, künstliche seien."[57] Ebenso wenig wie sich das ästhetisch Erscheinende in der Anschauung erschöpft, geht die Bedeutung eines Werks im Begrifflichen auf.[58]

Richter ist kein Theoretiker, aber er hat sich in seinen ersten Jahren in Düsseldorf Gedanken über die Bedingungen der Möglichkeit von Malerei gemacht und sie auf die Formel gebracht: „Das Denken ist beim Malen das Malen". Dieses Motto bestimmte auch die Praxis vieler anderer Künstler und prägte damit eine längere Tradition der Kunst des 20. Jahrhunderts. Für Richter sollte es sich als außerordentlich fruchtbar und entwicklungsfähig erweisen. Dieser Exkurs verdeutlicht, dass die Formulierung „Das Denken ist beim Malen das Malen" nicht nur für Richters frühe gegenständlichen Arbeiten gültig ist, sondern auch für die Schlieren (Kat. 3, 9), Vermalungen (Kat. 21–24), die Grauen Bilder (Kat. 25–27) und die Ausschnitte (Kat. 28, 29) sowie für die folgenden Abstrakten Bilder (Kat. 31–41, 63–74 und 80–86) bis in die Spätzeit. Die Grundlage der konzeptuellen Kontinuität wurde damit früh bestimmt und basiert auf Vorstellungen, die die Moderne durchsetzt und mehr oder minder stark konditioniert haben. Bei Richter sollte sich die historische Orientierung im Lauf seiner künstlerischen Entwicklung allmählich so verstärken, dass er sich 2002 in einer kaum ironisch gemeinten Wendung zum „Hüter der Tradition" stilisierte.[59]

1 Richter machte auf diesen Zusammenhang aufmerksam, vgl. Cossje van Bruggen: Gerhard Richter. Painting as Moral Act, in: *Artforum* 24,5 (Mai 1985), S. 82–91, hier S. 85.

2 Ignazio Gardellas *Tavolo allungabile* entstand 1954 und wurde auf der XI. Triennale di Milano mit einer Goldmedaille ausgezeichnet. Abb. in: *domus* 293 (April 1954), S. 76 und 329 (August 1956), S. 46 ff. Vgl. *L'architettura di Ignazio Gardella,* hrsg. von Marco Porta, Mailand 1985, Nr. 83, S. 214.

3 Ob das Bild unter dem Deckmantel stilistischer Differenz die ästhetischen Parallelen von Sozialismus und Kapitalismus auf dramatische Weise artikuliere, um auf diese Weise die bildliche und ideologische Instabilität des Kalten Kriegs zum Ausdruck zu bringen, ist fraglich, vgl. John J. Curley: Gerhard Richter's Cold War Vision, in: Mehring u. a. 2010, S. 18–35.

4 Vgl. Gelshorn 2012, S. 125.

5 New York 2002, S. 29.

6 Vgl. Benjamin H. D. Buchloh: Richter's Abstractions. Silences, Voids, and Evacuations, in: New York 2005, S. 7–27, hier S. 11 f.

7 Vgl. *Gerhard Richter,* Ausst.-Kat. Zentrum für aktuelle Kunst – Gegenverkehr e. V., Aachen 1969, Abb. 1.

8 Gerhard Richter: Kommentare zu einigen Bildern (1991), in: Richter 2008, S. 264–275, hier S. 264.

9 Immanuel Kant: *Werkausgabe in 12 Bänden,* Bd. X: *Kritik der Urteilskraft,* hrsg. von Wilhelm Weischedel, 11. Aufl., Frankfurt am Main 1990, § 44, S. 240.

10 Georg Wilhelm Friedrich Hegel: *Ästhetik,* hrsg. von Friedrich Bassenge, Frankfurt am Main o. J., S. 80 f.

11 Gottfried Boehm: Zur Biographie, in: Konrad Fiedler: *Schriften zur Kunst,* hrsg. von Gottfried Boehm, Bd. 1, 2. Aufl., München 1991, S. XLI–XLIV, hier S. XLII.

12 Gerhard Richter: Brief an Wieland Förster (4.2.1962), in: Hamburg 2011, S. 50 f., hier S. 50.

13 Gerhard Richter: Notizen 1962, in: Richter 2008, S. 14 f., hier S. 15.

14 1989 sagte Richter in einem Gespräch mit Jan Thorn-Prikker: „Wenn ich nach Überlegung arbeite, das geht einfach nicht. Die Logik, die ein Bild hat, lässt sich erst nachträglich verbalisieren, konstruieren lässt sich das nicht. Man sagt ja auch: nach-denken", Gerhard Richter: Gespräch mit Jan Thorn-Prikker über den Zyklus *18. Oktober 1977* (1989), in: ebd., S. 230–250, hier S. 238. Elf Jahre später erläuterte er Astrid Kasper: „das Malen [ist] wie ein Ersatz für Denken – eine andere Art zu denken", Gerhard Richter: Interview mit Astrid Kasper (2000), in: ebd., S. 373–379, hier S. 373; und zu Robert Storr sagte der Künstler 2002: „Vielleicht ist das Sehen und Entscheiden und Machen ein so komplizierter, heikler Vorgang, dass ich da nicht durch Verbalisierungsversuche stören sollte", Gerhard Richter: MOMA-Interview mit Robert Storr (2002), in: ebd., S. 406–448, hier S. 417.

15 Richter 1962 (wie Anm. 13), S. 15.

16 Konrad Fiedler: Über den Ursprung der künstlerischen Tätigkeit (1887), in: Fiedler 1991 (wie Anm. 11), S. 111–220, hier S. 127.

17 Ebd., S. 175 f. Grundlegend für das Verständnis Fiedlers ist Gottfried Boehms Einleitung, in: ebd., S. XLV–XCVII.

18 Richter 1962 (wie Anm. 13), S. 14. Indirekt bezieht sich Richter hier auf Klees Diktum von 1920 „Die Kunst gibt nicht das Sichtbare wieder, sondern macht sichtbar", das die Essenz von Fiedlers Denken darstellt, vgl. Anm. 28.

19 Gerhard Richter: Interview mit Rolf Schön (1972), in: Richter 2008, S. 59–61, hier S. 60.

20 Fiedler 1887 (wie Anm. 16), S. 191.

21 Ebd., S. 161 f. Damit werde etwas geschaffen, „was uns die Sichtbarkeit des Gegenstandes darstellt, und indem wir dies tun, bringen wir etwas Neues, etwas anderes hervor, als was vorher den Besitz unserer Gesichtsvorstellung ausmachte".

22 Ebd., S. 192.

23 Ebd.

24 Konrad Fiedler: Über die Beurteilung von Werken der bildenden Kunst (1876), in: Fiedler 1991 (wie Anm. 11), S. 1–48, hier S. 37.

25 Konrad Fiedler: Moderner Naturalismus und künstlerische Wahrheit (1881), in: ebd., S. 81–110, hier S. 109.

26 Fiedler 1887 (wie Anm. 16), S. 140.

27 Ebd., S. 173.

28 Paul Klee: Beitrag für den Sammelband *Schöpferische Konfession* (1920), in: ders.: *Schriften. Rezensionen und Aufsätze,* hrsg. von Christian Geelhaar, Köln 1976, S. 118–122, hier S. 118. Siehe ferner Gottfried Boehm: Die Logik des Auges. Konrad Fiedler nach einhundert Jahren, in: *Auge und Hand. Konrad Fiedlers Kunsttheorie im Kontext,* hrsg. von Stefan Majetschak, München 1997, S. 27–40, hier S. 36 f.

29 Gerhard Richter: Interview mit Peter Sager (1972), in: Richter 2008, S. 64–67, hier S. 65.

30 Gerhard Richter: Interview mit Irmeline Lebeer (1973), in: ebd., S. 72–83, hier S. 80.

31 Gerhard Richter: Interview mit Sabine Schütz (1990), in: ebd., S. 256–263, hier S. 262.

32 Fiedler 1991 (wie Anm. 11), Bd. 2, S. 107–194, hier S. 151.

33 Gottfried Boehm: Anschauung als Sprache. Nachträge zur Neuausgabe, in: Fiedler 1991 (wie Anm. 11), Bd. 1, S. VII–XXII, hier S. XVII.

34 Theodor W. Adorno: *Gesammelte Schriften,* Bd. 7: *Ästhetische Theorie,* Frankfurt am Main 1970, S. 195.

35 Fiedler 1887 (wie Anm. 16), S. 167.

36 Ebd., S. 168.

37 Ebd., S. 175.

38 Ebd., S. 191.

39 Richter 1990 (wie Anm. 31), S. 263. Vgl. Richter 2002 (wie Anm. 14), S. 408: „Wichtig ist doch nur das Sehen, das Beurteilen, ob etwas gut oder schlecht ist."

40 Gerhard Richter: Aus einem Brief an Benjamin H. D. Buchloh (23.5.1977), in: Richter 2008, S. 93 f., hier S. 93.

41 Vgl. Butin u. a. 2014, Nr. 99–101.

42 Boehm 1997 (wie Anm. 28), S. 37.

43 Fiedler 1887 (wie Anm. 16), S. 165.

44 Willi Baumeister: *Das Unbekannte in der Kunst* (1947), 2. Aufl., Köln 1960, S. 52.

45 Vgl. Otto Stelzer: *Die Vorgeschichte der abstrakten Kunst. Denkmodelle und Vor-Bilder,* München 1964, S. 212.

46 Ebd., S. 216.

47 Zum Einfluss Fiedlers auf Philosophie, Ästhetik und Kunstgeschichte des 20. Jahrhunderts und auf Künstler wie Henri Matisse, Yves Klein, Francesco Lo Savio und andere vgl. Udo Kultermann: Konrad Fiedler und die Kunsttheorie der Gegenwart, in: Majetschak 1997 (wie Anm. 28), S. 55–70.

48 Jean-Paul Sartre: *Was ist Literatur?,* Hamburg 1958, S. 9. Ob Richter Sartre gelesen hat, ist nicht sicher, am 25.4.1961 schrieb er an Wieland Förster: „Kaufte Sartre über die Literatur", Hamburg 2011, S. 41.

49 Sartre 1958 (wie Anm. 48), S. 9.

50 Ebd., S. 8.

51 Ebd., S. 71. Vgl. Fiedler 1887 (wie Anm. 16), S. 126: „In der Tat hat die Erkenntnis, daß aller theoretische Wirklichkeitsbesitz ein Wortbesitz ist, etwas Entmutigendes. Selbst da, wo man mit dem Denken der Sinnlichkeit unmittelbar nahe ist, [...] selbst da sieht man sich [...] durch die nicht auszufüllende Kluft von dem sinnlichen Stoff der Erfahrung getrennt."

52 Sartre 1958 (wie Anm. 48), S. 124.

53 Gerhard Richter: Notizen 1986, in: Richter 2008, S. 159–164, hier S. 160.

54 Vgl. Klinger 2013, S. 21.

55 Ebd., S. 64.

56 Richter 1986 (wie Anm. 53), S. 163.

57 Ebd.

58 Adorno 1970 (wie Anm. 34), S. 150.

59 So 2002 im Gespräch mit Robert Storr, Richter 2002 (wie Anm. 14), S. 448.

Richters Rakel. Der Künstler und sein Utensil

Matthias Krüger

Gerhard Richters Rakeltechnik, der in seiner seit den 1980er Jahren entstandenen Werkreihe Abstrakter Bilder besondere Relevanz zukommt, steht in einer langen Reihe experimenteller maltechnischer Verfahrensweisen, wie sie die Geschichte der modernen Malerei geprägt hat. Schon im Lauf des 19. Jahrhunderts lässt sich eine zunehmende Abkehr von überlieferten Maltechniken beobachten. Zu einem radikalen Bruch mit den herkömmlichen Malverfahren kam es jedoch erst in der Nachkriegsmoderne, als alle tradierten künstlerischen Werte grundlegend in Frage gestellt wurden. Er ging auch mit einem Verzicht auf die angestammten Utensilien einher. Vorbildcharakter hatte hier das Action-Painting Jackson Pollocks (Abb. 1), der bereits 1947 äußerte: „Ich entferne mich immer weiter von den üblichen Malutensilien wie der Staffelei, der Palette, den Pinseln etc. Ich ziehe Stöcke, Spachtel, Messer und flüssige, tropfende Farbe oder schweres Impasto vor, dem Sand, zerbrochenes Glas und andere kunstfremde Materialien zugesetzt sind."[1] In der Folge legten Künstlerinnen und Künstler die tradierten Utensilien ihres Gewerbes beiseite, um neue Werkzeuge und Verfahrensweisen zu erproben: Sie schütteten, klecksten und sprühten die Farbe aus Eimern oder Dosen auf den Bildträger, zerschlitzten die Leinwand mit Rasierklingen, traktierten ihr Werk mit Peitschenhieben, beschossen es mit Gewehren, malten mit ihren Händen, ihren Füßen oder ihren Haaren oder instrumentalisierten nackte Modelle zu lebenden Pinseln.[2] Jedes dieser Werkzeuge verlangt nach einer je eigenen Handhabung, jedes hinterlässt auf dem Bildträger andere Spuren, hat eine ihm eigene Faktur, jedes trägt auch in unterschiedlichem Maß zur Bedeutung der Werke bei, die mit ihm geschaffen wurden. Das gilt auch für Gerhard Richters Rakel, wie im Folgenden im Hinblick auf seine Werke ausgeführt werden soll.

Das Verfahren

Richters Rakeltechnik hat bereits Schule gemacht. Im Netz und in gedruckter Form liegen verschiedene Malanleitungen vor, mit deren Hilfe man sich sein eigenes abstraktes Gemälde à la Richter „errakeln" kann.[3] Wer sich dabei nicht schmutzig machen möchte, der kann sich sein Rakelbild (oder *squeegee pull image*) auch per Photoshop erstellen. Die Beliebtheit des Verfahrens verdankt sich dem Film *Gerhard Richter Painting* von Corinna Belz, der 2011 in die Kinos kam und einen Einblick in Richters malerische Praxis gibt.[4] Er liegt auch der folgenden Beschreibung seiner Rakeltechnik zugrunde.

Demnach beginnt Richter die Arbeit an einem Bild damit, die Leinwand mit einem breiten Pinsel in verschiedenen Farben zu bemalen. In den folgenden Arbeitsschritten wird er diese erste Anlage des Bildes immer wieder übermalen – in den ersten Sitzungen oft noch mittels breiter Pinsel, später meist mit einer seiner Rakeln. Von ihnen steht dem Künstler ein ganzes Sortiment zur Verfügung – „ganz Eigenbau", wie er versichert (Abb. 2, 3).[5] Sie bestehen aus einem rechteckigen Blatt aus Plexiglas und einem hölzernen Griff, variieren aber in Länge und Breite – die längsten sind mehrere Meter lang. Um sie leichter zu handhaben, verfügen sie über eine an das Blatt aus Plexiglas montierte hölzerne Winkelleiste. Bei den längeren Ausführungen, deren Bedienung oft den Einsatz des ganzen Körpers erfordert, ist diese zudem mit Grifflöchern versehen.[6]

Richters Arbeitssitzungen mit der Rakel weisen eine große Varianz auf. Dennoch lassen sich einige Merkmale herausarbeiten. Zunächst wird die Rakel mit Farbe bestrichen. Sodann führt Richter sie meist in horizontalen oder vertikalen Bahnen über das Bild. Verwendet er eines der größeren Rakel-Exemplare, kann er mit ihm oft die gesamte Bildfläche in einem Rakelzug mit einer neuen Farbschicht überziehen. Schon nach wenigen Arbeitsschritten ist daher von der ersten Anlage des Gemäldes oft nichts mehr zu sehen. Die Oberflächenstruktur, die Richter mit der Rakel erzeugt, kann sehr unterschiedlich ausfallen und hängt davon ab, wie weit die Farbe der unteren Schicht schon getrocknet ist, in welchem Winkel Richter die Rakel ansetzt und mit welchem Druck und welcher Geschwindigkeit er sie über die Leinwand zieht. Da die Rakel die Farbe zudem nie vollständig homogen verteilt, werden die darunterliegenden Schichten auch nie vollständig überdeckt. Überdies legt der Künstler immer wieder Teile der unteren Schichten frei, indem er eine saubere Rakel wie einen Hobel über die Leinwand zieht oder kleinere Partien mit einem Spachtel abkratzt.

Zu den Arbeitsschritten gehört aber nicht nur die Arbeit am Bild, sondern auch das wiederholte Zurücktreten von der Leinwand, um das entstehende Werk aus einiger Entfernung zu begutachten und über das weitere Vorgehen nachzudenken oder auch die Entscheidung darüber zu vertagen, um das Werk erst einmal „reifen" zu lassen. Die Bearbeitung kann sich auf diese Weise über Wochen hinziehen, in denen das jeweilige Bild zahlreiche Stadien der Veränderung durchläuft, seinen Charakter mitunter sogar mehrfach radikal wandelt, bis der Künstler mit dem Ergebnis zufrieden ist (vgl. den Beitrag von Armin Zweite, S. 46–57).

Die Rakel

Schon der Name, der sich für Gerhard Richters Arbeitsinstrument eingebürgert hat, bereitet Probleme – auch grammatikalisch, denn obwohl der Duden das Wort als Femininum ausweist, wird es in der Richter-Literatur immer wieder mit einem maskulinen Artikel versehen. „Rakel" ist ein Lehnwort aus dem Französischen. Das französische *racle* ist das Substantiv zu dem Verb *racler,* das sich mit „schaben", „abkratzen", „schrappen", „abstreifen" oder „abstreichen" übersetzen lässt. *Racle* beziehungsweise Rakel bezeichnet entsprechend ein Werkzeug, mit dem man etwas abkratzt, schrappt, abstreift oder abstreicht. Im Deutschen wird der Begriff heute vor allem im Bereich der Druck- und der Beschichtungstechnik verwendet. Hier bezeichnet Rakel ein Instrument, mit dem beim Siebdruck die dickflüssige Farbe durch das Sieb auf den Bildträger gepresst wird.

Der Siebdruck ist ein Verfahren, das um 1900 entwickelt wurde, um Glasflaschen, Holz oder Metallflächen in Serien zu beschriften – und das schon bald auch für die Werbegraphik genutzt wurde.[7] Die bekannteste künstlerische Verwendung des Siebdrucks ist diejenige Andy Warhols. Es ist naheliegend, hier einen Bezugspunkt für Richter zu sehen, hatte doch Warhol schon bei Richters Photobildern Pate gestanden. Zwei Jahre früher als sein deutscher Kollege hatte der Amerikaner 1960 begonnen, Pressephotos zunächst per Hand mit Ölfarbe auf großformatige Leinwände zu übertragen, bevor er 1964 dazu überging, sich dazu des photomechanischen Siebdruckverfahrens zu bedienen (Abb. 4). Dieser Schritt war, wie Andy Warhol 1980 programmatisch ausführte, vom Wunsch motiviert, „die Geschicke der Hand komplett aus der Kunst zu verbannen und unverbindlich, anonym zu sein".[8] Die künstlerische Handschrift sollte im fertigen Werk nicht mehr ansichtig sein, der kreative Prozess durch ein mechanisches Verfahren ersetzt werden.

Obgleich Richter die Rakel nicht zum Drucken, sondern zum Malen verwendet, ist sein Griff zur Rakel ähnlich motiviert. Auch er sieht in ihr ein Instrument, um seine Subjektivität aus dem Spiel zu nehmen und die Kontrolle über den Werkprozess zu mindern – getreu jener programmatischen Aussage aus seinen Notizen von 1985: „Etwas entstehen lassen, anstatt kreieren."[9]

Mit seiner Rakeltechnik nimmt Richter jedoch nicht nur auf Warhol Bezug, sondern auch auf seinen Lehrer an der Staatlichen Kunstakademie Düsseldorf, Karl Otto Götz (Abb. 5), der bereits in den frühen 1950er Jahren die drucktechnische Rakel für die Bearbeitung der Farbe auf seinen Gemälden zweckentfremdet hatte (Abb. S. 10). Anders als später Richter nutzte Götz sie allerdings nahezu ausschließlich dazu, Farbe zu entfernen, aufzureißen oder „wegzuschleudern", um auf diese Weise Negativformen in seine Bilder einzuschreiben.[10] Götz war nicht der einzige Künstler des Informel, der mit Rakeln arbeitete. Etwa zeitgleich hatte auch K. R. H. Sonderborg die Rakel für sich entdeckt, die er im Unterschied zu Götz auch für das Auftragen der Farbe verwendete. Beide Künstler, Götz und Sonderborg, hantierten außer mit Rakeln auch mit Fenster- bzw. Scheibenwischern, die sich in vielerlei Hinsicht mit einer Rakel vergleichen lassen, von den Künstlern mitunter sogar gleichgesetzt wurden. So erklärte etwa Götz den Begriff „Rakel" in einem Fernsehinterview lapidar: „Das sind diese Gummi-, Fensterputzer-Dinger."[11]

Die englische Sprache verwendet für die drucktechnische Rakel dasselbe Wort wie für den Fensterwischer: *squeegee*. Das führt dazu, dass in der angloamerikanischen Literatur zu Richter sein Arbeitsutensil immer wieder auch mit einem Fensterabzieher assoziiert wurde. Damit aber wird ein alter Topos aufgerufen: Schon Leon Battista Alberti hat in seinem 1435 publizierten Malereitraktat *Della Pittura* das Gemälde als eine *finestra aperta,* ein geöffnetes Fenster, beschrieben. Allerdings war die Metapher auf das zentralperspektivisch konstruierte Bild gemünzt gewesen. Die Zentralperspektive war eine der wichtigsten Errungenschaften der frühneuzeitlichen Malerei, die den Künstlern erlaubte, ihre Gemälde mit einem illusionistischen Tiefenraum auszustatten. Während ein zentralperspektivisch konstruiertes Bild Transparenz suggeriert, als gäbe es wie ein Fenster den Blick auf eine dahinterliegende Szenerie frei, betonen Richters abstrakte Bilder ihre Opazität, das heißt die nicht gegebene Durchsichtigkeit. Die pastos aufgetragene Farbe versperrt den Blick auf ein mögliches Dahinter, dort, wo die oberste Farbschicht durch die Rakel aufgerissen ist, kommt nur eine weitere dahinterliegende Farbschicht zum Vorschein. Der Blick scheint hoffnungslos versperrt oder vermauert.

Wenn die Bezeichnung von Richters Arbeitswerkzeug als *squeegee* englischsprachige Autorinnen und Autoren verleitet, angesichts der Rakelbilder die alte Metapher des Bildes als Fenster zu bemühen, so zwingt sie der pastose Farbauftrag zugleich, dabei eine entscheidende Modifikation vorzunehmen. So verglich etwa der australische Künstler und Kunstschriftsteller Darryn Ansted in seiner 2016 erschienenen Monographie *The Artwork of Gerhard Richter* die Bahnen, die Richters Rakel auf der

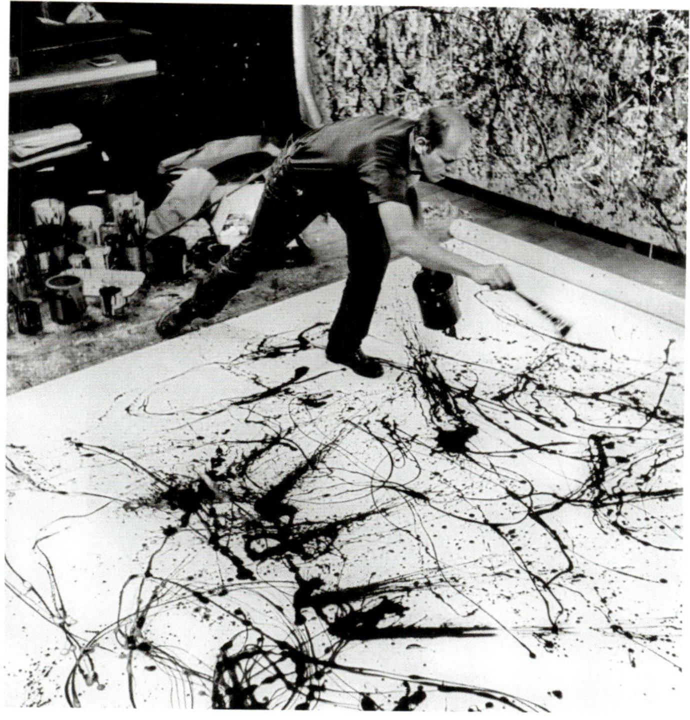

1 Hans Namuth: Jackson Pollock bei der Arbeit an *Autumn Rhythm*, 1950

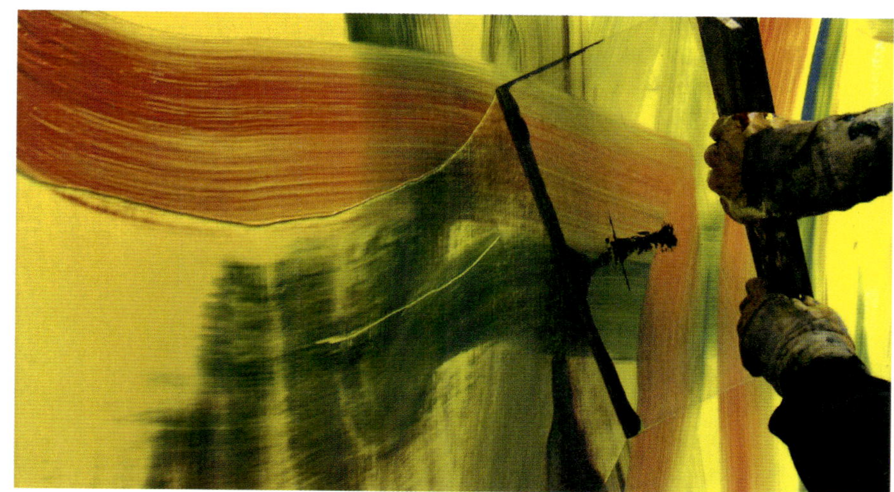

2 Gerhard Richter bei der Arbeit an *Abstraktes Bild* (910-2)
Filmstill aus: *Gerhard Richter Painting*, 2011,
Regie: Corinna Belz

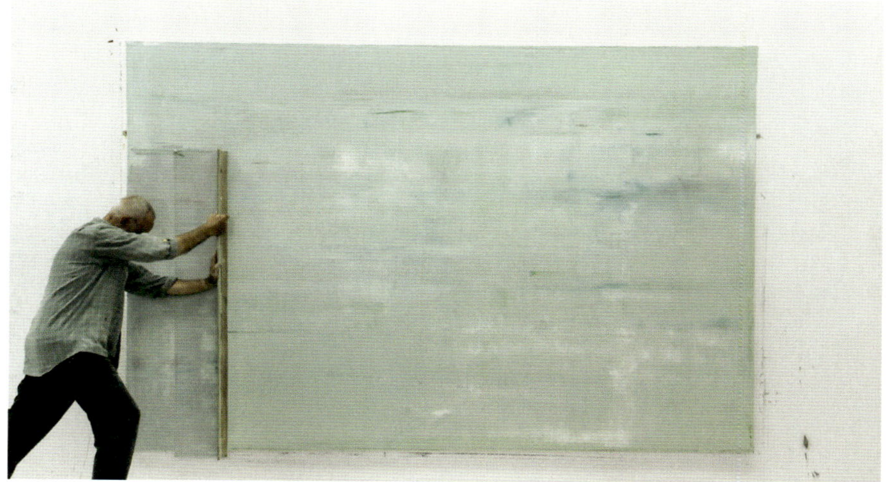

3 Gerhard Richter bei der Arbeit an *Abstraktes Bild* (911-4)
Filmstill aus: *Gerhard Richter Painting*, 2011,
Regie: Corinna Belz

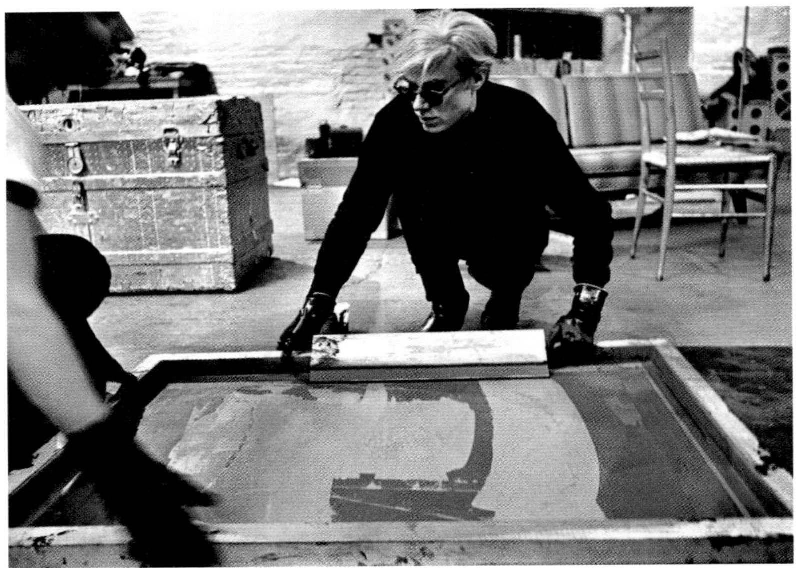

4 Andy Warhol beim Herstellen eines Siebdrucks in der Factory, New York, 1964

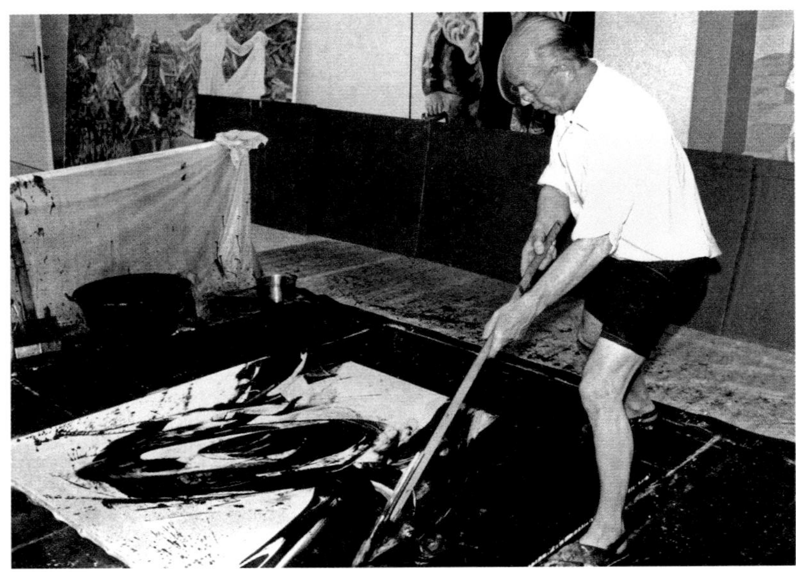

5 Karl Otto Götz beim Malen mit der Rakel, 26. Juni 1976

Gemäldeoberfläche seiner *Cage*-Bilder (897-1 bis 897-6) hinterließ, mit den Spuren des Seifenschaums, den der Wischer eines Fensterputzers auf der Fensterscheibe hinterlässt (Abb. 6).[12]

Bisweilen wird Richters Rakel sogar mit einem Scheibenwischer gleichgesetzt, wie in dem 2016 publizierten Buch *Maintenance Architecture* von Hilary Sample. Thema des Buches ist die Instandhaltung von Bauwerken. Die Autorin geht ausführlich auf Fragen der Gebäudereinigung ein. In diesem Kontext würdigt sie auch den von dem Italiener Ettore Steccone entwickelten modernen T-förmigen Fensterwischer (Abb. 7). Steccone war 1922 in die USA ausgewandert, um sich – wenn auch nicht vom Tellerwäscher – so doch vom Fensterputzer zum Millionär hochzuarbeiten, und zwar dank des 1936 als Patent angemeldeten *squeegee,* eines Geräts, das – so selten es laut Sample auch gewürdigt werde – zu den wichtigsten Erfindungen in der Geschichte der Gebäude-Instandhaltung zähle. Gegenüber seinem Vorgänger, dem in seiner Handhabung recht umständlichen *Chicago squeegee,* brachte der von Ettore Steccone konstruierte Fensterwischer sowohl eine Vereinfachung in der Handhabung als auch eine Steigerung der Effizienz mit sich, die es überhaupt erst möglich machte, die großen Glasflächen der modernen Architektur reinigungstechnisch in den Griff zu bekommen. Die Modernität des *squeegee* – von seinem Erfinder übrigens *New Deal* getauft – erweist sich für die Autorin jedoch auch durch seine Verwendung als Utensil der Kunst im Werk Gerhard Richters, denn „wenngleich die Praxis des Farbauftrags sich grundlegend von derjenigen der Schmutz- und Staubentfernung unterscheidet, sollten beide [Steccones und Richters Einsatz des *squeegee*] nichtsdestoweniger als Weltveränderungen gesehen werden".[13]

So pathetisch drückt sich Richter nicht aus; und doch steht auch für ihn die Rakel für „Modernität" und eine „technische Coolness, denn mit dem Pinsel malen ist doch sehr altmodisch", wie er in einem Ateliergespräch äußerte.[14] Und es liegt nahe, dass auch Richter die Modernität in der Effizienz eines Werkzeugs erblickte, das ihm erlaubte, die großen Formate seiner abstrakten Bilder arbeitsökonomischer zu bearbeiten, als dies mit einem Pinsel möglich wäre.

Je nachdem also, ob Richters Arbeitsinstrument mit der Siebdruckrakel oder mit einem Fensterwischer verglichen wird, ergeben sich unterschiedliche Konnotationen, die Rezeption und Verständnis von Richters Arbeitsprozess beeinflussen. Tatsächlich handelt es sich bei dem Werkzeug, das Richter verwendet, weder um eine drucktechnische Rakel noch um einen Fensterwischer, verfügt es doch nicht über jene aus Gummi gefertigte flexible Streichkante, wie sie sowohl für den Siebdruck als auch für das Fensterputzen unabdinglich ist. Beim Siebdruck ist sie die Voraussetzung für die gleichmäßige Verteilung der Farbe, beim Fensterputzen, um makellos saubere Oberflächen zu erzielen. Hätte Richter mit drucktechnischen Rakeln oder Fensterabziehern gemalt, hätte das Faktur und Aussehen seiner Malerei grundlegend verändert. Das Resultat wären homogenere Oberflächen gewesen – und nicht jene zerklüfteten Texturen, die seinen gerakelten Abstrakten Bildern ihren unverkennbaren Charakter verleihen.

Das Palettmesser

Das Arbeitsinstrument, dessen Richter sich für seine Abstrakten Bilder bedient, wird oftmals nicht als Rakel oder *squeegee,* sondern schlicht als Spachtel bezeichnet; die größeren Exemplare werden entsprechend als „Riesenspachtel", *large spatula* oder *spatule géante* umschrieben.[15] Richter spricht in einem Interview in Bezug auf sein Arbeitsutensil schlicht von einem „großen Spachtel", während das Wort Rakel in dem von Dietmar Elger und Hans Ulrich Obrist herausgegebenen Buch *Text,* das Statements, Briefe und Interviews des Künstlers versammelt, einzig von seinen Interviewpartnern verwendet wird, nicht aber vom Künstler selbst.[16]

Ursprünglich für das Anrichten der Farbe auf der Palette bestimmt, wurde der Spachtel beziehungsweise das Palettmesser bereits im 17. Jahrhundert auch zum Auftragen der Farbe zweckentfremdet – eine Praxis, die im 19. Jahrhundert durch Gustave Courbet Verbreitung gewann (Abb. 9). Das *couteau à palette* (Abb. 8) darf als Vorläufer von Richters Rakel angesehen werden, auch wenn es sich durch seine geringere Größe und leichtere Handhabbarkeit von ihr unterscheidet. Indem er zwei seiner Abstrakten Bilder nach Courbet benannte, hat Richter der Palettmessermalerei seinen Tribut gezollt. Wie die Rakel erlaubt das Messer nicht nur einen flächigeren Farbauftrag, sondern lässt sich darüber hinaus ähnlich wie diese auch als ein maltechnischer „Zufallsgenerator" verwenden.[17]

Der Zufall spielt in Richters Werk eine gewichtige Rolle. Das gilt bereits für die motivische Ebene – wie etwa bei seinen Wolkenbildern, die auf das jahrhundertealte Paradigma des Zufälligen in der Kunsttheorie anspielen (vgl. den Beitrag von Ortrud Westheider, S. 8–21).[18] Auf einer anderen Ebene ist der Zufall in Richters Farbtafeln angesiedelt, bei denen er die Farben nach dem Zufallsprinzip anordnet

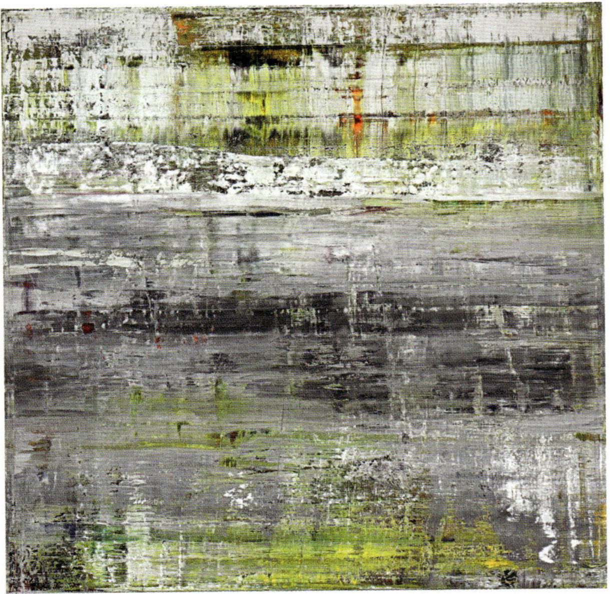

6 Gerhard Richter: *Cage* (897-2), 2006
Öl auf Leinwand, 300 x 300 cm
Tate Modern, London,
Dauerleihgabe aus einer Privatsammlung

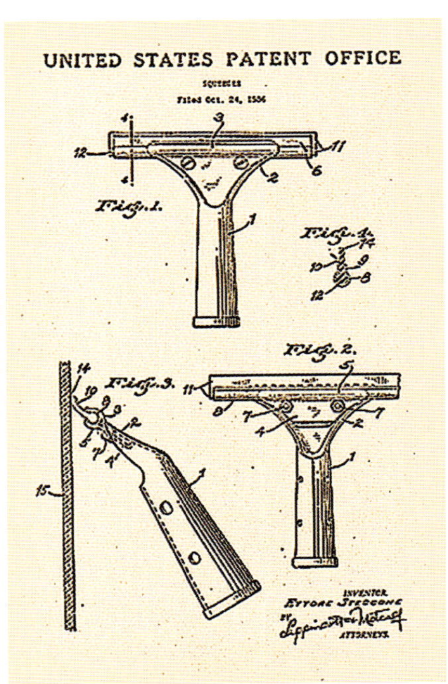

7 Ettore Steccone: Squeegee,
Patent (US 2123638 A), 1936

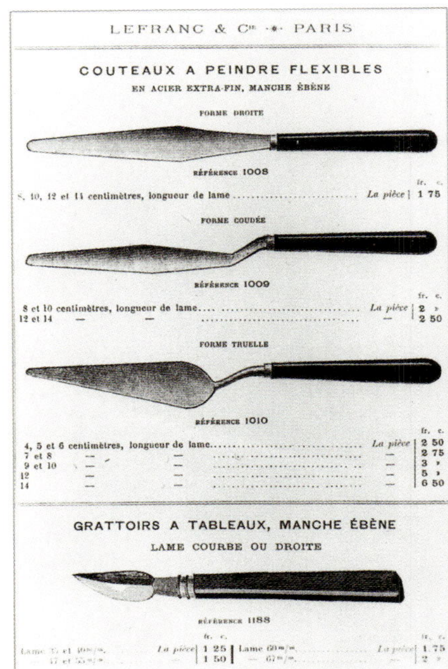

LEFRANC & Cie · PARIS

COUTEAUX A PEINDRE FLEXIBLES
EN ACIER EXTRA-FIN, MANCHE ÉBÈNE

FORME DROITE

RÉFÉRENCE 1008

		fr. c.
8, 10, 12 et 14 centimètres, longueur de lame	La pièce	1 75

FORME COUDÉE

RÉFÉRENCE 1009

		fr. c.
8 et 10 centimètres, longueur de lame	La pièce	2 »
12 et 14 — —	—	2 50

FORME TRUELLE

RÉFÉRENCE 1010

		fr. c.
4, 5 et 6 centimètres, longueur de lame	La pièce	2 50
7 et 8 — —	—	2 75
9 et 10 — —	—	3 »
12 — —	—	5 »
14 — —	—	6 50

GRATTOIRS A TABLEAUX, MANCHE ÉBÈNE
LAME COURBE OU DROITE

RÉFÉRENCE 1188

		fr. c.			fr. c.
Lame [illegible] et [illegible] m/m	La pièce	1 25	Lame [illegible] m/m	La pièce	1 75
— [illegible] et [illegible] m/m	—	1 50	— [illegible] m/m	—	2 »

8 Sortiment von Palettmessern
aus dem Firmenkatalog von Lefranc, 1900

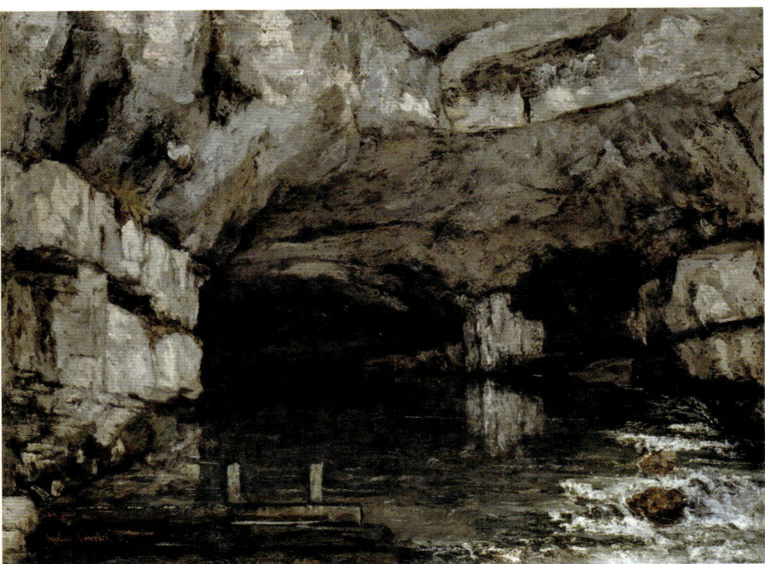

9 Gustave Courbet: *Die Grotte der Loue,* 1864
Öl auf Leinwand, 98 x 130,5 cm
Hamburger Kunsthalle

(vgl. den Beitrag von Hubertus Butin, S. 34–45). Wieder anders gelagert ist der Zufall bei seinen Abstrakten Bildern, deren Zufallsstrukturen sich dem Malutensil verdanken. Zwar handelt es sich bei der Rakeltechnik nicht, wie gelegentlich suggeriert wird, um ein autopoietisches Verfahren, denn der Künstler wählt die Farbe aus, bestimmt den Winkel, in dem er die Rakel anlegt, und den Druck, mit dem er sie über die Leinwand zieht oder schiebt; gleichwohl lässt sich der Farbauftrag mit der Rakel nie vollkommen vorherbestimmen. Der Künstler mag erahnen, welche Strukturen sich ergeben, wenn er die Rakel auf eine bestimmte Weise über die Gemäldeoberfläche zieht, aber die einzelnen Kratzer, Schrammen oder Schlieren, die die Rakel als Spur zurücklässt, kann er nicht planen. Richter zufolge war dieser Aspekt für ihn von entscheidender Bedeutung: 1999 antwortete er etwa in einem Interview auf die Frage, wie weit er mit den Spachteln und Rakeln das Ergebnis steuern könne: „Das ist eine gute Technik, um die Überlegung auszuschalten. Bewusst kann ich nicht berechnen, was kommt. Aber unbewusst ahne ich es doch. Das ist ein schöner Zwischenzustand."[19] Ähnlich äußerte er sich in einem 2007 geführten Gespräch, in dem er die Rolle, die der Zufall sowohl in den *Cage*-Bildern (897-1 bis 897-6) wie überhaupt in den Abstrakten Bildern spielt, als eine „wesentliche" definiert: „Denn bei aller technischen Erfahrung kann ich nicht genau voraussehen, was da entsteht, wenn ich mit so einem großen Spachtel Farbe auftrage oder wegnehme. Da entstehen immer Überraschungen, enttäuschende und erfreuliche, auf jeden Fall Veränderungen".[20]

Die Frage nach dem Zufall dominierte früh den kunstkritischen Diskurs über Palettmesser und Spachtel. Beide galten als Utensilien, die sich weniger leicht als der Pinsel kontrollieren lassen, mit denen die malerische Ausführung zu einem gewissen Grad dem Zufall überlassen wird. Schon 1784 diskutierte Joshua Reynolds in einem Vortrag in der Royal Academy, das *palette knife* als Mittel, den Zufall für den Werkprozess produktiv zu machen: „Um Zufälligkeiten vorteilhaft zu verwerten, scheint Rembrandt oft die Spachtel [sic] statt des Pinsels verwendet zu haben, um die Farben auf die Leinwand zu legen. Ob es nun die Spachtel oder irgend ein anderes Werkzeug ist, es genügt, wenn es etwas ist, das sich nicht genau dem Willen fügt. Der Zufall wird in der Hand des Künstlers, welcher dessen Winke vorteilhaft auszunützen versteht, eine Behandlung und Leichtigkeit von so kecker und launiger Schönheit hervorbringen, wie der Maler es sich nie ausgedacht oder wie er nie versucht haben würde, es mit seinem, dem Zwange der Hand gehorchendem Pinsel auszuführen."[21] Allerdings war für Reynolds und andere Autoren eine solche Instrumentalisierung des Zufalls nur bei bestimmten Motiven erlaubt wie zum Beispiel bei Felsen – einem Motiv, bei dem etwa Gustave Courbet das Palettmesser einsetzte.

Insgesamt stand das Palettmesser jedoch, gerade weil es sich weniger gut lenken ließ als der Pinsel, in keinem guten Ruf. Aus diesem Grund tadelten Kunstkritiker immer wieder Courbets scheinbar obsessive Verwendung des Palettmessers als riskantes Vabanquespiel. Harsch fiel die Kritik von Camille Lemonnier aus, einem der ersten Biographen des Künstlers: Der Pinsel, so erklärte er seinen Lesern, gehorche vollkommen dem Gehirn des Künstlers, das Messer dagegen sei „das stumpfsinnige Werkzeug des Arbeiters. Es ist unbewusst, unzurechnungsfähig und mechanisch. Es dirigiert die Hand und kollaboriert mit dem Zufall".[22] Die Adjektive, mit denen Lemonnier die Palettmessermalerei belegt, sind nahezu dieselben, mit denen Richter gut ein Jahrhundert später die Rakeltechnik beschreibt – nur dass sie bei ihm positive Konnotationen tragen.

Palettenabfälle

Die radikale kunsttheoretische Neubewertung des Zufalls, die sich in der Nachkriegsmoderne durchsetzte, hatte bereits Ende des 19. Jahrhunderts begonnen, und zwar in dem 1894 publizierten Aufsatz *Du hasard dans la production artistique,* als dessen Autor der schwedische Dramatiker August Strindberg firmierte. Dass Strindbergs hoch experimentelle Malerei und Photographie in den 1960er Jahren wiederentdeckt wurde, ist dabei alles andere als ein Zufall, ließ sie ihn doch wie einen Vorläufer der abstrakten Kunst erscheinen.[23] So urteilte etwa der Kunstkritiker Franz Roh 1963 in einem Artikel der Zeitschrift *Das Kunstwerk* über Strindbergs Malerei: „Eigentlich ist das schon *action painting.*"[24] Roh zitierte darin auch Passagen aus dem genannten Aufsatz. Strindberg begann ihn mit der Beschreibung verschiedener Beispiele der künstlerischen Instrumentalisierung des Zufalls: Er berichtete von dem Brauch der Malaien, Löcher in Bäume zu bohren, um den Klängen zu lauschen, die der Wind durch sie hindurchbläst; von Webern, die das Kaleidoskop benutzen, um „neue Muster zu erfinden, wobei sie es dem Zufall überlassen, die gemalten Glasstücke zusammenzufügen", und von einer Holztafel, die im Stammlokal der Künstlerkolonie von Marlotte zu sehen sei und den Namen *grattures de palette* trage. Roh übersetzte diesen Titel mit „Palettenabfall", in der ersten deutschen Übersetzung von Strindbergs Aufsatz, die ein

Jahr später im *Merkur* erschien, wird der Ausdruck mit „Palettenreste" übertragen, wörtlich müsste man von „Palettenschabseln" sprechen. Die so benannte Holztafel verdankte sich, Strindberg zufolge, einem damals in Künstlerkreisen beliebten Verfahren: „nach beendeter Arbeit kratzt der Künstler die Reste der Farbe zusammen, und wenn er Lust bekommt, macht er irgendeinen Versuch. [...] Der Mühe entledigt, die Farben zu erfinden, verfügt die Seele des Malers über die Fülle ihrer Kräfte, um die Konturen zu suchen, und indem die Hand auf gut Glück mit dem Spatel hantiert, wobei sie dennoch das Modell der Natur beibehält, ohne sie kopieren zu wollen, entpuppt sich das Ganze als dieses reizvolle Mischmasch aus Unbewußtem und Bewußtem. Das ist die natürliche Kunst, bei der der Künstler wie die launische Natur arbeitet und ohne festgesetztes Ziel."[25]

Bei der Malerei, die Strindberg hier beschreibt, handelt es sich um eine Art Capriccio, ein lustvolles Abenteuer, auf das sich der Maler nach getaner Arbeit einlässt. Als Ausgangsmaterial dienen ihm dabei die Farbreste, die er mit dem Spachtel von der Palette kratzt – Strindberg verwendet hier das Verb *racler,* aus dem sich – wie zuvor erwähnt – das deutsche Wort Rakel ableitet. Bei dem Verfahren handelt es sich um eine Art spielerischer Resteverwertung. Sie ist für Strindberg zugleich das Vorbild für seine Versuche in der Malerei, für die er ausschließlich, wie er beteuerte, Palettmesser verwendete, da er Pinsel nicht einmal besitze (Abb. 10).

Dass auch Gerhard Richter auf ähnlich spielerische Weise Farbreste verwertete, wie dies in der geschilderten Palettenabfallmalerei der Fall war, ist in Berichten von Hans Ulrich Obrist und Georg Imdahl dokumentiert. Gemeint sind die Photoübermalungen, die oft am Ende eines Arbeitstags entstanden, „nachdem er [Richter] die Arbeit an einem seiner großformatigen abstrakten Gemälde beendet hatte" (Abb. 11, Kat. 56–61). So habe der Künstler in seinem Atelier stets eine Schachtel – Imdahl spricht sogar von einer Kiste – mit Photographien griffbereit gehabt, um aus ihr je nach Bedarf eine oder mehrere Aufnahmen zu „fischen". Bei diesen Aufnahmen handelt es sich nicht um Kunstphotographien, wie Obrist betont, „sondern um ganz gewöhnliche Schnappschüsse" beziehungsweise „Knipserfotos", wie Imdahl formuliert, meist im Urlaub gemacht. Sowohl die Zeit – nach getaner Arbeit – als auch die Malunterlage – private Urlaubsphotos – suggerieren, dass es sich hier um einen freizeitlichen Zeitvertreib des Künstlers handele. Um die Photos zu übermalen, nutzte der Künstler nun die Farbe, „die noch immer an der breiten Rakel hing".[26] Ob Richter die von Strindberg beschriebene Palettenabfallmalerei kannte, lässt sich nicht sicher sagen. Ein Indiz dafür mag sein, dass sich für eine andere Werkgruppe aus Richters Œuvre unbestreitbar belegen lässt, dass sie auf eine Variante dieses unorthodoxen Malverfahrens zurückgeht.

Die 1970/71 entstandenen *Ausschnitte* nehmen – zu einem großen Teil – ihren Ausgangspunkt in Farbrückständen, nur dass es sich in diesem Fall nicht um die Farbreste handelt, die nach getaner Arbeit noch an der Rakel hingen – die Reihe entstand noch vor den Rakelbildern –, sondern um die Farbreste, die sich auf seiner gebrauchten Palette fanden. Aus diesen Resten hat Richter Ausschnitte von ein bis zwei Quadratzentimetern abphotographiert, um die Detailaufnahmen sodann in Ölfarben auf großformatige Leinwände zu kopieren. Es ist der Untertitel eines der auf diese Weise entstandenen Bilder, der hier die entscheidende Fährte legt. Denn Richter huldigt in seinem Gemälde *Ausschnitt (Makart)* (288) (Kat. 29) Hans Makart, Malerfürst im kaiserlichen Wien des 19. Jahrhunderts, dem Vorläufer seiner Ausschnittmalerei. So berichtete der Kunsthistoriker Cornelius Gurlitt in seinem 1899 erschienenen Buch *Die deutsche Kunst des Neunzehnten Jahrhunderts. Ihre Ziele und Thaten* über den Schüler des Münchner Historienmalers Carl Theodor von Piloty: „Hans Makarts Wirken war die höchste Steigerung der Pilotyschen Farbenbehandlung. Ein anderer Schüler des Münchner Meisters erzählte mir, wie die jungen Leute an der Akademie damals Bilder entwarfen. Sie strichen mit breitem Pinsel die Farbenreste der gebrauchten Palette durcheinander und fuhren dann mit einem Papier, aus dem ein Rechteck, das zukünftige Bild, herausgeschnitten war, so lange auf dem Farbengemisch herum, bis sie eine Stelle fanden, wo dies einen wirkungsvollen, gut zusammengehenden Farbeneinklang umrahmte. Und nun versuchte man, in den schönen Fleck menschliche Gestalten hineinzuzeichnen und endlich einen Sinn für diese zu finden, den Gedanken."[27]

Demnach hatten Makart und seine Mitschüler aus dem Atelier Piloty Ausschnitte ihrer Palette als Ausgangspunkt für neue Bildideen verwendet (Abb. 12). Darin liegt zugleich ein wesentlicher Unterschied zu Richters Methode. In dem von Gurlitt beschriebenen Verfahren dient der Palettenausschnitt als Inspiration für ein gegenständliches Bild, indem nämlich der Künstler in das Farbengemisch der Palette Figuren hineinprojiziert. Die künstlerische Leistung besteht dabei nicht allein in der Auswahl des Ausschnitts, sondern in dessen Transformation in eine figürliche Komposition. Aus dem amorphen Farbbrei erwächst die Bildidee. Richter dagegen begnügt sich damit, den gewählten Ausschnitt in vergrößertem Maßstab abzumalen, ohne ihn in etwas Gegenständliches zu übersetzen.

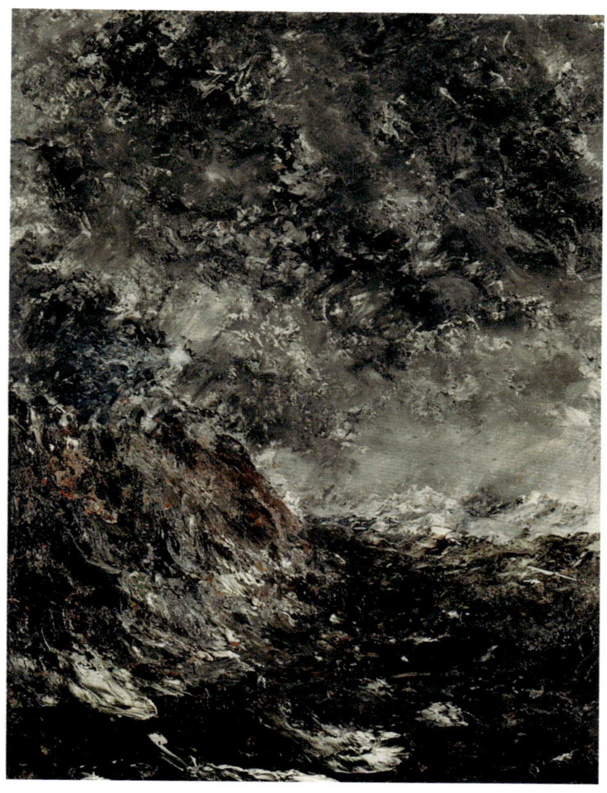

10 August Strindberg: *Seestück mit Riff,* 1894
Öl auf Karton, 45 x 30 cm
Musée d'Orsay, Paris

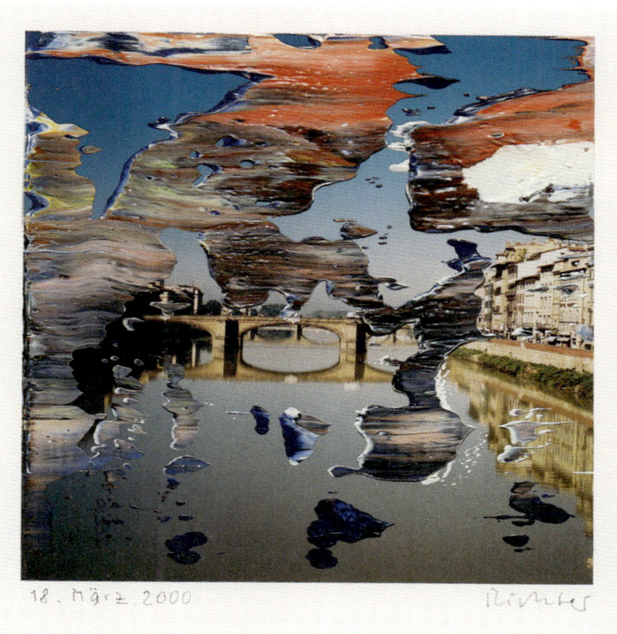

11 Gerhard Richter: *18. März 2000 (Firenze)*, 2000
Ö auf Farbphotographie, 12 x 12 cm
Privatsammlung

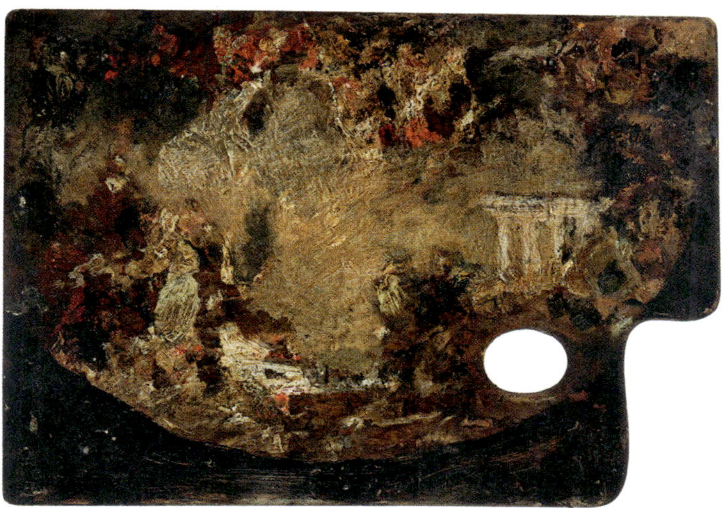

12 Palette von Hans Makart
mit einer Landschaft mit Tempel, um 1865
Salzburg Museum

Ähnliches lässt sich auch in Bezug auf die Abstrakten Bilder feststellen. Während Strindberg die mit Hilfe des Zufalls erzeugten Strukturen mittels intentionaler Eingriffe gegenständlich ausdeutet, verzichtet Richter auf eine solche nachträgliche Bearbeitung. Zwar äußert er sich immer wieder dahingehend, dass abstrakte Konfigurationen zwangsläufig zu Projektionen einlüden, überlässt diese aber bei seinen abstrakten Bildern dem Betrachter. Allenfalls über Titel wie *Mauer* (808) (Kat. 70), *Wald* (731) oder *Rain* (676-1 und 676-2) beteiligt sich der Künstler gelegentlich an einer inhaltlichen Ausdeutung. Anders als also in der Palettenabfallmalerei eines Strindberg bildet bei Richter das Werk des Zufalls nicht den Ausgangspunkt seiner Arbeit. Vielmehr lässt Richter den Zufall so lange für sich arbeiten, bis ihm das Werk des Zufalls als ein in sich stimmiges fertiges Bild erscheint.[28]

Performanz

Der Einsatz neuer Werkzeuge in der Kunst der Moderne war nicht nur dem Wunsch geschuldet, die formalen Möglichkeiten der Malerei zu erweitern. Die Werkzeuge gewannen auch im Kontext der Malperformances an Bedeutung, wie sie seit den 1950er Jahren nicht nur in der westlichen Kunstwelt stattfanden. In ihnen kündigt sich jene „performative Wende“ an, wie sie die Theaterwissenschaftlerin Erika Fischer-Lichte seit den frühen 1960er Jahren diagnostiziert hat.[29] In der Malerei zeigte sich diese Entwicklung im Action-Painting, einem Begriff, der auf Harold Rosenberg zurückgeht. Der amerikanische Kunstkritiker hatte schon 1952 unter den Malern seiner Zeit die Tendenz konstatiert, die Leinwand als eine „Arena“ aufzufassen, in der es zu handeln gelte. Was sich auf der Leinwand manifestiere, sei nicht mehr ein Bild, sondern ein „Ereignis“.[30] Zur Durchsetzung eines solchen Malerei-Verständnisses trugen die Photos bei, in denen Hans Namuth die Arbeitsweise Jackson Pollocks dokumentierte (Abb. 1). Sie gelten heute sogar als kunsthistorisch noch einflussreicher als Pollocks Gemälde selbst.[31]

Gerhard Richters Beitrag zu dieser performativen Wende ist relativ klein. Richter blieb weitgehend einem traditionellen Werkbegriff treu, wie allein schon die Anlage seines Werkverzeichnisses belegt. Dem Kunsthistoriker Benjamin H. D. Buchloh zufolge ist Richters Malerei sogar als Abgrenzung gegenüber dem „heraufziehenden Schicksal einer universellen ‚Spektakularisierung‘ aller künstlerischen Mittel und Praktiken“ zu verstehen, wie ihr Jackson Pollock und Yves Klein anheimgefallen seien.[32] Richter hat – anders als viele Künstler seiner Generation – keine Malperformances gegeben. Indes hat auch er sich beim Malen photographieren und filmen lassen. Allerdings zeigen diese Malszenarien alles andere als Action-Painting. In ihnen wird vielmehr jeder Anschein von Spontaneität vermieden. Richters Farbauftrag fehlt alles Impulsive, wie es dem Action-Painting und dem Informel als dessen europäischer Spielart zu eigen ist. Das wird deutlich beim Vergleich von Richters Arbeit mit der Rakel mit derjenigen seines Lehrers Karl Otto Götz (Abb. 5). Für Götz spielte – wie es in seinen *Erinnerungen* heißt – „die Schnelligkeit der Pinselhiebe und Rakelzüge eine wichtige Rolle. Das neue Medium [eine Mischtechnik aus Farbe und Gouache] erlaubte eine schnelle Handschrift. Die Schnelligkeit war für mich ein notwendiges Mittel, um den Grad der bewußten Kontrolle auf ein Minimum herabzudrücken. Durch die Schnelligkeit entstanden außerdem Formverläufe, Passagen und Texturen (Schlieren und Spritzer), die mir bei langsamer, kontrollierter Malerei nicht gelungen wären“.[33]

Zwar war auch Richter daran gelegen, seine Kontrolle an der Ausführung zu minimieren, und dies ebenfalls in der Absicht, Texturen zu erzielen, wie er sie intentional nicht hätte erzeugen können, doch resultiert das bei ihm nicht in einer zügigen Ausführung. Das Gegenteil ist der Fall. Im Film *Gerhard Richter Painting* sieht man ihn mit Bedacht und ohne jede Eile die Rakel über die Gemäldeoberfläche schieben, in einer der Szenen wird selbst der Pinsel mit provokanter Langsamkeit über die Leinwand geführt. Diente Götz die Schnelligkeit der Ausführung der Dynamisierung der Handschrift, so war es Richter um die Verweigerung jeder Handschrift zu tun. Statt in wilden Schwüngen wie Götz zieht er die Rakel daher in geraden Bahnen und in strenger Horizontalität und Vertikalität über die Bildfläche.

Wie eingangs erwähnt, stehen neben solchen Szenen, in denen Richter am Bild arbeitet, solche, in denen er zurücktritt, um das Werk einer kritischen Begutachtung zu unterziehen. Sein Verdikt kann dabei auch kritisch ausfallen: „Die sind gut“, kommentiert er im Film etwa in einer Szene, um süffisant hinzuzusetzen: „Die sind gut für zwei Stunden, vielleicht auch für einen Tag.“[34] Nach Richters Aussagen ist die Inaugenscheinnahme seiner Werke sogar von größerer Bedeutung als der Akt des Malens selbst. So antwortete er 1990 in einem Interview auf die Bemerkung, dass für viele Künstler die malerische Aktion, der Prozess, im Vordergrund ihrer Arbeit stehe: „Es geht doch immer nur ums Sehen. Die physische Aktion lässt sich nicht vermeiden, und bestimmt gibt es auch manchmal eine Notwendigkeit, mit dem ganzen Körper zu malen – aber im Dienst der Sache. Aber diese ‚Aktionisten' – man sieht ja, was dabei rauskommt."[35]

Auch in einem 2004 geführten Interview behauptete Richter, Können und Virtuosität seien „keine Voraussetzung mehr für's Bildermalen",[36] um auf die Frage, was denn dann das „spezifisch Künstlerische" ausmache, zu antworten: „Zuerst die Lust, die Lust das zu machen. Und dann das Sehen können, ob das gut aussieht oder nicht, brauchbar aussieht." Daher, so führt Richter aus, sei auch Marcel Duchamp so wichtig für ihn, sei doch das Readymade nichts anderes als „ein Akt, der die grundsätzliche Fähigkeit, um die es überhaupt geht, etwas sehen zu können, in den Vordergrund stellt".[37] In diesem Sinn vergleicht Richter andernorts auch seine Abstrakten Bilder mit Readymades (vgl. den Beitrag von Hubertus Butin, S. 34–45). Die entscheidende Leistung besteht für Richter demnach darin, zu erkennen, wann der Zufall ihm ein Bild von der erwünschten Qualität beschert, so als beschränke sich sein Anteil an der Werkgenese darauf, lediglich ihren Endpunkt festgelegt zu haben, ohne aber selbst an ihr beteiligt gewesen zu sein. Damit spricht der Künstler allerdings seiner Maltechnik eben jene Bedeutung ab, die dieser Aufsatz herausstellt. Wäre sie ihm indes so bedeutungslos, wie er es uns glauben machen möchte, hätte Richter die Ausführung seiner Rakelbilder auch seinen Assistenten überlassen können.

Für die kritische Lektüre danke ich Anne Röhl.

1 Jackson Pollock: My Painting (1947), in: ders.: *Interviews, Articles, and Reviews,* hrsg. von Pepe Karmel, New York 1999, S. 17 f., hier S. 18 (Übers. Matthias Krüger).

2 Vgl. Matthias Krüger: Werkzeuge, in: *Metzler-Lexikon Kunstwissenschaft. Ideen, Methoden, Begriffe,* hrsg. von Ulrich Pfisterer, Stuttgart u. a. 2011, S. 489–493, hier S. 492.

3 Siehe zum Beispiel Deborah Foreman: *Paint Lab. 52 Exercises inspired by Artists, Materials, Time, Place, and Method,* Beverly, MA, 2013, S. 26 f.; Gerda Lipski: Acrylmalerei Techniken Strukturen mit der Rakel/structures with the squeegee, 25.2.2014, https://www.youtube.com/watch?v=yW8L7u3RPKQ (aufgerufen am 12.1.2018).

4 Belz 2011. Zur Maltechnik der Abstrakten Bilder Richters vgl Kasper 2003, S. 46–52.

5 Georg Imdahl: Meister des Abstrakten. Atelierbesuch bei Gerhard Richter, in: *Kölner Stadt-Anzeiger,* 14.10.2008, https://www.ksta.de/meister-des-abstrakten-atelierbesuch-bei-gerhard-richter-13757300 (aufgerufen am 12.1.2018).

6 Vgl. die Beschreibung von Richters Rakeln in Storr 2009, S. 69.

7 Vgl. Walter Koschatzky: *Die Kunst der Graphik,* Salzburg 1972, S. 317 f.

8 Andy Warhol und Pat Hackett: *POPism. Meine 60er Jahre* (1980), München 2008, S. 14.

9 Gerhard Richter: Notizen 1985, in: Richter 2008, S. 140–144, hier S. 141.

10 Vgl. Götz' eigene Beschreibung seines Malverfahrens in: Karl Otto Götz: *Erinnerungen,* Bd. 2: *1945–1959,* Aachen 1994, S. 113.

11 Nachruf auf Karl Otto Götz, *Tagesschau,* 21.8.2017, https://www.tagesschau.de/inland/k-o-goetz-101.html (aufgerufen am 29.10.2017).

12 Vgl. Ansted 2017, S. 202. Siehe auch Robert Storr: Gerhard Richter. Forty Years of Painting, in: New York 2002, S. 11–90, hier S. 73.

13 Hilary Sample: *Maintenance Architecture,* Cambridge, MA, 2016, S. 149 (Übers. Matthias Krüger).

14 Imdahl 2008 (wie Anm. 5).

15 Richters Rakel-Bilder wurden zunächst auch als „Spachtel-Bilder" bezeichnet, vgl. Heribert Heere: Gerhard Richter. Die Abstrakten Bilder. Zur Frage des Inhalts, in: Bielefeld 1982, S. 9–20, hier S. 14.

16 Gerhard Richter: Interview mit Hans Ulrich Obrist (2007), in: Richter 2008, S. 541–545, hier S. 543.

17 Siehe dazu Matthias Krüger: Gespachtelter Zufall. Gustave Courbet und die Messermalerei, in: *Werkzeuge und Instrumente,* hrsg. von Philippe Cordez und Matthias Krüger, Berlin 2012, S. 109–127.

18 Siehe Johannes Stückelberger: *Wolkenbilder. Deutungen des Himmels in der Moderne,* München u. a. 2010, S. 301–365.

19 Gerhard Richter: Interview mit Stefan Koldehoff (1999), in: Richter 2008, S. 357–365, hier S. 365.

20 Gerhard Richter: Interview mit Hans Ulrich Obrist (2007), in: ebd., S. 541–545, hier S. 543.

21 Joshua Reynolds: *Zur Ästhetik und Technik der bildenden Künste. Akademische Reden,* Leipzig 1893, S. 205.

22 Camille Lemonnier: *G. Courbet et son œuvre,* Paris 1878, S. 62 (Übers. Matthias Krüger).

23 Vgl. Grischka Petri: August Strindbergs moderne Malerei und der Zufall im kunsthistorischen Schaffen, in: *August Strindberg. Der Dichter und die Medien,* hrsg. von Walter Baumgartner und Thomas Fechner-Smarsly, München 2003, S. 83–112, hier S. 83–88.

24 Franz Roh: Strindberg als Avantgardist der Malerei, in: *Das Kunstwerk* 17 (1963), S. 2–4, hier S. 2.

25 August Strindberg: Neue Kunstformen! oder Der Zufall im künstlerischen Schaffen (1894), in: ders.: *Verwirrte Sinneseindrücke. Schriften zu Malerei, Fotografie und Naturwissenschaften,* übers. von Angelika Gundlach, Amsterdam 1998, S. 30–38, hier S. 30 f.

26 Hans Ulrich Obrist: *Kuratieren!,* München 2015, S. 111 f.; Imdahl 2008 (wie Anm. 5).

27 Cornelius Gurlitt: *Die deutsche Kunst des Neunzehnten Jahrhunderts. Ihre Ziele und Thaten,* Berlin 1899, S. 386 f.

28 Vgl. Dario Gamboni: *Potential Images. Ambiguity and Indeterminacy in Modern Art,* London 2002, S. 230.

29 Vgl. Erika Fischer-Lichte: *Ästhetik des Performativen,* Frankfurt am Main 2004, S. 22.

30 Harold Rosenberg: The American Action Painters (1952), in: ders.: *The Tradition of the New,* New York 1959, S. 35–47, hier S. 36.

31 Vgl. Caroline Jones: *Machine in the Studio. Constructing the Postwar American Artist,* Chicago u. a. 1996, S. 72.

32 Benjamin H. D. Buchloh: Geste, Faktur, Index. Abstraktion in der Malerei von Gerhard Richter, in: Köln 2008, S. 8–17, hier S. 10 f.

33 Götz 1994 (wie Anm. 10), S. 127.

34 Gerhard Richter im Filminterview mit Corinna Belz, vgl. Belz 2011.

35 Gerhard Richter: Interview mit Sabine Schütz (1990), in: Richter 2008, S. 256–263, hier S. 262.

36 Gerhard Richter: Interview mit Jan Thorn-Prikker (2004), in: ebd., S. 474–492, hier S. 488.

37 Ebd.

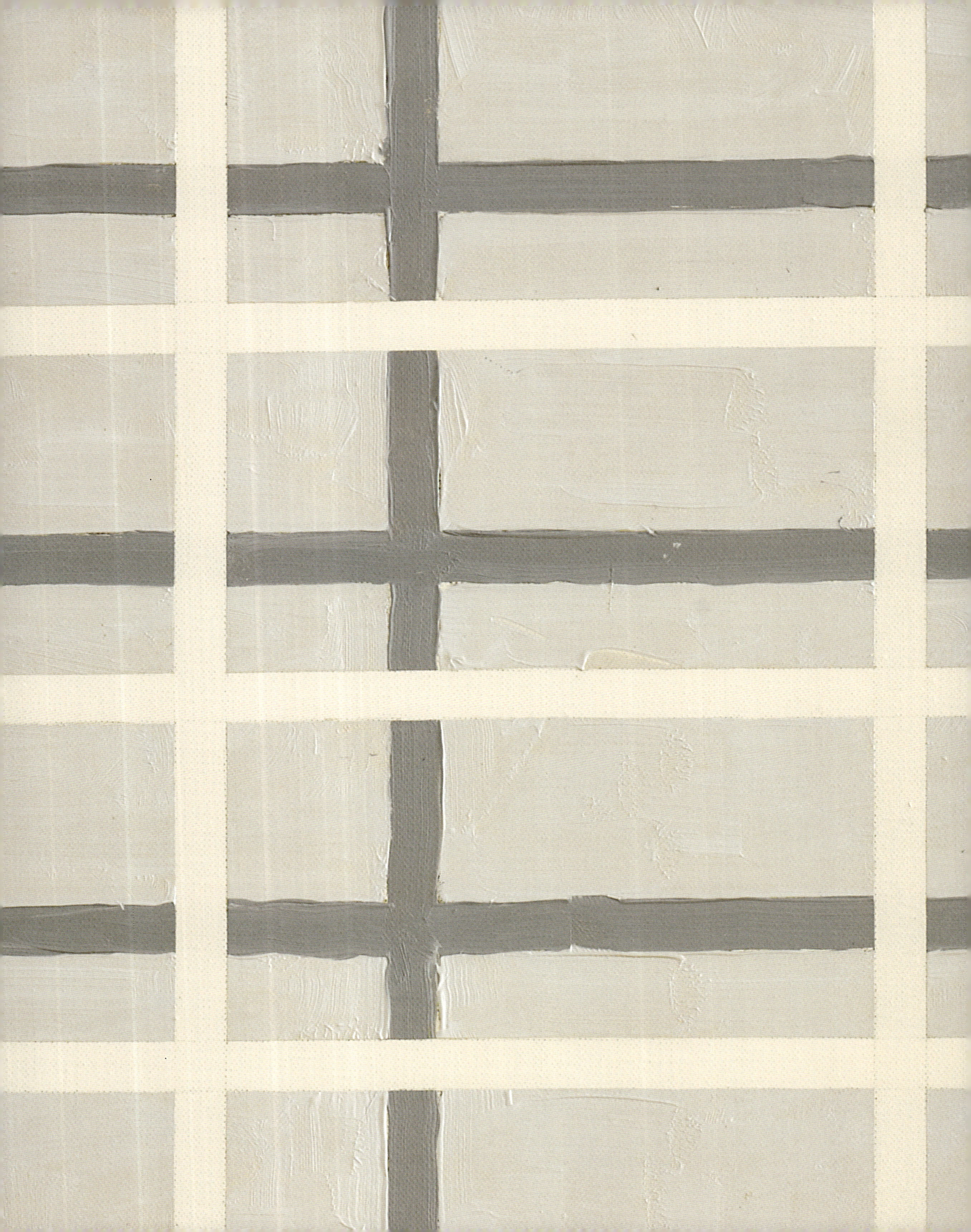

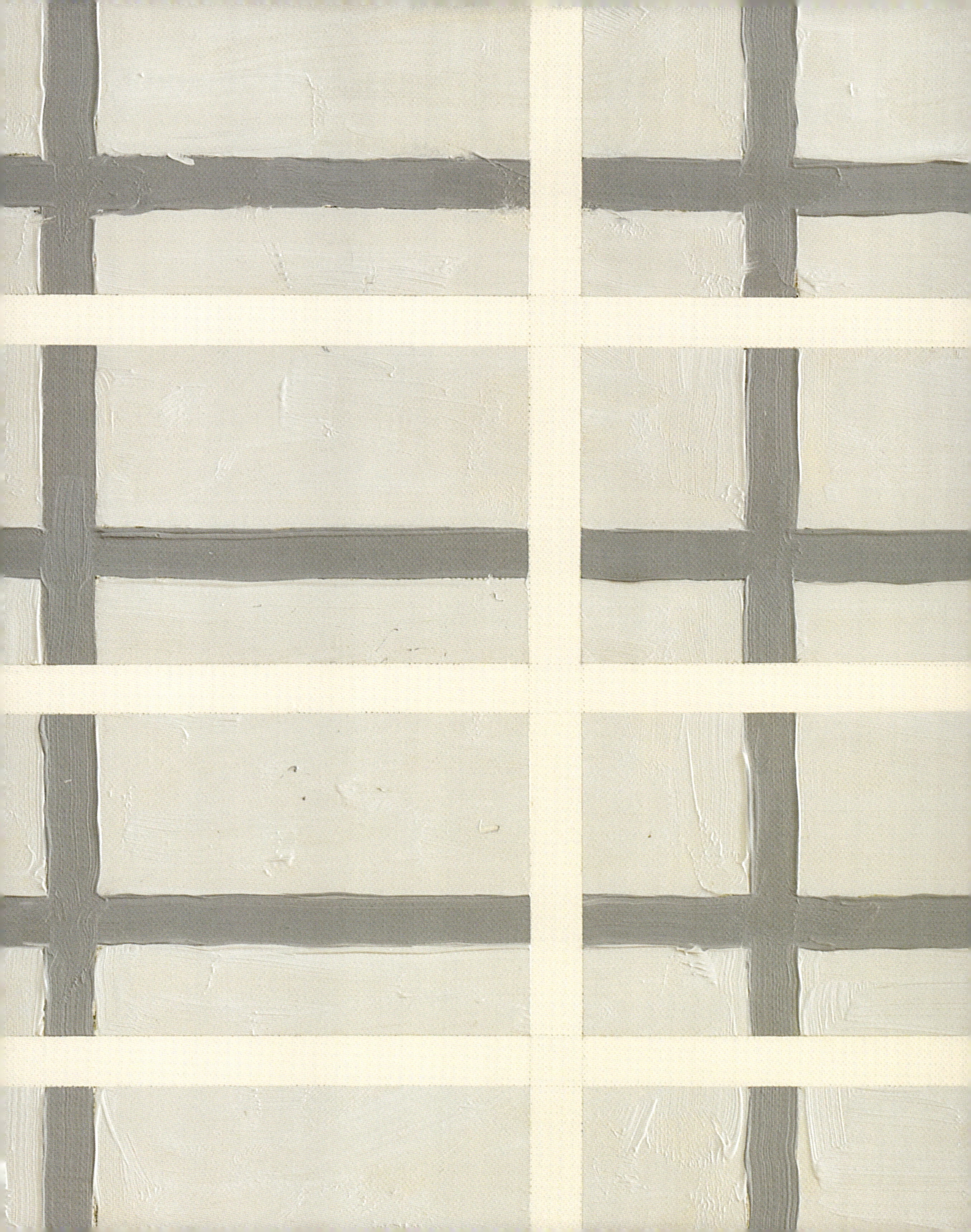

Struktur und Illusion. Abstraktionen der 1960er Jahre

Valerie Hortolani

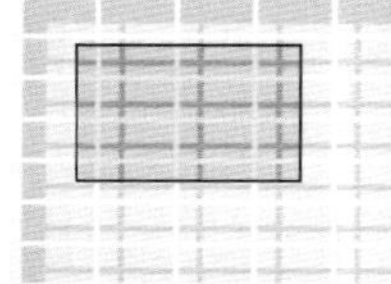

Kat. 4

In einer Zeit, in der das Malen an Bedeutung verlor, gab Gerhard Richter mit seinem Werk ein Statement für die Malerei ab. Um sie von Bedeutungszuschreibungen zu entlasten, griff er in den 1960er Jahren auf Photographien zurück. Darüber hinaus boten ihm strenge Kompositionen und Raster neutrale Motive, um den Blick auf Struktur und Illusion zu lenken. Indem er Ausschnitte malte und verfremdete, befreite er die Malerei vom Abbildcharakter. Die dabei entstehende Form der Abstraktion war etwas Neues. Sie abstrahiert nicht wie bei Wassily Kandinsky vom Gegenstand, sondern thematisiert durch Schlieren, gestische Striche und Schatten die bildnerischen Mittel.

Gerhard Richter setzte an den Beginn seines Werkverzeichnisses mit *Tisch* (1) von 1962 (Abb. S. 10, 24) programmatisch ein Gemälde, das das Verhältnis von Gegenständlichkeit und Abstraktion thematisiert (vgl. die Beiträge von Ortrud Westheider, S. 8–21, und Dietmar Elger, S. 22–33). Besonders während der nächsten zehn Jahre beschäftigte er sich wiederholt mit dieser Frage. Die zahlreichen Werke aus dieser Zeit werden dominiert von der Farbe Grau.[1] Während der Künstler dies aus der Schwarz-Weiß-Ästhetik der Photographie ableitete, besitzt das Grau in der Grisaillemalerei eine lange kunsthistorische Tradition, in die sich Richters Werke einreihen lassen.[2] Trotz – oder gerade wegen – der demonstrativen Verwendung dieser Farbe hat sich Richter unterschiedlich zur Bedeutung des Graus geäußert und es sowohl als absolute Farbe[3] wie auch als Farbe der Indifferenz und des Nichts beschrieben.[4]

In der Konzentration auf flächige Motive wie Vorhänge, Fenster oder Türen und industrielle Strukturen wie Wellbleche, Gitter oder Röhren näherte sich Richter der Abstraktion mittels formaler Vereinfachung und Nahsichtigkeit an. Während die frühen Photobilder die Wiedergabe des Gegenstands über die photographische Vorlage suchten, beruhen die Vorhang-Bilder ab 1964 nicht mehr auf einem konkreten Vorbild, sondern visualisieren imaginierte Bilder (Kat. 1, 2). Sie sind die ersten Werke, in denen sich Richter seinen (noch) gegenständlichen Motiven von einer Idee aus näherte.

Zwischen 1964 und 1967 entstanden zwölf Gemälde mit Vorhang-Motiv. In der seriell angelegten Werkgruppe eines zugezogenen, in Falten gelegten Vorhangs entwickelte Richter das Motiv in Richtung einer nichthierarchischen, rhythmischen Gliederung der Bildfläche in vertikale Streifen.[5] Alle Werke der Serie präsentieren den Vorhang als geschlossene, opake Struktur, die dem Betrachter den Blick auf das Dahinter verwehrt. Nicht die Darstellung der materiellen Qualitäten des Stoffes ist entscheidend, sondern die Untersuchung der Bildfläche nach formalen Gesichtspunkten. Während in *Vorhang* (58-1) (Kat. 1) ein Achtel der Bildfläche den Boden im Vordergrund zeigt und so einen Tiefenraum andeutet, ist der Boden in *Vorhang III (hell)* (56) (Kat. 2) auf einen schmalen schwarzen Streifen reduziert, der allein Raum für den Saumabschluss lässt. Das Motiv ist hier fast vollständig ins Abstrakte überführt.

In der Serie zeigt sich sowohl eine Verwurzelung in der kunsthistorischen Bildtradition mit Verweis auf antike Künstleranekdoten (vgl. den Beitrag von Ortrud Westheider, S. 8–21) als auch eine Verortung innerhalb zeitgenössischer internationaler Strömungen wie Pop, Op und Minimal Art. Die Serien der Wellbleche, Gitter (Kat. 5) und Schattenbilder (Kat. 4) sind an die reduzierte Ästhetik der amerikanischen Minimal Art von Protagonisten wie Carl Andre, Sol LeWitt oder Donald Judd angelehnt, deren Werke Gerhard Richter in der Galerie seines Freundes Konrad Fischer in Düsseldorf frühzeitig sah.[6] Besonders *Gitter* (166) (Kat. 5) und *Schattenbild* (209-8) (Kat. 4) sind als Auseinandersetzungen mit dem für die Minimal Art zentralen Raster oder Gitter (*grid*) zu lesen.[7] Einer unkritischen Adaption dieser Ideen steht jedoch Richters gleichzeitiges Beharren auf den spezifisch malerischen Qualitäten – wie dem Spiel mit Illusionismus und Unschärfe – entgegen. Im Zurückdrängen des Malerischen und der Offenlegung eines Zweifels an seinem Medium behauptet sich Gerhard Richter paradoxerweise umso mehr als Maler.

Noch 1964/65 schrieb Richter in einer Notiz zu seinen nach Photovorlagen entstandenen Bildern: „Mich interessieren nur die grauen Flächen, Passagen und Tonfolgen, die Bildräume, Überschneidungen und Verzahnungen. Wenn ich eine Möglichkeit hätte, auf den Gegenstand als Träger dieses Gefüges zu verzichten, würde ich sofort abstrakt malen."[8] Den Schritt in die Gegenstandslosigkeit vollzog er 1966 erstmalig mit dem Gemälde *Ohne Titel* (194-9) (Kat. 7). Mit programmatischem Gestus setzte Richter den von der Gegenständlichkeit befreiten Pinselstrich monumental ins Bild. Allein der diffuse graue Hintergrund, der wie ein Himmel von unten nach oben ins Helle zu verschwimmen scheint, weckt letzte gegenständliche Assoziationen, die das beständige Changieren zwischen Abstraktion und Schein in Richters Œuvre zeigen (vgl. den Beitrag von Dietmar Elger, S. 22–33).

In der Serie der drei *Sternbilder* (224-13 bis 224-15), die 1969 entstand (Kat. 10–12), verläuft die Assoziationskette umgekehrt: Diese Resultate abstrakter Malexperimente mit monochromen Farbschlieren erhalten allein aufgrund der nachträglichen Betitelung als *Sternbilder* ihren evokativen Charakter. Hier manifestiert sich Richters Suche nach neuen Wegen im Abstrakten. Die *Sternbilder* wie auch das Werk *Gitterschlieren* (194-5) von 1968 (Kat. 9) markieren zugleich einen Übergang zu den Serien der Vermalungen und grauen Monochrome, die ab den 1970er Jahren entstanden (vgl. das Kapitel *Geste und Mischung. Vermalungen und Graue Bilder,* S. 104–119). Für Richter boten die *Sternbilder* einerseits einen Spielraum für Experimente mit Malweise und Farbauftrag, andererseits war er sich der ästhetischen Schwächen dieser grob und unkomponiert wirkenden Bilder bewusst. Wie er 1991 festhielt, seien diese Bilder für ihn „in der Wirklichkeit überhaupt nicht interessant" gewesen.[9] Er hätte die Bilder womöglich zerstört, wenn nicht die Diskrepanz zwischen Titel und Bild einen Reiz für ihn ausgemacht hätte.

[1] Vgl. Gregor Wedekind: Grau als Modus des Uneigentlichen bei Gerhard Richter, in: *Die Farbe Grau,* hrsg. von Magdalena Bushart und Gregor Wedekind, Berlin 2016, S. 267–285.

[2] Vgl. *Monochrome. Painting in Black and White,* Ausst.-Kat. The National Gallery, London 2017.

[3] „Grau ist doch auch eine Farbe, und manchmal ist sie mir die Wichtigste", Gerhard Richter in einem Interview, in: *Deutsche Zeitung,* 1972, zit. n. Burgdorf 2005, S. 50.

[4] „Grau. Es hat schlechthin keine Aussage, es löst weder Gefühle noch Assoziationen aus, es ist eigentlich weder sichtbar noch unsichtbar. Die Unscheinbarkeit macht es so geeignet zu vermitteln, zu veranschaulichen, und zwar in geradezu illusionistischer Weise gleich einem Foto. Und es ist wie keine andere Farbe geeignet, ‚nichts' zu veranschaulichen. Grau ist für mich die willkommene und einzig mögliche Entsprechung zu Indifferenz, Aussageverweigerung, Meinungslosigkeit, Gestaltlosigkeit", Gerhard Richter: Aus einem Brief an Edy de Wilde (23.2.1975), in: Richter 2008, S. 91 f., hier S. 92; „bei den *Grauen* – Indifferenz, Nichts, null, Ende und Anfang", Gerhard Richter: Aus einem Brief an Benjamin H. D. Buchloh (23.5.1977), in: ebd., S. 93 f., hier S. 93.

[5] Vgl. Elger 2011–2017, Bd. 1, S. 32; Christoph Schreier: Befragung der Sphinx, in: Bonn 2017, S. 17–24.

[6] Vgl. *Wolke & Kristall. Die Sammlung Dorothee und Konrad Fischer,* Ausst.-Kat. Kunstsammlung Nordrhein-Westfalen, Düsseldorf 2016.

[7] Vgl. Rosalind E. Krauss: Grids, in: dies.: *The Originality of the Avant-Garde and Other Modernist Myths,* Cambridge, MA, 1985, S. 8–22; vgl. auch *Rasterfahndung. Das Raster in der Kunst nach 1945,* Ausst.-Kat. Kunstmuseum, Stuttgart 2012.

[8] Gerhard Richter: Notizen 1964–1965, in: Richter 2008, S. 29–35, hier S. 34.

[9] Gerhard Richter: Kommentare zu einigen Bildern (1991), in: ebd., S. 264–275, hier S. 272.

1 *Vorhang* (58-1), 1964
Öl auf Leinwand, 65 x 47 cm
Sammlung Block, Berlin

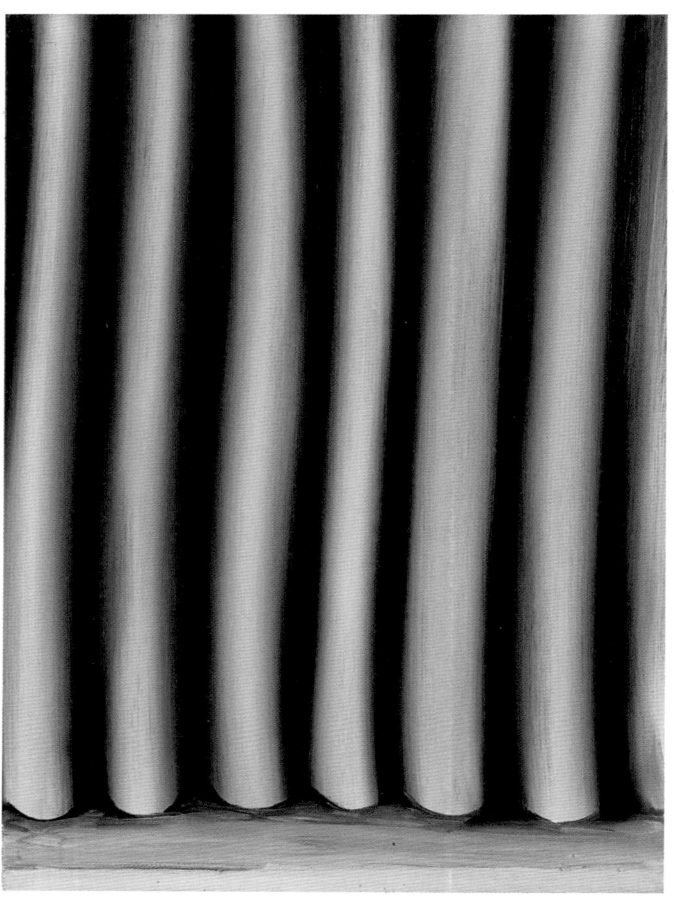

2 *Vorhang III (hell)* (56), 1965
Öl auf Leinwand, 199,5 x 189,5 cm
Staatliche Museen zu Berlin, Nationalgalerie

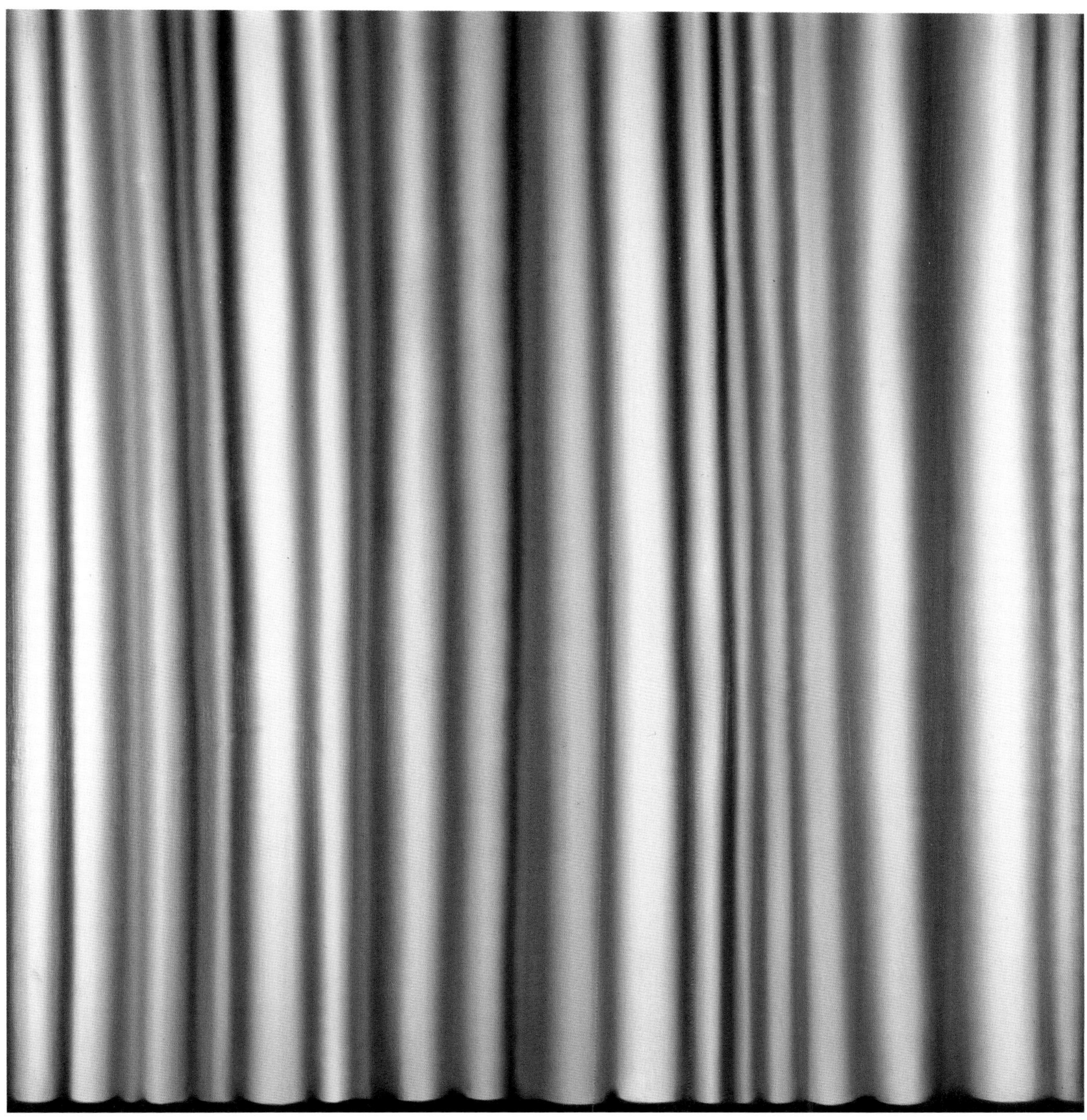

3 *Grauschlieren* (192-1), 1968
Öl auf Leinwand, 200 x 200 cm
Gerhard Richter Archiv,
Staatliche Kunstsammlungen Dresden,
Leihgabe aus Privatbesitz

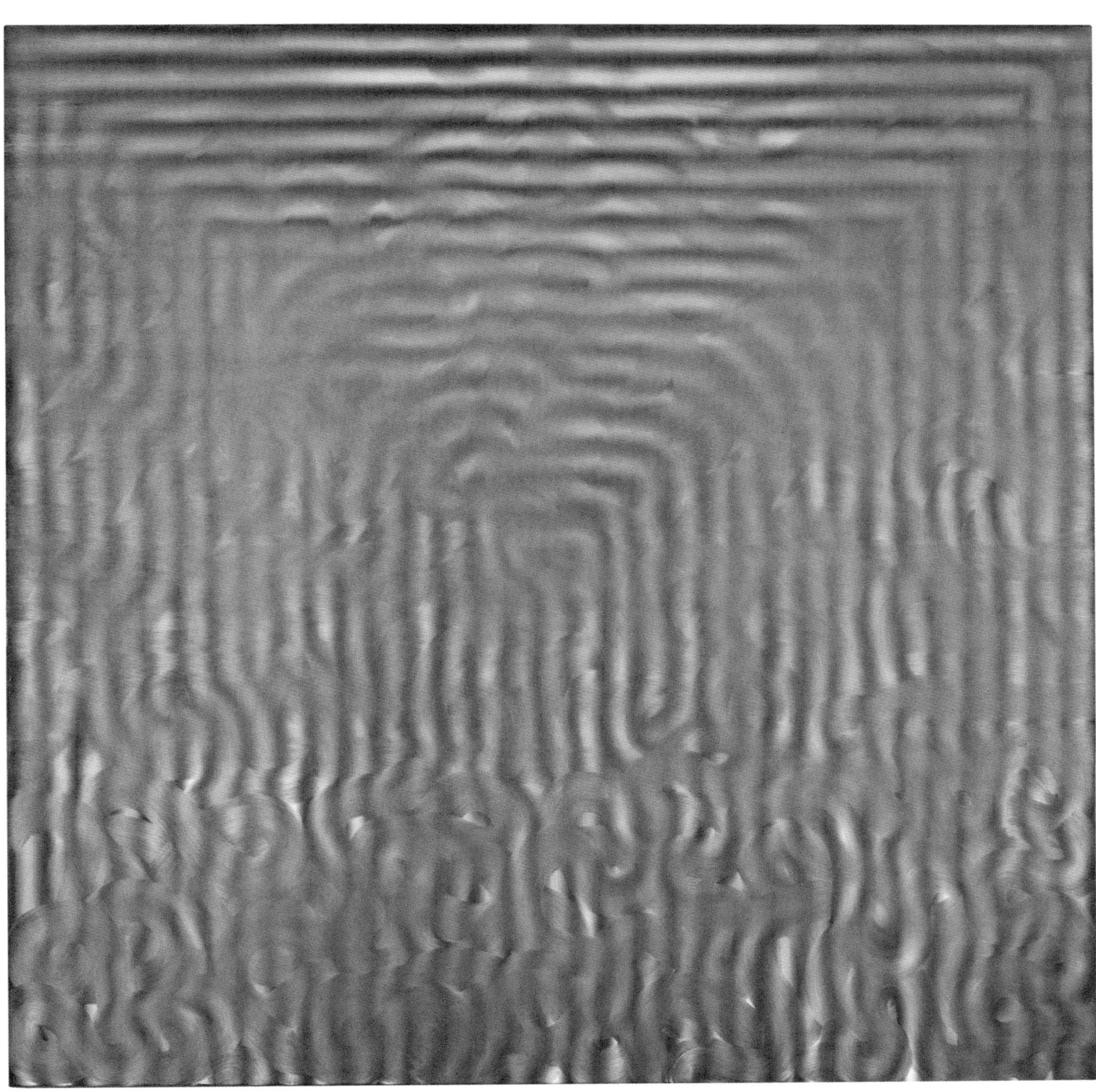

4 *Schattenbild* (209-8), 1968
Öl auf Leinwand, 67 x 87 cm
Sammlung Fundação de Serralves,
Museu de Arte Contemporânea, Porto,
Ankauf 1998

5 *Gitter* (166), 1967
Öl auf Leinwand, 155 x 130 cm
Vanmoerkerke Collection, Ostende

6 *Weihnachtsmarkt* (198), 1968
Öl auf Leinwand, 67 x 87 cm
Privatsammlung

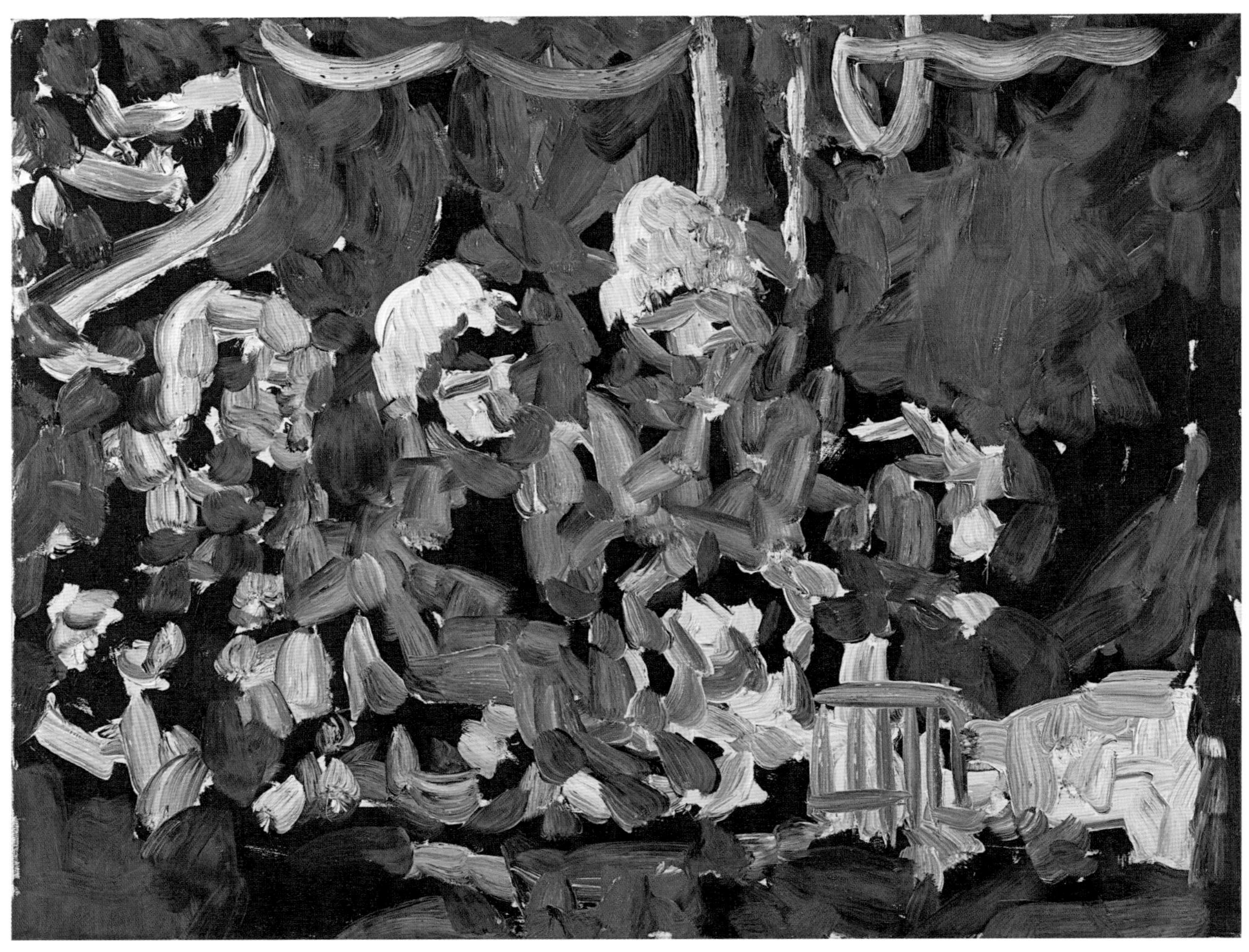

7 *Ohne Titel* (194-9), 1966
Öl auf Leinwand, 80 x 40 cm
Hamburger Kunsthalle, Dauerleihgabe der
Sammlung Elisabeth und Gerhard Sohst

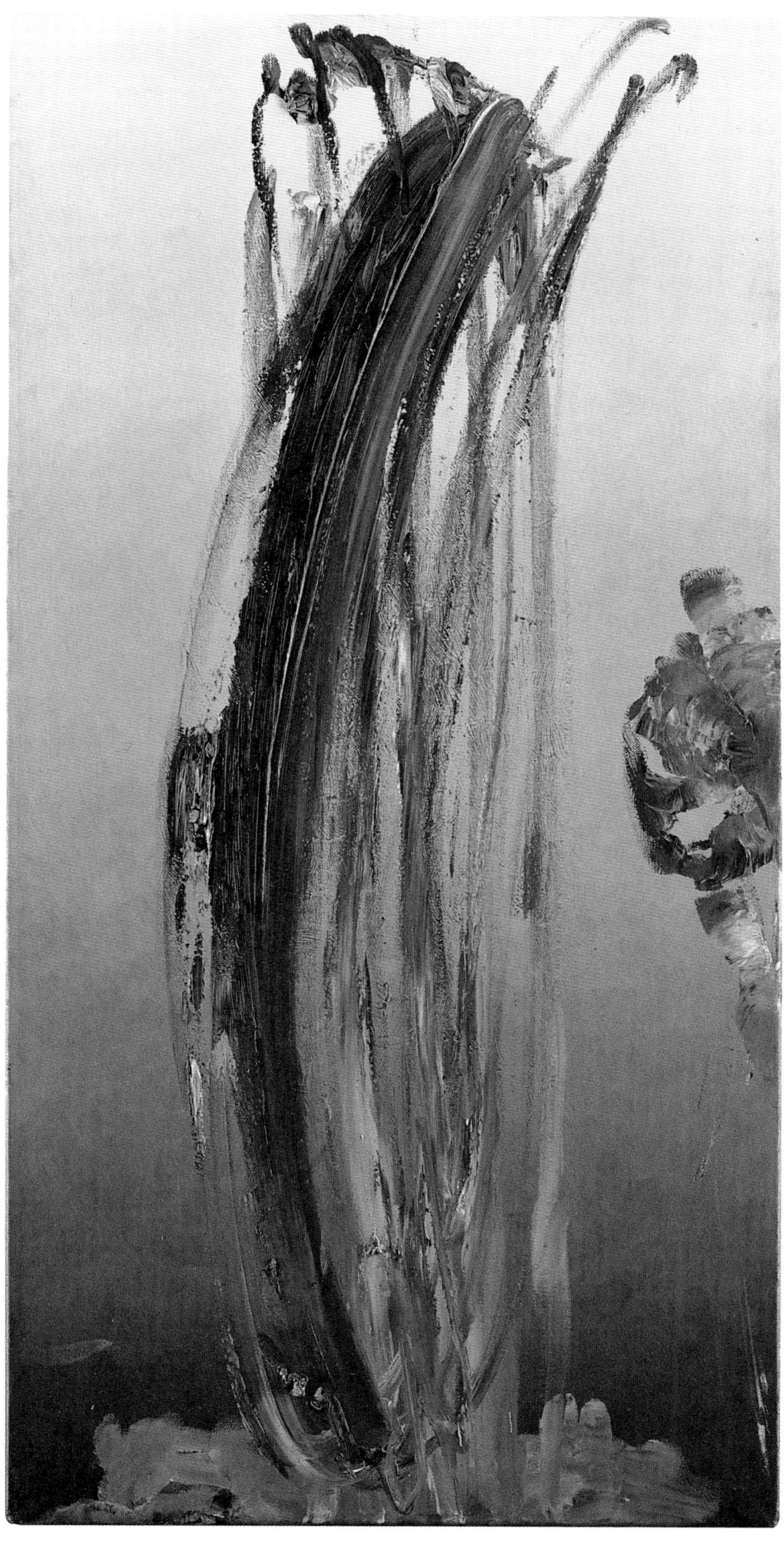

8 *Wolkig* (194-11), 1968
Öl auf Leinwand, 50 x 50 cm
Museum Wiesbaden

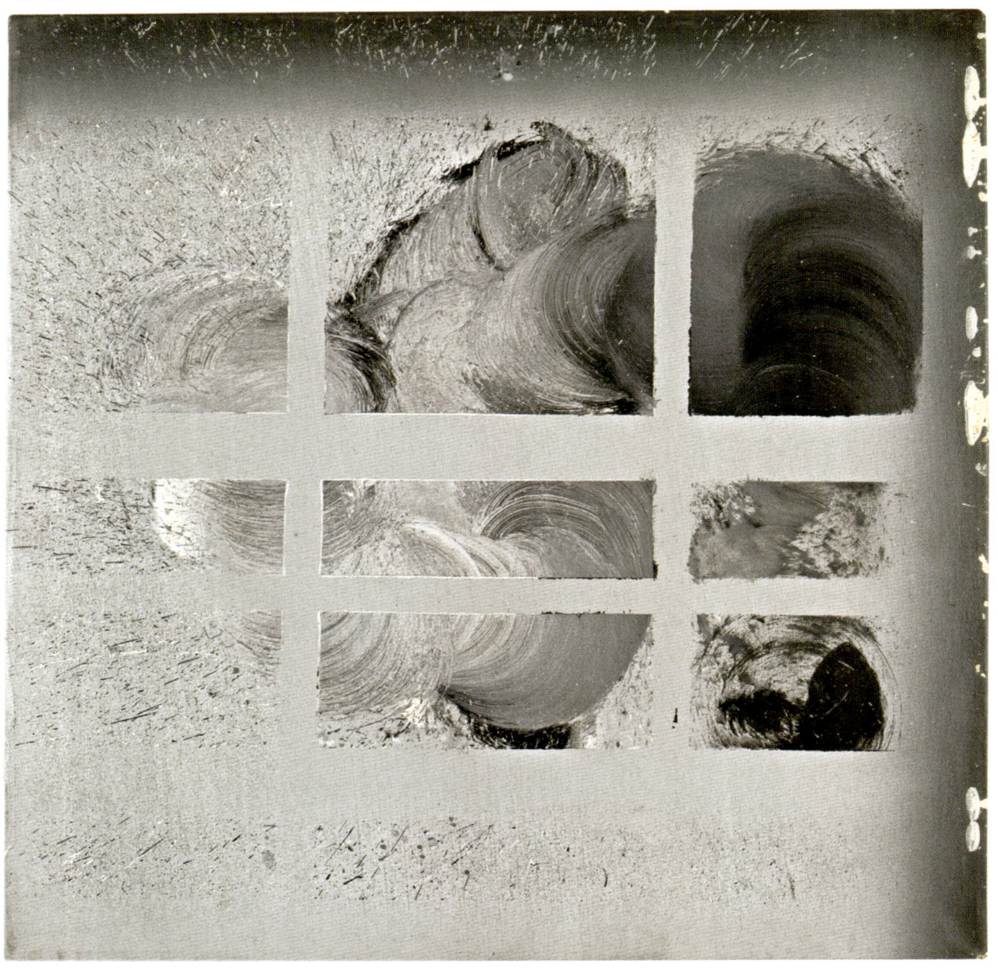

9 *Gitterschlieren* (194-5), 1968
Öl auf Leinwand, 65 x 50 cm
Museum Wiesbaden

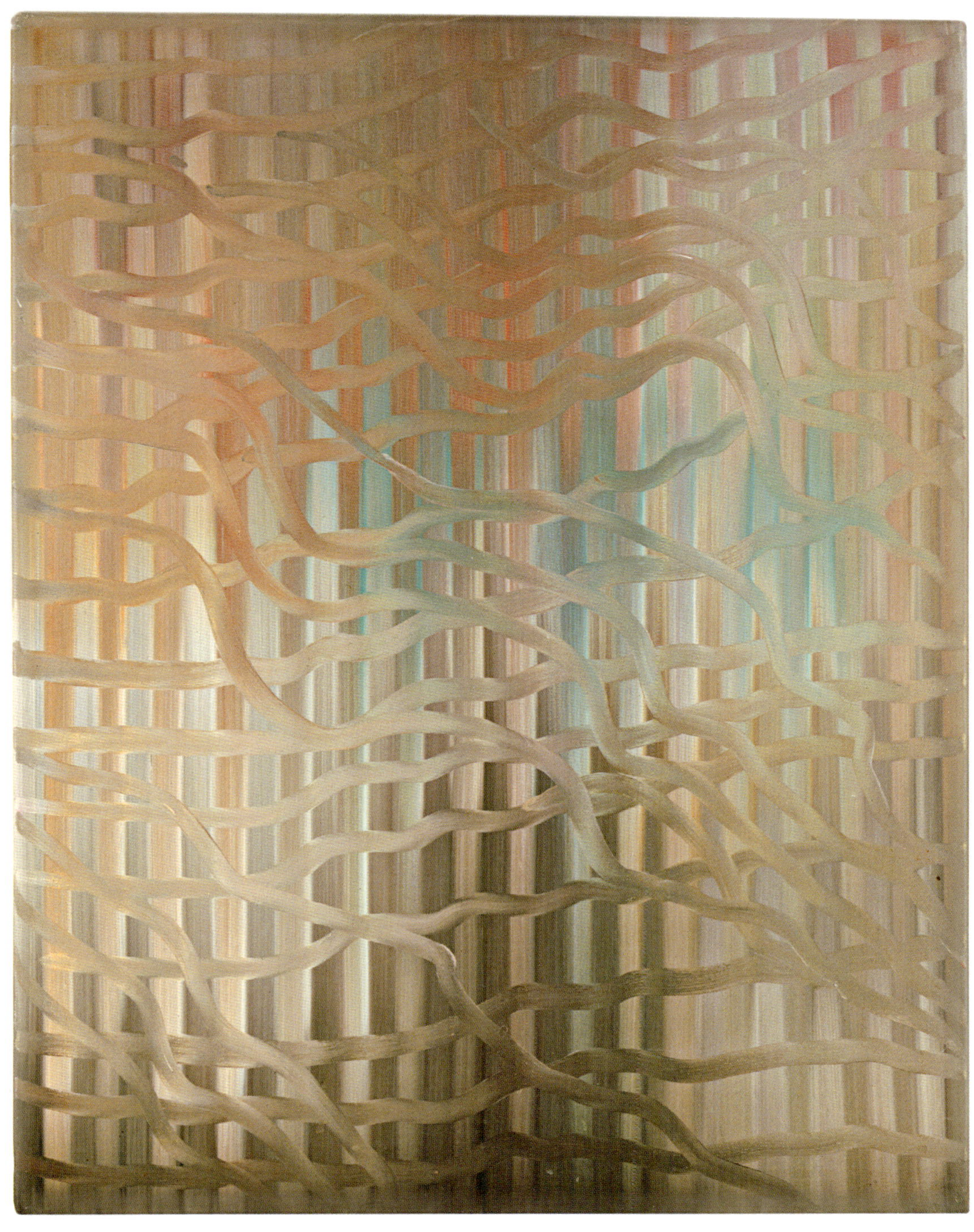

10 *Sternbild* (224-13), 1969
Öl auf Leinwand, 70 x 70 cm
Privatsammlung Stefan Asbrand-Eickhoff, Hessen

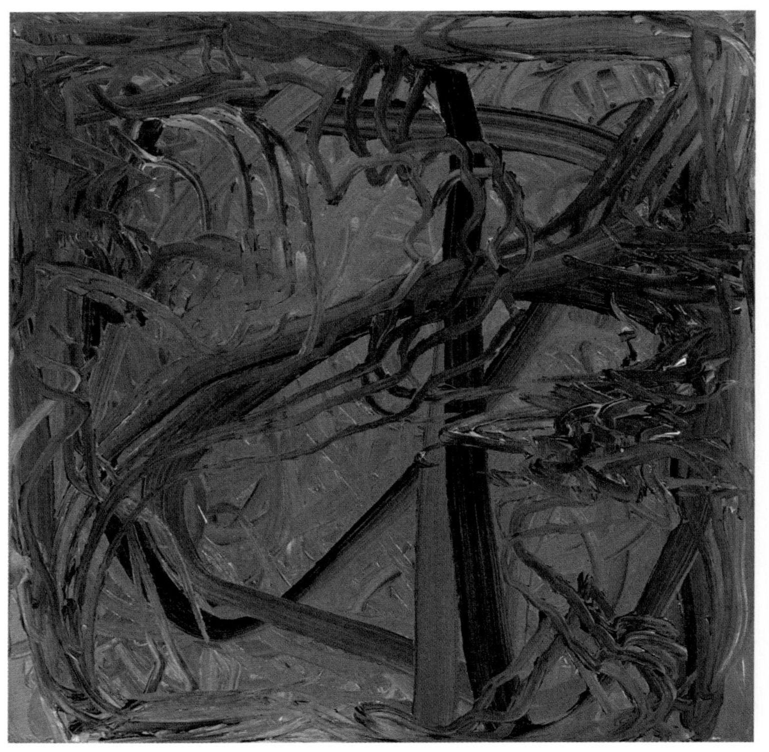

11 *Sternbild* (224-14), 1969
Öl auf Leinwand, 70 x 70 cm
Privatsammlung Stefan Asbrand-Eickhoff, Hessen

12 *Sternbild* (224-15), 1969
Öl auf Leinwand, 70 x 70 cm
Privatsammlung Stefan Asbrand-Eickhoff, Hessen

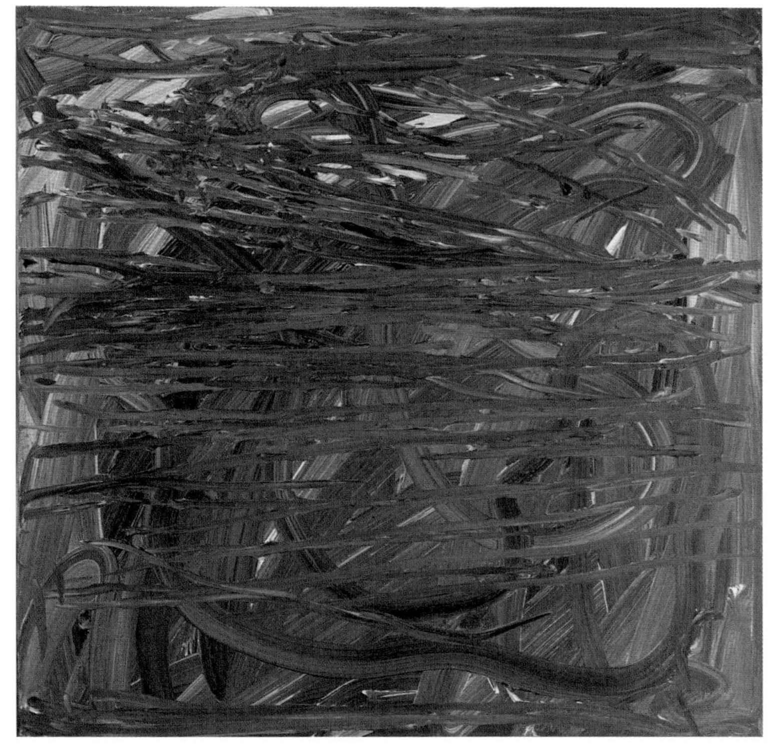

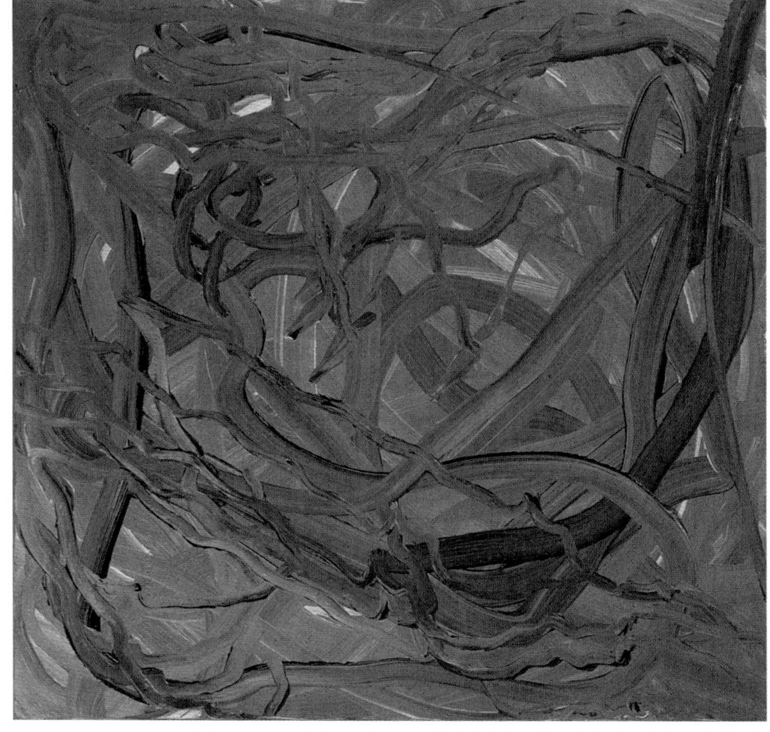

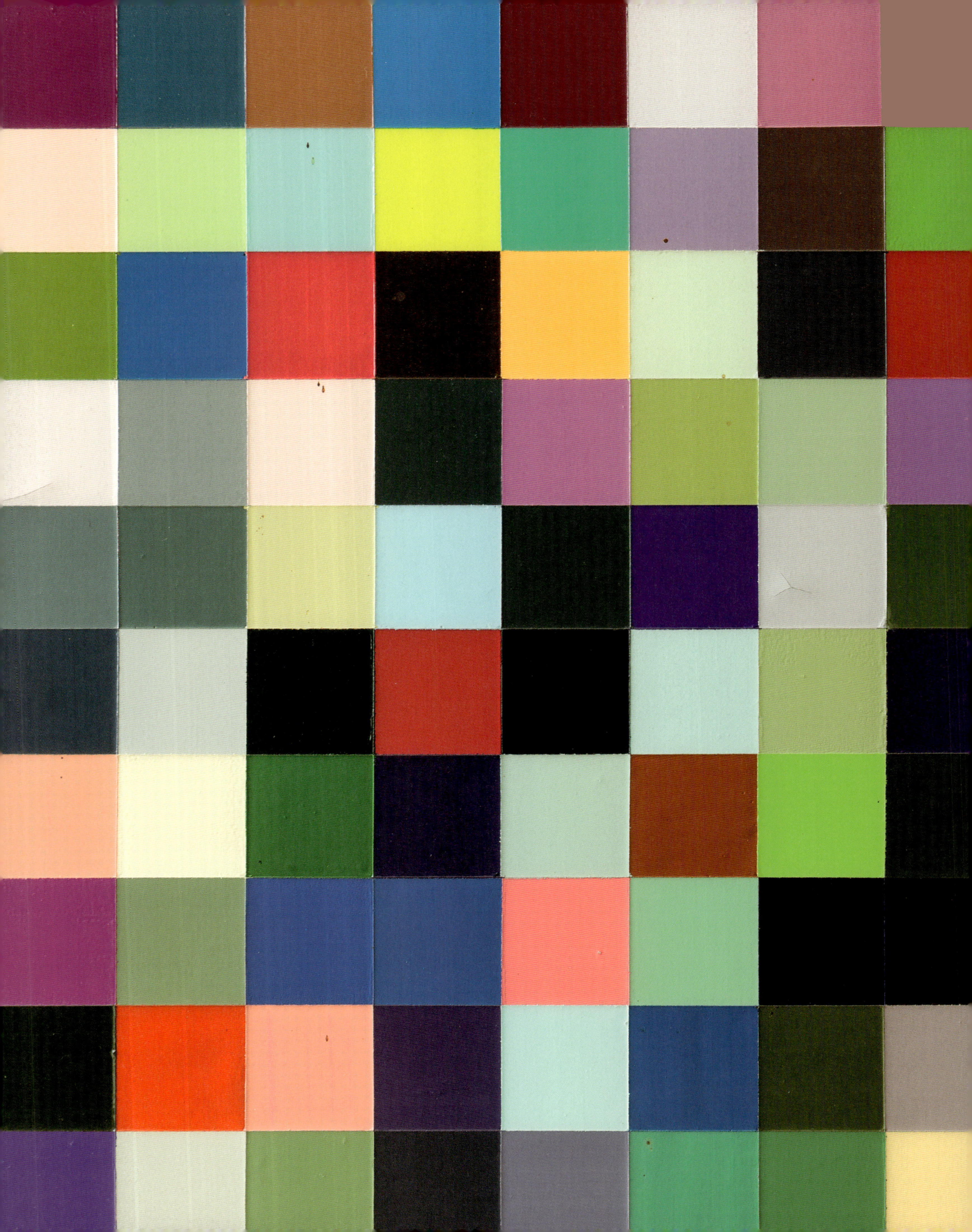

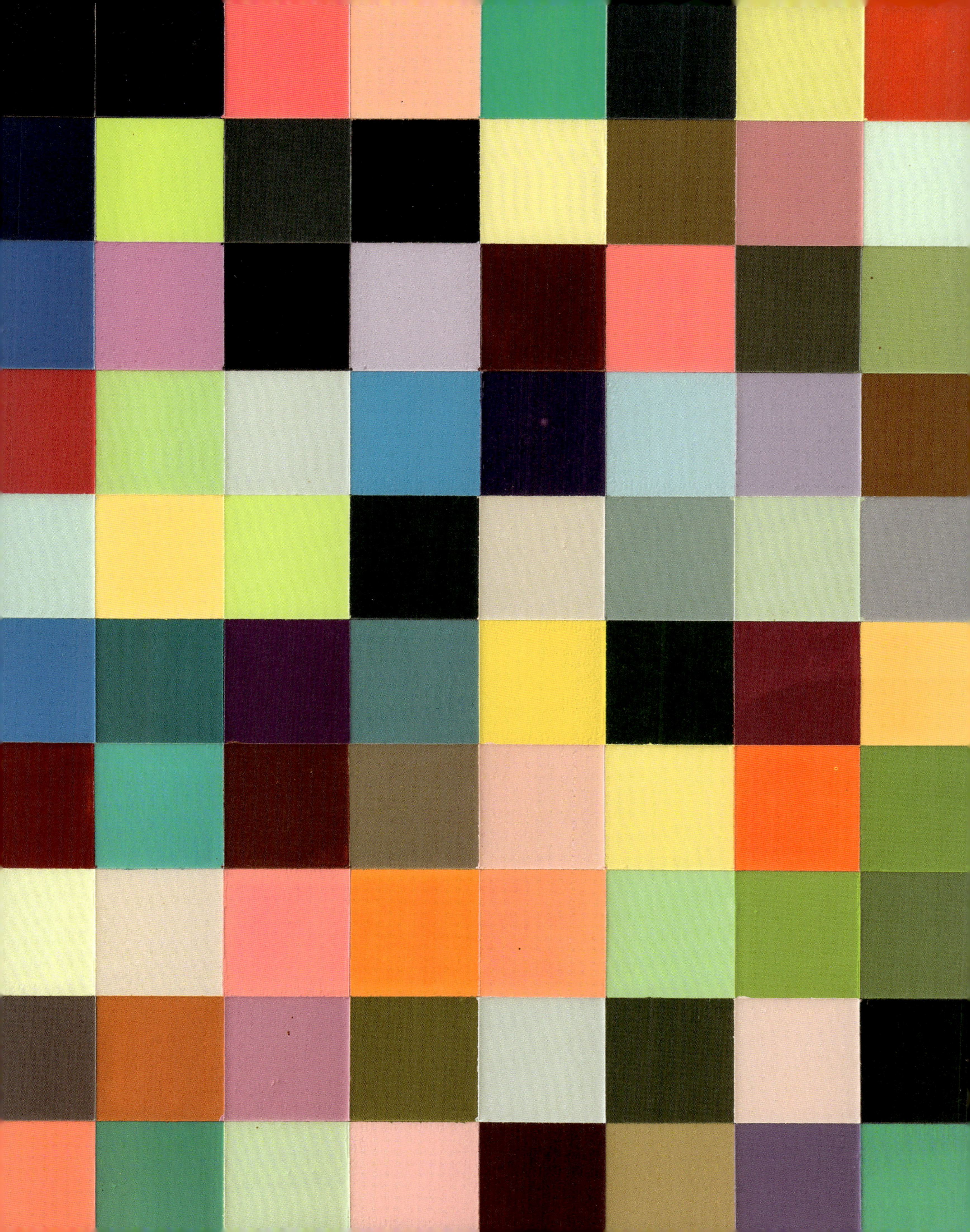

Zufall und Konzept. Farbtafeln

Dietmar Elger

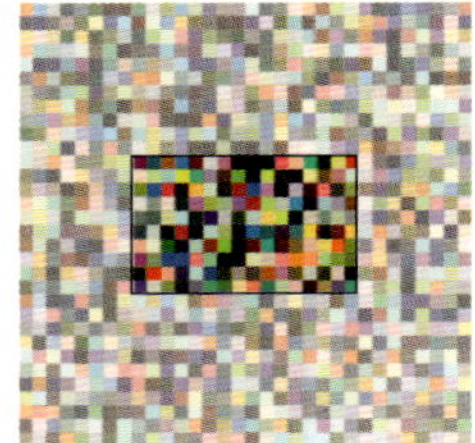

Kat. 18

In den Farbtheorien von Isaac Newton oder Johann Wolfgang von Goethe waren die Farben hierarchisch nach Beziehungen geordnet. Richter löste sich von solchen Prinzipien und entwickelte ein eigenes Konzept. Er legte Regeln für die Verteilung einfarbiger Quadrate fest, innerhalb derer er den Zufall entscheiden ließ. Wie schon seine frühen Abstraktionen oder Photobilder schalten auch die Farbtafeln das Subjektive beim Malen aus. Bereits im Abstrakten Expressionismus war die Farbe vom Gegenstand befreit worden und jeder Punkt auf der Leinwand gleichwertig. Das ist auch bei Richters Farbtafeln der Fall. Aber während etwa Jackson Pollock den Selbstausdruck des Künstlers betonte, stellte Richter die Farbe allein als Material vor.

1966 entstanden 19 Farbtafeln, darunter die Bilder *192 Farben* (136) (Kat. 13) und *Sechs Farben* (142) (Kat. 15) sowie das lediglich mit zwei Grautönen gemalte Werk *Zwei Grau übereinander* (143-2) (Kat. 14). Diese Bilder gehören zu einer der ersten Werkgruppen, die Gerhard Richter nicht mehr nach photographischen Vorlagen aus Illustrierten oder Photoalben malte. Trotzdem hatten auch die Farbtafeln zunächst noch konkrete Vorbilder, wie er 1966 selbst beschrieb: „Ich ging Anfang Januar in ein Farbengeschäft [...] und da sah ich die üblichen Musterkarten mit den ausgestrichenen Farbtönen einer Kollektion, wie sie jeder kennt. Plötzlich musste ich mir sagen: ‚Schöner kannst du's auch nicht! Das sind ja schon perfekte Bilder.'"[1] Anfangs reizte Richter an diesen Farbkarten ihre kommerzielle Ästhetik, wie sie auch für die amerikanische Pop Art charakteristisch ist (vgl. den Beitrag von Hubertus Butin, S. 34–45).

Als erste Farbtafel malte Gerhard Richter das Bild *192 Farben* (136) (Kat. 13). Das Werk ist 200 x 150 cm groß und zeigt 192, an einem strengen Raster ausgerichtete und durch weiße Stege voneinander getrennte, unterschiedlich farbige Quadrate. Richter hat die Farbtöne zufällig ausgewählt und beliebig auf die mit feinen Bleistiftlinien vorgezeichneten Quadrate verteilt. Für diese erste Farbtafel verwendete er noch traditionelle Ölfarben. Bald jedoch wechselte er zu industriellen Lacken, die seinen künstlerischen Intentionen mehr entsprachen.

Diese Änderung war deshalb kein bloßer handwerklicher Wechsel des Malmittels, es war eine programmatische Korrektur. Die hochglänzenden und glatten Oberflächen der industriellen Lackfarben unterstreichen den für Richter wichtigen unkünstlerischen, entindividualisierten und neutralen Charakter dieser Werke. Dies gilt ebenso für die beliebige Verteilung der zufällig ausgewählten Farbtöne, wodurch Richter jeden Anschein von künstlerischer Komposition und persönlichem Geschmack vermied. Noch eine weitere Entscheidung des Künstlers ist in diesem Zusammenhang bemerkenswert: Als erste Farbtafel hätte *192 Farben* (136) die niedrigste Werknummer dieser Serie in seinem Werkverzeichnis tragen müssen. Um den Wechsel des Malmittels aber nicht als eine Korrektur sichtbar werden zu lassen, katalogisierte Richter das Bild entgegen der Chronologie zwischen den anderen, mit Lackfarben gemalten Farbtafeln.

Gegenüber den zuvor entstandenen gegenständlichen grauen Photobildern stellen die Farbtafeln von 1966 einen radikalen Bruch dar. Wie später auch bei anderen Werkgruppen, war sich Richter über die Qualität dieser Bilder zunächst keineswegs sicher. Von solchen Zweifeln befreite ihn erst der Künstlerfreund Konrad Lueg, der sich bei einem Besuch im Atelier von den neuen Bildern begeistert zeigte. Mit einer Ausstellung im Oktober 1966 in der Galerie Friedrich & Dahlem in München schloss Richter die Beschäftigung mit dieser Werkgruppe vorerst ab.

Erst 1971 nahm Richter die Arbeit an den Farbtafeln wieder auf. Gegenüber den früheren Beispielen sind die Werke jetzt neutraler, komplexer und systematischer (Abb. S. 231, Kat. 16–18). In den Farbtafeln von 1966 hatte Richter durch eine spontane Zuordnung der Farben den Zufall lediglich imitiert, jetzt bestimmte er ihre Verteilung auf der Leinwand durch ein Losverfahren. Die entscheidenden Entwicklungsschritte beschrieb er rückblickend so: „Die ersten Farbtafeln waren unsystematisch. Sie wurden unmittelbar nach den in den Fachgeschäften ausliegenden Farbmusterkarten gemalt. Sie zeigten noch eine Nähe zur Pop Art. In den folgenden Werken wurden willkürlich gewählte Farben nach dem Zufallsprinzip angeordnet. Dann wurden 180 Farbtöne nach einem bestimmten System angemischt und ihre Verteilung auf der Bildfläche wurde ausgelost, woraus sich vier Variationen von 180 Farben ergaben."[2]

Der praktische Entstehungsprozess der Farbtafeln der 1970er Jahre war so aufwendig, dass Gerhard Richter erstmals Studenten der Düsseldorfer Akademie als Assistenten beschäftigte. Die bis zu 1024 unterschiedlichen Farbtöne dieser neuen Bilder mischte er aus den drei Grundfarben Rot, Gelb und Blau sowie Grün[3] in systematischen Verhältnissen an und teilte jedem Farbton eine Nummer zu. Die Nummern wurden auf kleine Zettel geschrieben, dann ausgelost und die zugehörigen Farben in der entsprechenden Reihenfolge auf die Leinwand aufgetragen (Abb. S. 43). Gegenüber den früheren Farbtafeln erreichte Richter hierdurch einen Zugewinn an Systematik, Komplexität, Neutralität und Format der Leinwände.

Es dauerte aber noch bis 1974, bis ihm mit Farbtafeln wie den *1024 Farben* (356-2) (Kat. 18) ein weiterer entscheidender Entwicklungsschritt gelang. Zuvor hatte er bereits erkannt, dass bei der Losauswahl „jede Farbe wunderbar zu jeder beliebigen anderen passt",[4] trotzdem trennte er die Farben bis dahin noch durch weiße Stege voneinander ab. Eine Interaktion zwischen den einzelnen Farben wollte er unbedingt vermeiden. Erst jetzt wagte Richter es, die Farbflächen unvermittelt aneinanderstoßen zu lassen. Dabei konnte er feststellen, dass die Farben trotzdem ihre Eigenständigkeit behielten und sich keineswegs optisch vermischten.

Nach 1974 hat Richter das Thema der Farbtafeln nur noch vereinzelt aufgegriffen – am spektakulärsten 2007 mit seinem *Kölner Domfenster* (900) (Abb. S. 44), auf ungewöhnliche Weise aber auch in zwei kleinformatigen Abstrakten Bildern von 1997 (Kat. 19, 20). In beiden erweiterte Richter die gestalterischen Möglichkeiten seiner Farbtafeln, indem er einmal ihr illusionistisches Potential erprobte (Kat. 19) und in dem anderen Werk eine Komposition entwarf, die zugleich den Eindruck einer zufälligen Verteilung von Farben und Formen suggeriert (Kat. 20).

1 Gerhard Richter, zit. n. Wolfgang Christlieb: Galerie Friedrich und Dahlem, in: *Abendzeitung,* 22./23.10.1966, S. 6.

2 Gerhard Richter: Interview mit Irmeline Lebeer (1973), in: Richter 2008, S. 72–83, hier S. 82 f.

3 Vgl. Gerhard Richter: 1024 Farben in 4 Permutationen, in: *Andre, Broodthaers, Buren, Burgin, Gilbert & George, Richter,* Ausst.-Kat. Palais des Beaux-Arts, Brüssel 1974, o. S. Bereits in dieser Erstveröffentlichung wird fälschlicherweise neben Rot, Gelb und Blau als vierte Farbe Grau genannt. Richter korrigierte den Fehler 2006 in: Gerhard Richter: Notizen zur Pressekonferenz (28.7.2006), in: Richter 2008, S. 526–528, hier S. 527.

4 Richter 1973 (wie Anm. 2), S. 83.

13 *192 Farben* (136), 1966
Öl auf Leinwand, 200 x 150 cm
Hamburger Kunsthalle, Dauerleihgabe der
Sammlung Elisabeth und Gerhard Sohst

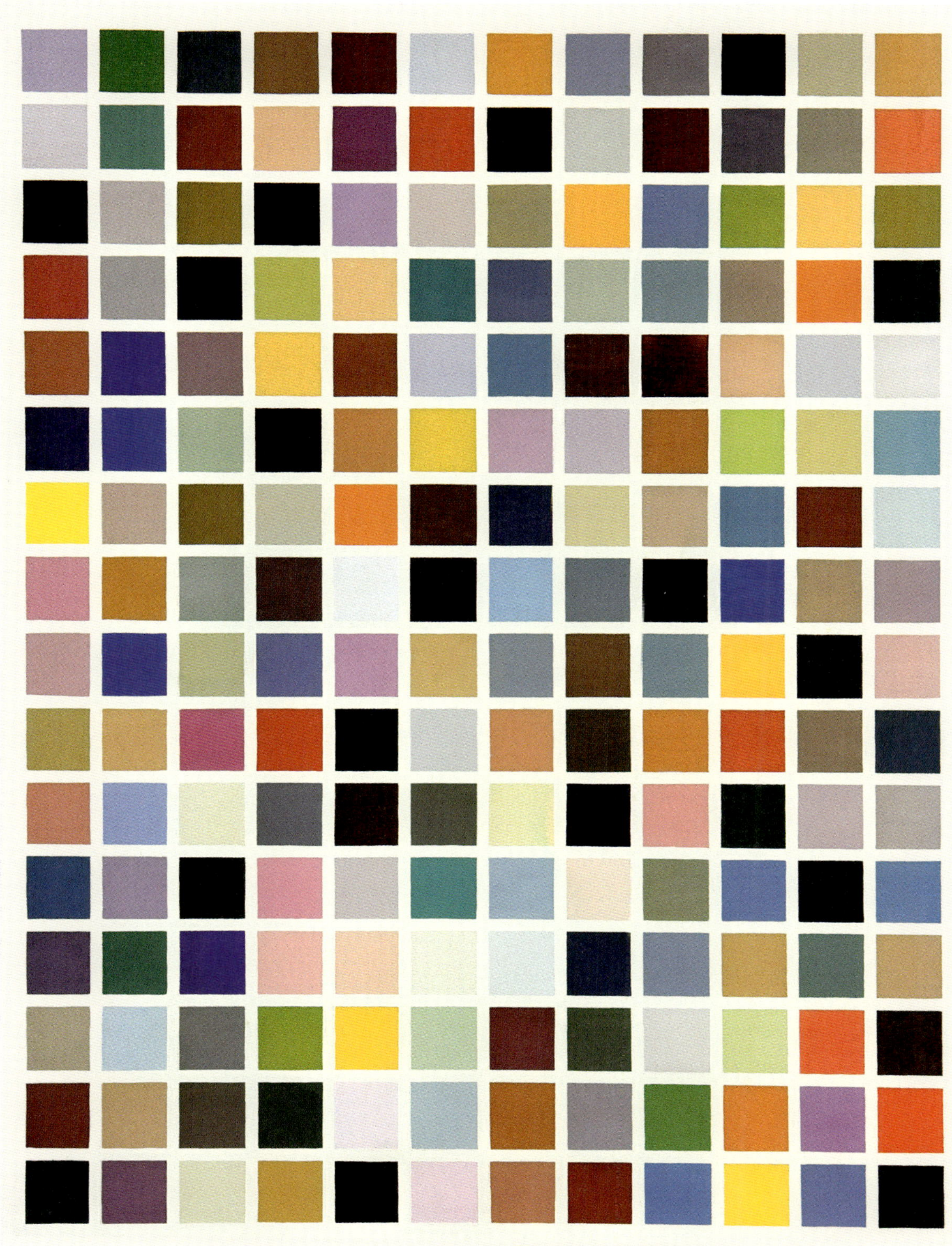

14 *Zwei Grau übereinander* (143-2), 1966
Lackfarbe auf Leinwand, 200 x 130 cm
Olbricht Collection, Essen

15 *Sechs Farben* (142), 1966
Lackfarbe auf Leinwand, 200 x 170 cm
Neues Museum. Staatliches Museum für Kunst und Design, Nürnberg,
Dauerleihgabe aus einer Privatsammlung

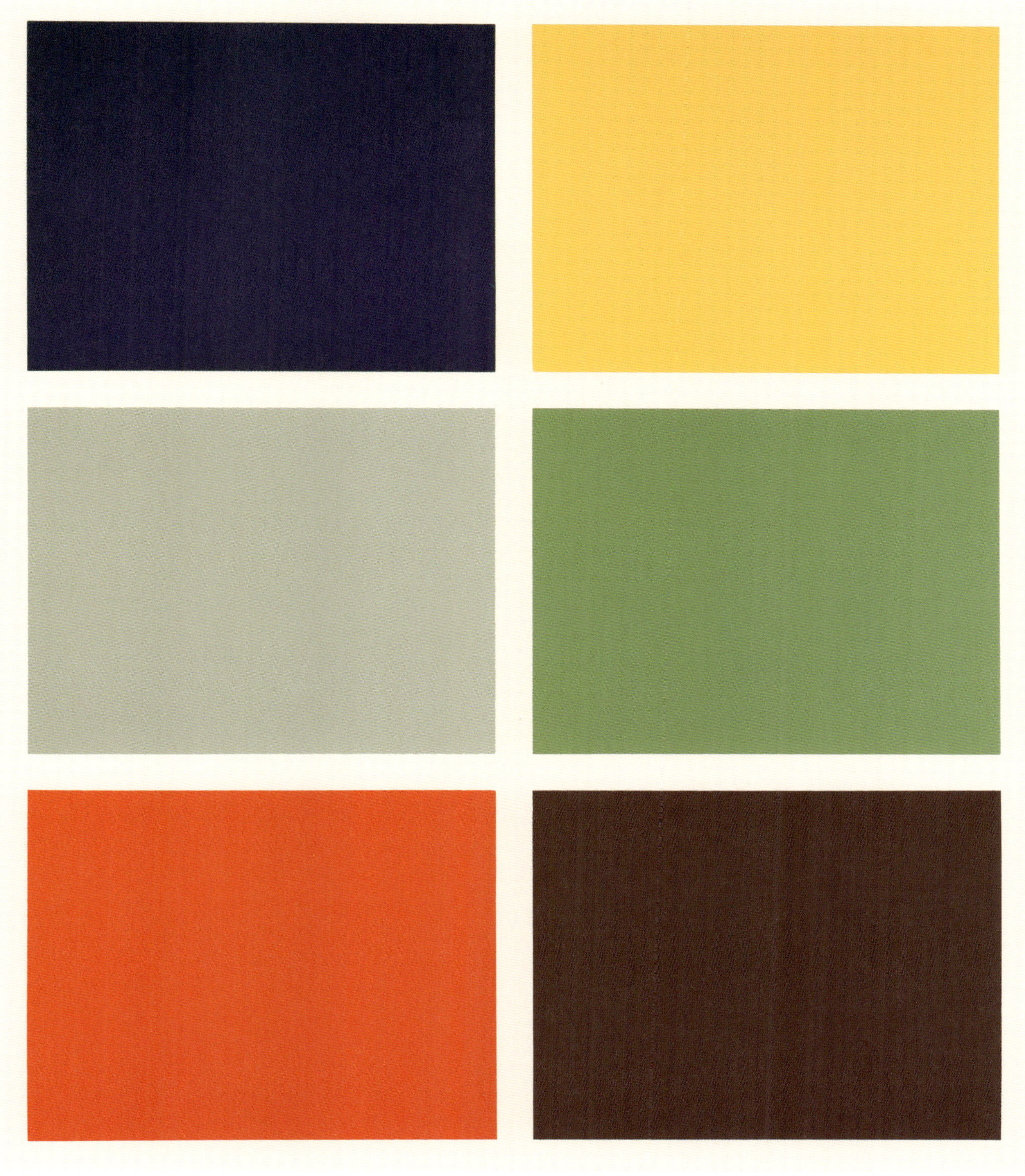

16 *1024 Farben* (351), 1973
Lackfarbe auf Leinwand, 299 x 299 cm
Kunstmuseen Krefeld

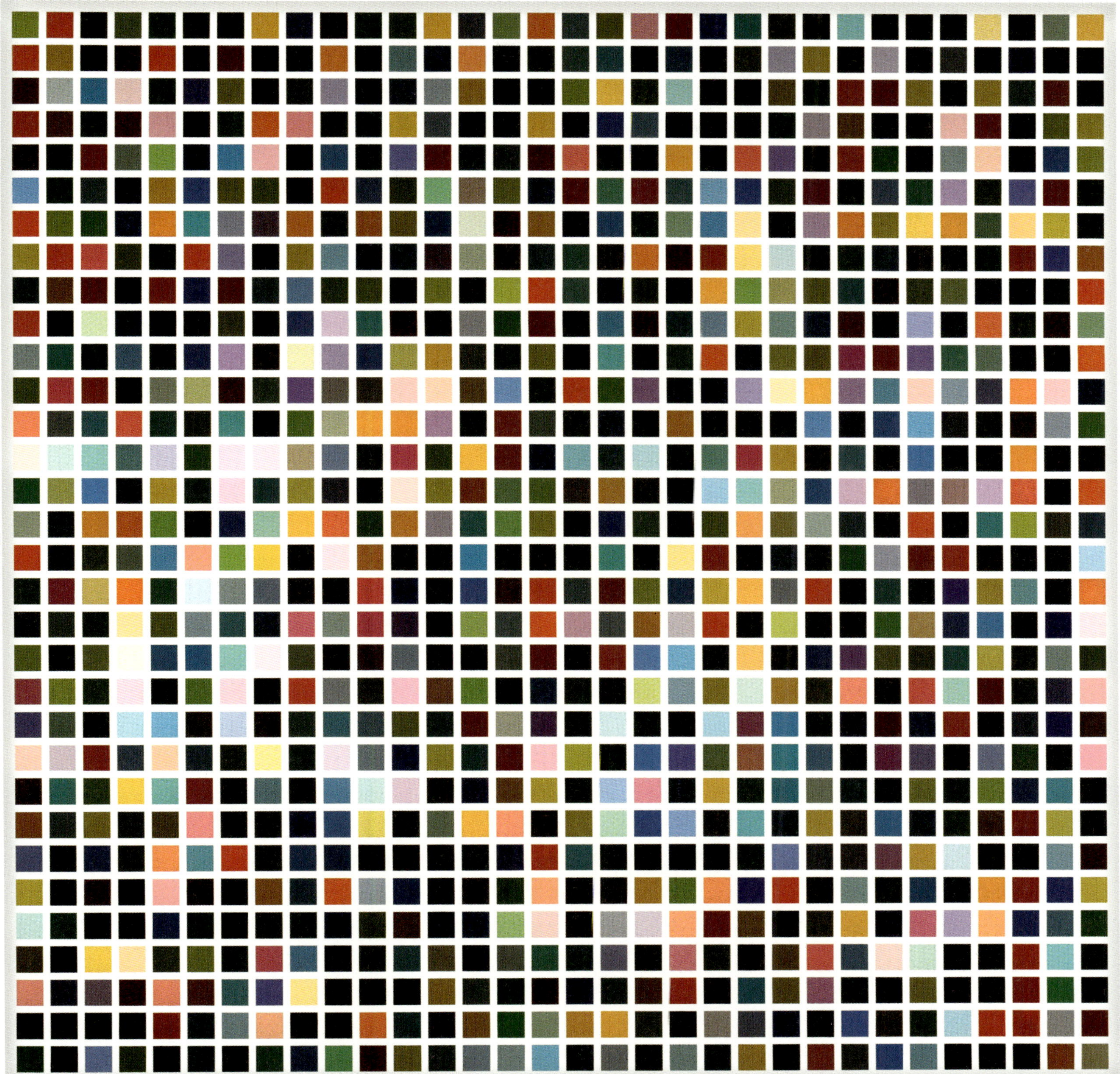

17 *1025 Farben* (357-3), 1974
Lackfarbe auf Leinwand, 120 x 123,5 cm
Privatsammlung, Köln

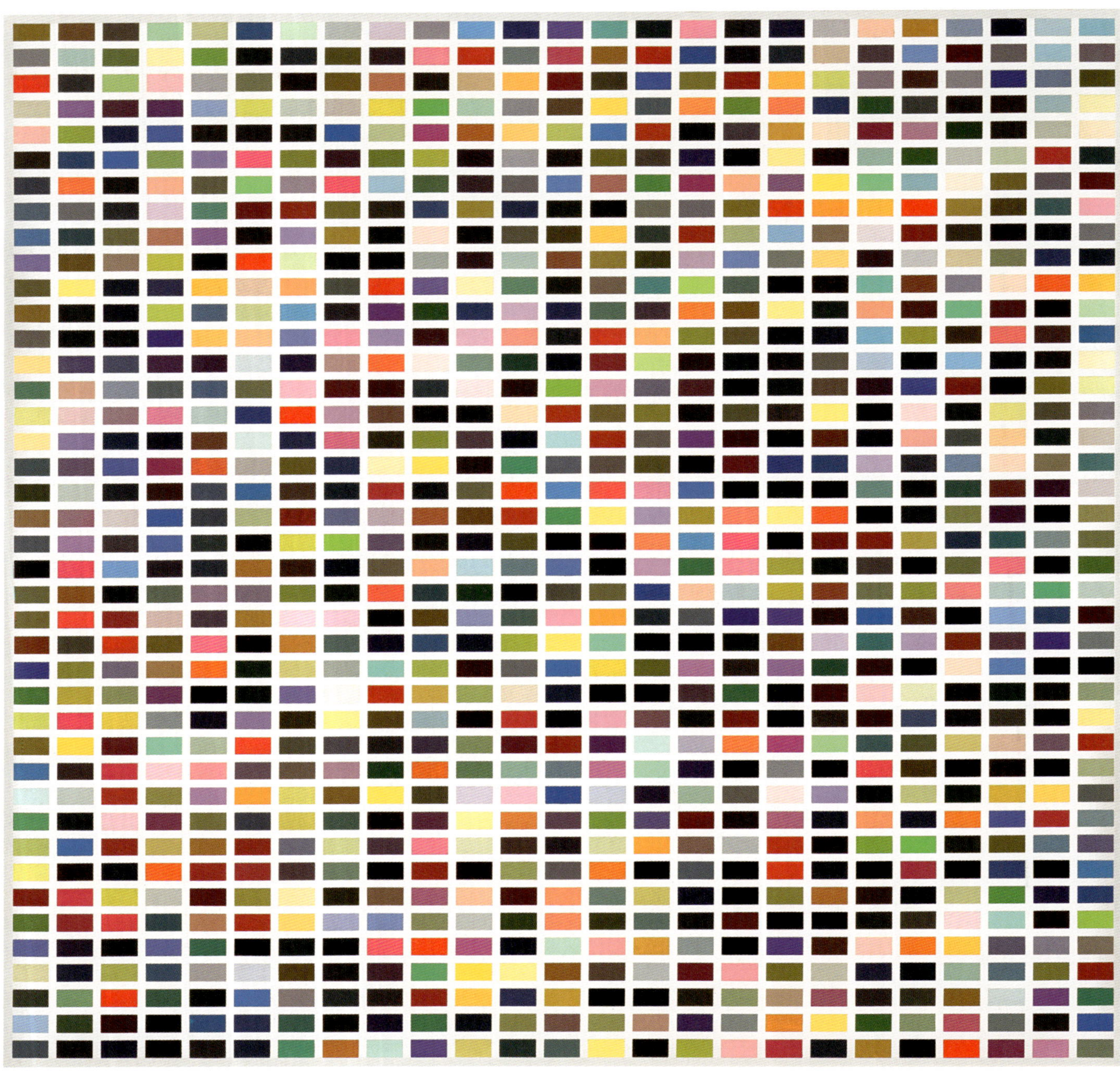

18 *1024 Farben* (356-2), 1974
Lackfarbe auf Leinwand, 96 x 96 cm
Collezione Prada, Mailand

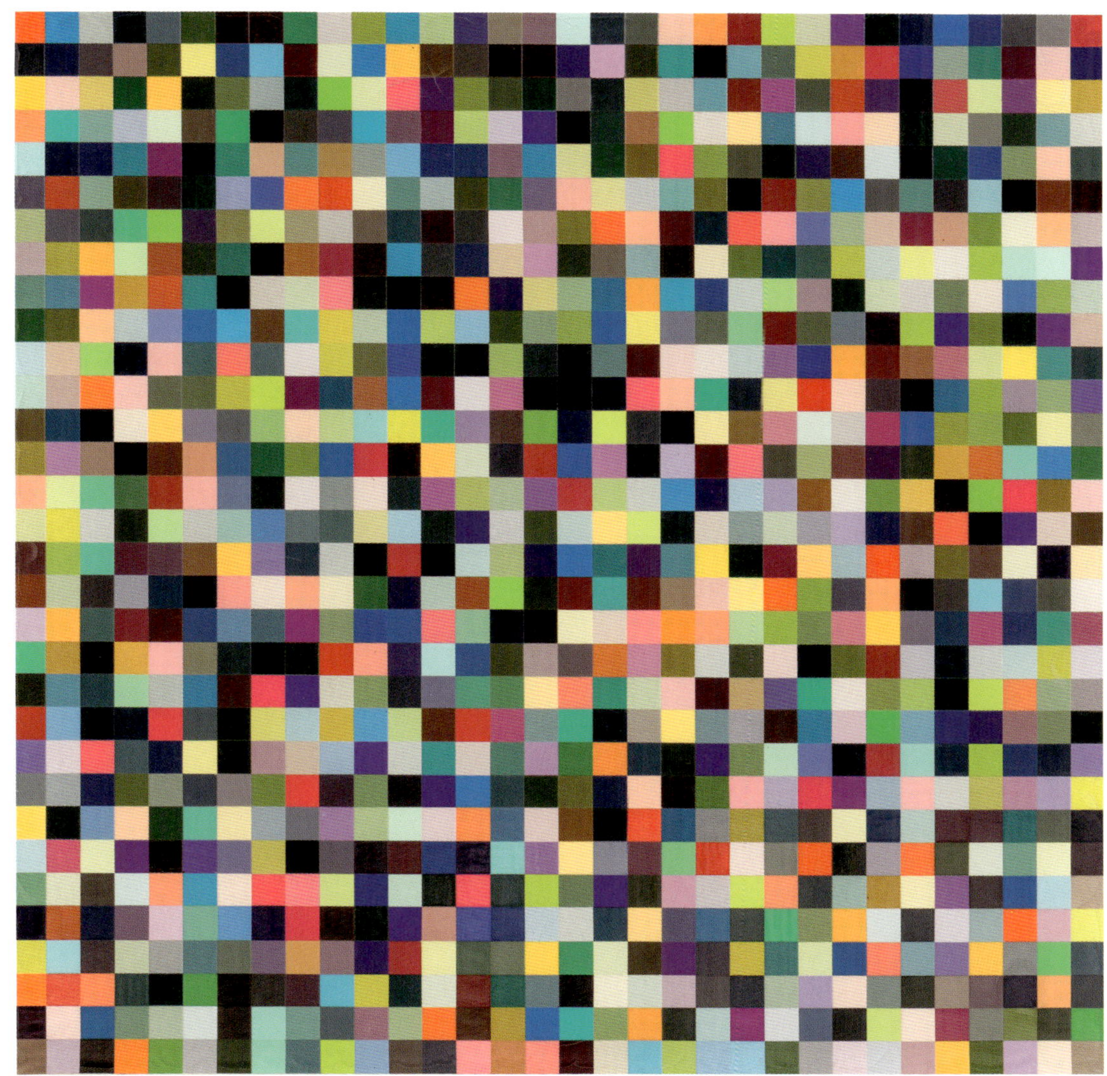

19 *Abstraktes Bild* (848-10), 1997
Öl auf Leinwand, 36 x 51 cm
Anthony d'Offay

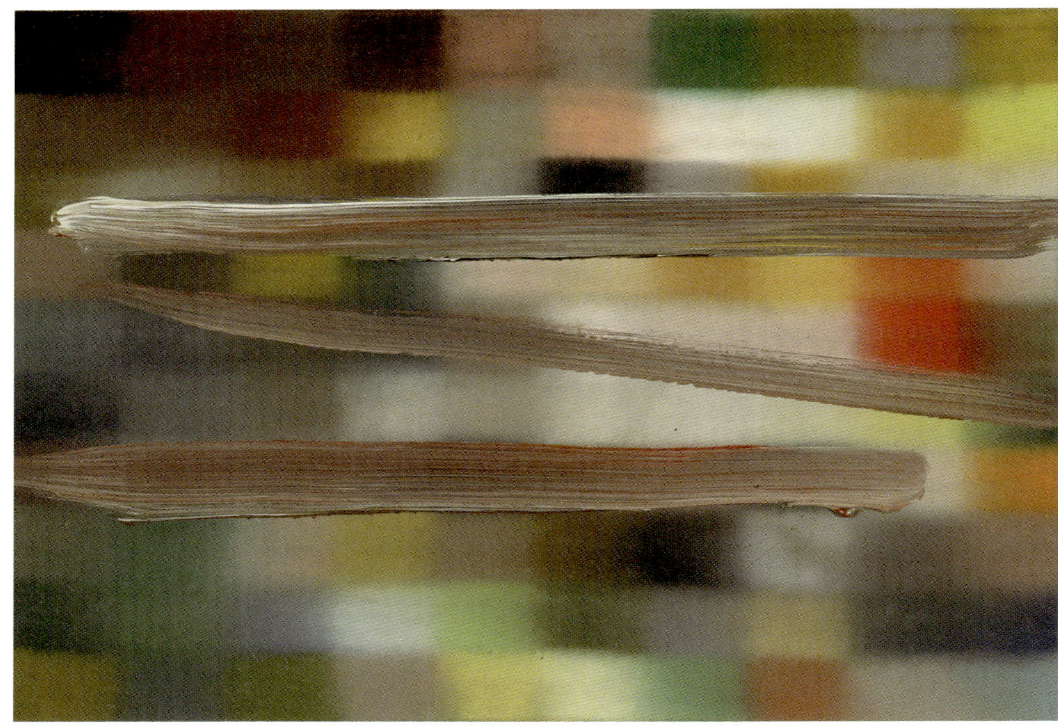

20 *Abstraktes Bild* (848-11), 1997
Öl auf Alucobond, 46 x 41 cm
Privatsammlung

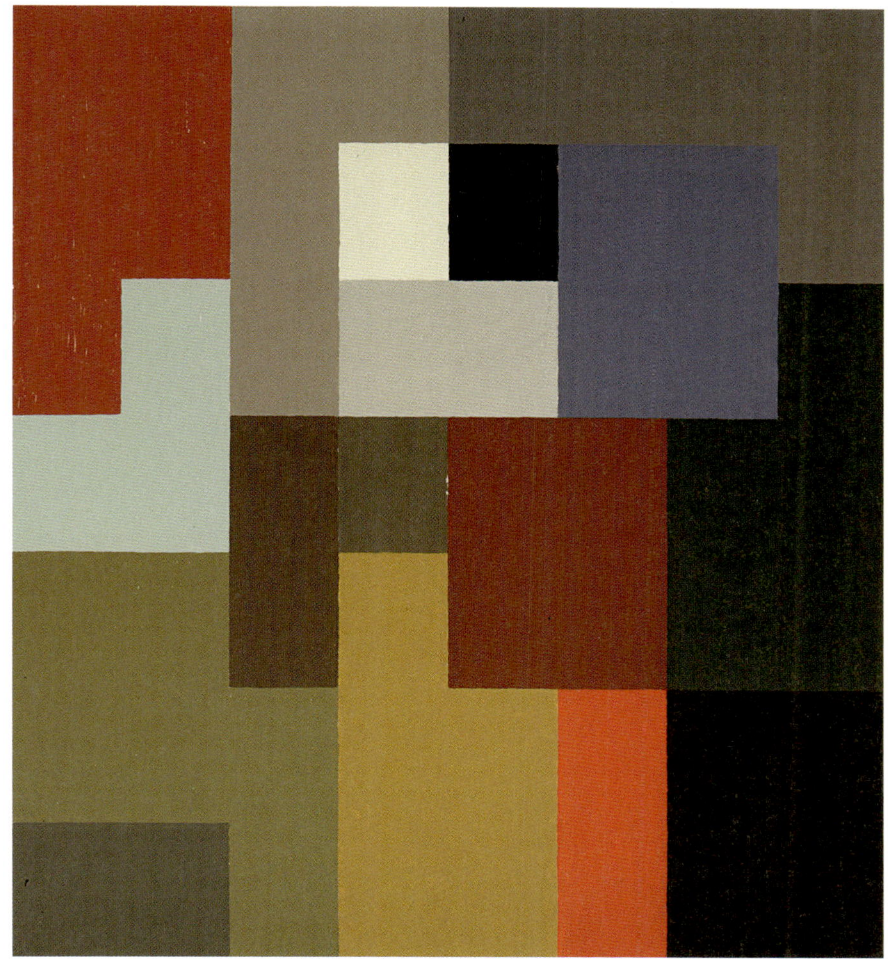

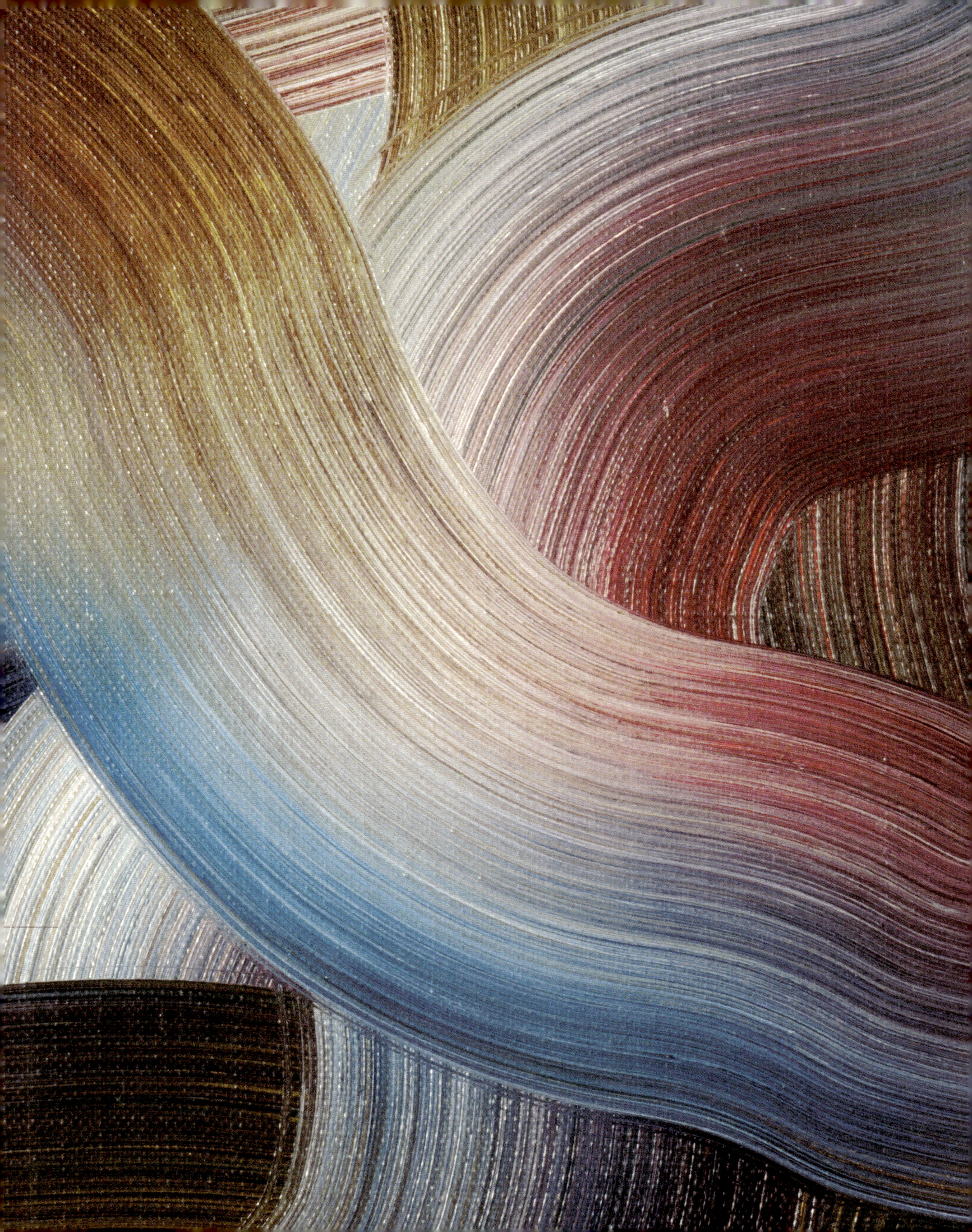

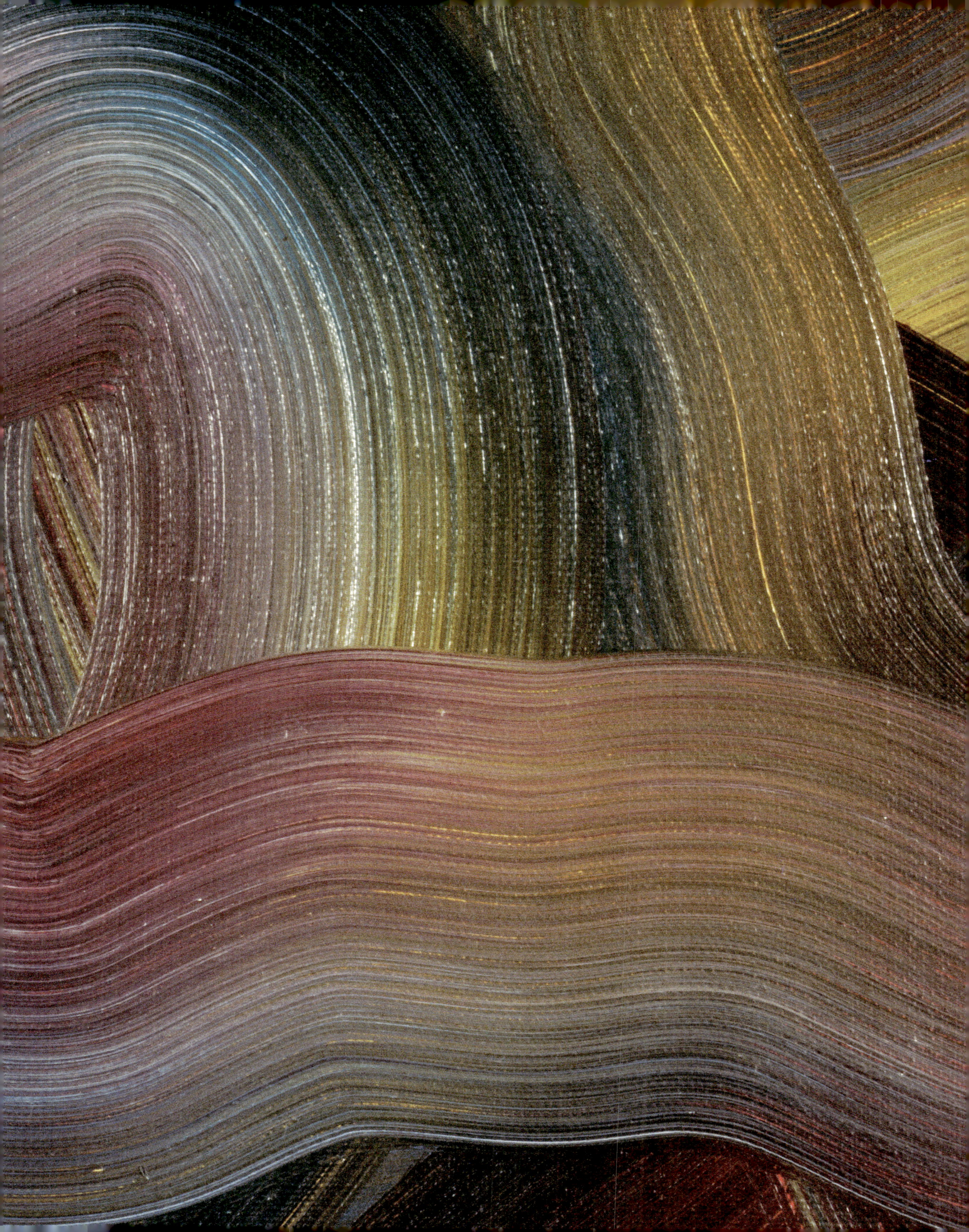

Geste und Mischung. Vermalungen und Graue Bilder

Valerie Hortolani

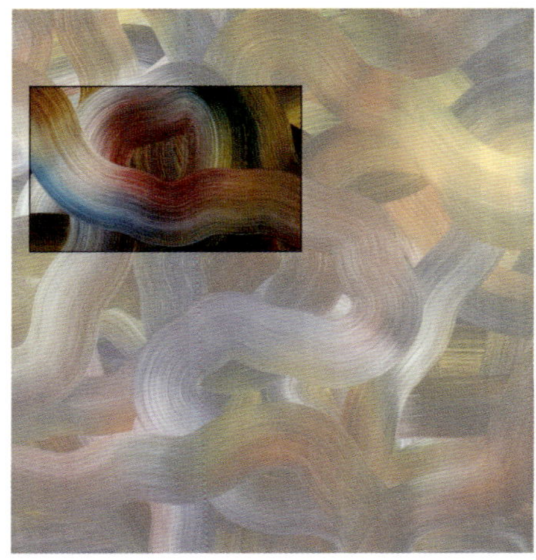

Kat. 23

Die Künstler der frühen Avantgarde verbanden mit den Grundfarben Rot, Gelb und Blau idealistische Konzepte. Sie verknüpften sie mit Ideen von Reinheit. Richter löste die Grundfarben von idealistischer Verklärung. In seinen Vermalungen sind die Primärfarben vermischt und auf provozierende Weise unrein. Damit hebt Richter ihre Eindeutigkeit auf und betont ihre Materialität. Das gilt auch für die monochromen Grauen Bilder, die den Blick auf das Relief des Farbauftrags konzentrieren. In einer Zeit der Ideologiekritik blieben für Richter Mehrdeutigkeit und das Beharren auf dem Künstlerischen wichtig.

In der Serie der Vermalungen, die Gerhard Richter ab 1971 schuf, führte er seine Auseinandersetzung mit Prinzipien des Malerischen weiter, indem er die Vermischung der Farben und die Bewegung des Pinsels auf der Leinwand zum Thema machte.[1] Die Abfolge in seinem Werkverzeichnis legt nahe, dass sich die abstrakten Vermalungen aus einer vorhergehenden Phase gegenständlicher Landschaften entwickelten: Aus den mit kräftigen Pinselschwüngen gemalten Bäumen in den beiden *Parkstücken* (310 und 311) von 1971 (Privatsammlung; mumok Museum moderner Kunst Stiftung Ludwig Wien) destillierte Richter im weiteren Verlauf nach und nach das Abbildhafte heraus, bis im Triptychon *Ohne Titel (grün)* (315-1 bis 315-3) (Kat. 21) allein die bildfüllenden pastosen Pinselstriche aus grüner Farbe übrig blieben, die er als „künstlerische[n] Dschungel" beschrieben hat.[2] Dabei stehen für Richter Abstraktion und Gegenständlichkeit nie als Polaritäten zur Diskussion. Vielmehr befinden sich beide Prinzipien bei ihm im ständigen Wechselspiel miteinander, in welchem dem einen stets auch Eigenschaften des anderen innewohnen können. Die Gegensätze lösen sich in Richters Werk somit auf in übergeordneten Problemstellungen und einer beständigen Hinterfragung seiner Malerei.

Die Vermalungen sind Resultat der Bewegungen von breiten, scheinbar unendlich verschlungenen Pinselbahnen auf der Leinwand, die häufig aus den Grundfarben Rot, Blau und Gelb zusammengesetzt sind (Kat. 23, 24). Richter beschrieb sein Vorgehen 1973 in einem Brief: „Drei Grundfarben als Ausgang für unendliche Ketten von Farbtönen [...], die Farbtöne und Formen entstehen im Verlauf der ständigen Vermischung durch Pinselbahnen, bilden illusionistische Räumlichkeit, ohne dass ich Formen oder Zeichen erfinden müsste: Der Pinsel zieht den gegebenen Weg von Farbfleck zu Farbfleck, erst vermittelnd, dann mehr oder weniger zerstörend, vermischend, bis es keine unberührte Stelle mehr gibt, alles fast ein Brei, gleichrangige Verflechtung von Formen, Raum und Farbe."[3]

Indem die gestische Bewegung für den Betrachter sichtbar bleibt, macht die Serie die Arbeit des Pinsels zum Thema. Dies wird durch den bewusst unpoetischen, geradezu technischen Titel der Werkserie als *Vermalungen* unterstrichen. Die Leinwand gleicht somit einer Palette, auf der der Maler mit seinem Pinsel improvisiert. Dabei tritt Richters Diktum „Das Denken ist beim Malen das Malen"[4] in diesen Werken deutlich hervor (vgl. den Beitrag von Armin Zweite, S. 46–57). Richter beschrieb den gleichzeitigen Prozess von Reflexion und Bildentstehung in seinen Vermalungen als „Bilder, die sich ergeben, aus dem Machen entstehen, keine Kreationen, nicht kreativ, [...] sicher aber kreatürlich".[5] Indem er die schöpferische Idee in den Hintergrund stellte und den Bildern eine regelrechte autonome Entstehung zuschrieb, spielte er seine künstlerische Autorschaft herunter.

Obwohl die Sichtbarkeit des Malprozesses in den Vermalungen Ähnlichkeiten mit der gestischen Malerei des Informel oder des Abstrakten Expressionismus besitzt, sind Richters Bilder – anders als beispielsweise Jackson Pollocks *Drip Paintings* (Abb. S. 61) oder die Werke seines Düsseldorfer Lehrers Karl Otto Götz (Abb. S. 10, 62) – keinesfalls expressiv oder zufällig. Die Spontaneität seiner Malerkollegen konterte Richter mit einer langsam mäandernden, emotionslosen Rhythmik der Pinselbewegungen.

Die Primärfarben Rot, Gelb und Blau, die innerhalb eines jahrhundertealten farbtheoretischen Diskurses stehen (vgl. die Beiträge von Ortrud Westheider, S. 8–21, und Hubertus Butin, S. 34–45), vermischen sich in manchen Vermalungen auf unterschiedlich intensive Weise. Bisweilen sind sie zu einer homogenen Nichtfarbe vermengt, die laut ihrem Titel zwar die drei individuellen Farben in sich trägt, zuletzt aber lediglich als „indifferente Buntheit"[6] wahrgenommen werden kann. Die Vermalungen sind Bilder, die nichthierarchische, nichtkompositionelle und nichtfarbige Aspekte in sich vereinen. In manchen Vermalungen steigerte Richter die farbliche Indifferenz auch durch die Verwendung von Grau und näherte sich so der Monochromie (Kat. 22).

Der Farbe Grau, die auch in seinem frühen Schaffen bereits große Bedeutung besaß (vgl. das Kapitel *Struktur und Illusion. Abstraktionen der 1960er Jahre,* S. 70–87), widmete Richter zwischen 1969 und 1976 mit den Grauen Bildern eine seiner umfangreichsten Werkserien.[7] In den Grauen Bildern lösen sich die den Vermalungen ähnelnden Farbschlieren in einer undurchsichtigen grauen Oberflächenstruktur auf. Dabei bot die vermeintliche Eintönigkeit der grauen Farbe dem Künstler ein größtmögliches künstlerisches Potential, um mit diversen Malgründen, Pinseln oder Farbaufträgen zu experimentieren

(Kat. 25–27). Im gestischen Farbauftrag verhalten sich manche der Grauen Bilder wie unbunte Vermalungen, betonen aber stärker die Flächigkeit (Kat. 26). Die grauen Farbflächen inszenieren das Grau als nüchtern, spröde und stumpf und damit in Kontrast zum transzendentalen Pathos der Monochromien von Kasimir Malewitsch oder Yves Klein. Später führte Richter die Arbeit mit der Farbe Grau in einer Serie von grauen Spiegeln fort (Kat. 75). In der maximalen Reduzierung von Inhalt, Form und Farbe fand Richter zu einer maximalen Verkörperung der Vielfalt in der Einheit.

1 Vgl. Elger 2008, S. 232–235.
2 Gerhard Richter: Brief an Jean-Christophe Ammann (Februar 1973), in: Richter 2008, S. 70–72, hier S. 71.
3 Ebd.
4 Gerhard Richter: Brief an Wieland Förster (4.2.1962), in: Hamburg 2011, S. 50 f., hier S. 50.
5 Richter 1973 (wie Anm. 2), S. 71.
6 Elger 2008, S. 235.
7 Vgl. Burgdorf 2005; Friedrich 2009.

21 *Ohne Titel (grün)* (315-1 bis 315-3), 1971
Öl auf Leinwand, 3 Teile, je 200 x 150 cm
Museum Küppersmühle für Moderne Kunst, Duisburg, Sammlung Ströher

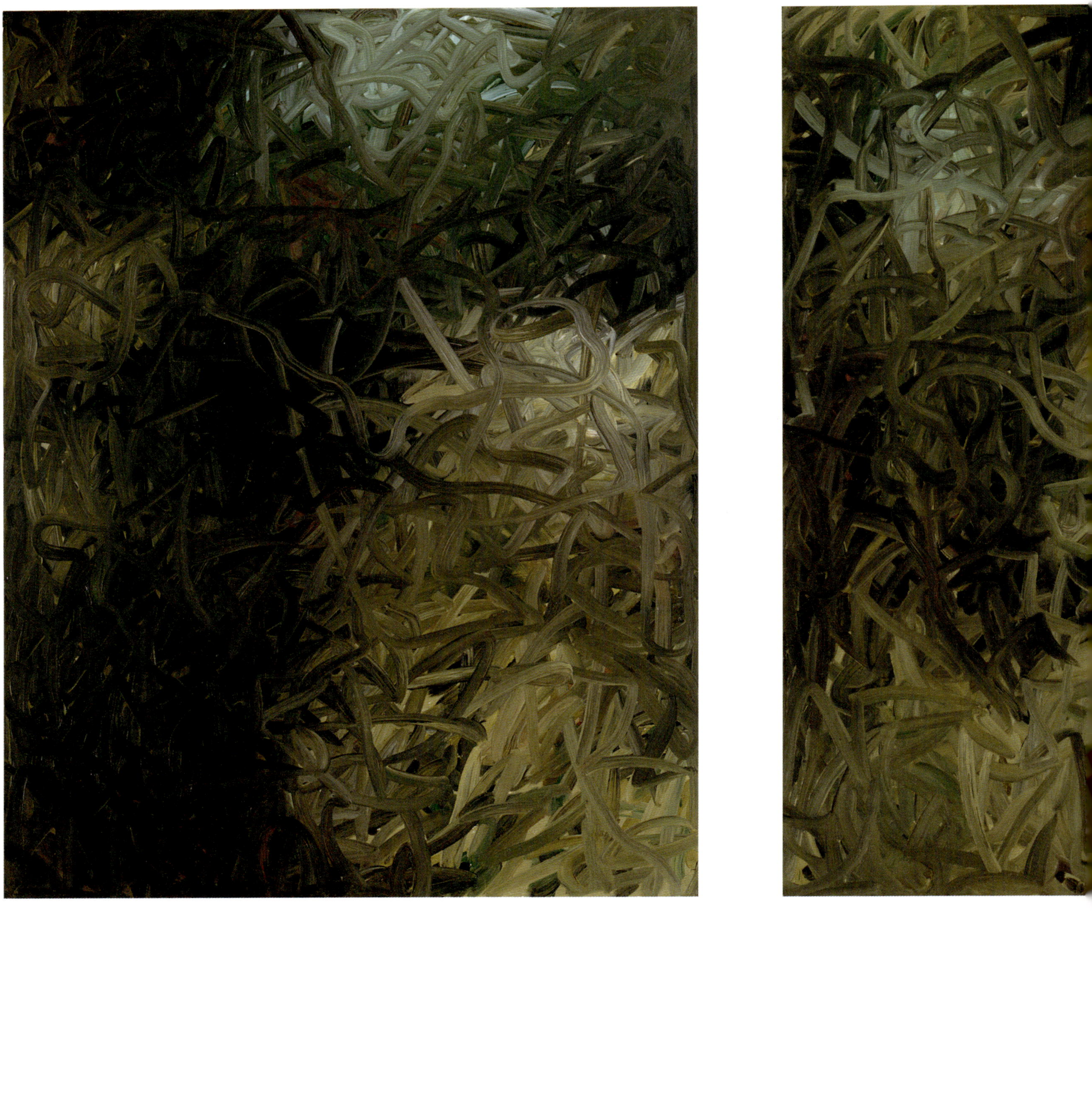

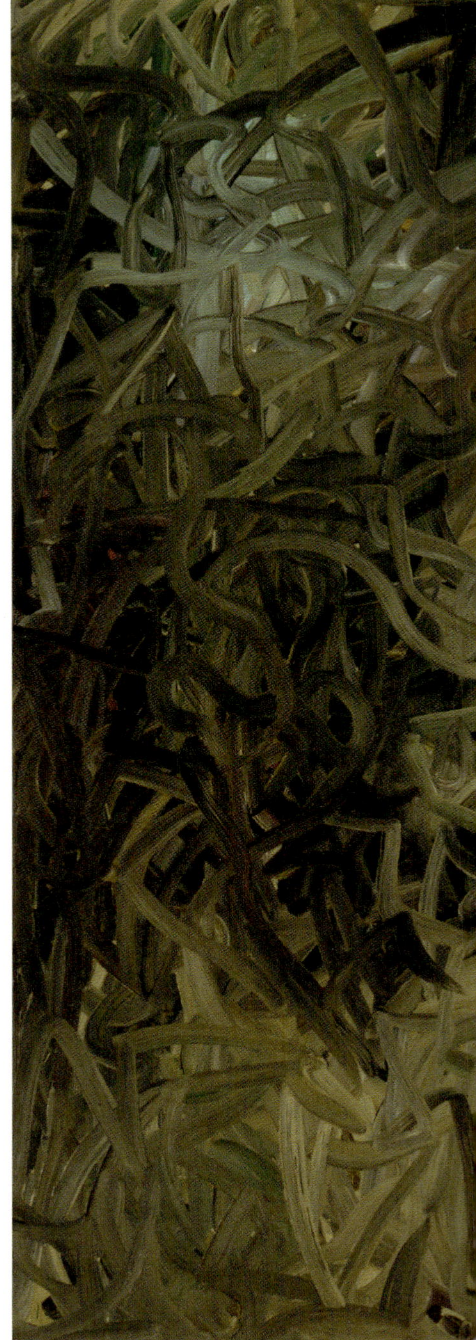

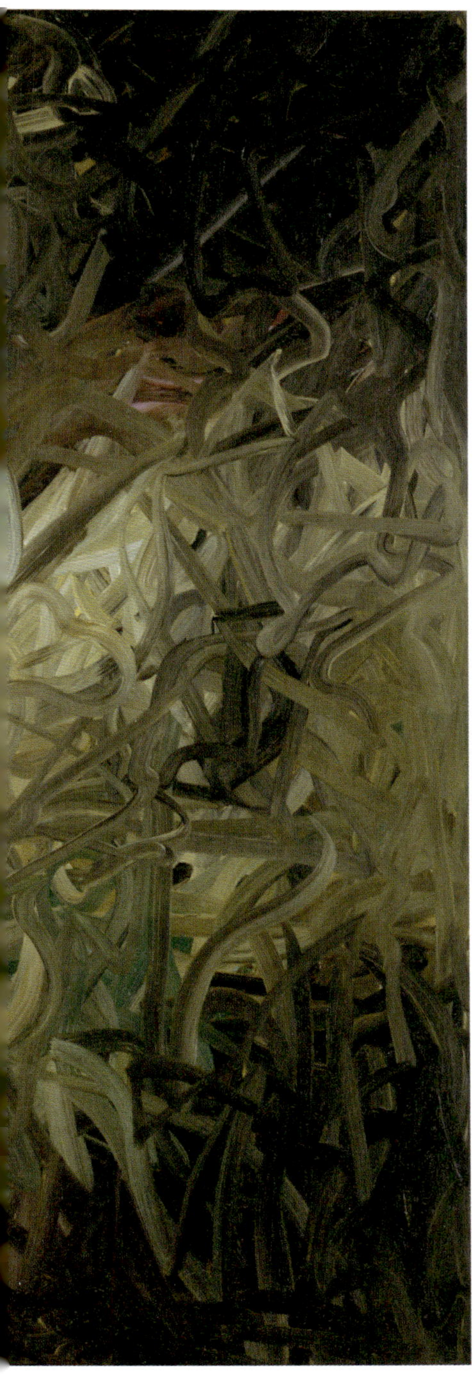

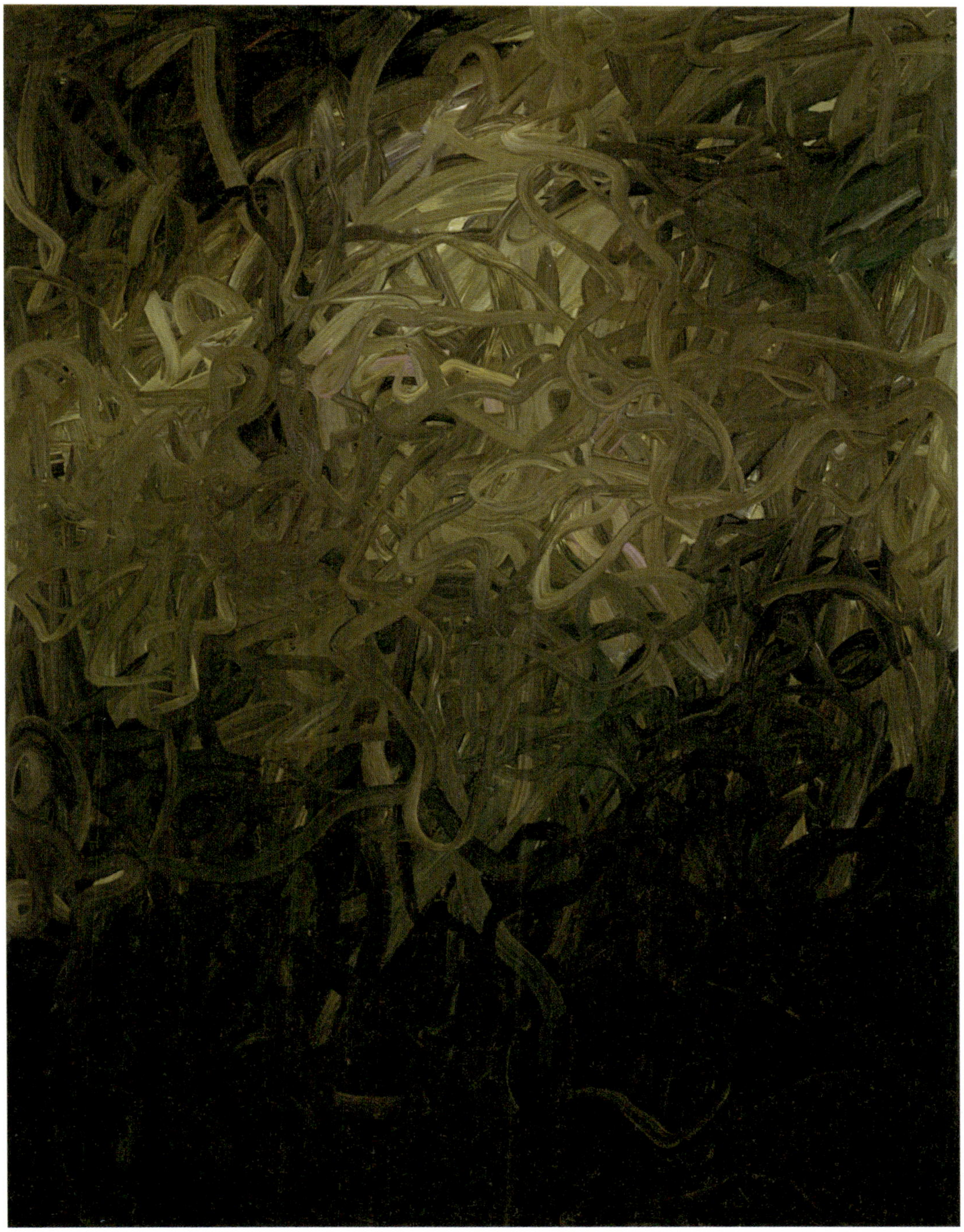

22 *Vermalung* (326-7), 1972
Öl auf Leinwand, 70 x 55 cm
The „M“ Art Foundation, Belgien

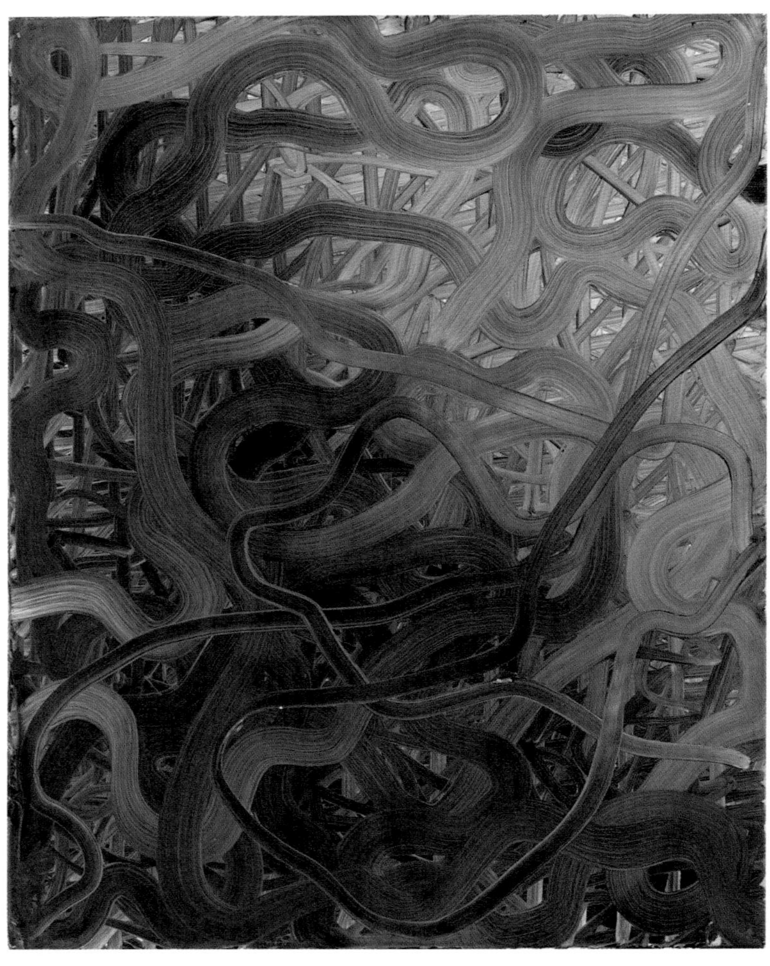

23 *Rot-Blau-Gelb* (339-4), 1972
Öl auf Leinwand, 98 x 92 cm
Privatsammlung, Schweiz

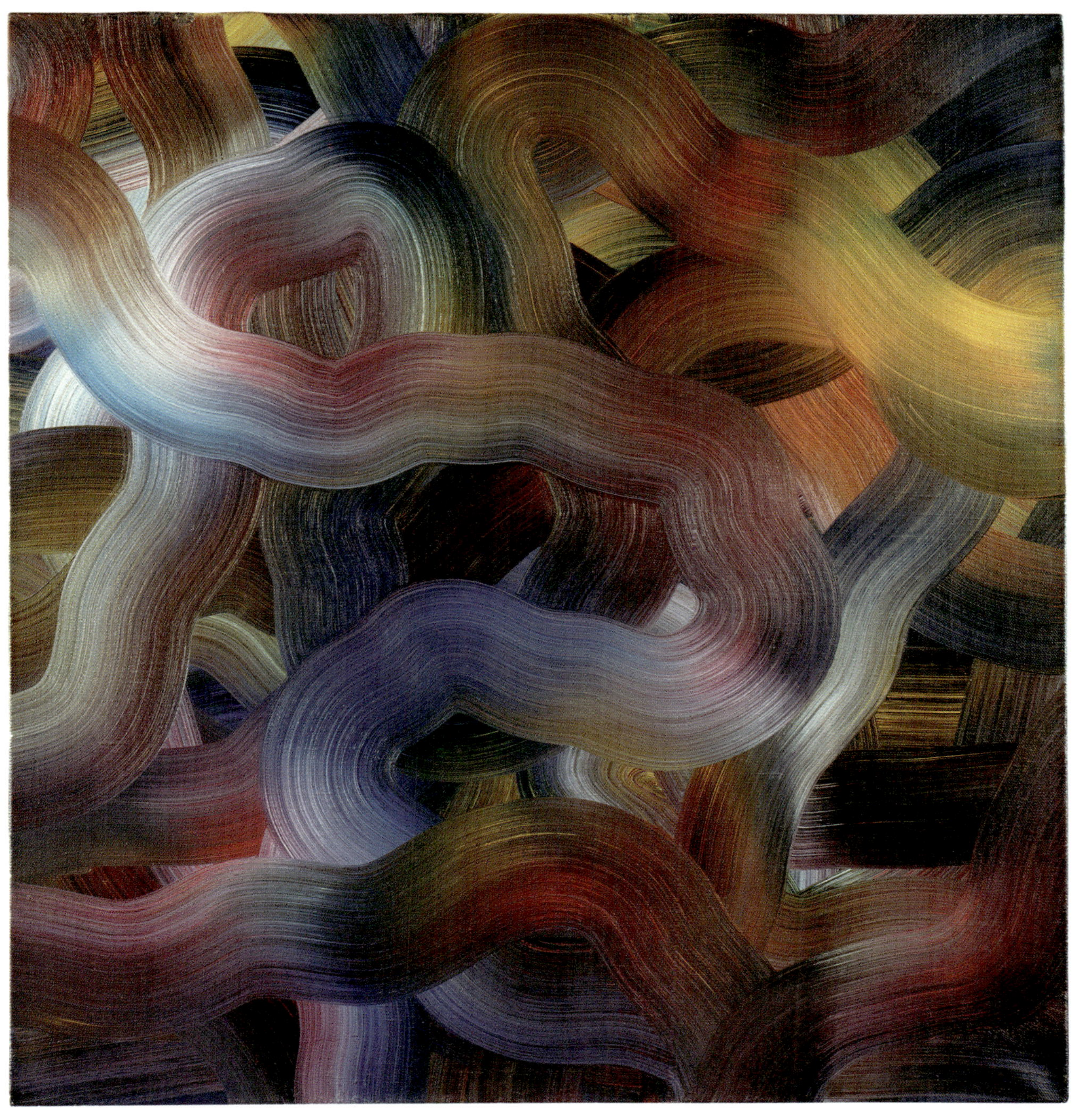

24 *Rot-Blau-Gelb* (333-2), 1972
Öl auf Leinwand, 251 x 200 cm
Kunsthalle Bremen – Der Kunstverein in Bremen

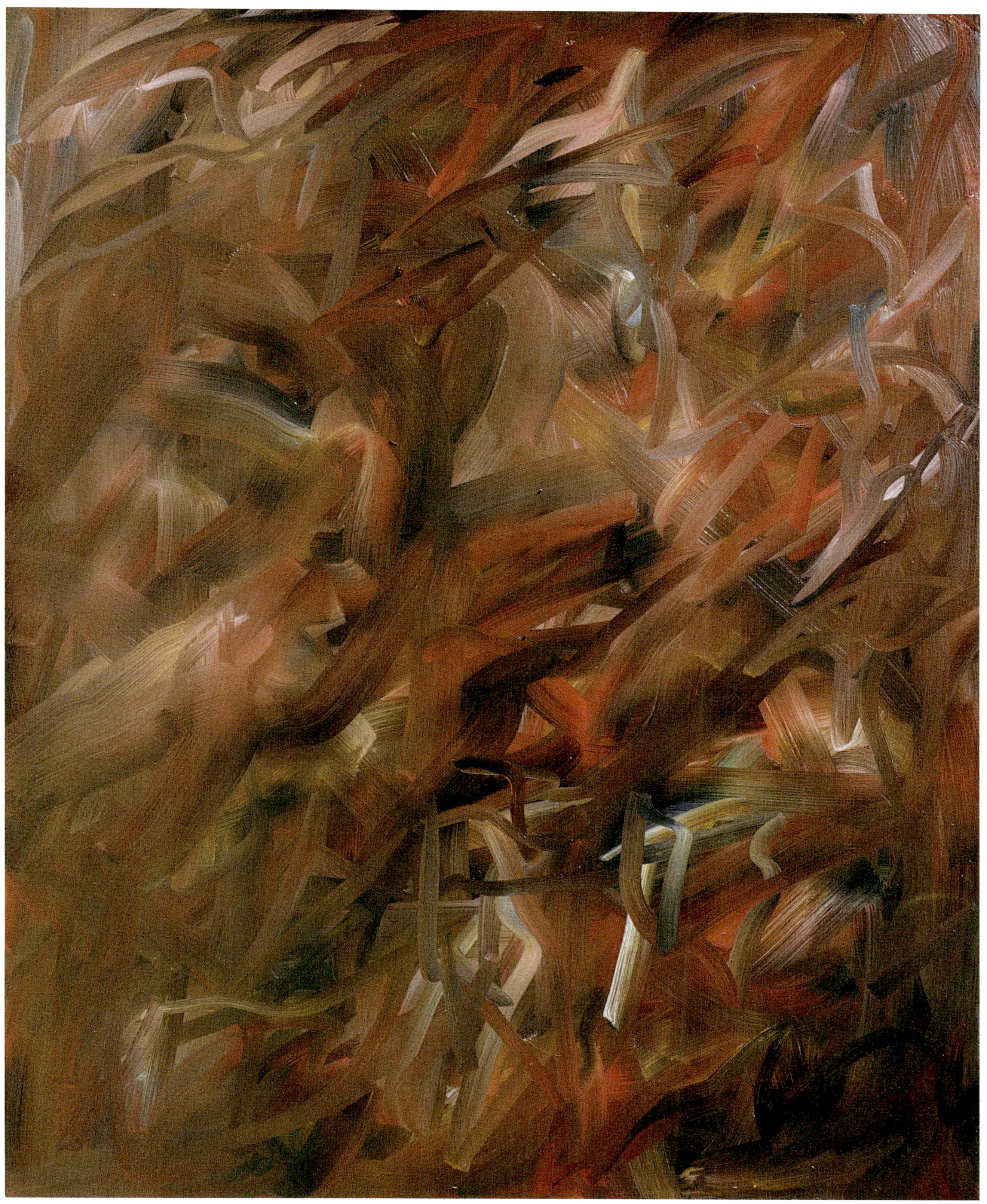

25 *Grau* (334), 1972
Öl auf Leinwand, 250 x 200 cm
Museum Küppersmühle für Moderne Kunst, Duisburg, Sammlung Ströher

26 *Grau* (361-1), 1974
Öl auf Leinwand, 250 x 200 cm
Museum Küppersmühle für Moderne Kunst, Duisburg, Sammlung Ströher

27 *Grau (Borke)* (348-7), 1973
Öl auf Leinwand, 90 x 65 cm
Privatsammlung

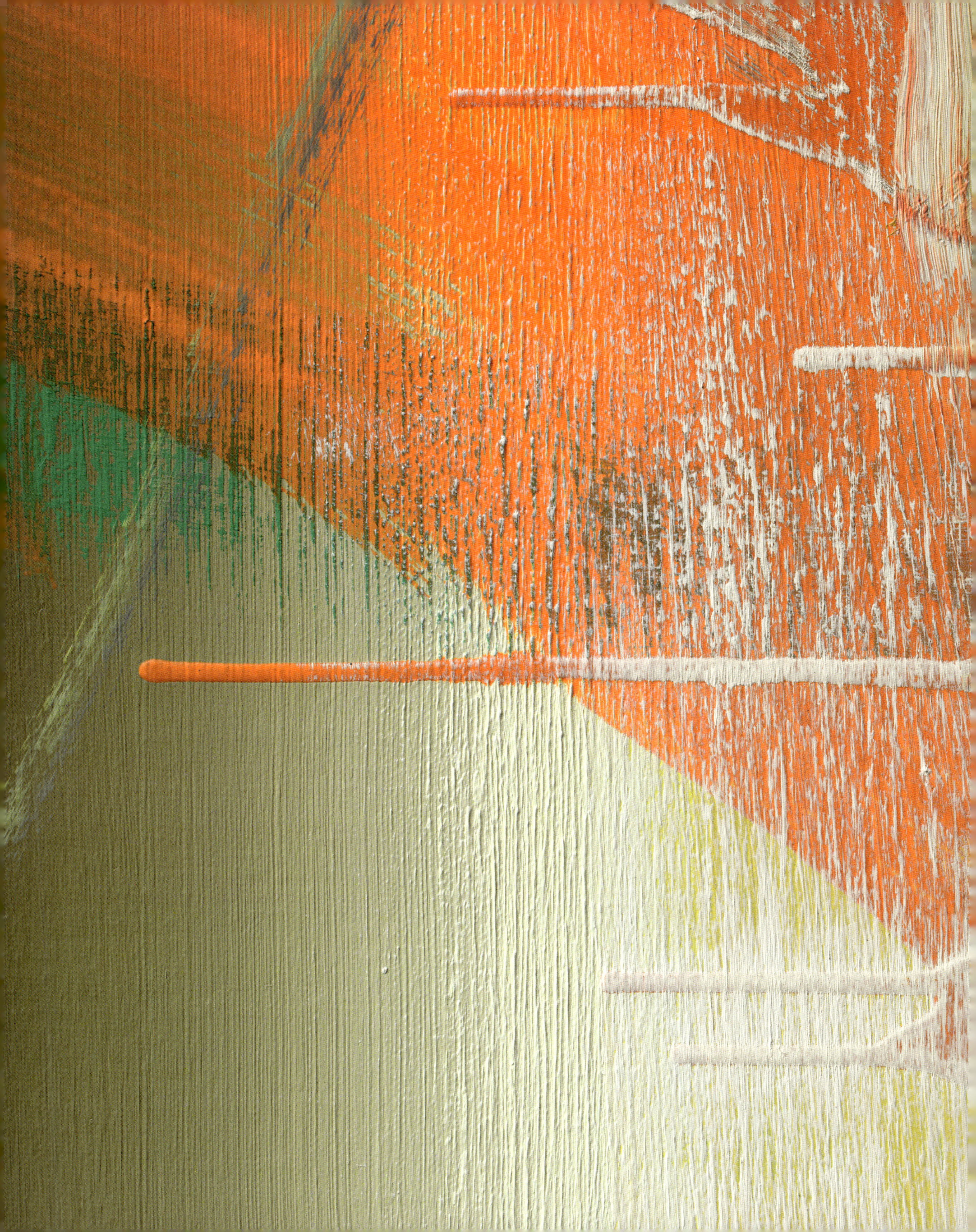

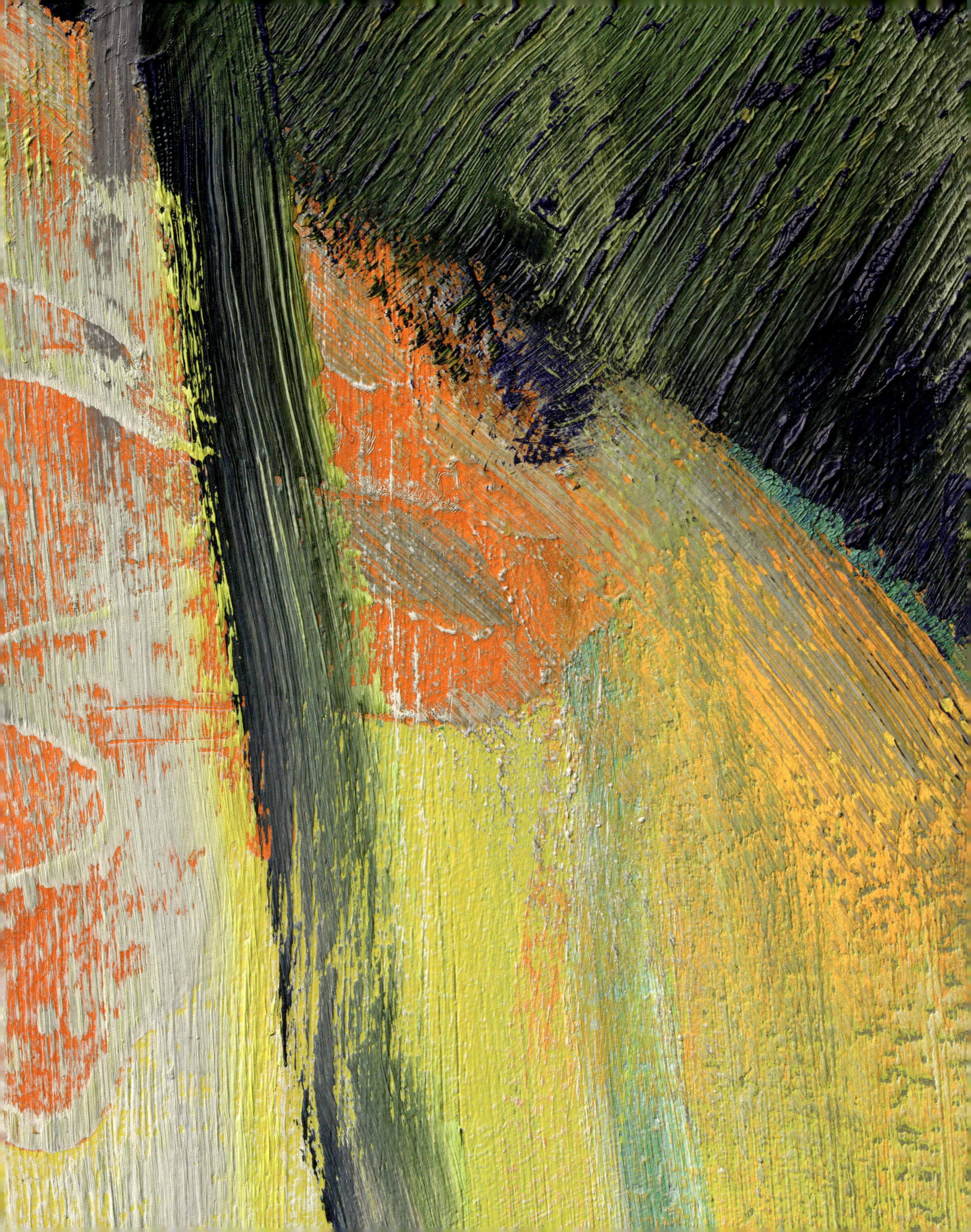

Unschärfe und Detail. Ausschnitte und frühe Abstrakte Bilder

Dietmar Elger

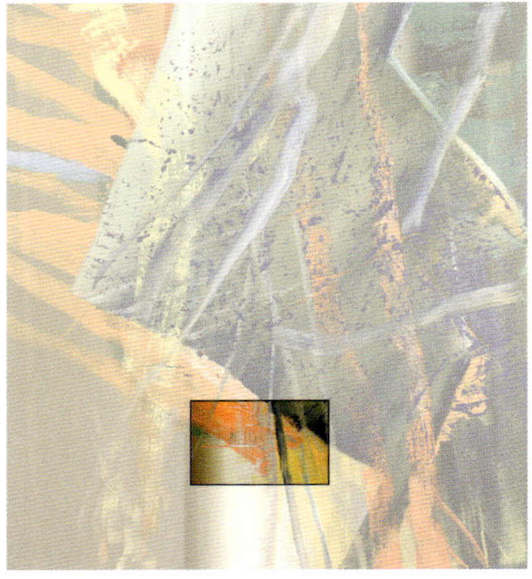

Kat. 37

Richter photographierte die vorgefundenen Farbverläufe auf seiner Palette. Die Aufnahmen dieser Details setzte er vorlagengetreu in vielfacher Vergrößerung als Gemälde um. Richters realistische Wiedergabe ging so weit, dass er auch die durch die Vergrößerung entstandene Unschärfe abbildete. Zugleich wirkt die Überdimensionierung verfremdend. Der Effekt dieses Verfahrens ist eine scheinbare Abstraktion – der Gegenstand ist wiedergegeben, aber nicht erkennbar. In der Werkgruppe der Abstrakten Bilder entwickelte Richter ab 1976 seine Methode der weichen Farbverläufe im Ungegenständlichen weiter, wobei das Prinzip der Unschärfe hier auch gegenständliche Assoziationen wecken kann.

Anfang der 1970er Jahre malte Gerhard Richter eine kleine Gruppe von abstrakten Bildern, die er als Ausschnitte bezeichnete. Diese Gemälde, zu denen das Großformat *Ausschnitt (rot-blau)* (273) von 1970 (Kat. 28) sowie *Ausschnitt (Makart)* (288) aus dem folgenden Jahr (Kat. 29) gehören, entstanden in einer Werkphase, in der er intensiv mit Perspektivwechseln und Wirklichkeitsmanipulationen experimentierte. So collagierte er bei den gleichzeitig entstandenen Seestücken Wasseroberflächen und Wolkenhimmel aus unterschiedlichen Bildquellen. Richter konfrontiert bei diesen Bildern den Betrachter mit der Frage, ob das, was er in den Darstellungen erkennt, identisch mit dem ist, was die Motive tatsächlich zeigen (vgl. den Beitrag von Dietmar Elger, S. 22–33).

Die Ausschnitte von 1970/71 zeigen in Malerei übertragene photographische Details von auf der Palette verrührten Farben. Im Original nur wenige Quadratzentimeter klein, projizierte und vergrößerte Richter die Motive malerisch auf mehrere Quadratmeter große Leinwände. Der Prozess einer solchen medialen und perspektivischen Umwandlung ist in den Ergebnissen allerdings nicht mehr rekonstruierbar, und die Bilder werden auf diese Weise, so Richters eigene Beobachtung, „zum gegenstandslosen Anschein unbestimmter ‚Schönheit'".[1] Die gemalten Ausschnitt-Bilder repräsentieren den Illusionismus leerer Formen und Gesten, der weder eine Wiedererkennbarkeit zulässt noch eine Bedeutung herstellen kann. Richter war sich der Gratwanderung dieser Werke zum Kitsch bewusst.[2] Nicht ohne Ironie verweist er im Untertitel des Bildes *Ausschnitt (Makart)* (288) auf den Wiener Malerfürsten Hans Makart (1840–1884) und damit auf die bürgerliche Salonkunst des späten 19. Jahrhunderts (vgl. den Beitrag von Matthias Krüger, S. 58–69). Das Gemälde *Ausschnitt (rot-blau)* (273) zeigte er erstmals 1970 in einer Gemeinschaftsausstellung mit Blinky Palermo, der sie den Titel *Für Salvador Dali* gaben. Ihre Hommage, erinnerte sich Richter später, „war polemisch gemeint, eine Protesthaltung. Dali [sic] war damals wirklich unten durch, gesellschaftspolitisch war er schon ganz reaktionär".[3]

1976 gewann Gerhard Richter das Gefühl, dass ihn die Auseinandersetzung der letzten Jahre mit den Grauen Bildern in eine künstlerische Sackgasse geführt habe (vgl. das Kapitel *Geste und Mischung. Vermalungen und Graue Bilder,* S. 104–119), aus der er sich nur befreien könne, indem er das genaue Gegenteil malte.[4] Die Stichworte, die seine neuen Abstrakten Bilder charakterisierten, lauteten bunt, assoziativ, beliebig, vieldeutig, ohne Sinn und Logik.[5] Das erste unter dieser Maßgabe entstandene, 250 x 300 cm große Abstrakte Bild mit dem Titel *Konstruktion* (389) (Kat. 30) wird in Richters Œuvre ein singuläres Werk bleiben. Bei den nachfolgenden Gemälden reduzierte er das Format und erkannte ihnen zunächst lediglich den Stellenwert von abstrakten Skizzen oder Ölskizzen zu. Während er für die Grauen Bilder und Vermalungen einen gleichwertigen, nichthierarchischen Farbauftrag wählte, provozieren die kleinen Abstrakten Bilder durch ihre disparaten Formen und Farben. Sie präsentieren sich in ihrer faktischen Materialität und erzeugen zugleich abstrakte, illusionistische Bildräume. Damit widersprechen diese Abstraktionen allen kompositionellen Traditionen und betonen das Zufällige und Ausschnitthafte ihrer Form- und Farbkonstellationen.

Das Vorbild des Naturausschnitts im Fensterrahmen wurde für Gerhard Richter bei den Abstrakten Bildern seit 1976 zur idealen Bildvorstellung: Ebenso beliebig und zufällig wie sich die Natur im Fensterausblick zeigt, sollten die Abstrakten Bilder als nicht gestaltete und widersprüchliche Kompositionen erscheinen. Ähnlich wie bei seinen Farbtafeln, Vermalungen und Grauen Bildern versuchte er gleichzeitig seine Individualität und seinen persönlichen Gestus aus den Abstrakten Bildern herauszuhalten. Allerdings erweist sich dieser Anspruch als eine sehr viel komplexere Herausforderung, da jede Wahl der Farben und jeder Pinselstrich eine persönliche Entscheidung bedingen. Richter hat das Problem zu lösen versucht, indem er längere Pausen zwischen den einzelnen Arbeitsschritten eingehalten oder die Leinwände im Entstehungsprozess gedreht hat. In den ersten Jahren bis 1980 hat er zudem einige seiner abstrakten Motive photographiert, auf große Leinwände projiziert und illusionistisch abgemalt, um auf diese Weise die ihm wichtige Distanz zwischen Werk und Autor herzustellen. Bei diesen, von ihm so genannten „Weichen Abstrakten",[6] bediente Richter sich eines ähnlichen Verfahrens wie bei den Ausschnitt-Bildern Anfang der 1970er Jahre. Das *Abstrakte Bild* (421) (Kat. 31) entstand 1977 nach dem kleinformatigen *Abstrakten Bild* (398-2) von 1976 (Abb. S. 31). Das *Abstrakte Bild* (436) (Kat. 32) hingegen malte er 1978 nach einem Aquarell als Vorlage (Abb. S. 31).

1981 gelang es Gerhard Richter, den freien Gestus des Farbauftrags auch auf größere Leinwandflächen zu übertragen. Das *Abstrakte Bild* (479-1) aus jenem Jahr (Kat. 34) ist eines der frühesten Beispiele. Richter legte hier den weich vermalten Hintergrund in einem kräftigen Rot-Gelb-Kontrast an. Darüber setzte er mit pastosen Pinselstrichen ausgeführte Farbschichten, so dass sich ein unbestimmter, abstrakter und illusionistischer Raum bildet.

Zur gleichen Zeit begann er ein neues Malinstrument für den Farbauftrag einzusetzen, die Rakel (vgl. den Beitrag von Matthias Krüger, S. 58–69). Während die Rakel bei dem *Abstrakten Bild* (479-1) noch zögerlich Verwendung fand, wird sie spätestens ab 1986 zum zentralen, die Bildstruktur gestaltenden Element. Vor allem brachte die Rakel das Prinzip des Zufalls und der Überraschung in den Entstehungsprozess ein. Für Richter hat die Arbeit mit der Rakel etwas Befreiendes. Seine Abstrakten Bilder entstanden fortan in einer Wechselwirkung aus kontrolliertem Pinselauftrag und zufälliger Rakelstruktur. Bei dem Werk *Hecke* (504) von 1982 (Kat. 36) legt sich die orange Farbspur der Rakel bereits wie ein Schleier über nahezu die gesamte Bildfläche.

In einem Interview hat sich Richter 1999 zur Genese seiner Abstrakten Bilder geäußert und dabei eine überraschende Erkenntnis formuliert: „Ich bin zum Beispiel nicht in der Lage, ein Bild herzustellen, das so ähnlich ist wie das Bild X, das ich vor einem Jahr gemalt habe.“[7] Diese Einsicht bedeutet, dass bestimmte Abstrakte Bilder auch nur zu bestimmten Zeiten entstehen konnten. Sie sind in ihren Strukturen aus Formen und Farben also keineswegs so zufällig, beliebig und distanziert, wie Gerhard Richter dies selbst häufig behauptet hat. Stattdessen sind die Abstrakten Bilder in ihrer Erscheinung abhängig von ihrer Entstehungszeit und Situation sowie der jeweiligen Befindlichkeit des Künstlers.

1 Gerhard Richter: Brief an Birgit Pelzer (25.3.1980), in: Richter 2008, S. 115 f., hier S. 115.
2 Ebd.
3 Gerhard Richter in einem Interview (2002), in: Elger 2008, S. 205 f.
4 Vgl. Gerhard Richter: Interview mit Dorothea Dietrich (1985), in: Richter 2008, S. 145–159, hier S. 156.
5 Vgl. Gerhard Richter: Antworten auf Fragen von Marlies Grüterich (2.9.1977), in: ebd., S. 94 f., hier S. 95.
6 Gerhard Richter: Notizen 1986, in: ebd, S. 159–164, hier S. 163.
7 Zit. n. Dieter Schwarz: Über Aquarelle und verwandte Dinge, in: Winterthur 1999, S. 5–16, hier S. 13.

28 *Ausschnitt (rot-blau)* (273), 1970
Öl auf Leinwand, 200 x 300 cm
Privatsammlung

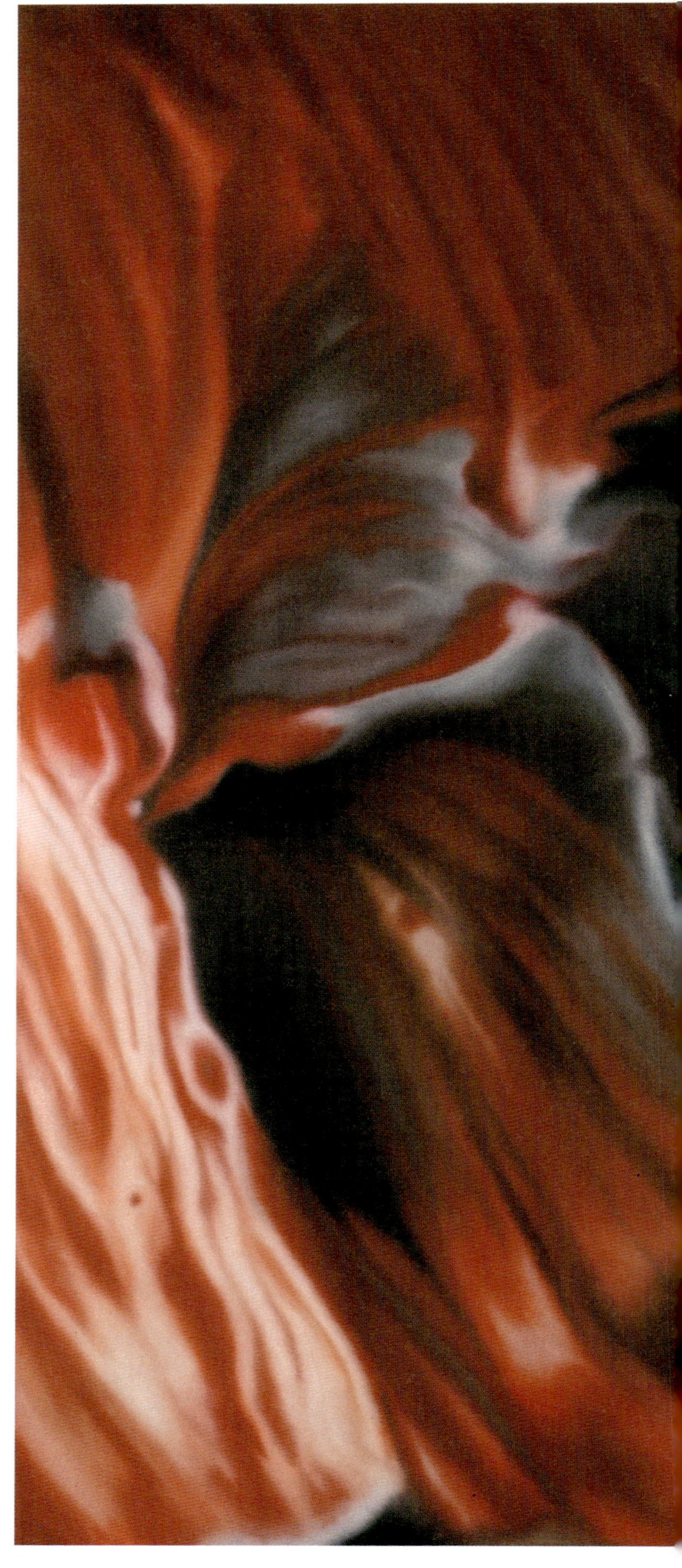

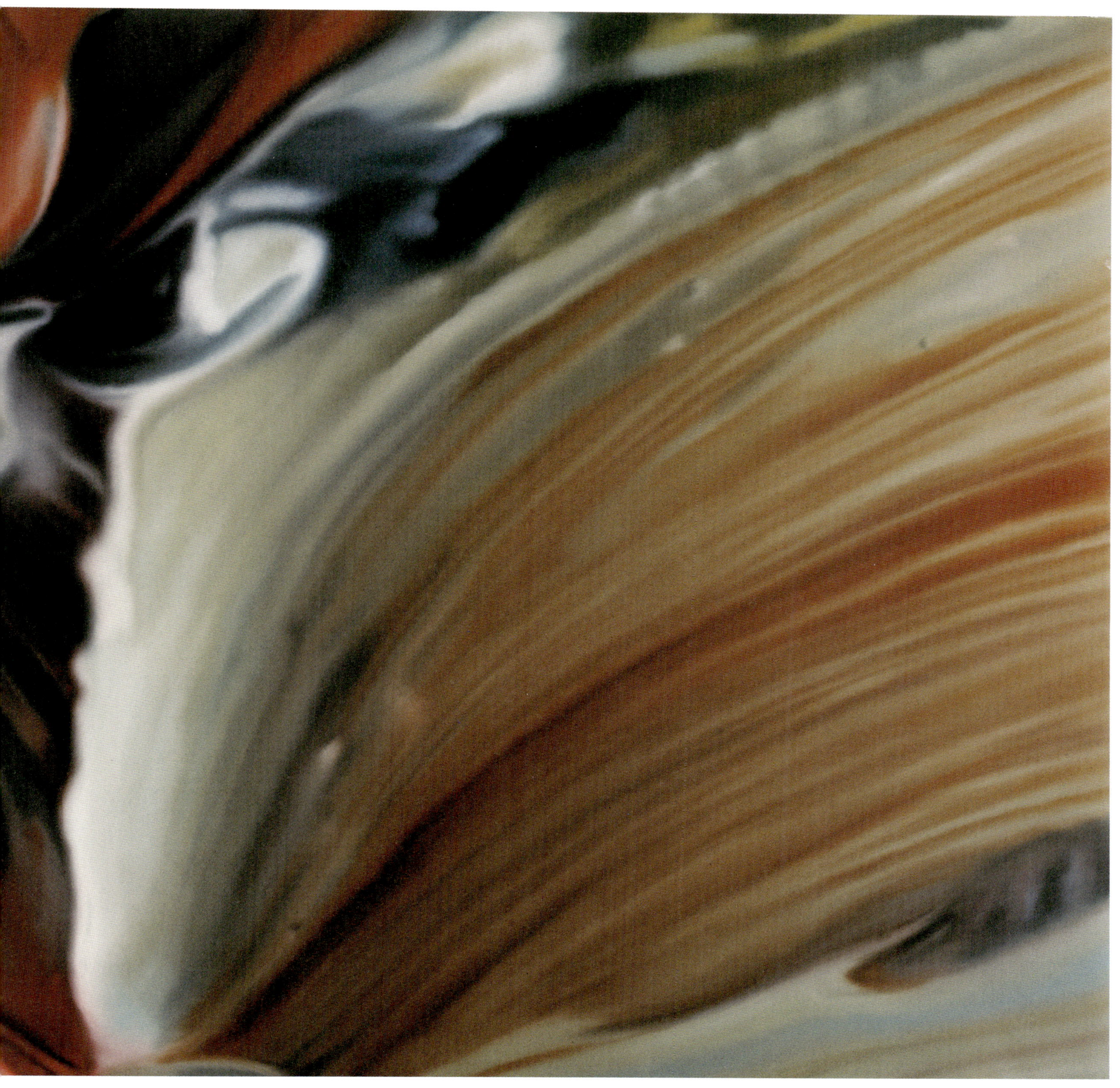

29 *Ausschnitt (Makart)* (288), 1971
Öl auf Leinwand, 200 x 200 cm
Museum Küppersmühle für Moderne Kunst,
Duisburg, Sammlung Ströher

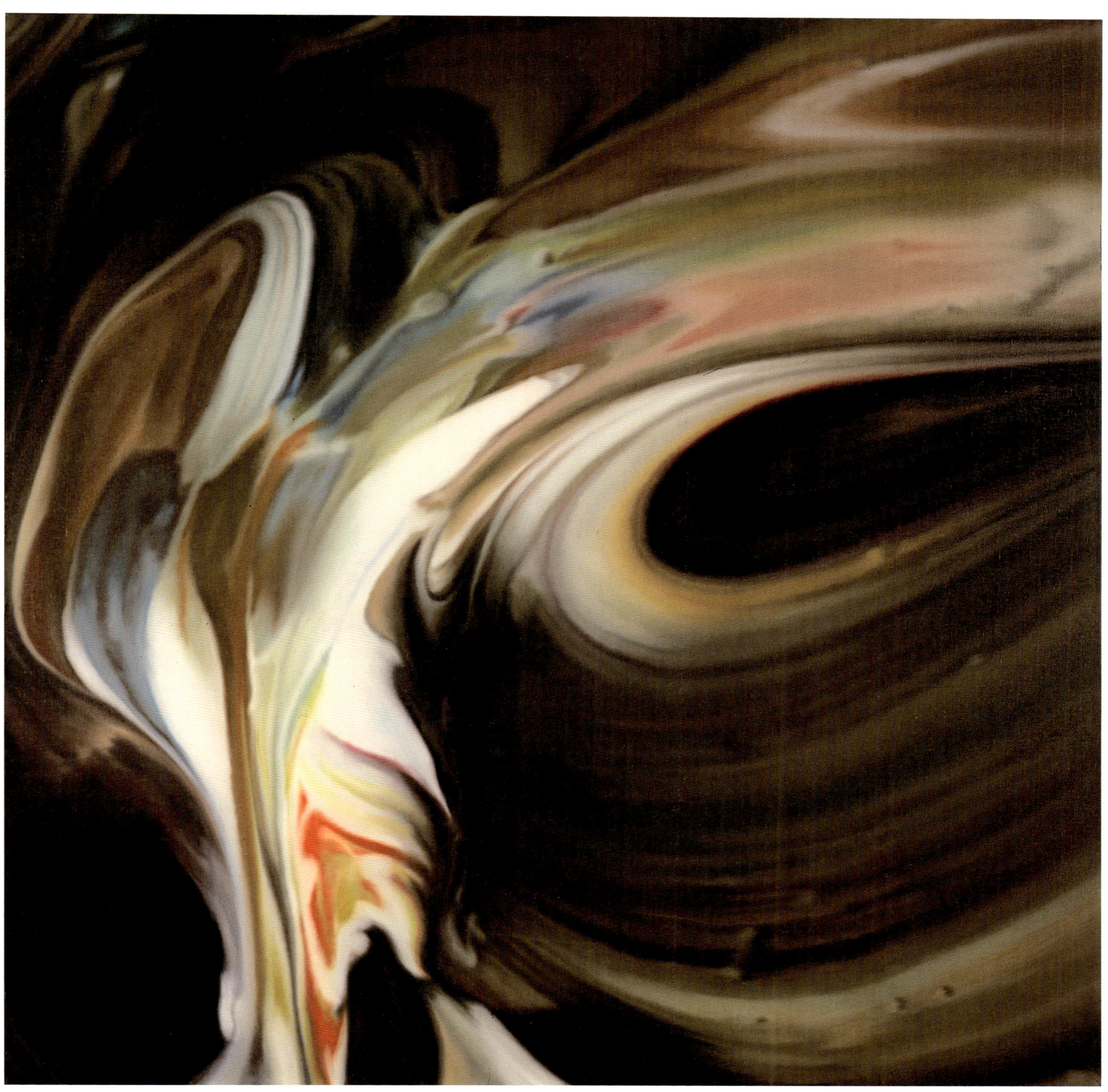

30 *Konstruktion* (389), 1976
Öl auf Leinwand, 250 x 300 cm
Neues Museum. Staatliches Museum
für Kunst und Design, Nürnberg,
Dauerleihgabe aus einer Privatsammlung

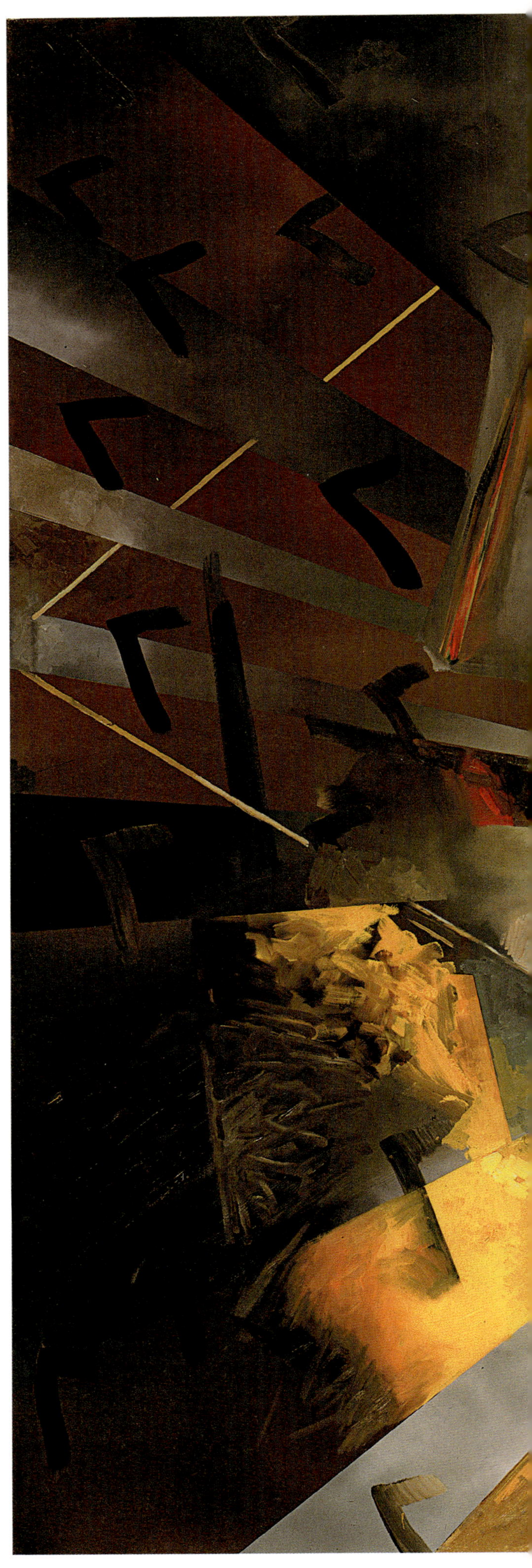

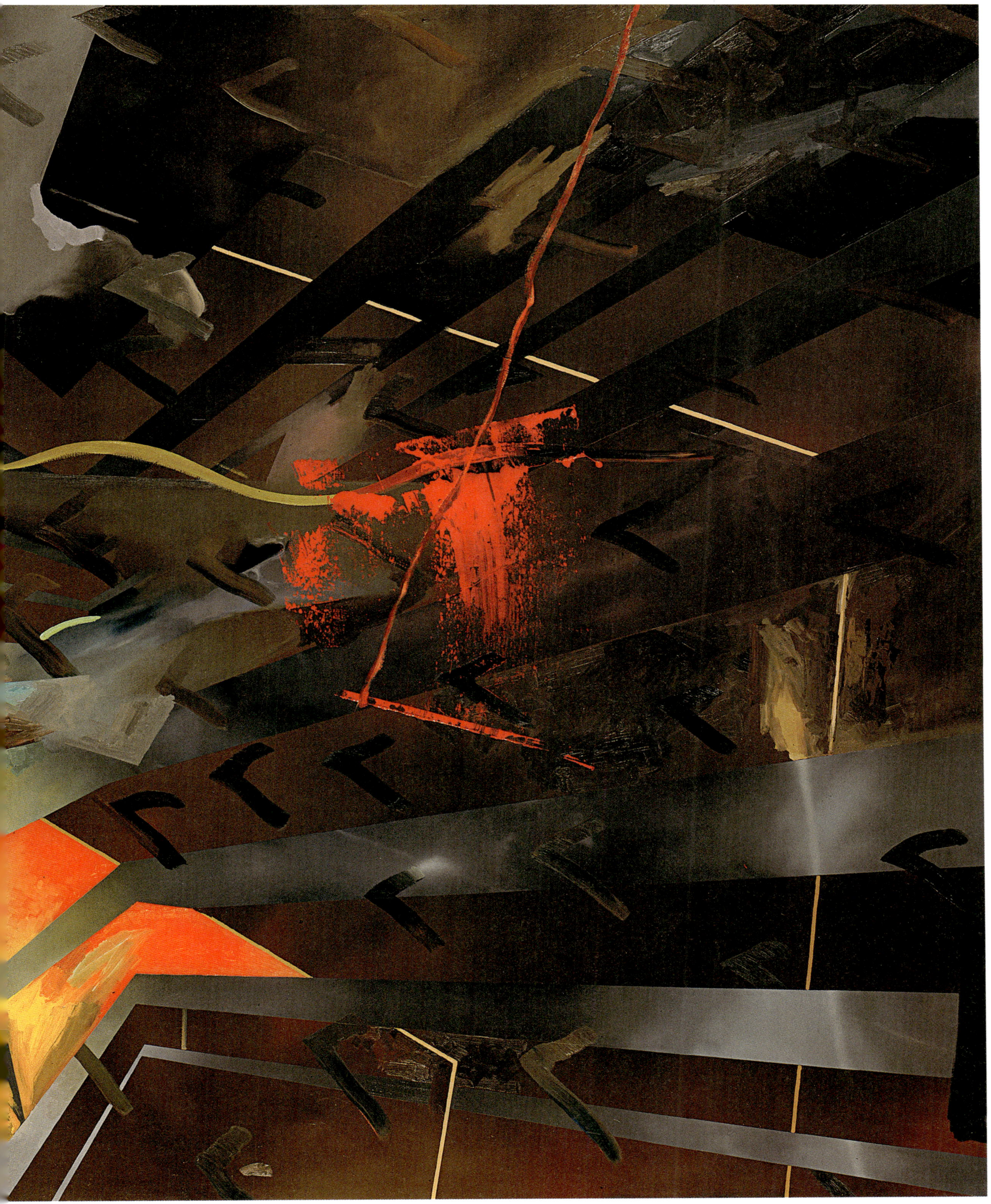

31 *Abstraktes Bild* (421), 1977
Öl auf Leinwand, 250 x 200 cm
Stedelijk van Abbemuseum, Eindhoven

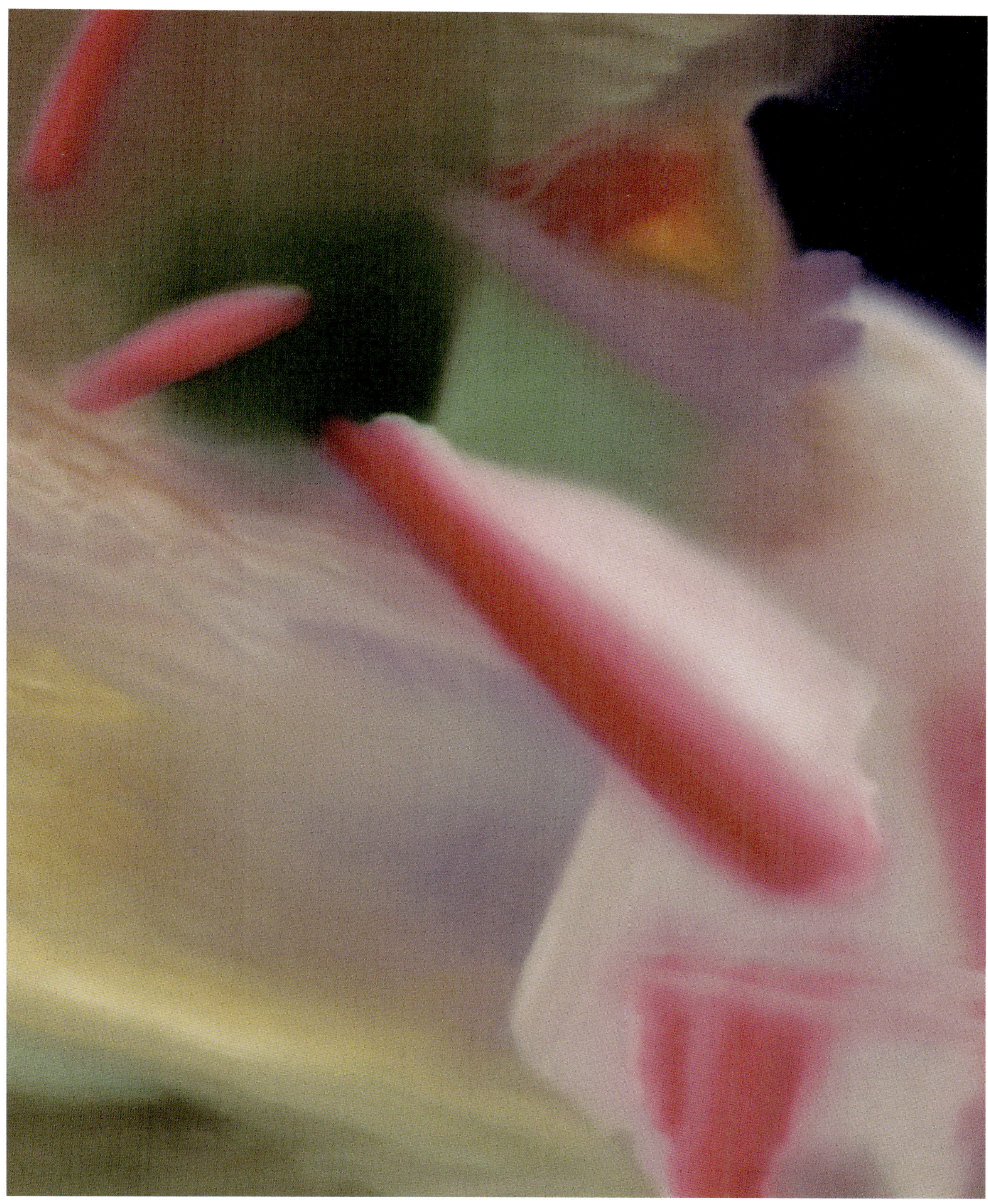

32 *Abstraktes Bild* (436), 1978
Öl auf Leinwand, 200 x 250 cm
Privatsammlung, Nordrhein-Westfalen

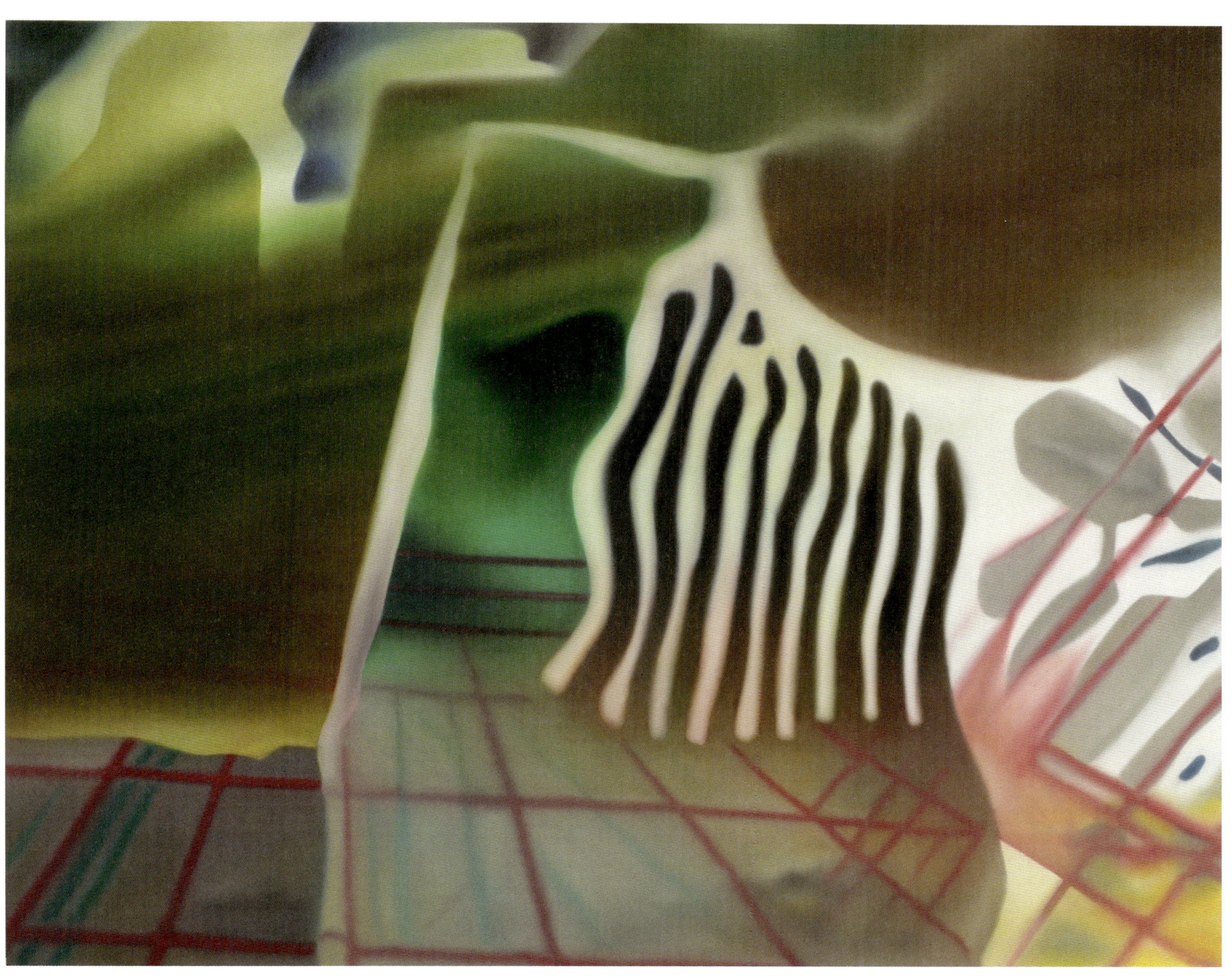

33 *Abstraktes Bild* (449-3), 1979
Öl auf Leinwand, 70 x 100 cm
Privatsammlung, Schweiz

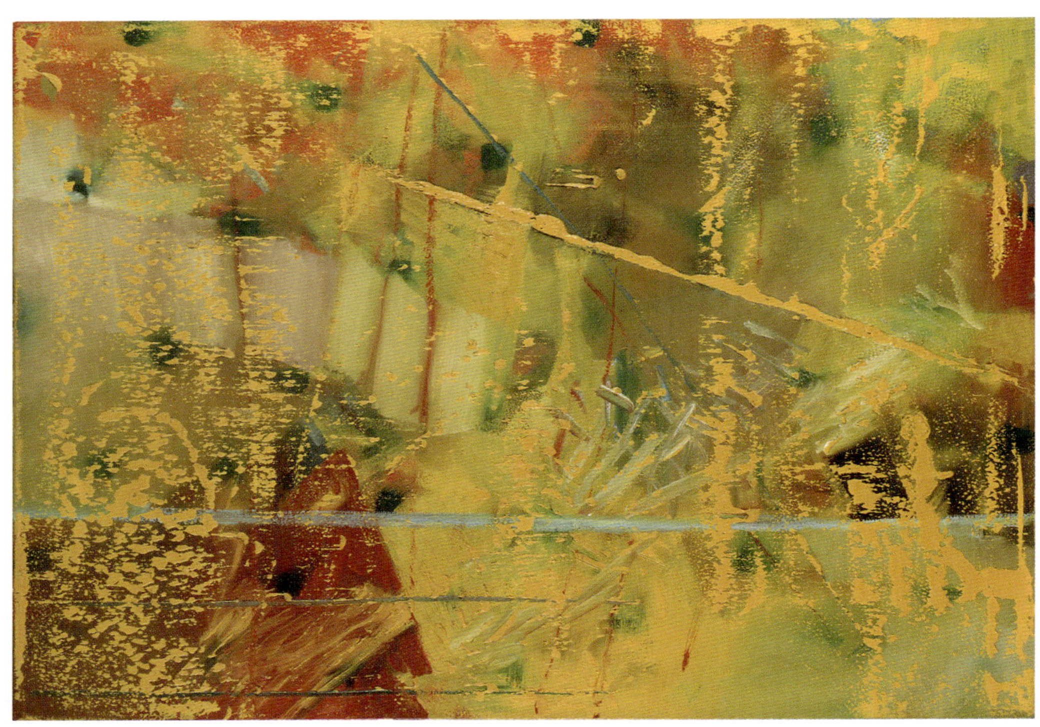

34 *Abstraktes Bild* (479-1), 1981
Öl auf Leinwand, 120 x 175 cm
Sammlung Migros Museum für Gegenwartskunst, Zürich

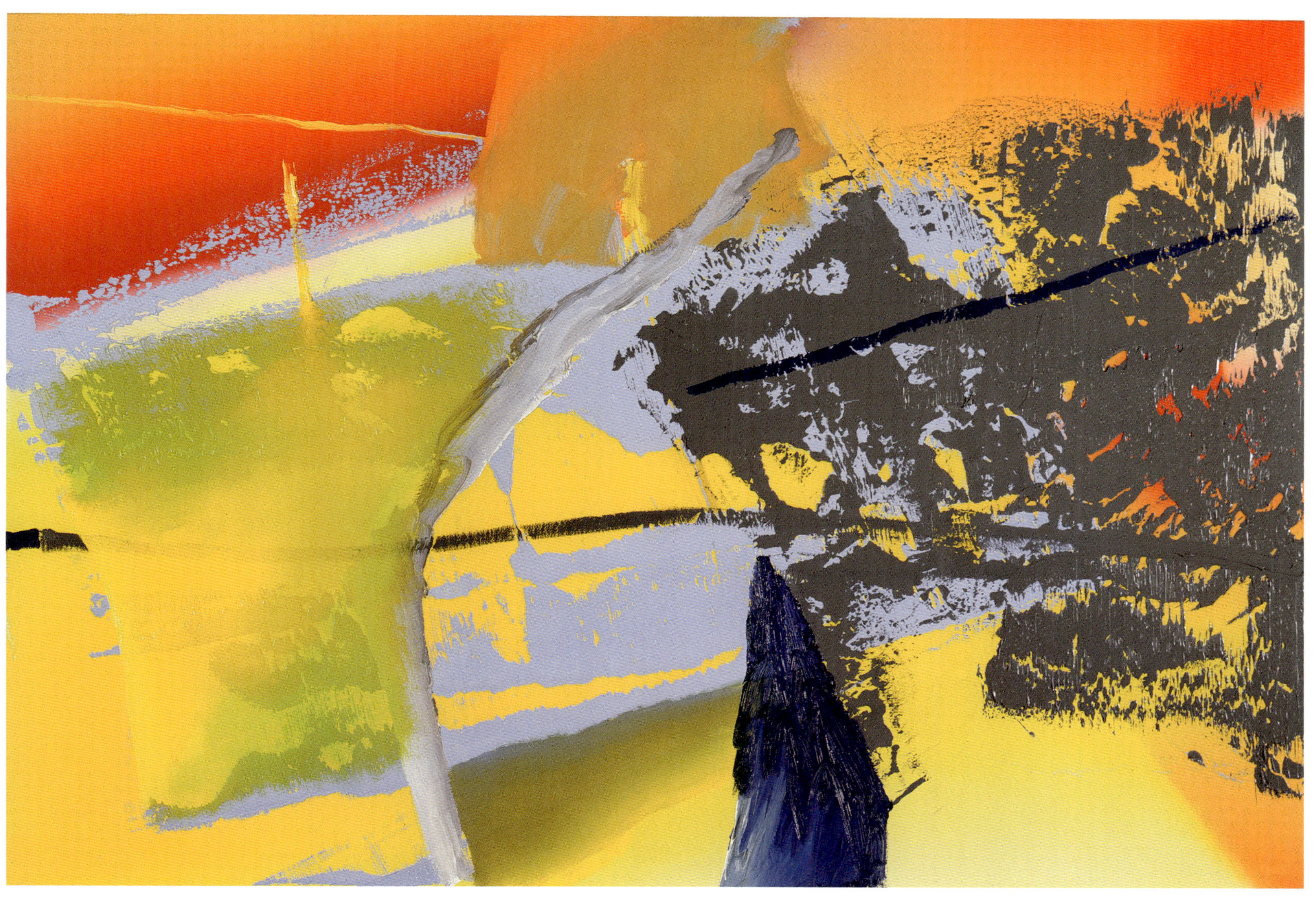

35 *Abstraktes Bild* (520-6), 1983
Öl auf Leinwand, 70 x 50 cm
Sprengel Museum Hannover,
Dauerleihgabe aus einer Privatsammlung

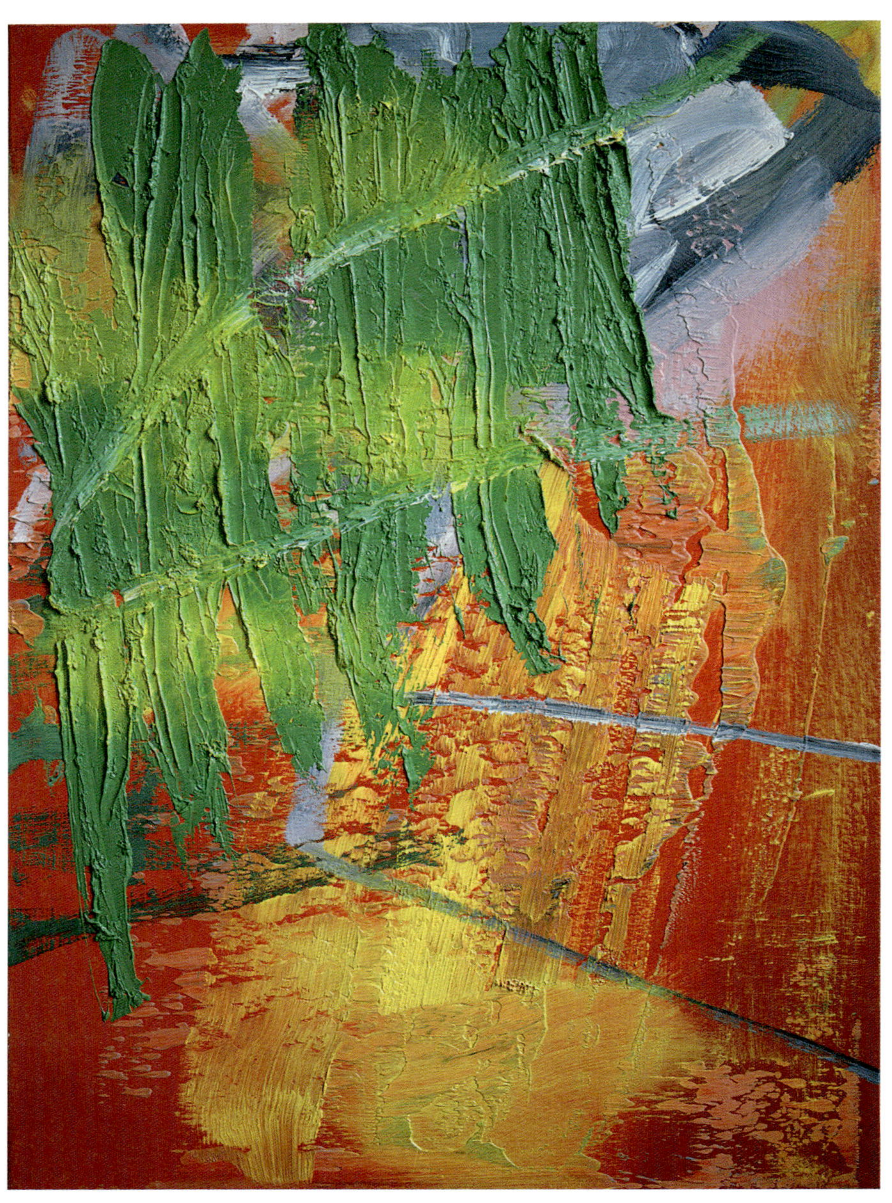

36 *Hecke* (504), 1982
Öl auf Leinwand, 200 x 170 cm
Privatsammlung, Hongkong

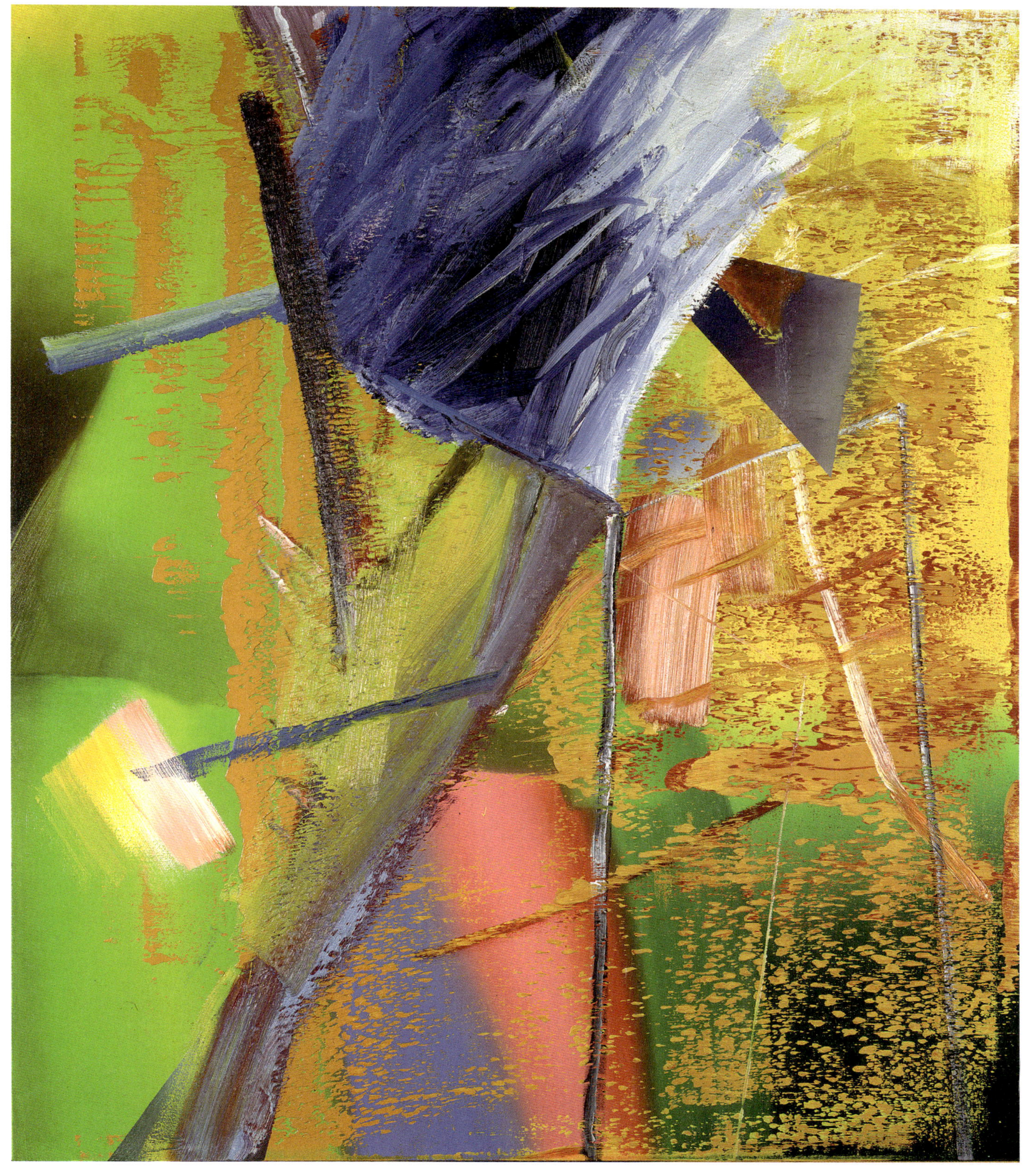

37 *Abstraktes Bild* (568-1), 1984
Öl auf Leinwand, 200 x 180 cm
Privatsammlung

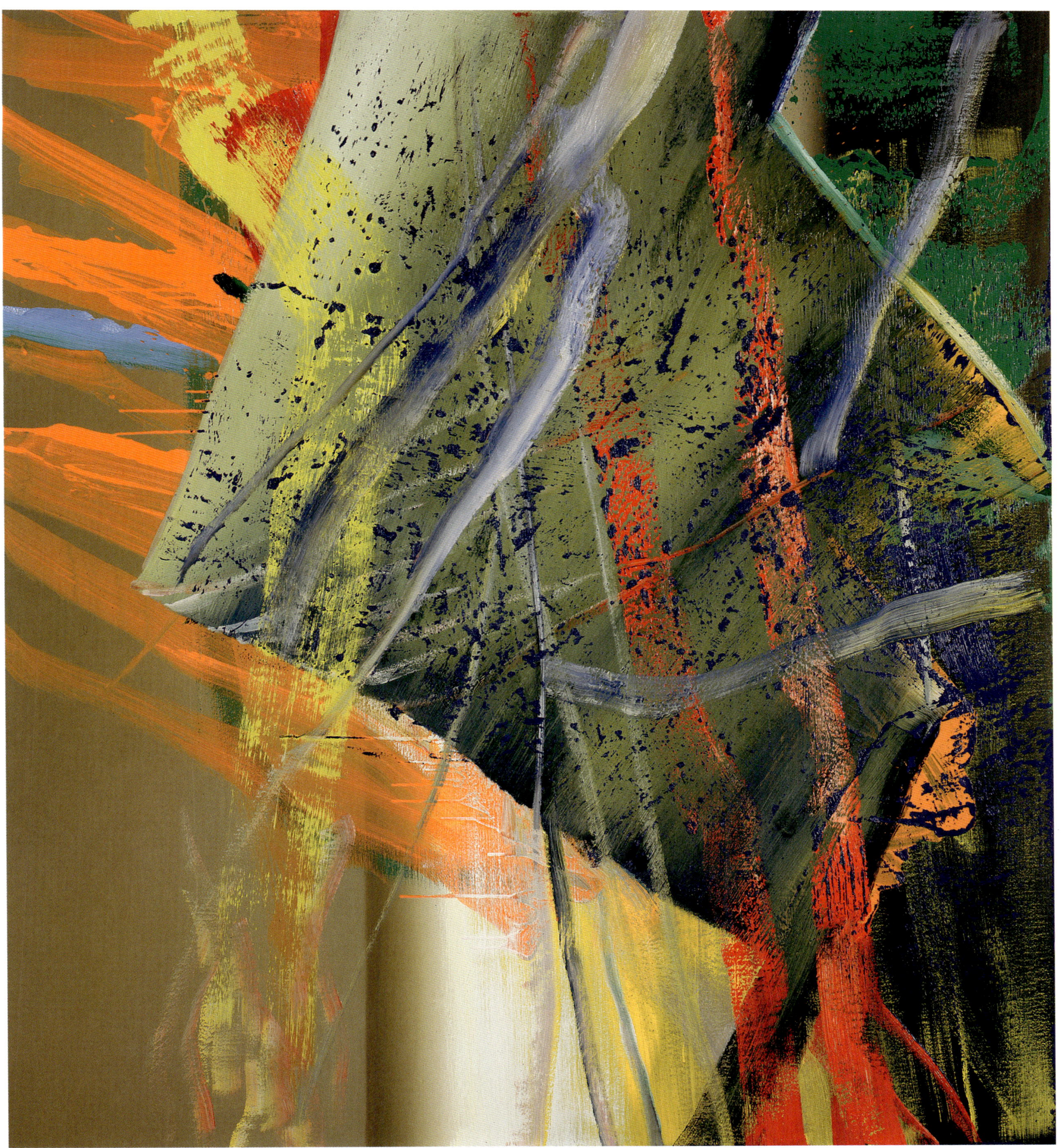

38 *Pyramide* (522-2), 1983
Öl auf Leinwand, 100 x 70 cm
Sammlung Würth, Künzelsau

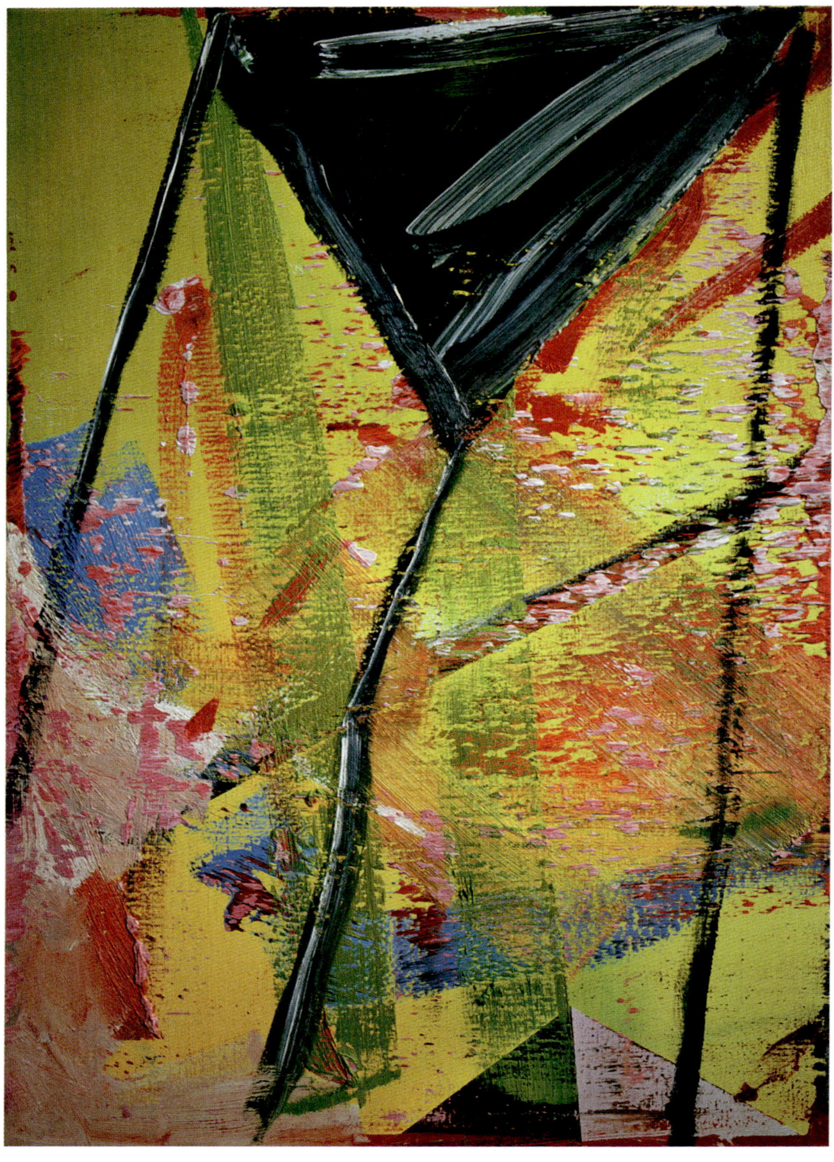

39 *Abstraktes Bild* (563-1), 1984
Öl auf Leinwand, 100 x 120 cm
Privatsammlung, Hongkong

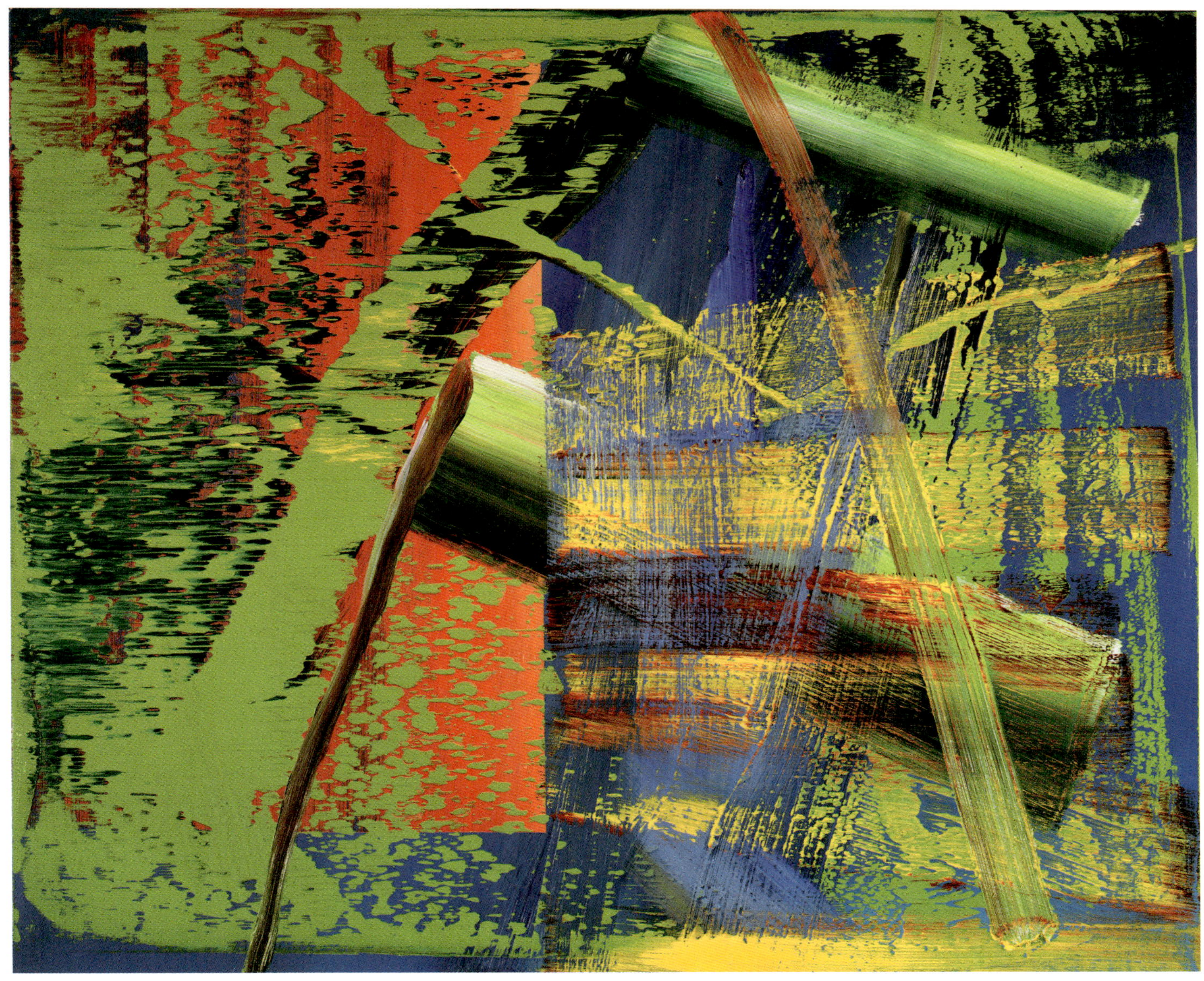

40 *Abstraktes Bild* (605-2), 1986
Öl auf Leinwand, 62 x 72 cm
Privatsammlung

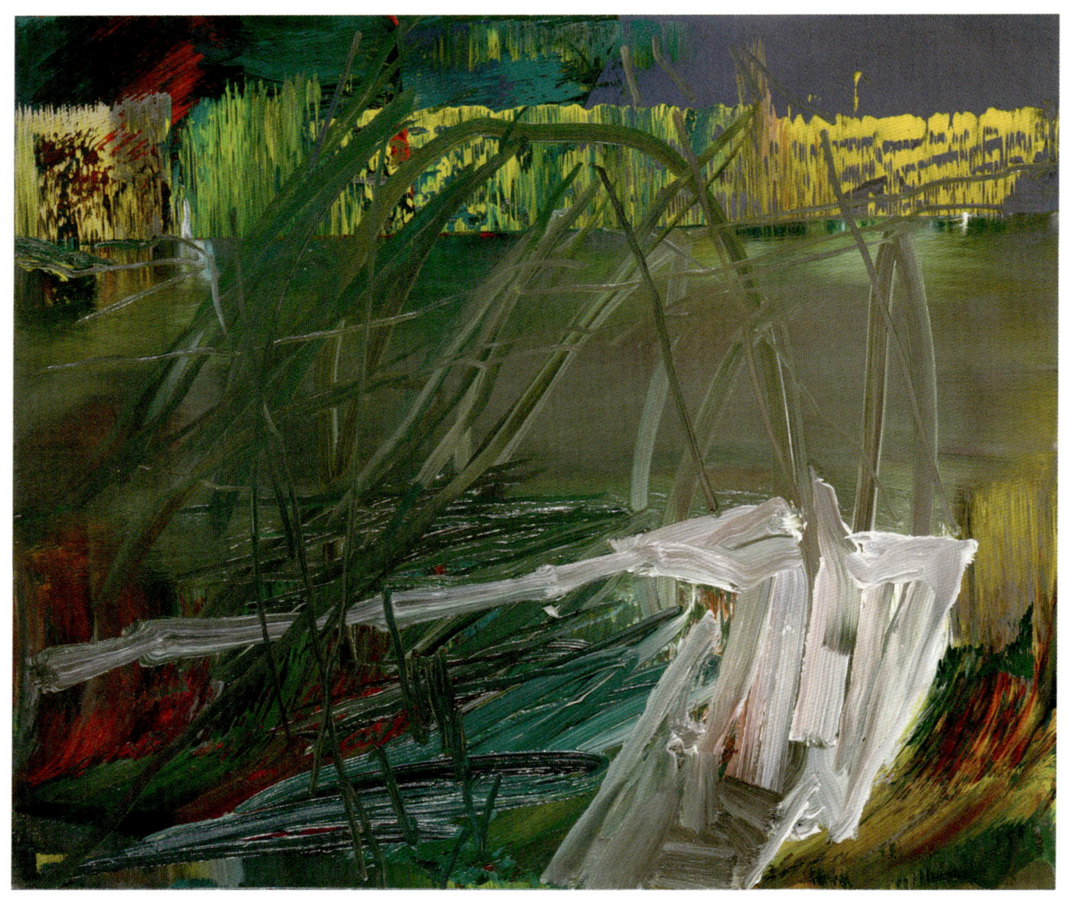

41 *Abstraktes Bild* (578-3), 1985
Öl auf Leinwand, 120 x 85,5 cm
Privatsammlung

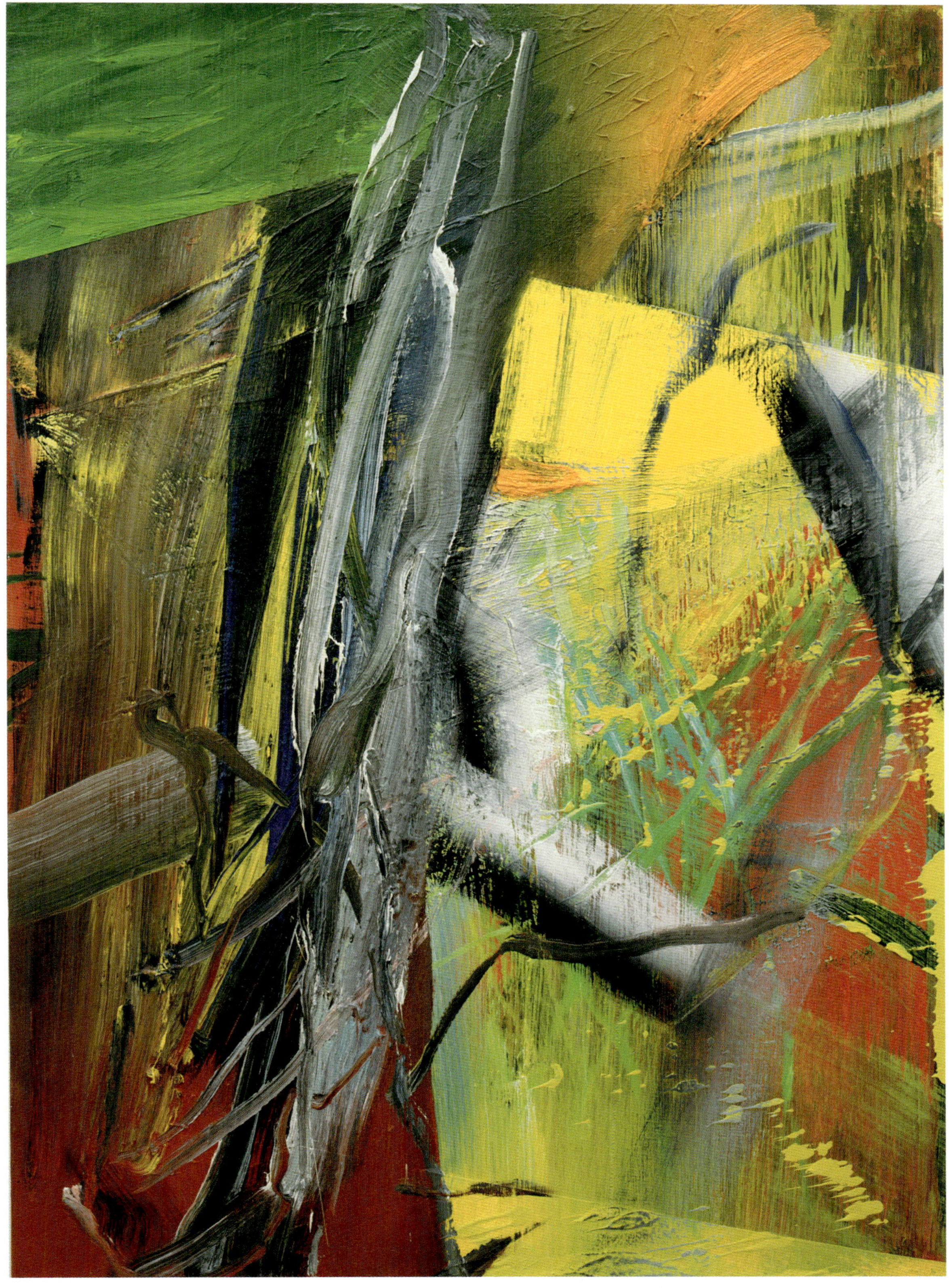

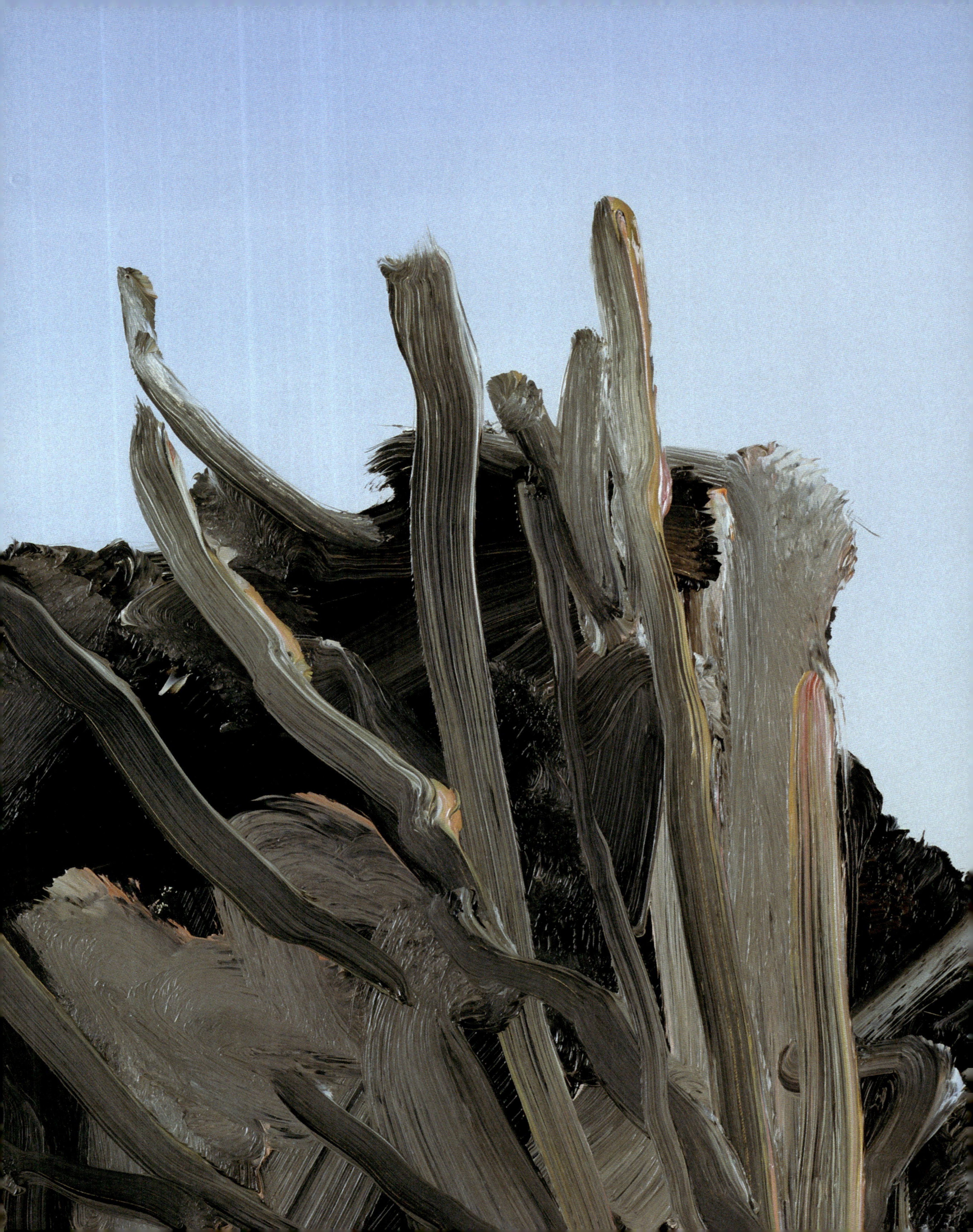

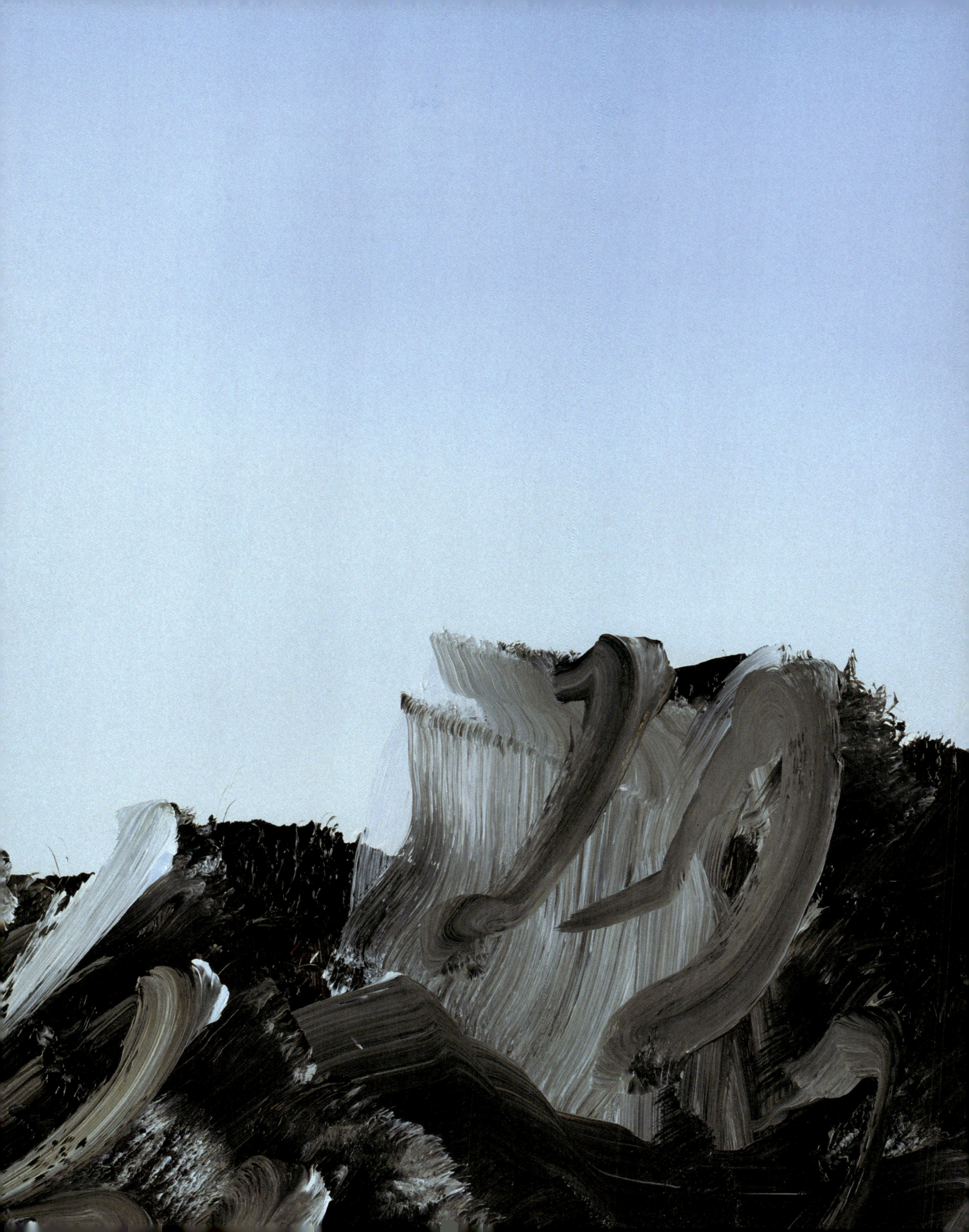

Natur und Material. Landschaftliche Abstraktionen

Dietmar Elger

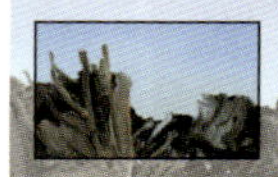

Kat. 42

Die Farbtöne Hellblau und Grün suggerieren Landschaftliches. Ein Horizont deutet sich an. Das Bild scheint lesbar zu sein, weil die Sehgewohnheiten Assoziationen aufrufen. Ein abstraktes Bild wird scheinbar zum Abbild einer Landschaft. Schon Leonardo da Vinci oder die englischen Landschaftsmaler des 18. Jahrhunderts wie Alexander Cozens suchten Methoden, um die Phantasie anzuregen. Es ging ihnen darum, die Bildproduktion von Vorbildern in der Natur abzulösen und durch Abstraktion zum Gegenstand zu gelangen. In Gerhard Richters übermalten Photographien überlagern abstrakte Farbschleier das gegenständliche Motiv. Auch hier setzt Richter auf das Prinzip der Umkehrung, nur in anderer Richtung.

Nachdem Gerhard Richter im März 1961 von Dresden nach Düsseldorf übersiedelt war, orientierte er sich zunächst an den internationalen Avantgarden der Abstraktion. Alberto Burri, Lucio Fontana, Jean Dubuffet und Alberto Giacometti übten in den ersten Monaten einen nachdrücklichen Einfluss auf seine Malerei aus. Bereits im Jahr darauf vollzog Richter mit den ersten nach photographischen Vorlagen gemalten Bildern eine radikale künstlerische Neuorientierung. Nur zwei Jahre später suchte er erneut nach abstrakten Bildstrategien, deren Konzeption sich aber von seinen früheren Abstraktionen mindestens ebenso weit entfernte wie seine parallel dazu geschaffenen grauen Photobilder (vgl. das Kapitel *Struktur und Illusion. Abstraktionen der 1960er Jahre,* S. 70–87).

Richter entwickelte seine figurativen und abstrakten Bildstrategien nie als Antipoden, sondern hat vor allem in seinem abstrakten Werk den Bezug zum Naturvorbild immer gewahrt (vgl. den Beitrag von Dietmar Elger, S. 22–33). In einem Interview beschrieb er den Naturausschnitt, wie er sich im Fensterrahmen präsentiert, als seine künstlerische Idealvorstellung: „Wenn ich aus dem Fenster gucke, dann ist das für mich wahr, so wie es sich draußen zeigt in den verschiedenen Tönen, Farben und Proportionen. Das ist eine Wahrheit und hat eine Richtigkeit. Dieser Ausschnitt und überhaupt jeder beliebige Ausschnitt aus der Natur ist für mich ein ständiger Anspruch, und er ist ein Vorbild für meine Bilder."[1]

In seinen abstrakten Werken wird Gerhard Richter diesem Anspruch auf unterschiedliche Weise gerecht – ganz unmittelbar, wenn er seine Bilder mit assoziativen gegenständlichen Titeln bezeichnet. Das Abstrakte Bild *Pyramide* (522-2) von 1983 (Kat. 38) erinnert mit der markanten dunklen Form am oberen Bildrand an die Silhouette einer Pyramide, wie der Titel assoziieren lässt. Bei der 1994 entstandenen, monumentalen Komposition *Mauer* (808) (Kat. 70) hingegen scheint Richter sich an ein berühmtes Zitat Leonardo da Vincis zu halten, der seinen Schülern empfahl, ihre Einbildungskraft an den abstrakten Strukturen eines Mauerwerks zu schulen, um in ihnen Gesichter, Figuren und Landschaften zu entdecken (vgl. den Beitrag von Ortrud Westheider, S. 8–21).

1978 nahm Richter während einer Gastprofessur am Nova Scotia College of Art and Design in Halifax *128 Photos von einem Bild* (441) (Kunstmuseen Krefeld) auf, die er zwei Jahre später auch als Buchausgabe realisierte. 1998 edierte er die Aufnahmen unter dem Titel *128 Photos von einem Bild (Halifax 1978) II* als Mappenwerk mit acht Blättern in einer Auflage von 60 Exemplaren (Kat. 46).[2] Für die Arbeit hat er 128 Details eines vom Keilrahmen abgespannten Abstrakten Bildes unter wechselnden Blickwinkeln, Lichtverhältnissen und Abständen photographiert (Abb. S. 31, 54) und zu acht Tafeln mit jeweils 16 schwarz-weißen Abzügen zusammengestellt. Das Quellgemälde benannte er zunächst nach dem Entstehungsort der Photoarbeit mit *Halifax,* gab ihm später aber den unverbindlichen Titel *Abstraktes Bild* (432-5) (Abb. S. 54, 232). Referenz für Gerhard Richters Werk ist die Photographie *Élevage de poussière* (Staubentwicklung) von Man Ray, die dieser 1920 von einem kleinen Ausschnitt aus der Oberfläche von Marcel Duchamps *Großem Glas* angefertigt hatte.[3] Auf der Aufnahme vermeint der Betrachter von hoher Warte aus auf eine komplexe Anlage von Start- und Landebahnen in einer surrealen Wüstenlandschaft herabzublicken. Tatsächlich veröffentlichte Man Ray die Photographie zunächst unter dem Titel *Vue prise en aéroplane.* Richters multiple Details der abstrakten Bildoberfläche erzeugen eine vergleichbare Umlenkung der Wahrnehmung, die er ähnlich wie Man Ray als Ansichten eines fremden Planeten während des Überflugs beschrieb.[4]

1984 malte Richter eine Gruppe kleinformatiger Ölbilder, die er unter der Werknummer 551 zusammenfasste (Kat. 42–45). Lediglich dem letzten Gemälde gab er mit *Arizona* (551-9) (Privatsammlung) einen geographischen Titel, obwohl auch die anderen Werke landschaftliche Assoziationen wecken. Unter einer zart modulierten blauen Fläche in der oberen Bildhälfte, die als ein wolkenloser Himmel gedeutet werden kann, erstreckt sich jeweils eine bewegte, vorwiegend in grünen und braunen Pinselstrichen ausgeführte skizzenhafte Struktur. Bei den *Abstrakten Bildern* (551-1 bis 551-3 und 551-6) (Kat. 42–44; Galerie Bernd Lutze, Friedrichshafen) handelt es sich um landschaftliche Skizzen, die sich auf einem schmalen Grat bewegen, bei dem sich das Motiv der Naturdarstellung weitgehend annähert, ohne seine Eigenheit als Abstraktion aufzugeben. Im Catalogue Raisonné des Künstlers folgen diese Bilder unmittelbar auf eine Werkgruppe realistisch gemalter romantisierender Landschaften (549-1 und 549-2, 550-1 bis 550-3). Zugleich antizipieren die kleinen Abstrakten Bilder die im folgenden Jahr entstandenen Landschaften (572-1 bis 572-5) (Abb. S. 24).

[1] Gerhard Richter: Interview mit Christiane Vielhaber (1986), in: Richter 2008, S. 191–198, hier S. 198.

[2] Gleichzeitig entstanden eine weitere Buchfassung sowie eine Vorzugsausgabe mit jeweils einer übermalten Photographie als Unikat. Siehe Butin u. a. 2014, Nr. 99–101.

[3] Zu Duchamp hatte Richter über mehrere Jahre eine produktive Konkurrenz gepflegt. Zwei seiner berühmtesten Werke, *Ema (Akt auf einer Treppe)* (134) von 1966 (Museum Ludwig, Köln) und *4 Glasscheiben* (160) aus dem folgenden Jahr (Abb. S. 15) entstanden als ein Widerspruch zu Duchamp und wären ohne dessen Vorbild zugleich nicht verständlich.

[4] Vgl. Hans Ulrich Obrist: Interview mit Gerhard Richter, in: Obrist/Schwarz 2013, S. 55.

42 *Abstraktes Bild* (551-1), 1984
Öl auf Leinwand, 43 x 60 cm
Privatsammlung, Schweiz

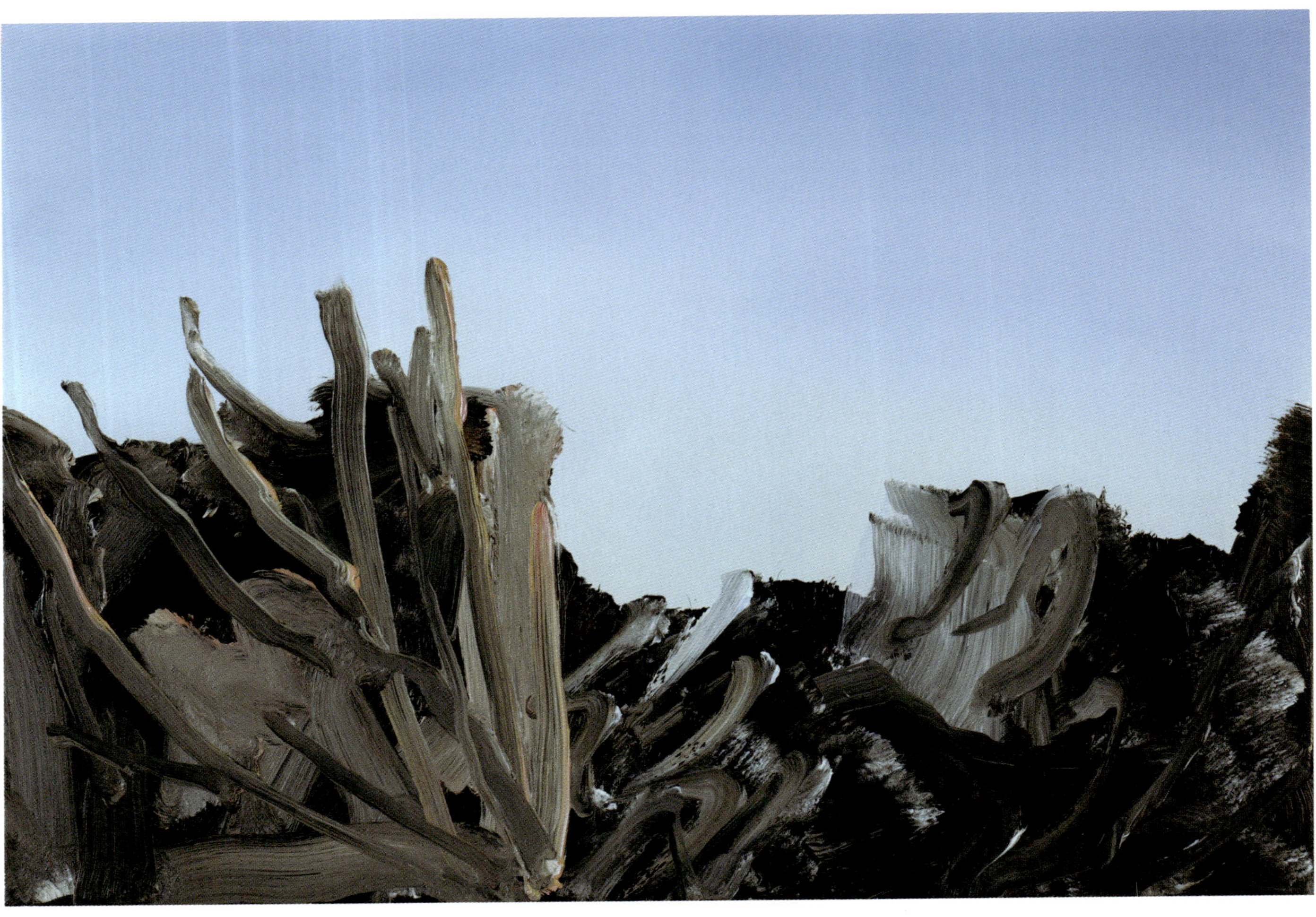

43 *Abstraktes Bild* (551-2), 1984
Öl auf Leinwand, 43 x 60 cm
Privatsammlung, Schweiz

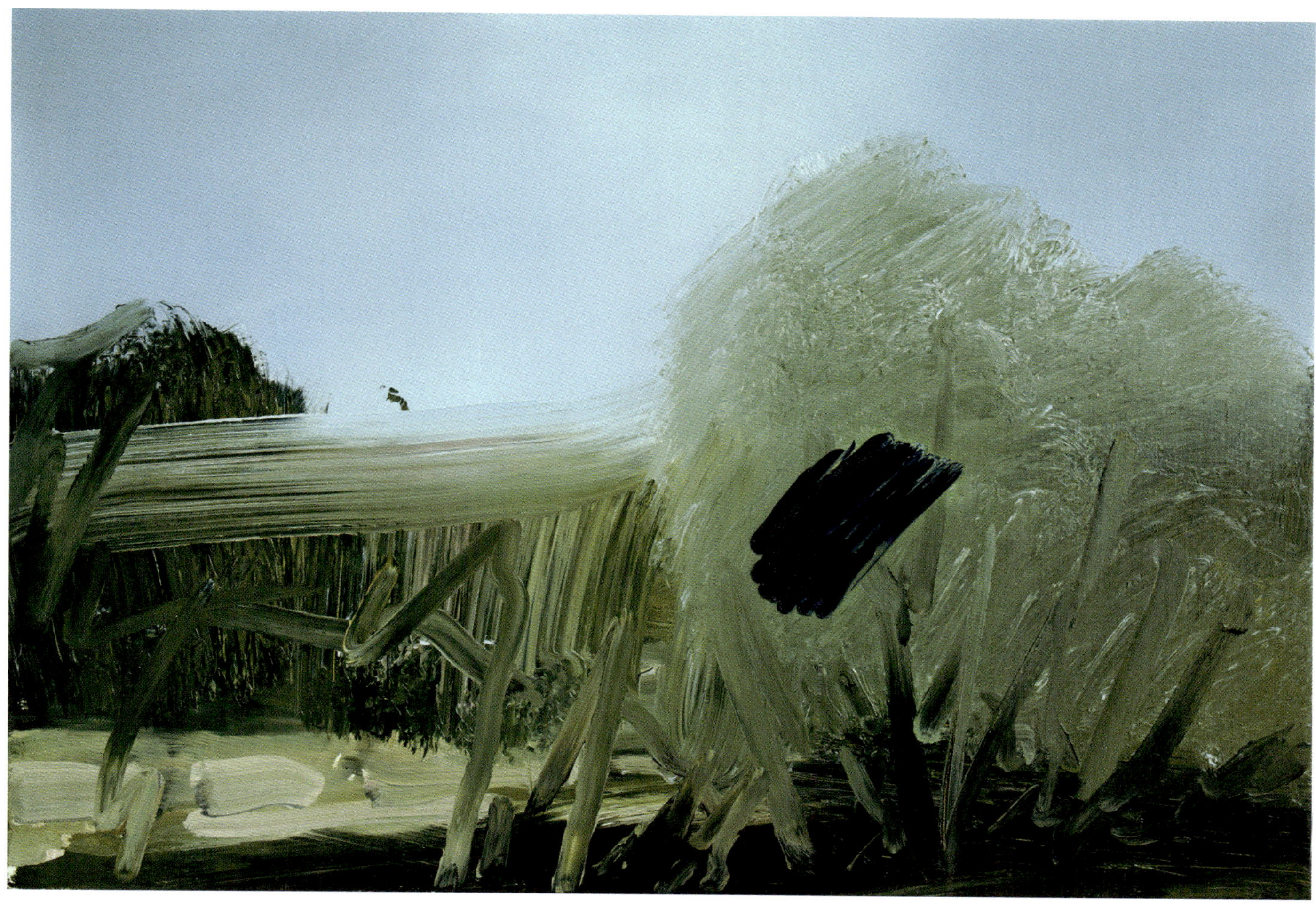

44 *Abstraktes Bild* (551-3), 1984
Öl auf Leinwand, 43 x 60 cm
Privatsammlung

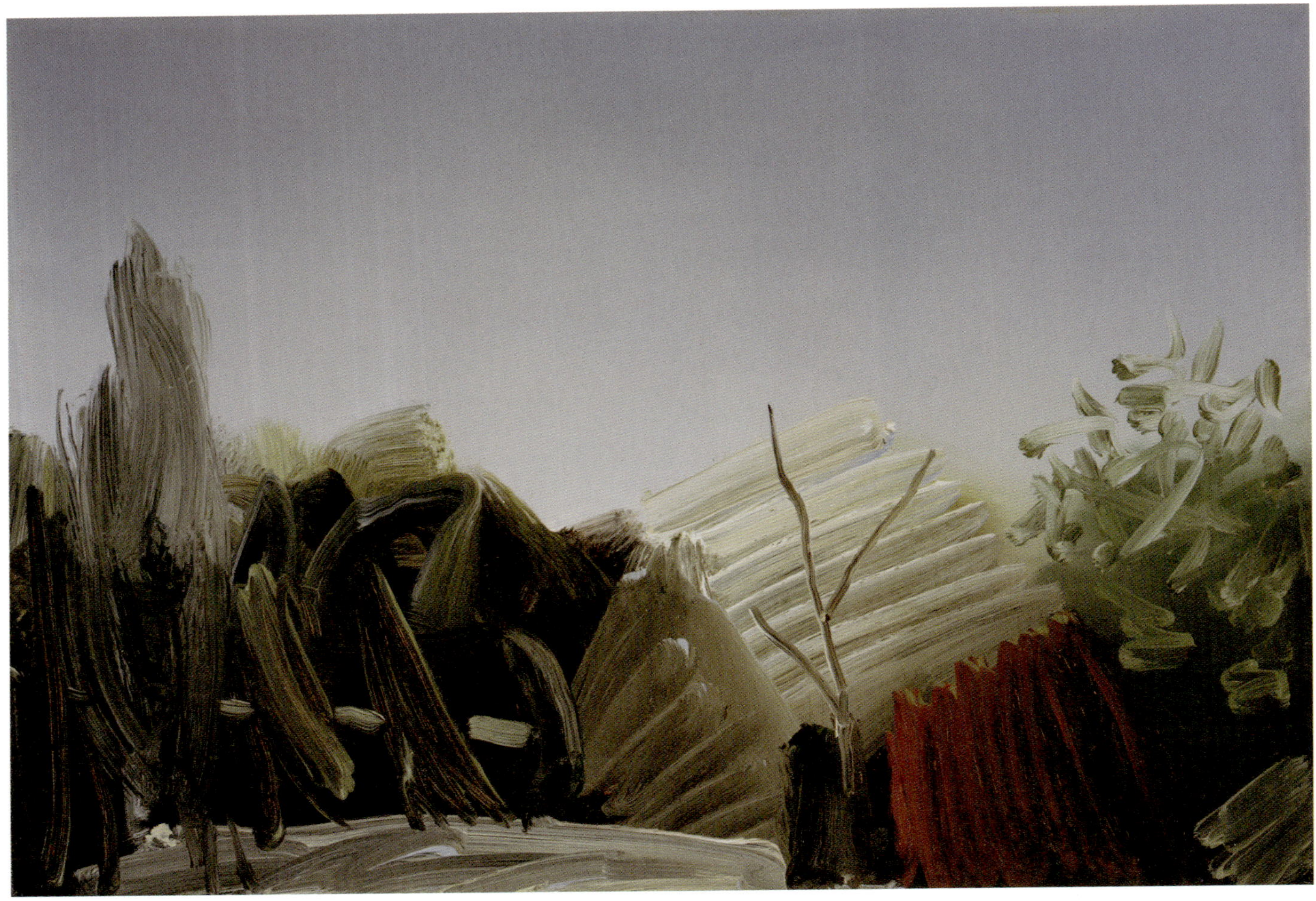

45 *Abstraktes Bild* (551-8), 1984
Öl auf Leinwand, 65 x 80 cm
Privatsammlung, Schweiz

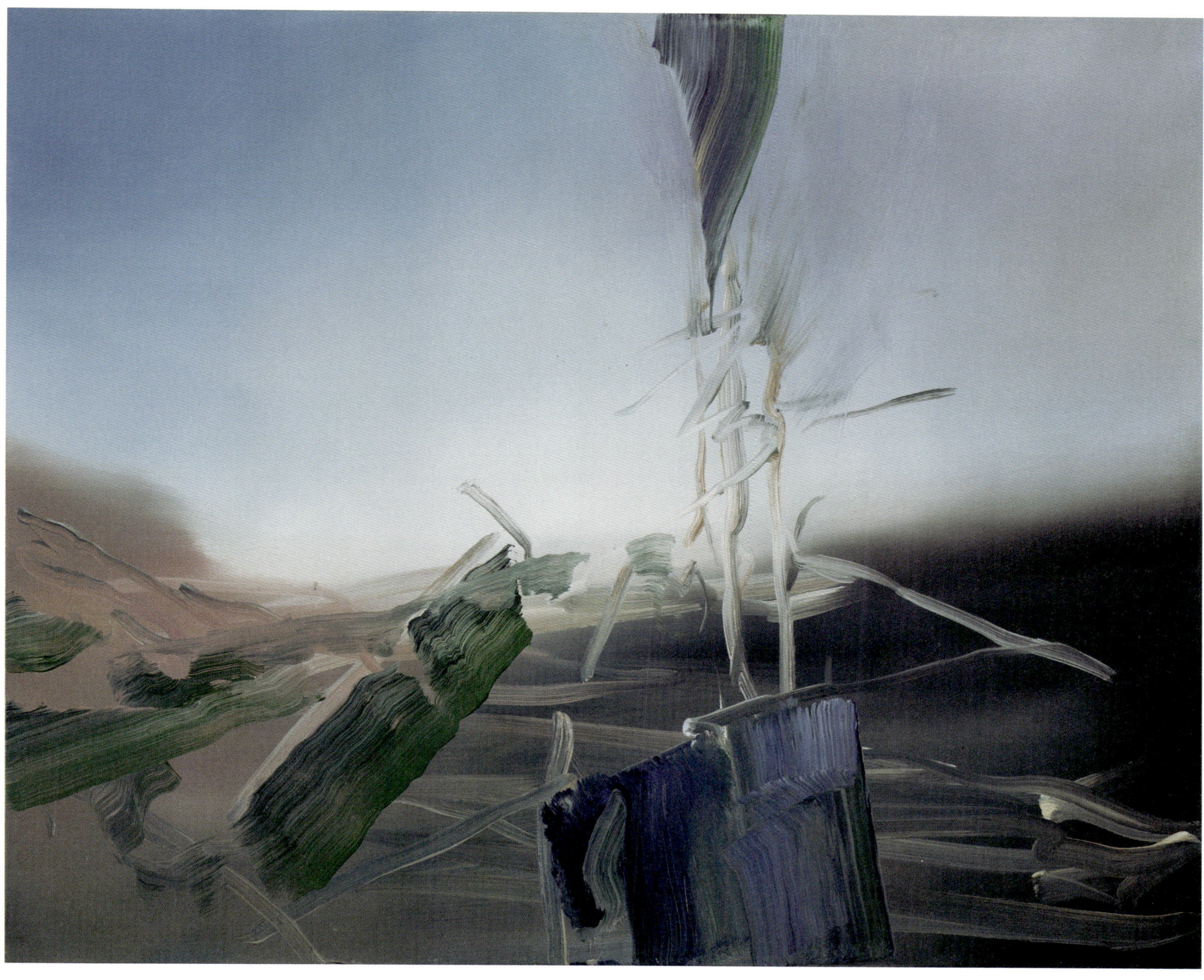

46 *128 Photos von einem Bild (Halifax 1978) II* (Edition 99), 1998
8 Offsetdrucke in Schwarz und Grau auf Karton, je 64,2 x 100,6 cm
Privatsammlung

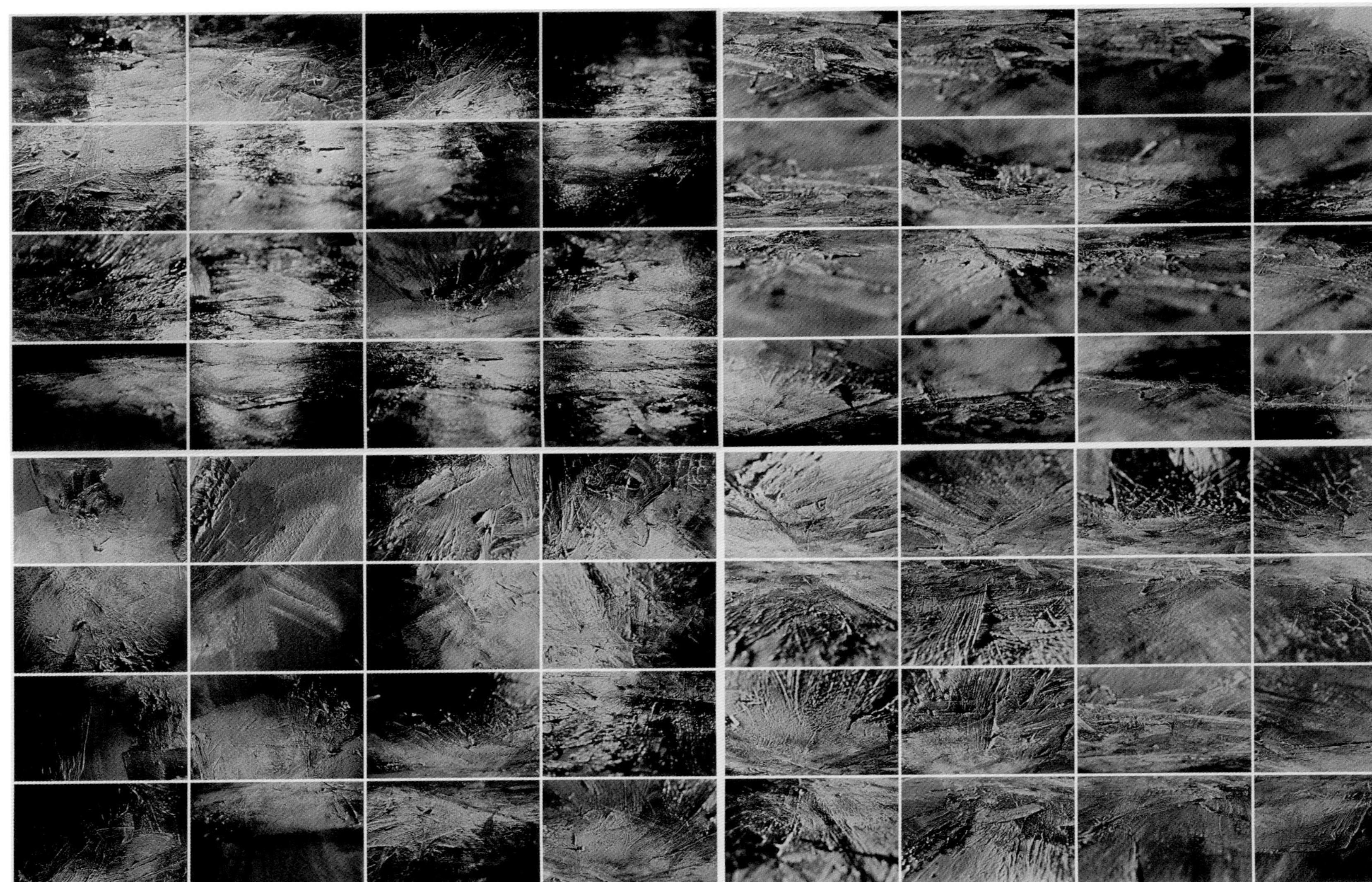

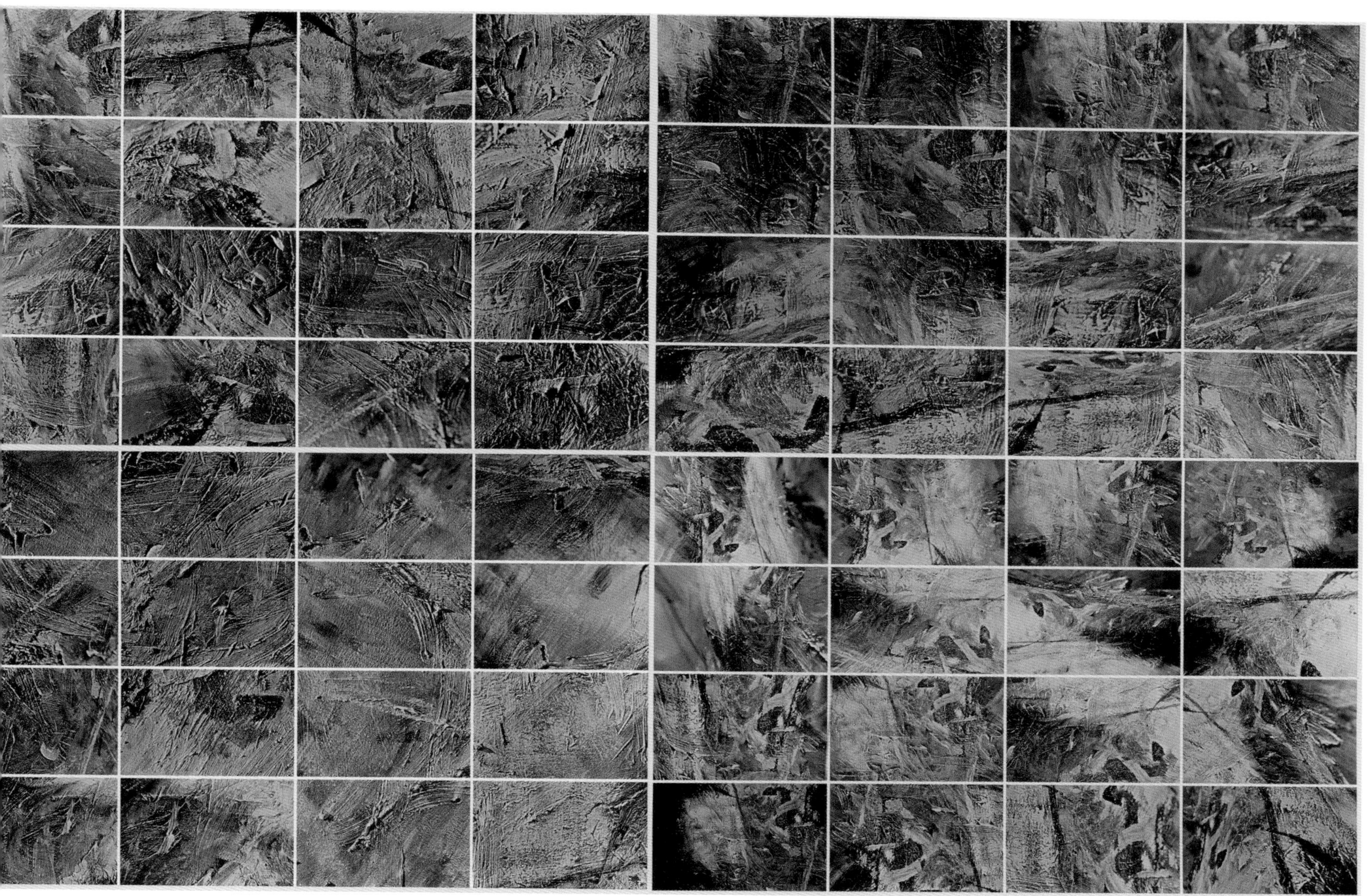

47 *Elbe* (Edition 155), 1957/2012
31 digitale Tintenstrahldrucke auf Karton, je 29,5 x 21 cm
Gerhard Richter Archiv, Staatliche Kunstsammlungen Dresden

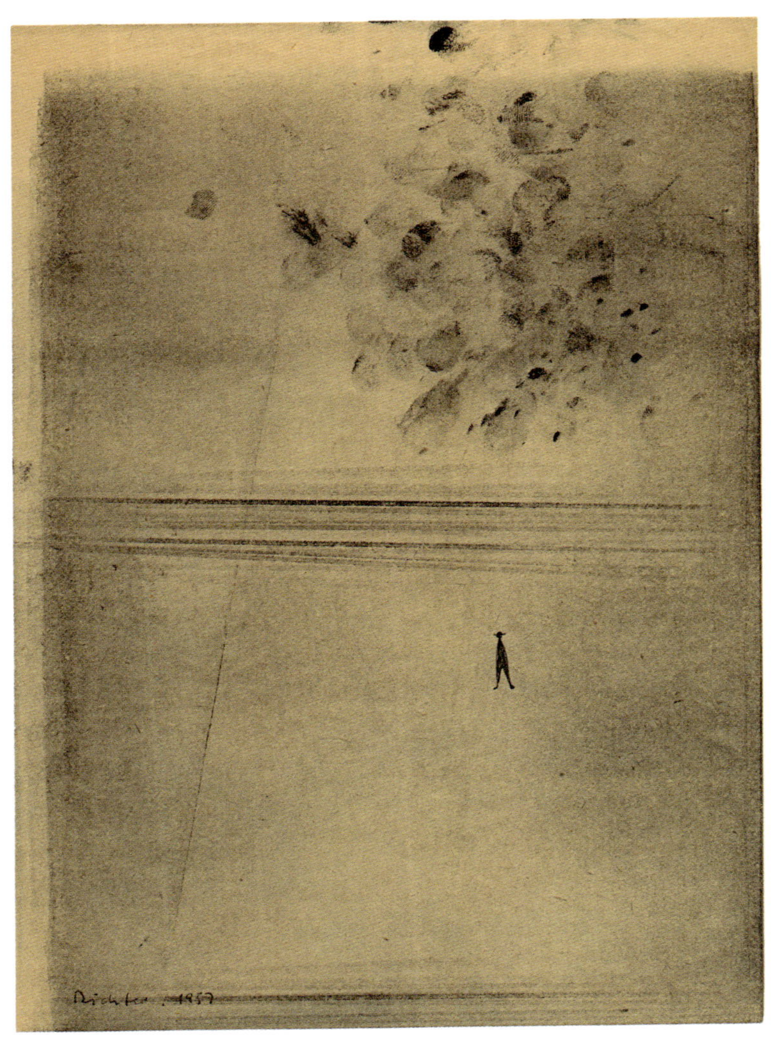

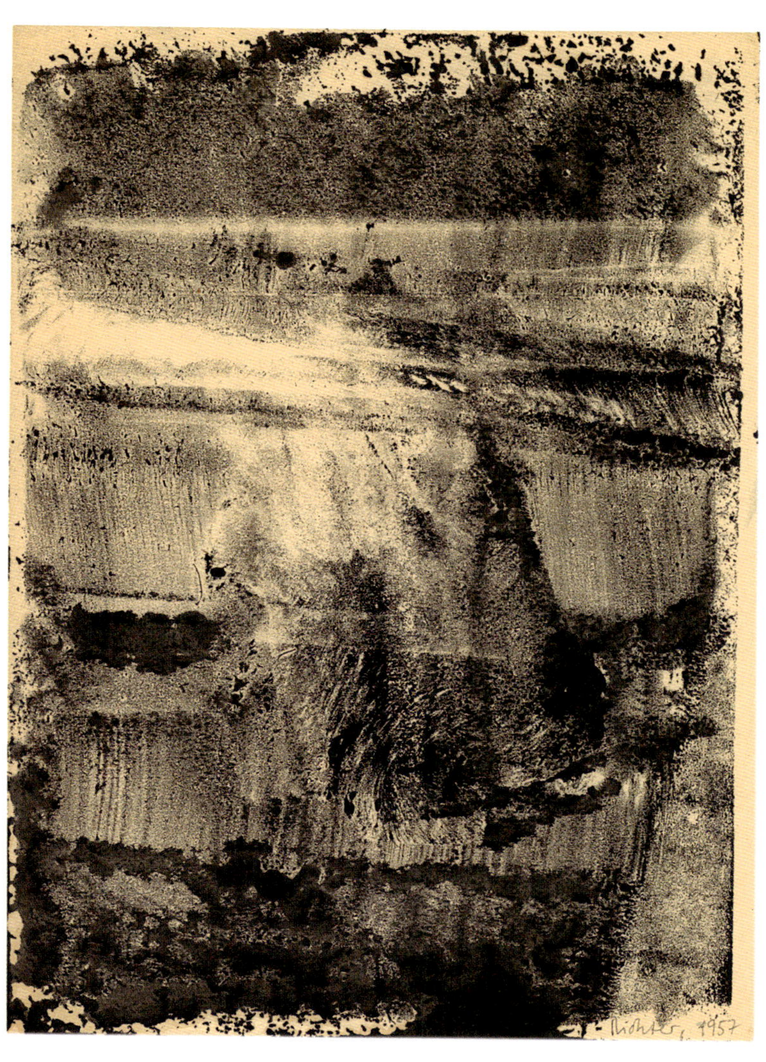
Richter, 1957

Richter, 1957

48 *Grauwald (10.1.08),* 2008
Lackfarbe auf Photographie, 18,6 x 12,6 cm
Privatsammlung

49 *Grauwald (11.1.08),* 2008
Lackfarbe auf Photographie, 18,6 x 12,6 cm
Privatsammlung

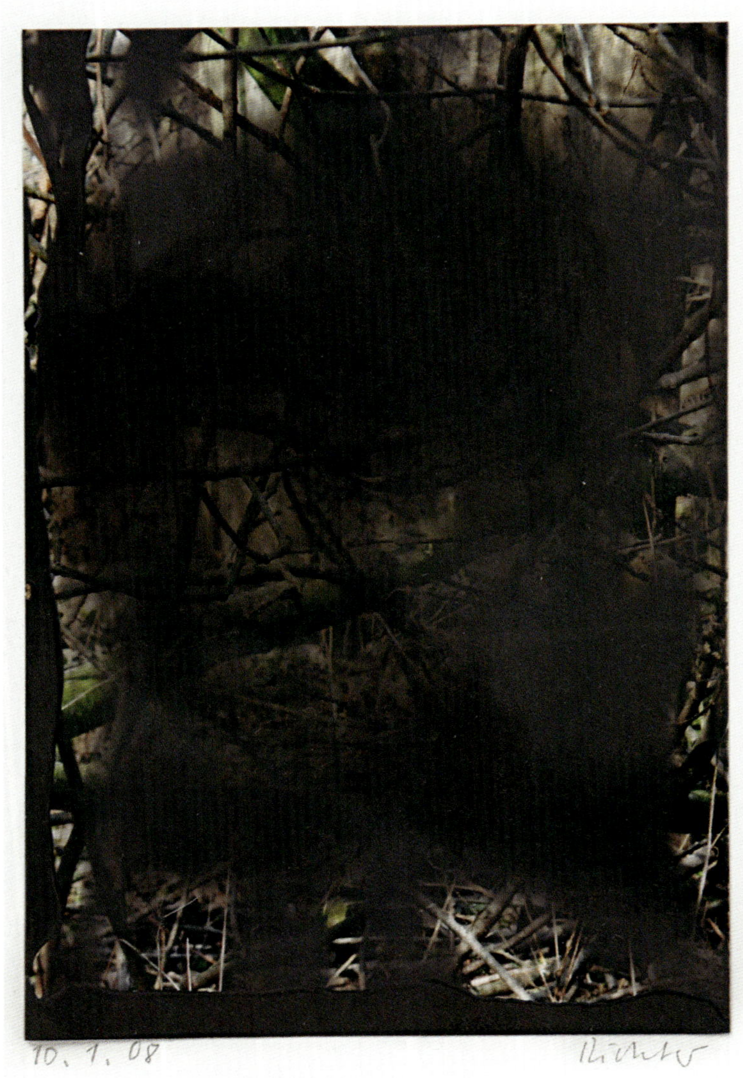

50 *Grauwald (12.1.08),* 2008
Lackfarbe auf Photographie, 18,6 x 12,6 cm
Privatsammlung

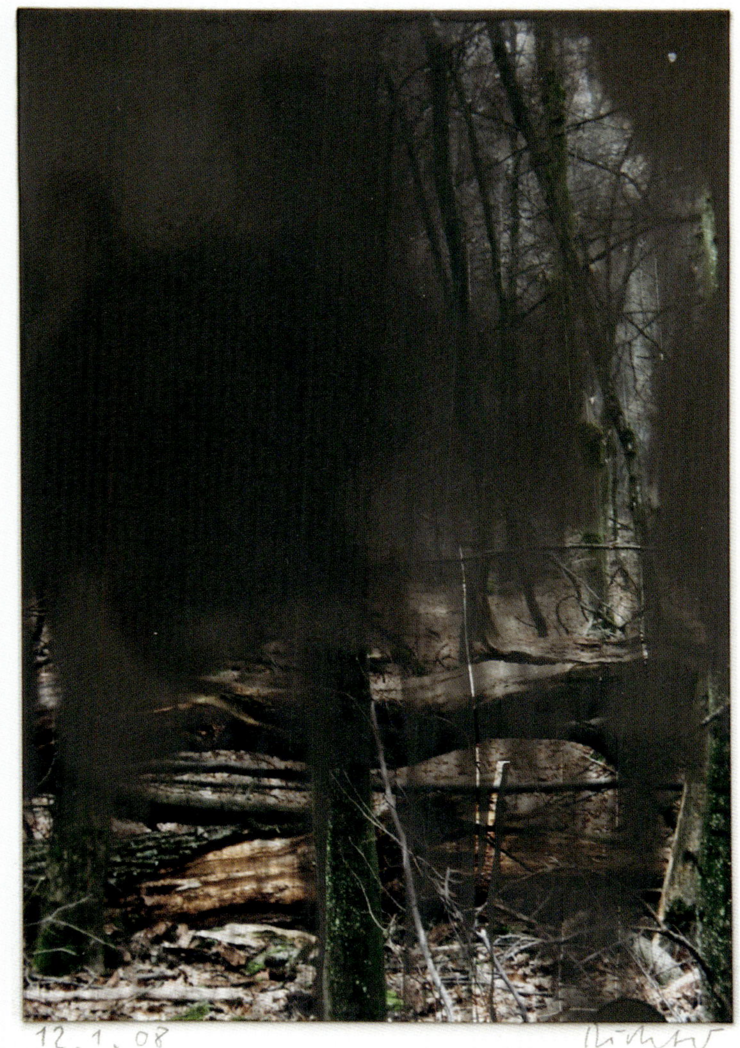

51 *Grauwald (22.1.08),* 2008
Lackfarbe auf Photographie, 18,6 x 12,6 cm
Privatsammlung

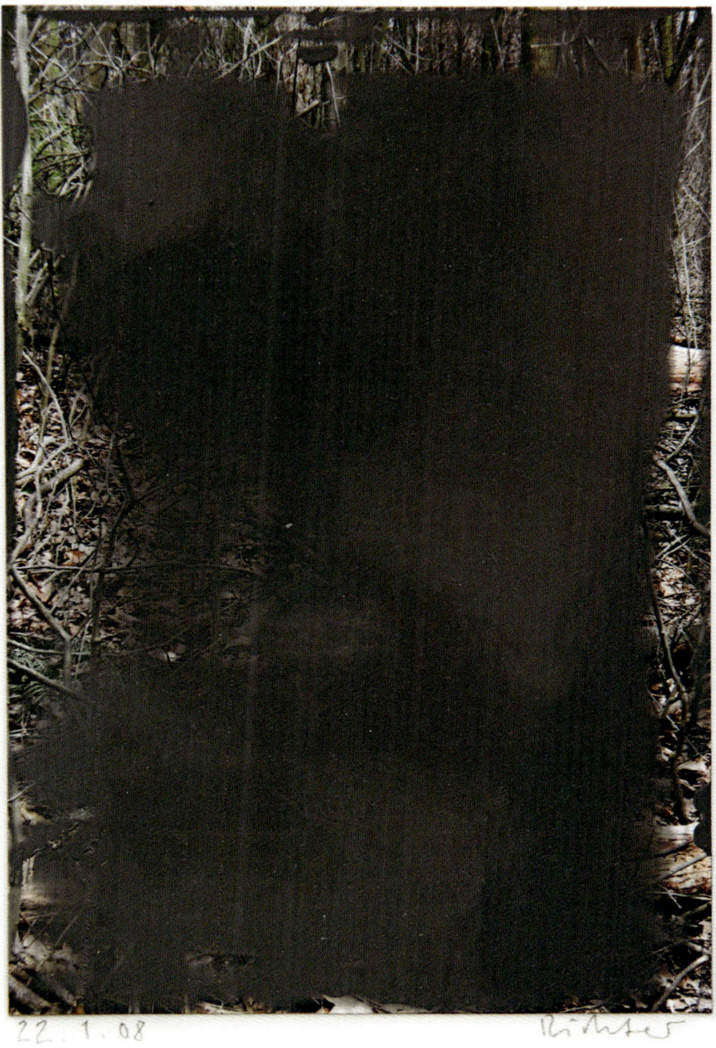

52 *Snow-White (29.11.05)* (Edition 132), 2005
Farbiger Offsetdruck auf Halbkarton, mit weißer Acrylfarbe überrakelt, mit Bleistift überzeichnet, 22,5 x 32 cm
Privatsammlung

53 *Snow-White (13.12.05)* (Edition 132), 2005
Farbiger Offsetdruck auf Halbkarton, mit weißer Acrylfarbe überrakelt, mit Bleistift überzeichnet, 22,5 x 32 cm
Privatsammlung

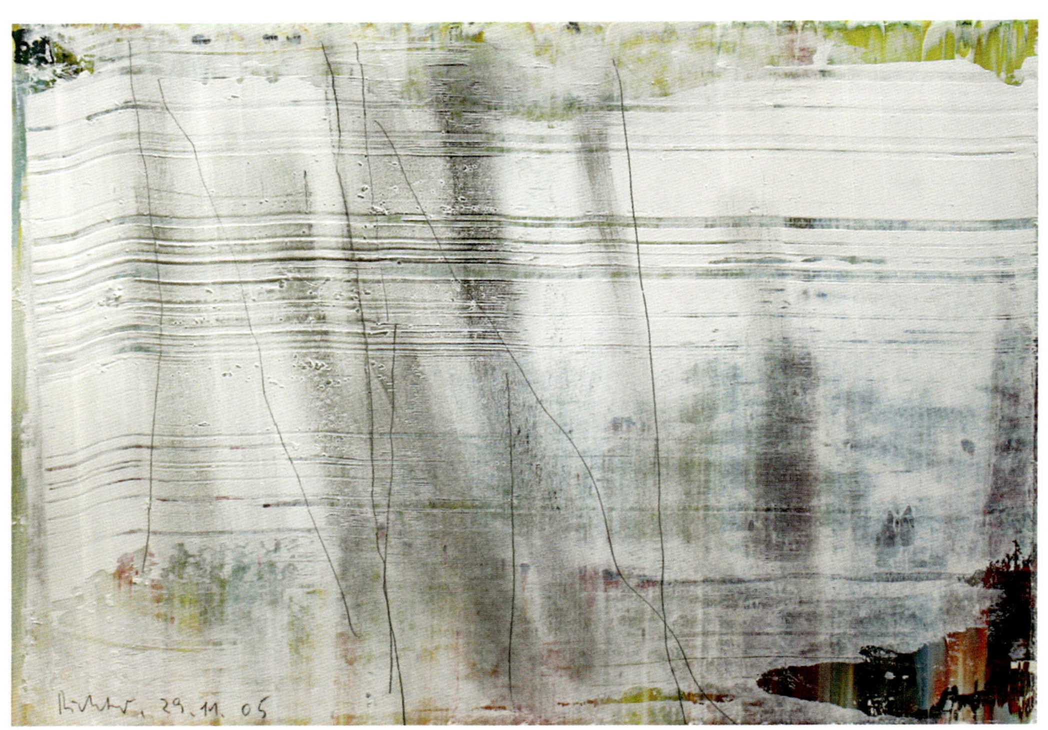

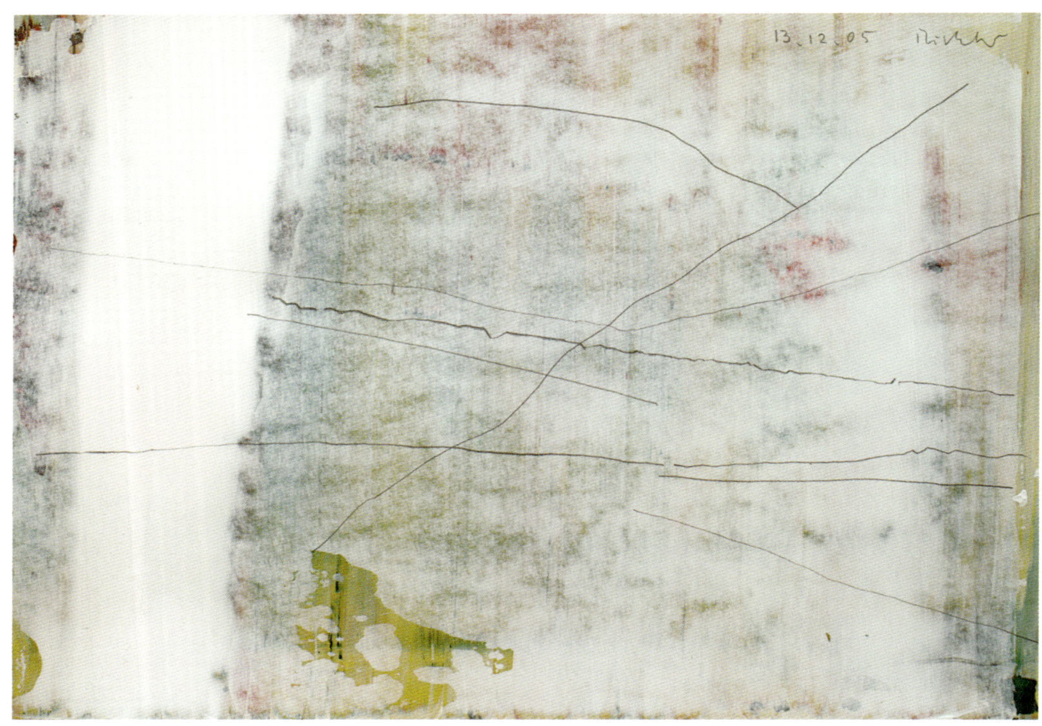

54 *Snow-White (14.12.05)* (Edition 132), 2005
Farbiger Offsetdruck auf Halbkarton, mit weißer Acrylfarbe überrakelt, mit Bleistift überzeichnet, 22,5 x 32 cm
Privatsammlung

55 *Snow-White (1.1.06)* (Edition 132), 2006
Farbiger Offsetdruck auf Halbkarton, mit weißer Acrylfarbe überrakelt, mit Bleistift überzeichnet, 22,5 x 32 cm
Privatsammlung

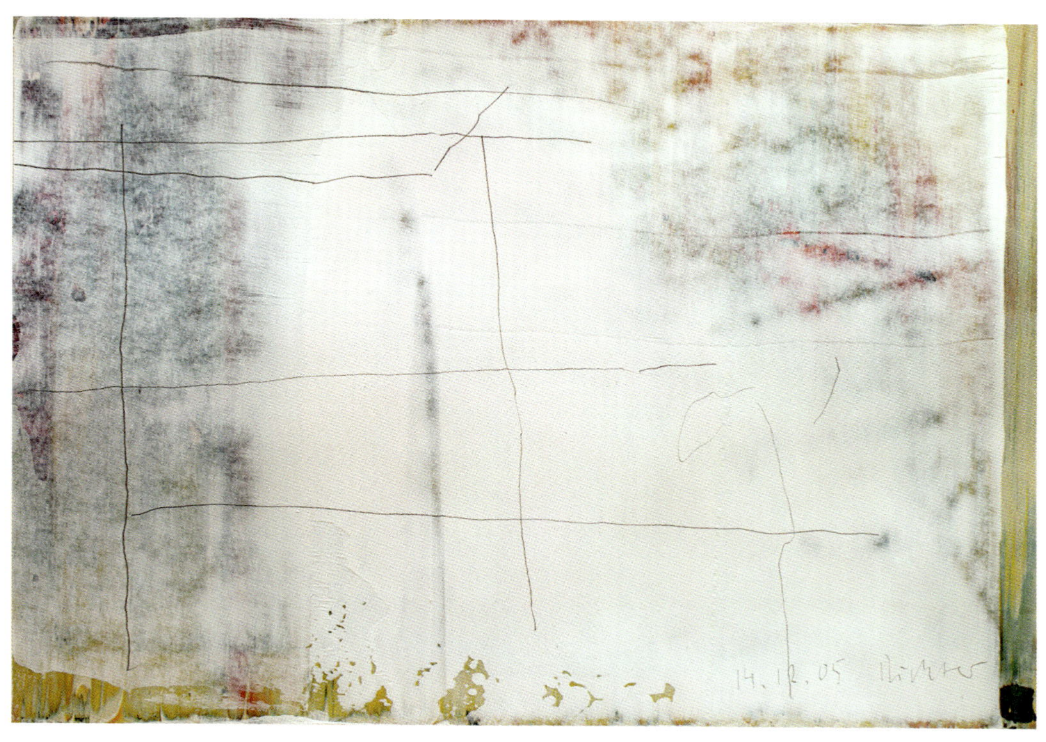

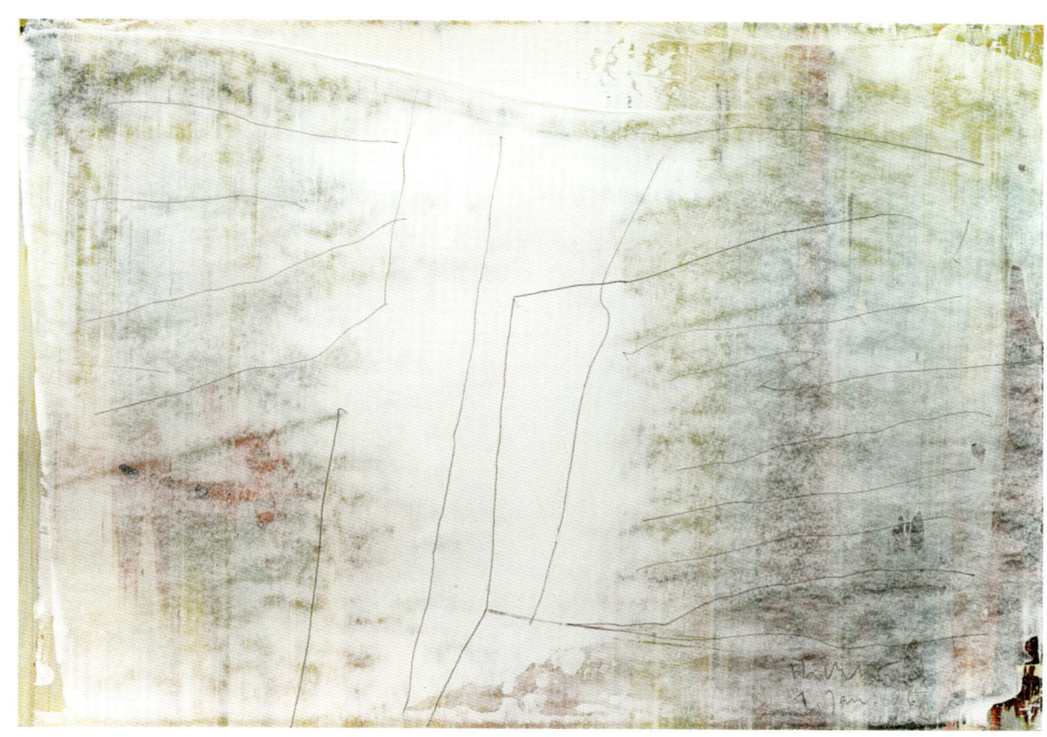

56 *MV. 72,* 2011
Lackfarbe auf Photographie, 10 x 15 cm
Privatsammlung

57 *MV. 80,* 2011
Lackfarbe auf Photographie, 10 x 15 cm
Privatsammlung

58 *MV. 12.9.11,* 2011
Lackfarbe auf Photographie, 10 x 15 cm
Privatsammlung

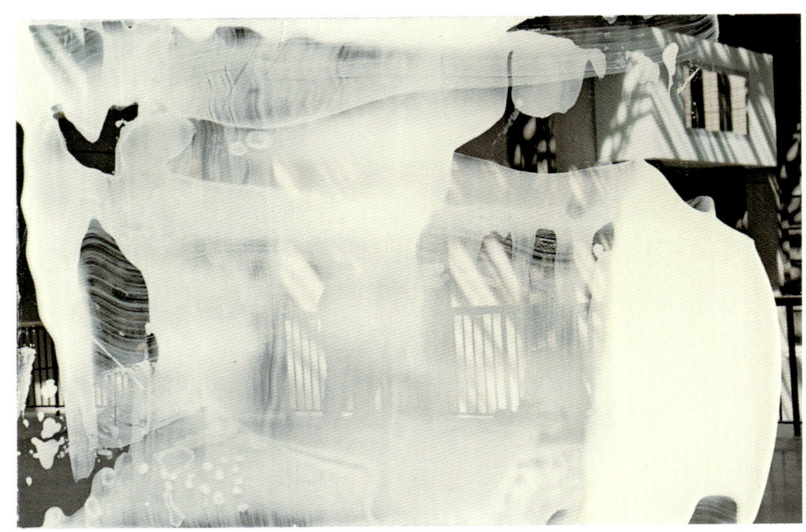

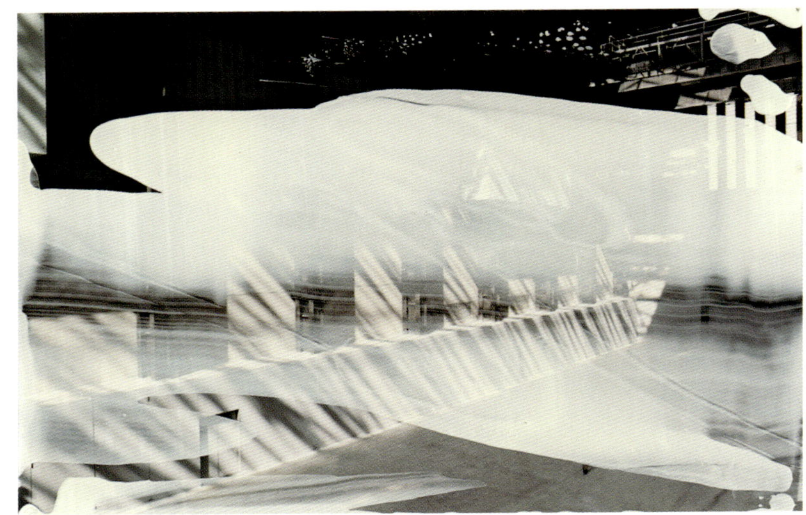

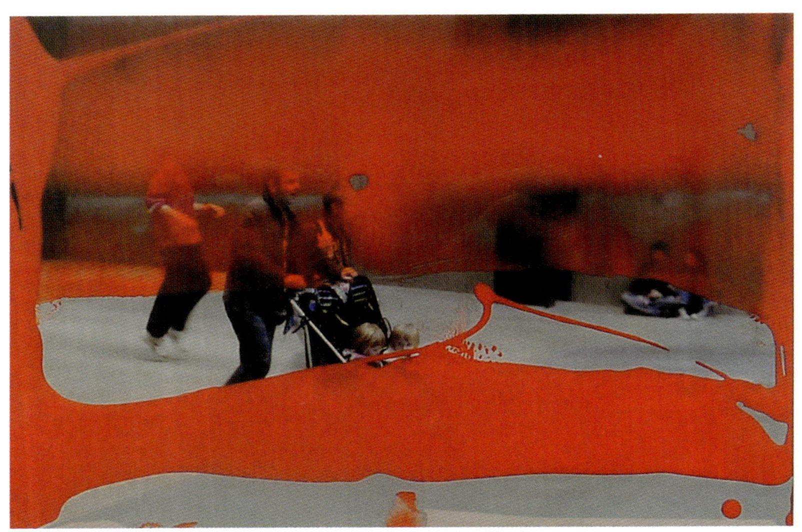

59 *MV. 209,* 2011
Lackfarbe auf Photographie, 10 x 15 cm
Privatsammlung

60 *MV. 229,* 2011
Lackfarbe auf Photographie, 10 x 15 cm
Privatsammlung

61 *MV. 233,* 2011
Lackfarbe auf Photographie, 10 x 15 cm
Privatsammlung

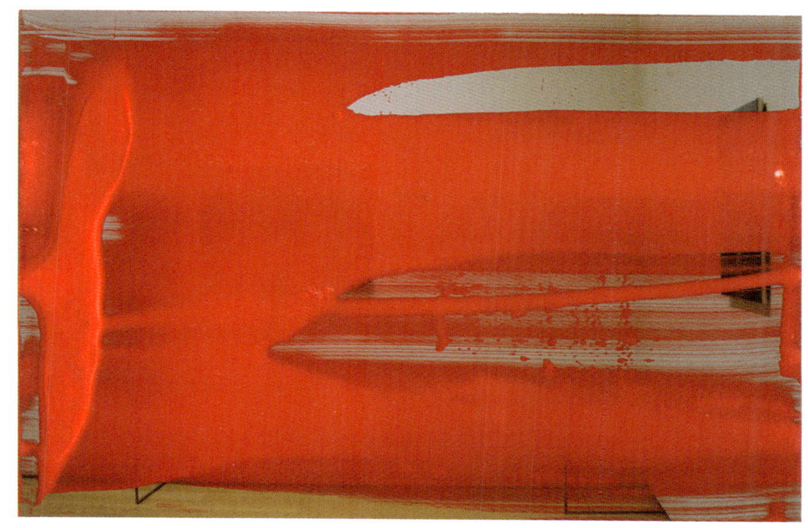

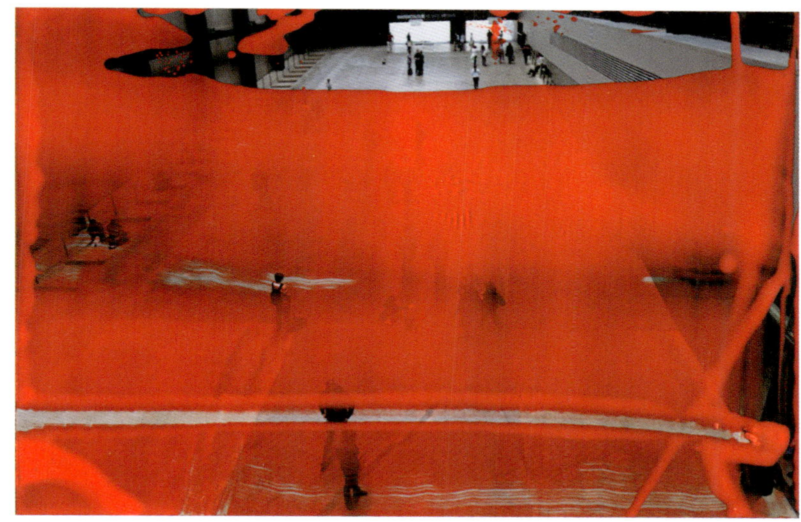

62 *40 Tage,* 2015
Vierfarbiger Offsetdruck auf Papier, 40-teilig,
35 Blatt je 21 x 29,7 cm, 5 Blatt je 30 x 40 cm
Privatsammlung

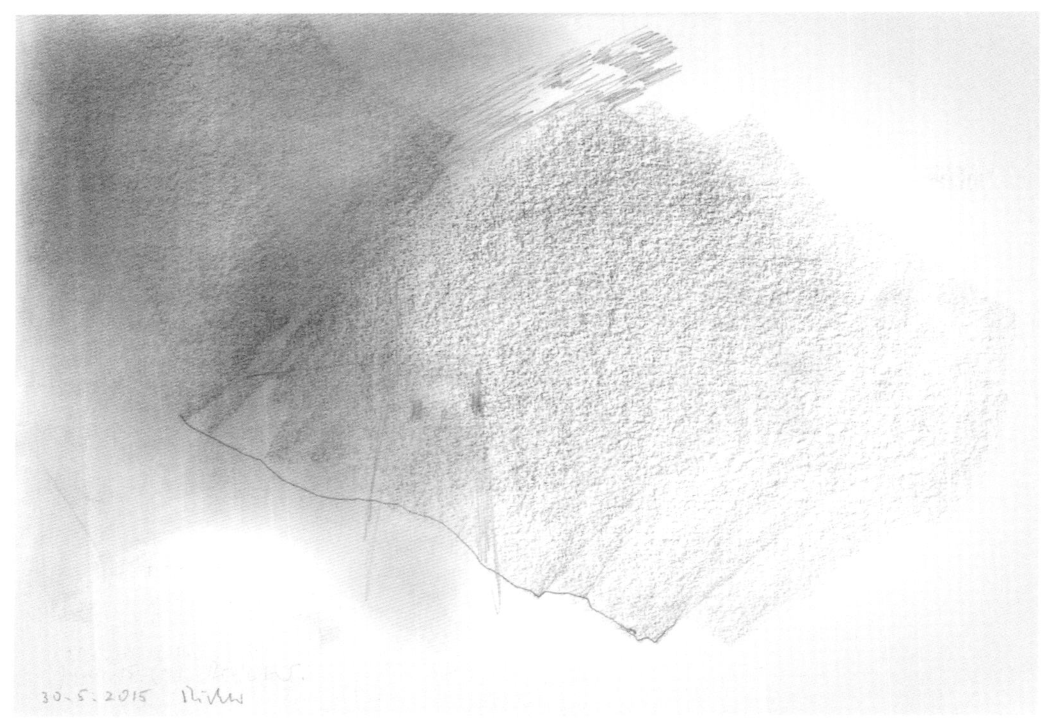

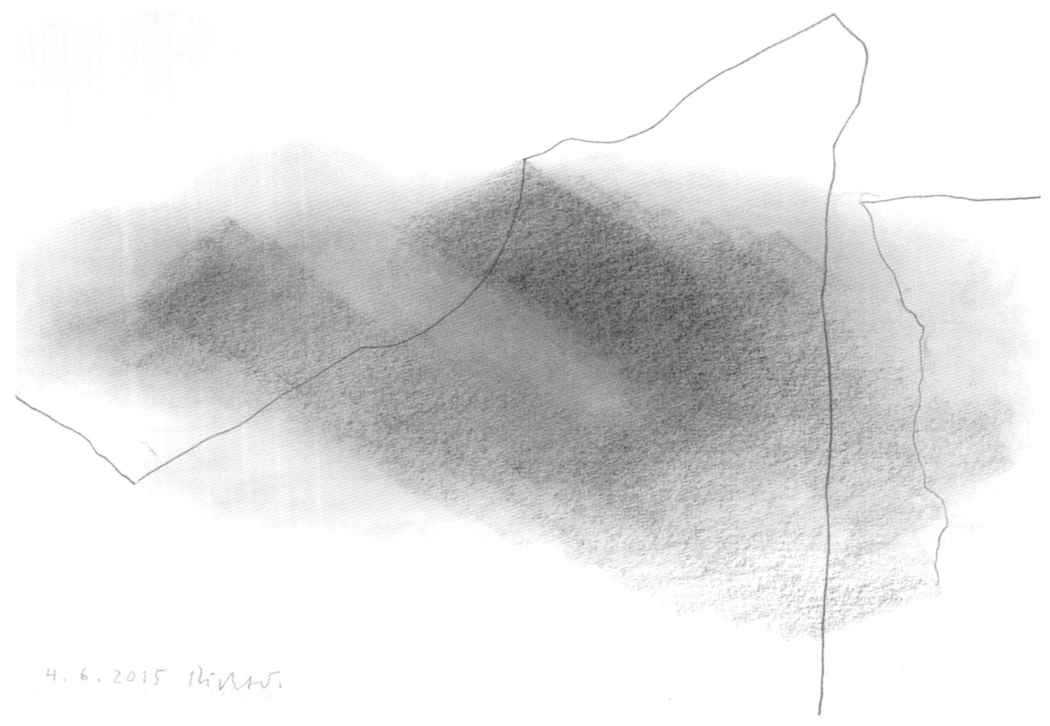

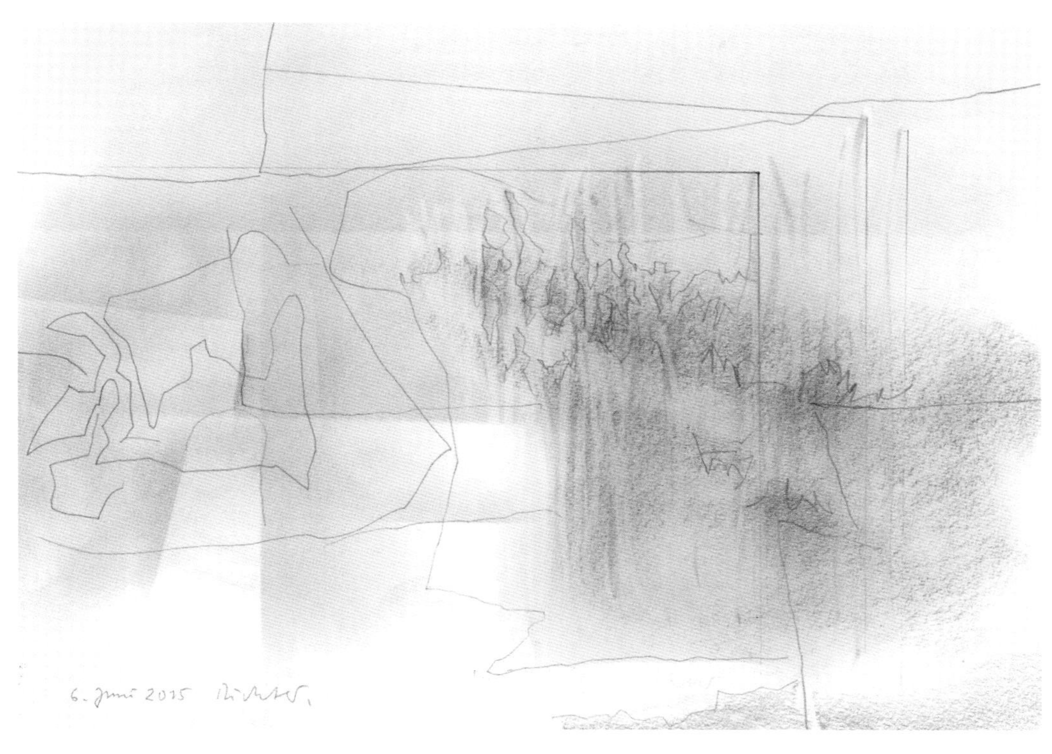

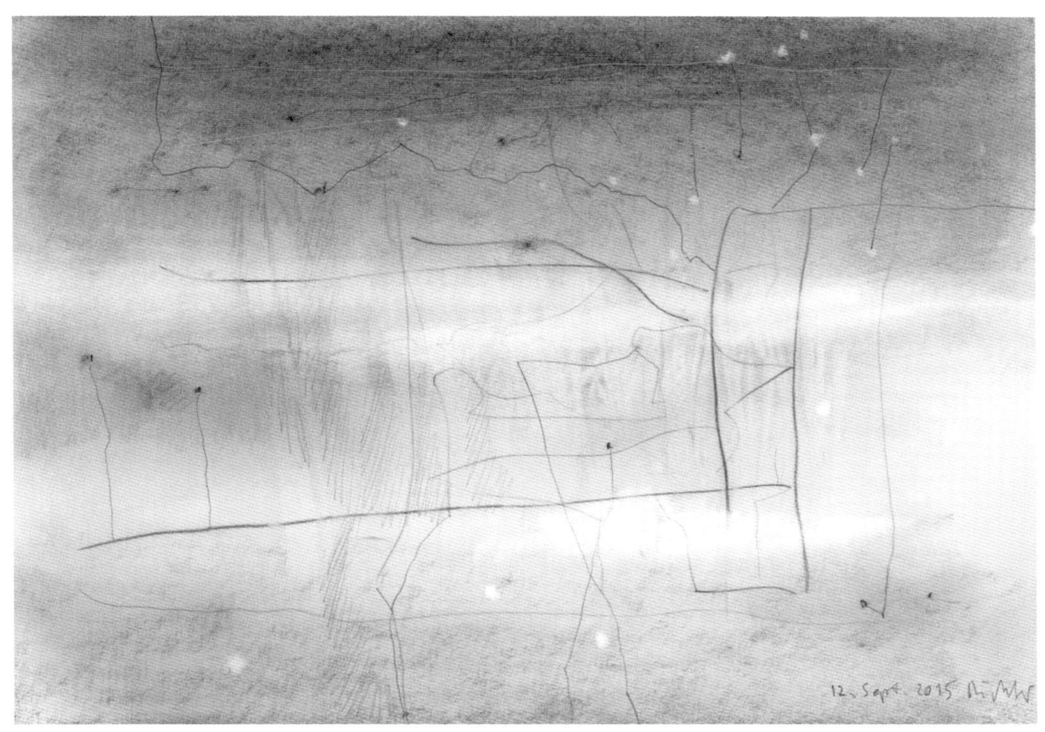

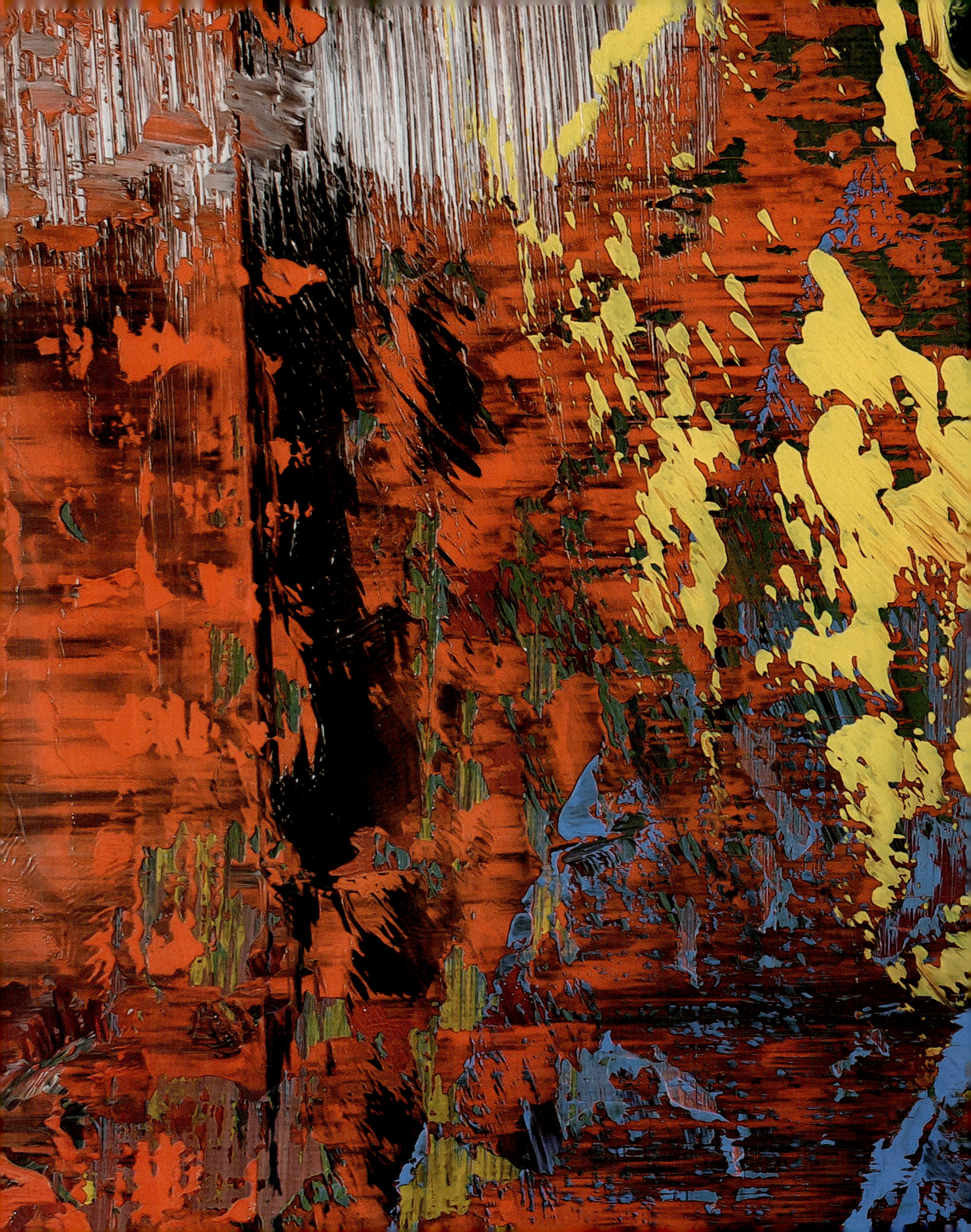

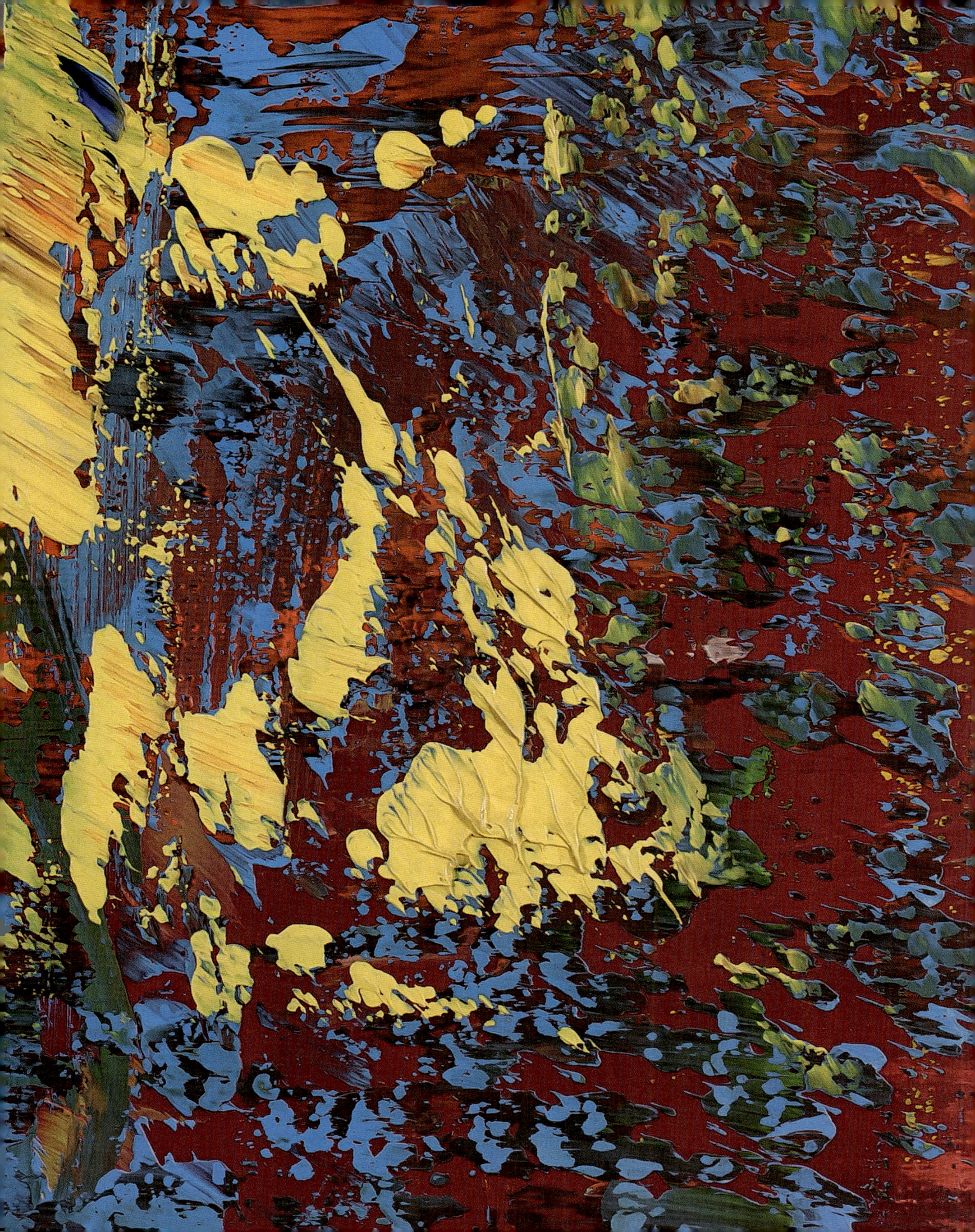

Farbe und Schichtung. Abstrakte Bilder 1986–2005

Kerstin Küster

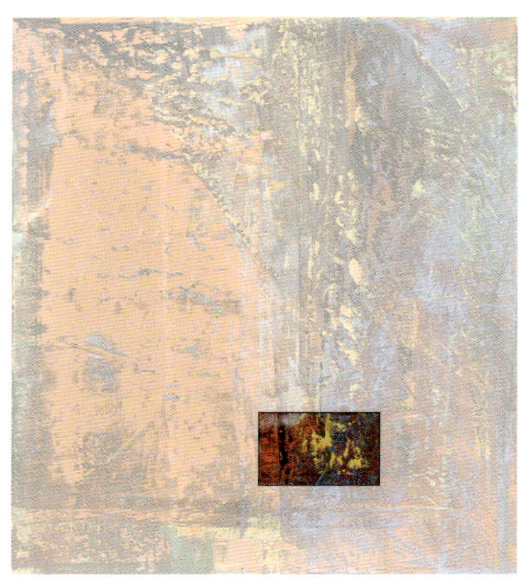

Kat. 63

Richters Abstrakte Bilder sind in Schichten aufgebaut. Manchmal liegt ein nach einer Photovorlage gemaltes Bild zugrunde. Übermalungen können Partien dieses realistischen Bildes freilassen und so Raum erzeugen. Für die Übermalungen setzt Richter erneut den Zufall ein, um die bewusste Steuerung der Bildproduktion zurückzunehmen. Ab den 1980er Jahren verwendet er bildgroße Rakel, um die aufgetragene Farbe in einem Zug über die Leinwand zu ziehen. Das nichthierarchische Prinzip, das alle Punkte im Bild als gleich wichtig erachtet, wandte Richter bereits in den Farbtafeln an. Auch in diesen Arbeiten bleiben die Schichten von Bedeutung. Nass in nass aufgetragene Farbe mischt sich mit dem Grund, unbearbeitete Stellen geben Durchblicke frei.

1986 fand Gerhard Richters erste museale Retrospektive statt. Die bis dahin umfangreichste Werkpräsentation *Gerhard Richter. Bilder 1962–1985* war in Düsseldorf, Berlin, Bern und Wien zu sehen. Als Bestandteil des Ausstellungskatalogs erschien auch das erste Werkverzeichnis seiner Gemälde und Skulpturen bis zur Werkverzeichnisnummer 794-3.[1]

In diesem nahmen die Abstrakten Bilder, bei denen Richter Zufall und Willkür einsetzte, bereits einen großen Raum ein. Die Anzahl Abstrakter Bilder stieg ab Mitte der 1980er Jahre zunehmend mit Richters Gebrauch der Rakel als Malmittel (vgl. den Beitrag von Matthias Krüger, S. 58–69). Pinsel kamen meist nur noch am Anfang des Malprozesses zum Einsatz oder abschließend für kontrolliert eingesetzte Lineaturen. Mit Pinseln trug der Künstler die Ölfarbe zu Beginn großflächig auf. Oft wählte er hierfür zwei oder drei Grundfarben. Über den diffusen Farbuntergrund trug er anschließend gedeckte Farbtöne mit unterschiedlichen Rakeln auf. Für die monumentalen Bildformate nutzte er ebenso große Rakeln, die er auf einer Leiter stehend über die gesamte Oberfläche der Leinwand führte. Anders als beim Pinsel trägt eine Rakel die Ölfarbe nicht nur auf, sondern schiebt sie mit großem Druck über die bereits bestehenden Farbebenen, so dass sich noch feuchte Malschichten vermischen, angetrocknete partiell abgekratzt und durchgetrocknete überlagert werden (Abb. S. 61). Bei Werken wie *A B, Still* (612-4) (Kat. 63), *Stand* (660) (Kat. 65) oder *Abstraktes Bild* (666-2) (Kat. 64) übte Richter bei der letzten Farbschicht etwas weniger Druck auf die Rakel aus, so dass die Farbe nur an erhabenen Stellen punktuell haften blieb. Dieser behutsame Auftrag schließt die Abstrakten Bilder zum Betrachter hin wie mit einem filigranen Schleier ab und verstellt partiell den Blick auf darunterliegende Farbschichten.

Im Gegensatz zu den großformatigen, von Richter zeitweise so genannten „Weichen Abstrakten", die zwischen 1977 und 1980 entstanden (Kat. 31, 32), entwickelten sich diese gerakelten „Farbbildteppiche" aus einer anfänglich vagen Idee des Künstlers, dem gerichteten Zufall der Rakel und der stetigen Korrektur des Malers. Von diesen oft dunklen Bildern nimmt sich das *Abstrakte Bild* (724-4) von 1990 aus (Kat. 67). Es weist eine ungewöhnliche Vielfarbigkeit auf, die Richter 20 Jahre später erneut wertschätzte, als er dieses Werk seinen digitalen Streifenarbeiten, den Strips (Kat. 78), zugrunde legte (vgl. das Kapitel *Transparenz und Reflexion. Spiegel, Glas und Strips,* S. 194–207).

In den 1990er Jahren wurden Richters Abstraktionen geometrischer. Neben der Rakel kamen Spachtel zum Einsatz, mit denen Richter Farbe abkratzte, auftrug und wieder wegnahm. Durch den Prozess des Auftragens, Zerstörens und Schichtens entstanden gleichförmige vertikale und horizontale Bildstrukturen, die an Richters Strukturbilder der späten 1960er Jahre erinnern (vgl. das Kapitel *Struktur und Illusion. Abstraktionen der 1960er Jahre,* S. 70–87). Richter vermied bei diesen Werken Räumlichkeit zugunsten einer ruhigen, geschlossenen Oberflächentextur, die von dunklen Farbtönen bestimmt und durch Farbstege, die zwischen den Spachtelzügen stehen blieben, rhythmisiert wird. Die Abstrakten Bilder mit den Werkverzeichnisnummern 776-3 (Kat. 66) und 780-3 (Kat. 68) sowie die Werke *März* (807) (Kat. 69) und *Mauer* (808) (Kat. 70) spiegeln die Vielfalt dieser Werkphase. Das Gemälde *März* beschrieb Richter 2004 in einem Interview: „Da ist die aufgetragene Farbe senkrecht abgekratzt. Ziemlich gleichmäßig wie ein Bretterzaun. Darunter sind eher waagerechte Pinselstriche, oder auch Spachtelzüge. Es hat rötliche und hellblaue Töne und dunklere lockere Pinselstriche, die darunter sind und zum Teil wieder abgeschabt sind. Und mit den Spuren von Weiß bekommt das Bild etwas Leichtes, wie ein chinesisches Tuschbild, so eine Leichtigkeit. Und die Reste von Schnee haben für mich was Optimistisches, wie Vorfrühling."[2] *März* (807) und *Mauer* (808) gehören zu den wenigen Abstrakten Bildern, denen Richter nach Fertigstellung konkrete Bildtitel zuwies. Diese sind häufig assoziativ und entwickelten sich aus einer dem Künstler bekannt scheinenden Form im Bild oder einem Ereignis, das er mit der Bildentstehung verband (vgl. den Beitrag von Dietmar Elger, S. 22–33).

Ende der 1990er Jahre entwickelte Richter eine neue, harmonischere Formensprache in seinen Abstrakten Bildern. Den Spachtel tauschte er erneut gegen die Rakel. Auf das destruktive Abkratzen folgte ein mehrschichtiges Abdecken. Wie in den frühen Abstrakten Bildern schuf er dafür einen diffusen Farbhintergrund, über den er in mehreren Schichten kraftvoll die Rakel schob. Die Rakel setzte er nicht mehr an einer beliebigen Stelle der Leinwand auf und ab, sondern zog sie von oben nach unten oder schob sie von einer Seite zur anderen. Dadurch bestimmt die letzte Farbschicht den Gesamteindruck des Bildes. Nur an wenigen aufgebrochenen Stellen treten untere Farbschichten hervor und offenbaren den großen Detailreichtum. Richter vermied starke Farbkontraste und griff stattdessen, wie im *Abstrakten Bild* (860-7) (Kat. 71), auf neutralisierende weiße und graue Farbtöne zurück. Damit schrieb er diesen Bildern eine größere Ruhe ein. Das *Abstrakte Bild* (860-7) hat Gerhard Richter außerdem nicht wie sonst auf Leinwand, sondern auf Alu-Dibond ausgeführt. Dieses Material verwandte er erstmals 1996 als Maluntergrund für seine kleinformatige, 110-teilige Bildserie *Fuji* (839-1 bis 839-110). Die glatte Oberfläche dieser Aluminium-Verbundplatten verstärkt die illusionistische Qualität der Farbe sowie ihre Transparenz und erhöht zugleich den Zufallsfaktor. Für Richter ist der Zufall nicht nur eine glückliche Fügung, sondern immer auch Werkzeug und Methode, wie er 2004 in einem Interview betonte: „Indem ich den Zufall als das Geschehen akzeptiere, das weit über mein Vorstellungsvermögen, über alles Verständnis überhaupt hinausgeht, nehme ich doch die Rolle dessen an, der nur darauf reagieren kann, der aber bei aller Ohnmacht etwas daraus machen kann, so weitgehend, dass es dann gar kein Zufall mehr ist. Und danach hat man einen neuen Zufall.“[3]

[1] Vgl. Düsseldorf 1986.

[2] Gerhard Richter: Interview mit Jan Thorn-Prikker (2004), in: Richter 2008, S. 474–492, hier S. 490.

[3] Gerhard Richter: Interview mit Jan Thorn-Prikker über die Arbeit *War Cut* (2004), in: ebd., S. 469–473, hier S. 472.

63 *A B, Still* (612-4), 1986
Öl auf Leinwand, 225 x 200 cm
Museum Barberini, Potsdam

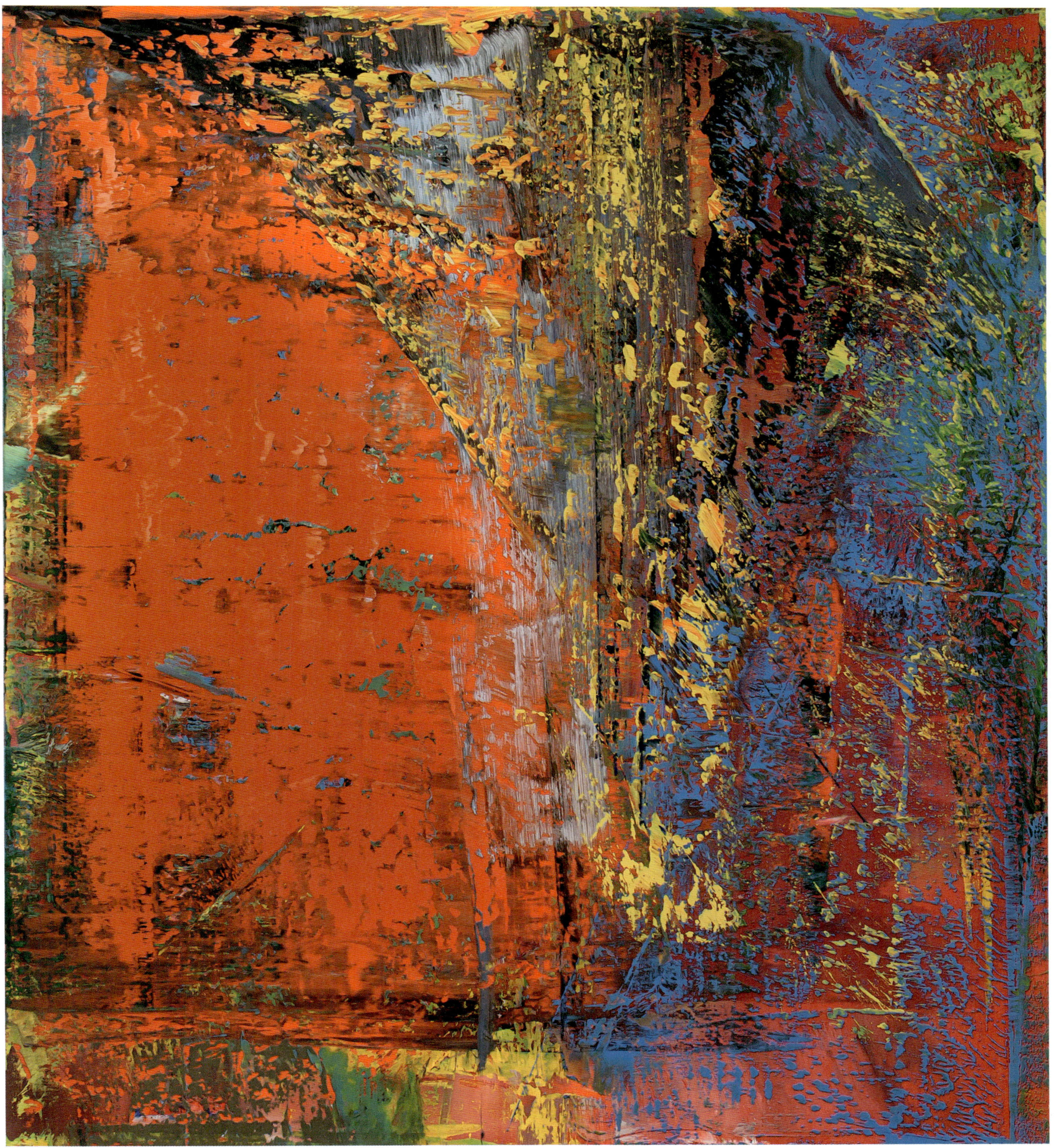

64 *Abstraktes Bild* (666-2), 1988
Öl auf Leinwand, 200 x 160 cm
Kunsthalle Emden –
Stiftung Henri und Eske Nannen und
Schenkung Otto van de Loo

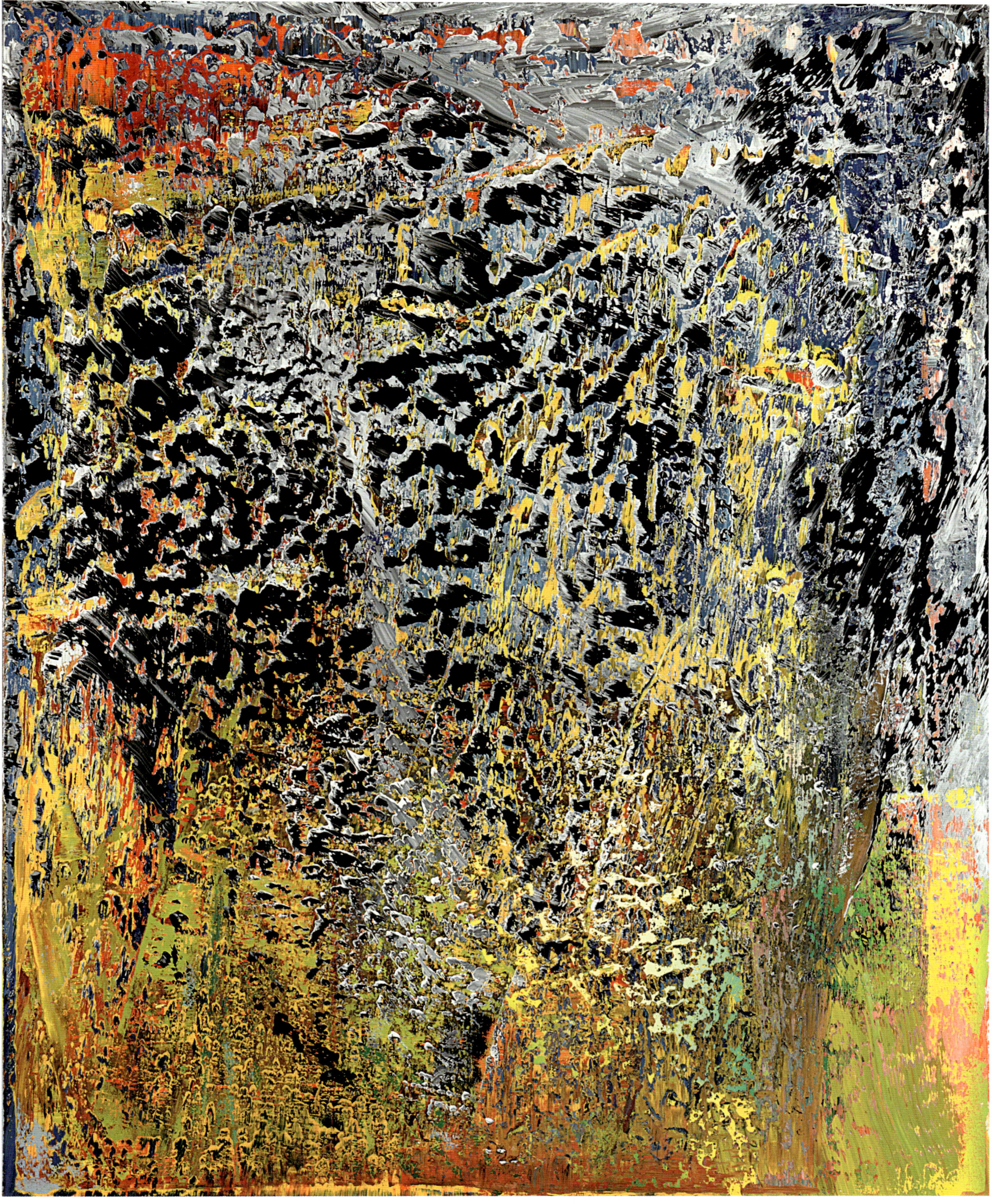

65 *Stand* (660), 1988
Öl auf Leinwand, 300 x 250 cm
Museum Frieder Burda, Baden-Baden

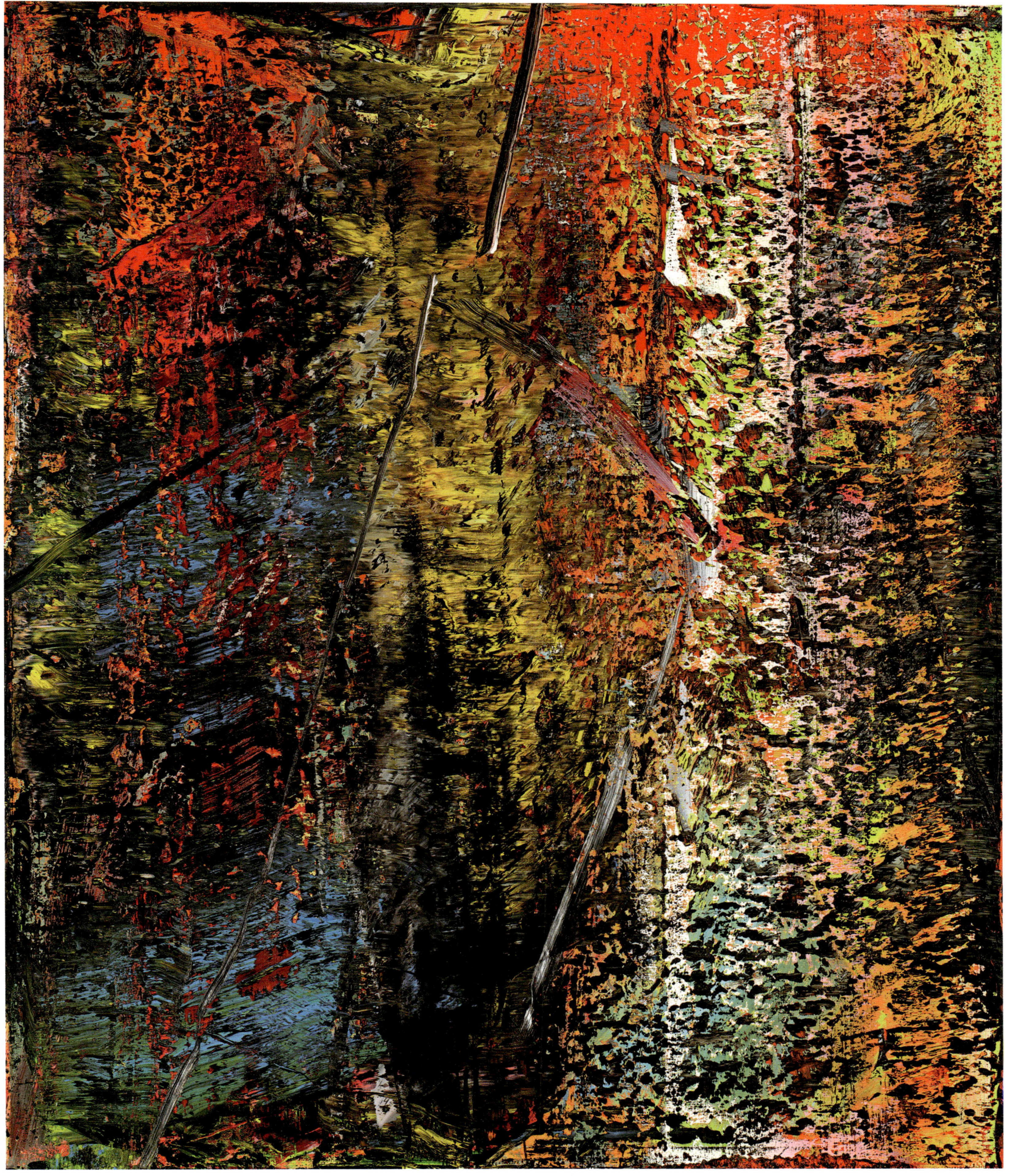

66 *Abstraktes Bild* (776-3), 1992
Öl auf Leinwand, 92 x 82 cm
Privatsammlung, Schweiz

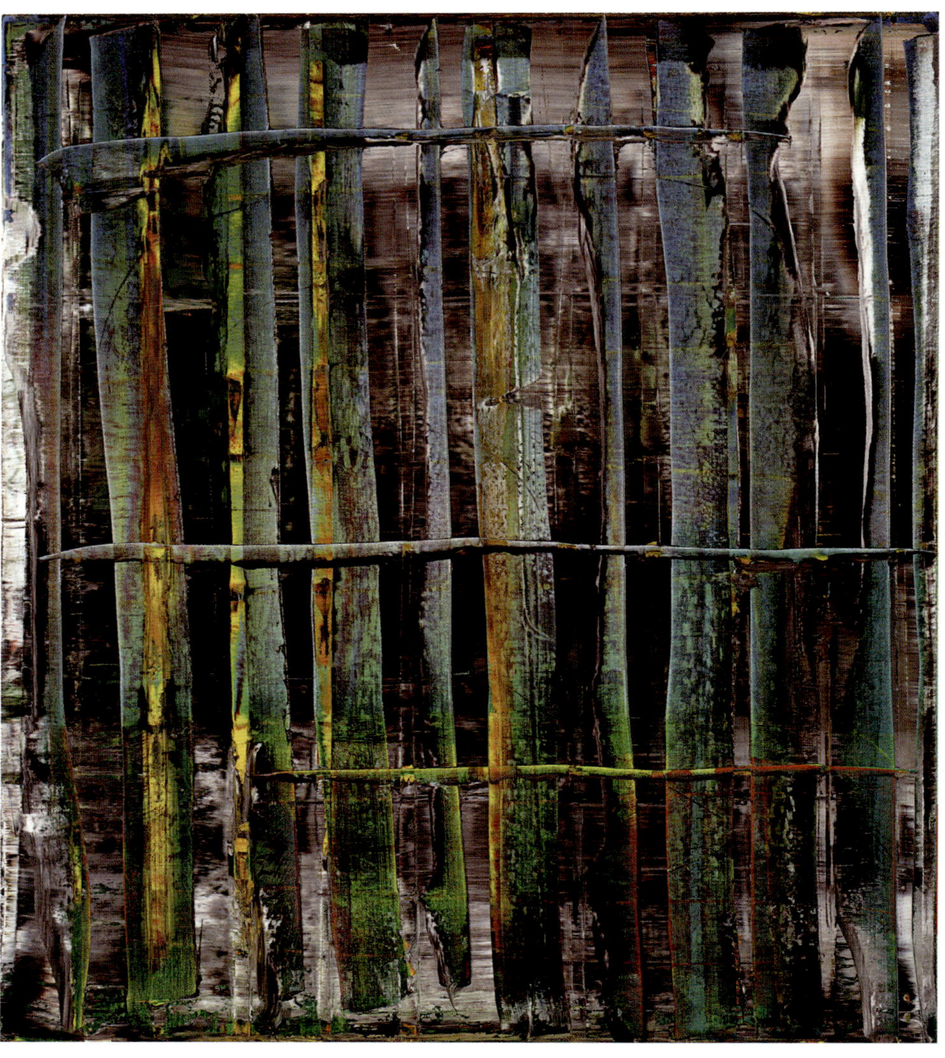

67 *Abstraktes Bild* (724-4), 1990
Öl auf Leinwand, 92 x 126 cm
Privatsammlung

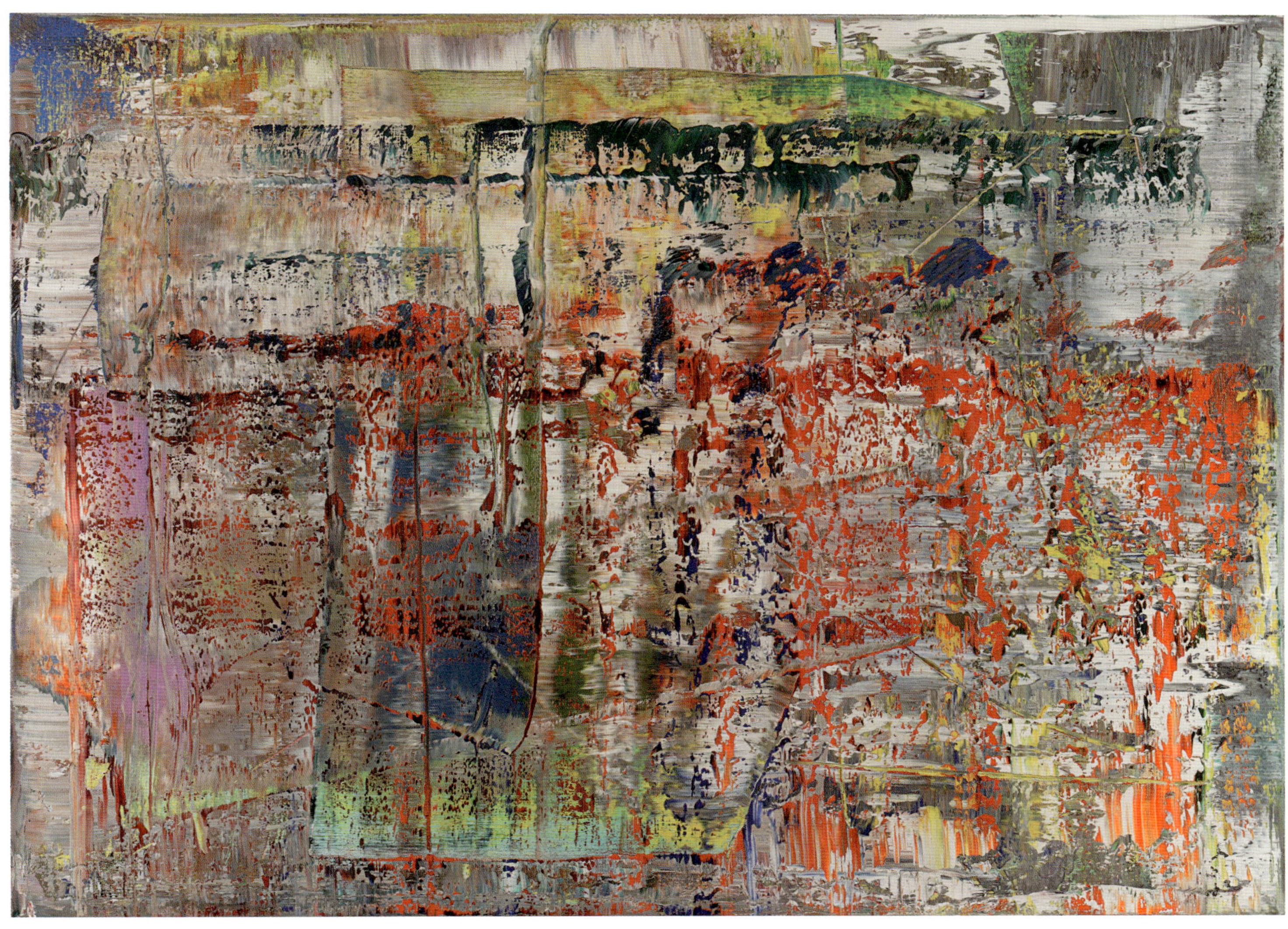

68 *Abstraktes Bild* (780-3), 1992
Öl auf Leinwand, 260 x 200 cm
Privatsammlung

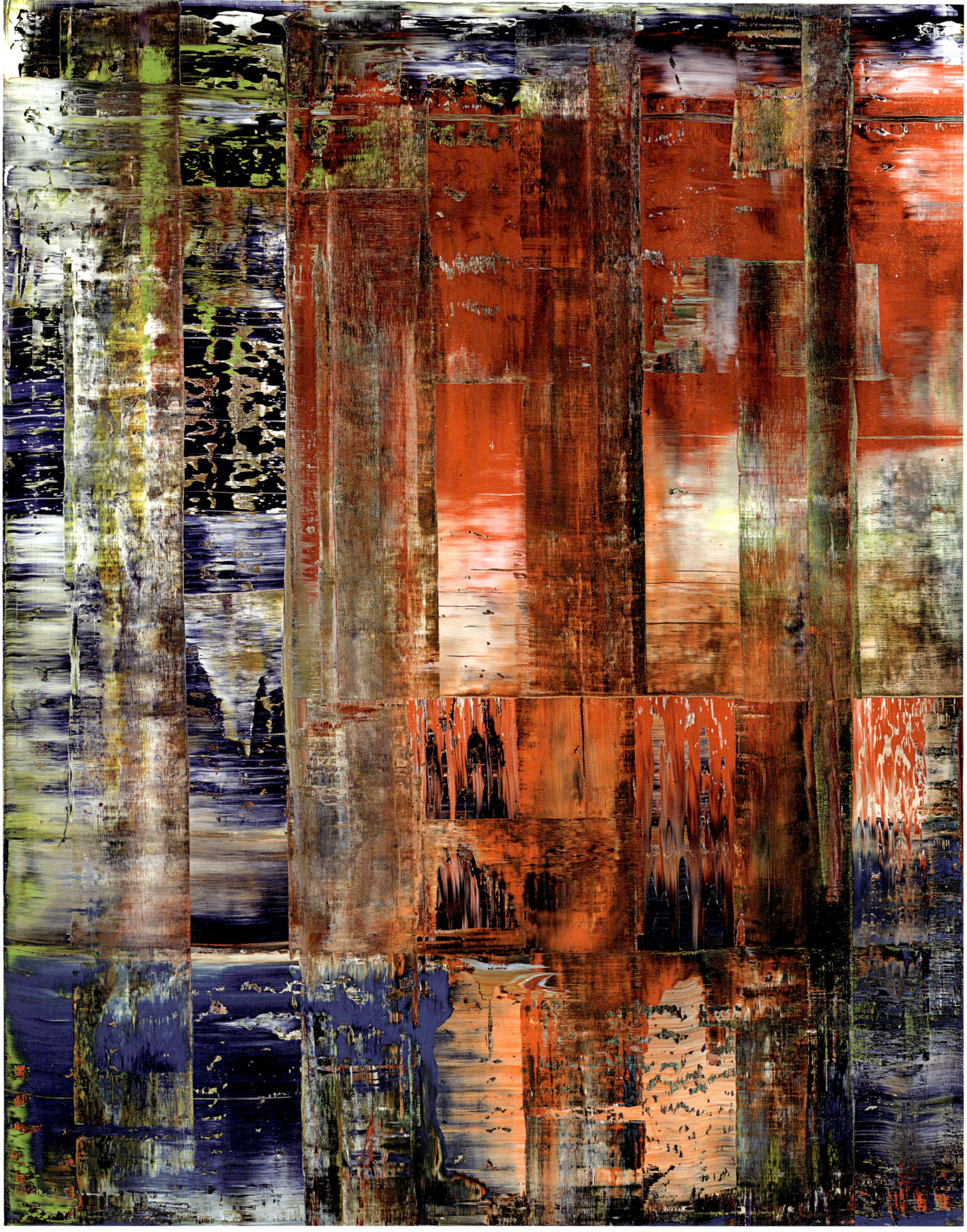

69 *März* (807), 1994
Öl auf Leinwand, 250 x 200 cm
Gerhard Richter Archiv,
Staatliche Kunstsammlungen Dresden,
Leihgabe aus Privatbesitz

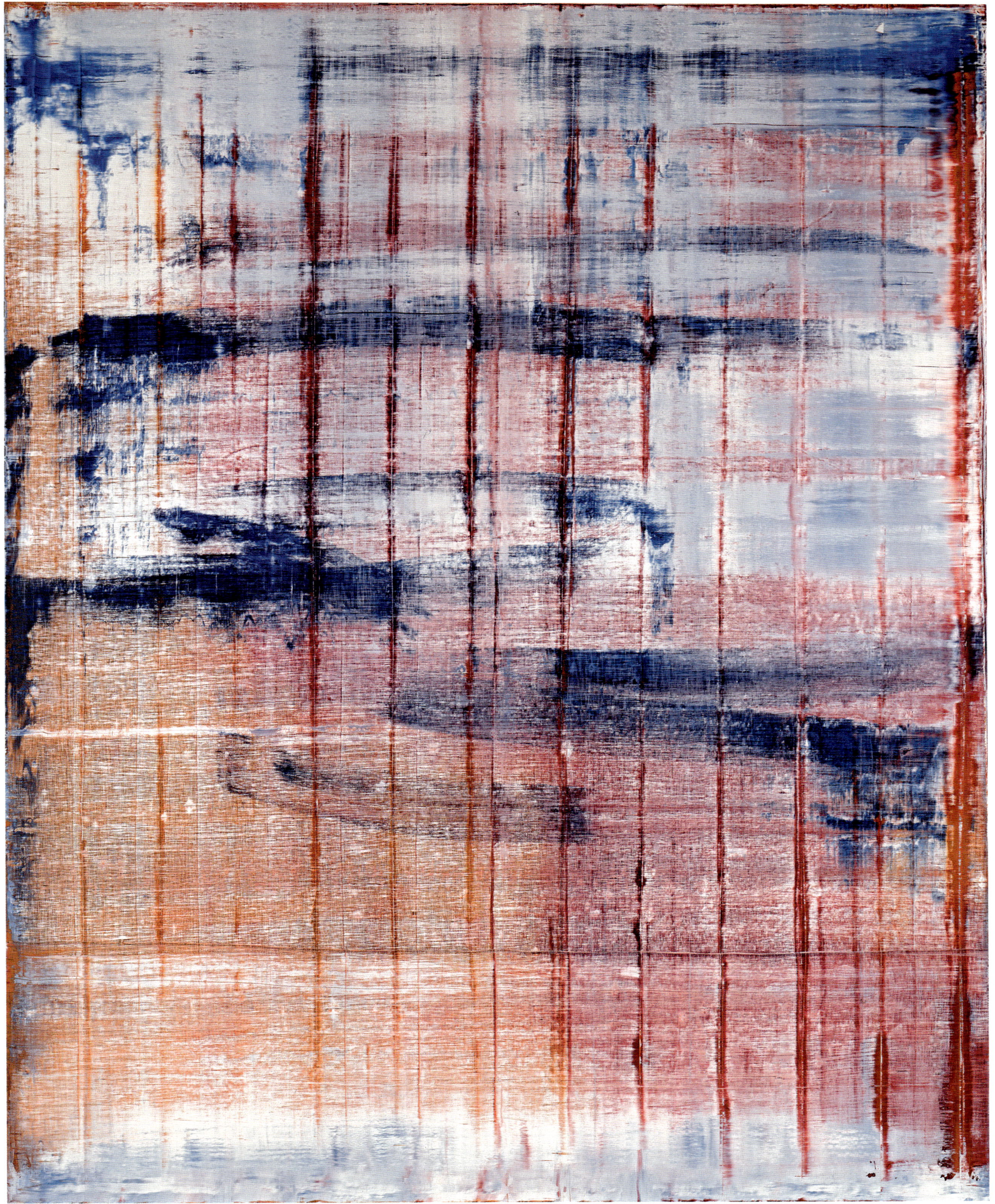

70 *Mauer* (808), 1994
Öl auf Leinwand, 250 x 200 cm
Privatsammlung

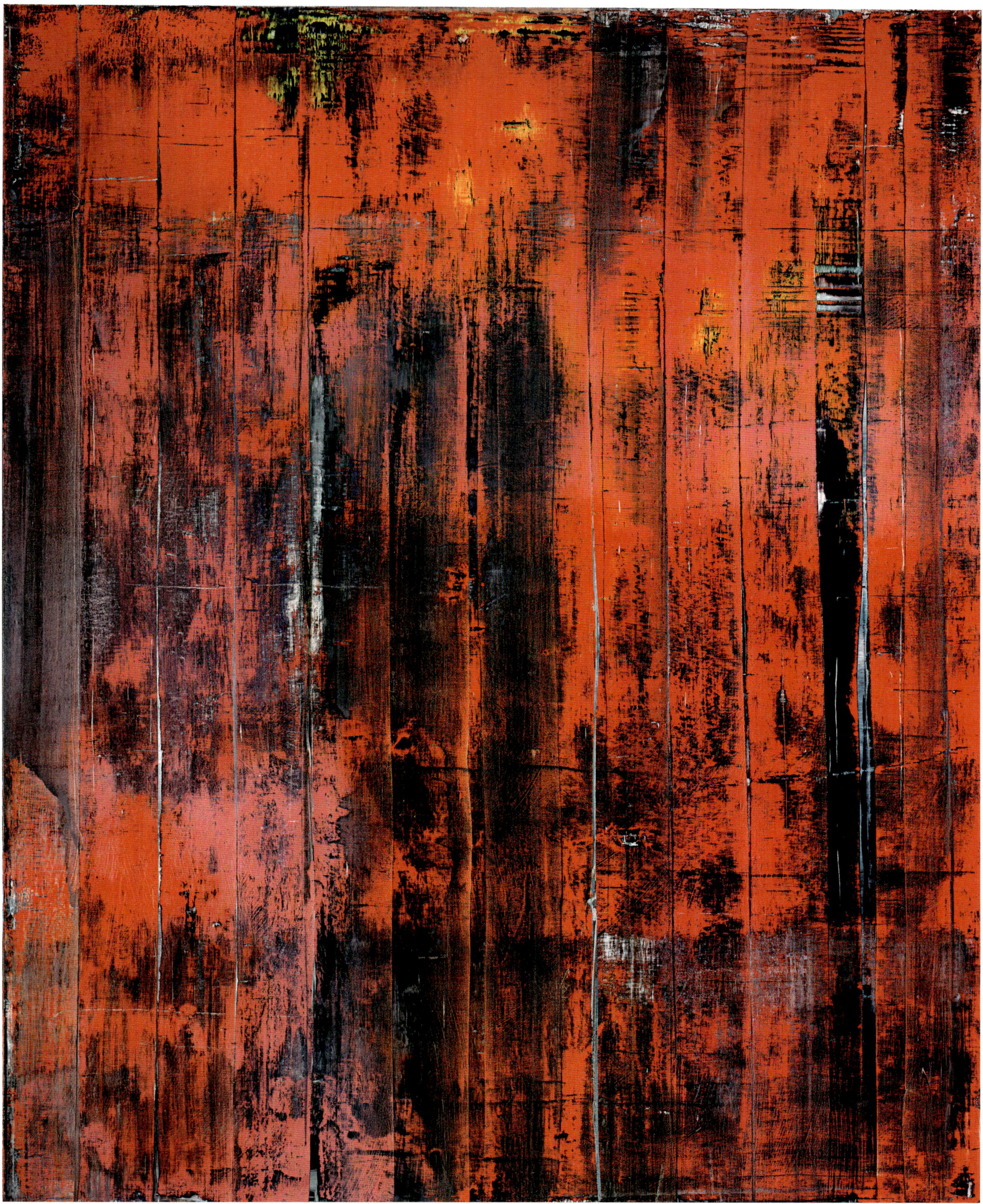

71 *Abstraktes Bild* (860-7), 1997/1999
Öl auf Alu-Dibond, 100 x 90 cm
Privatsammlung

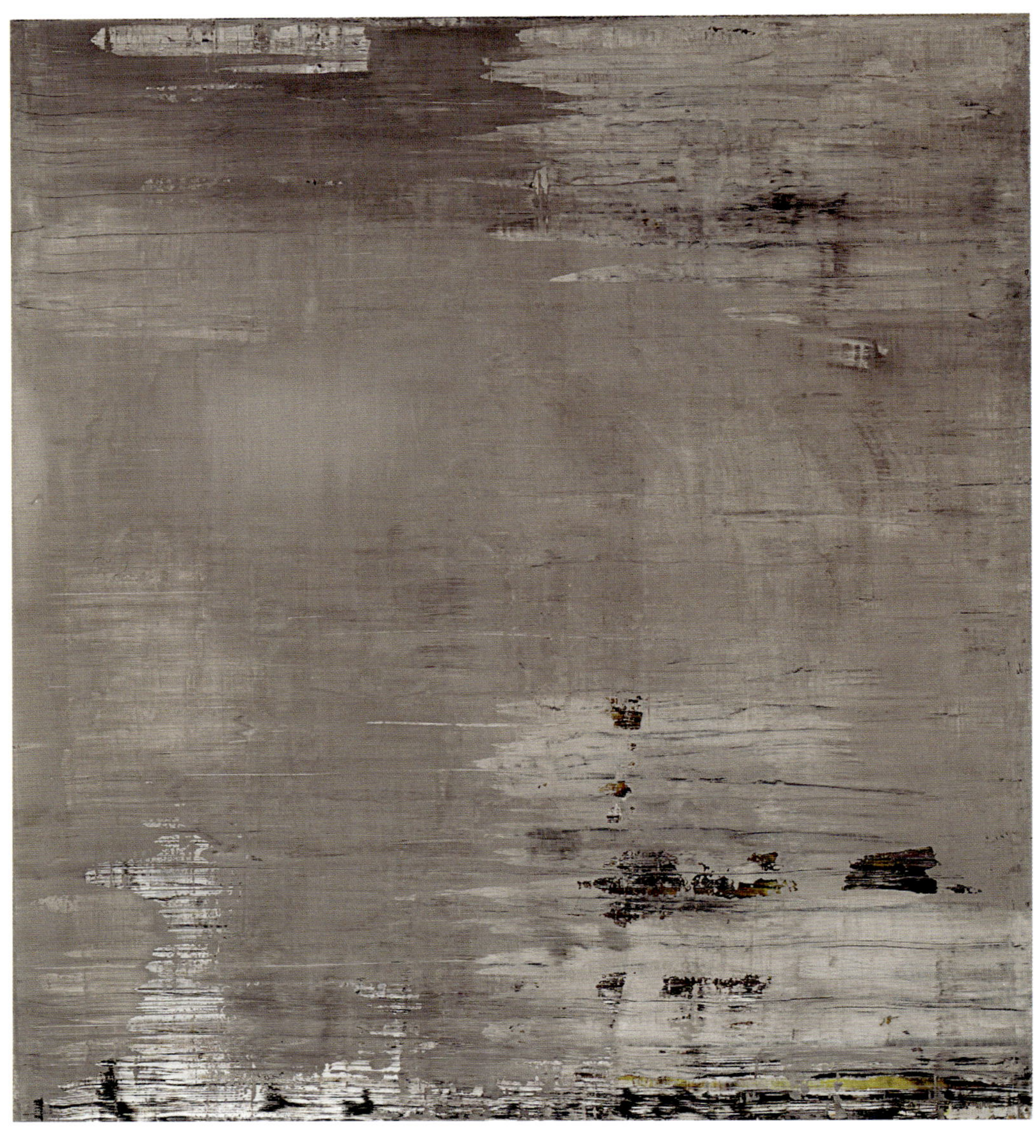

72 *Abstraktes Bild* (891-4), 2005
Öl auf Leinwand, 113,5 x 75 cm
Privatsammlung

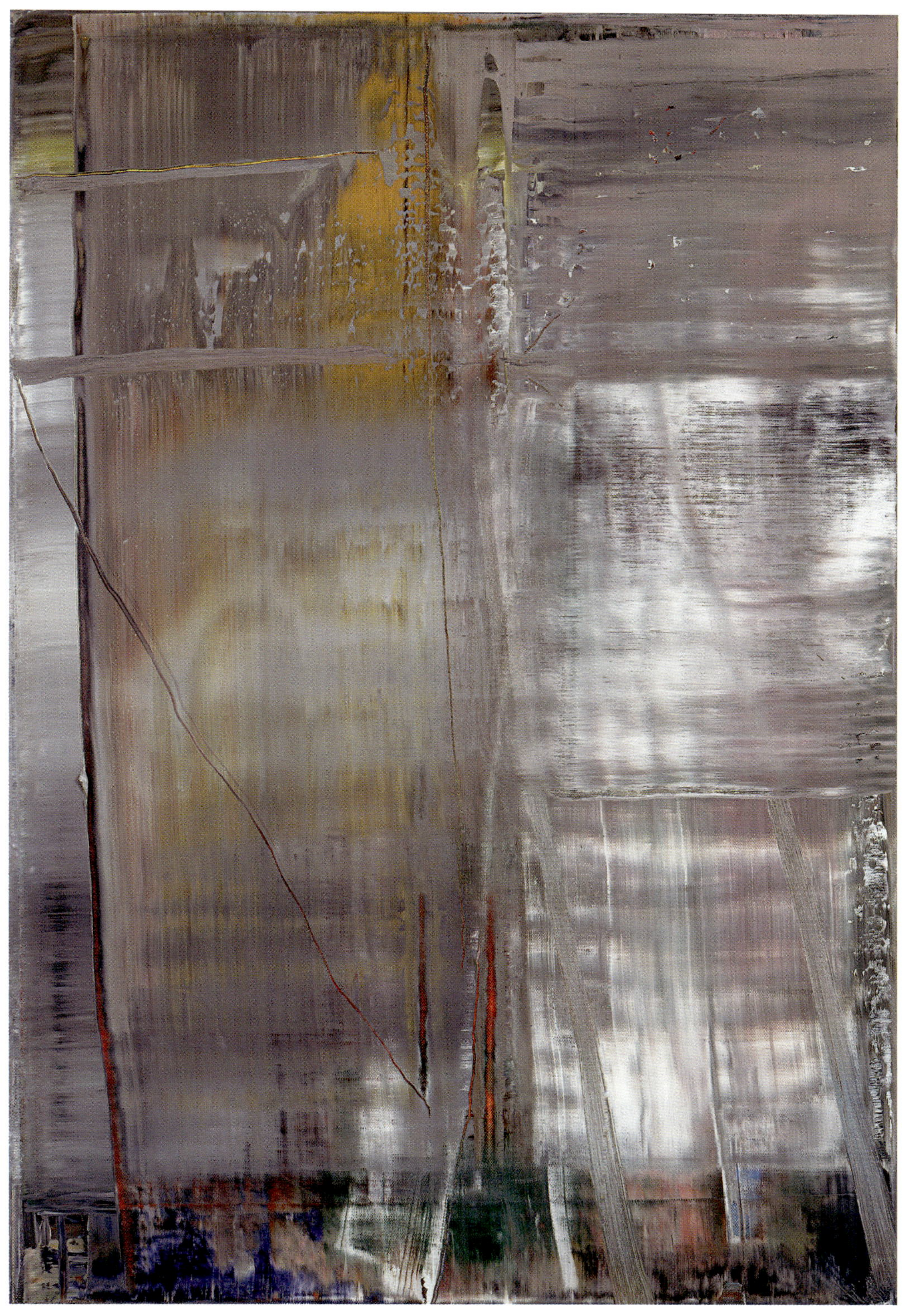

73 *Abstraktes Bild* (865-2), 2000
Öl auf Leinwand, 200 x 180 cm
Gerhard Richter Archiv,
Staatliche Kunstsammlungen Dresden,
Leihgabe aus Privatbesitz

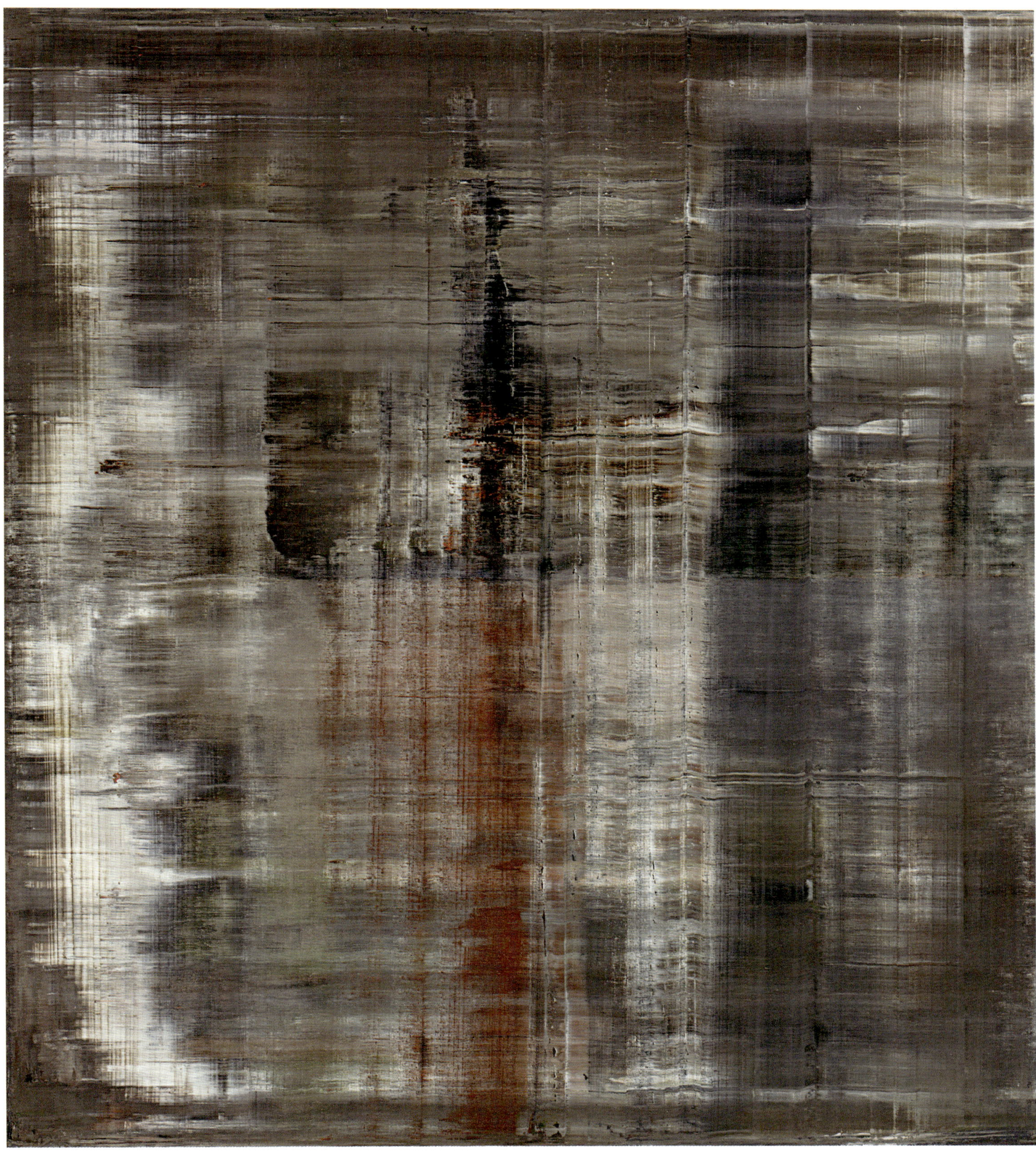

74 *Abstraktes Bild* (889-10), 2004
Öl auf Leinwand, 200 x 200 cm
Städtische Galerie im Lenbachhaus und
Kunstbau, München, Sammlung KiCo

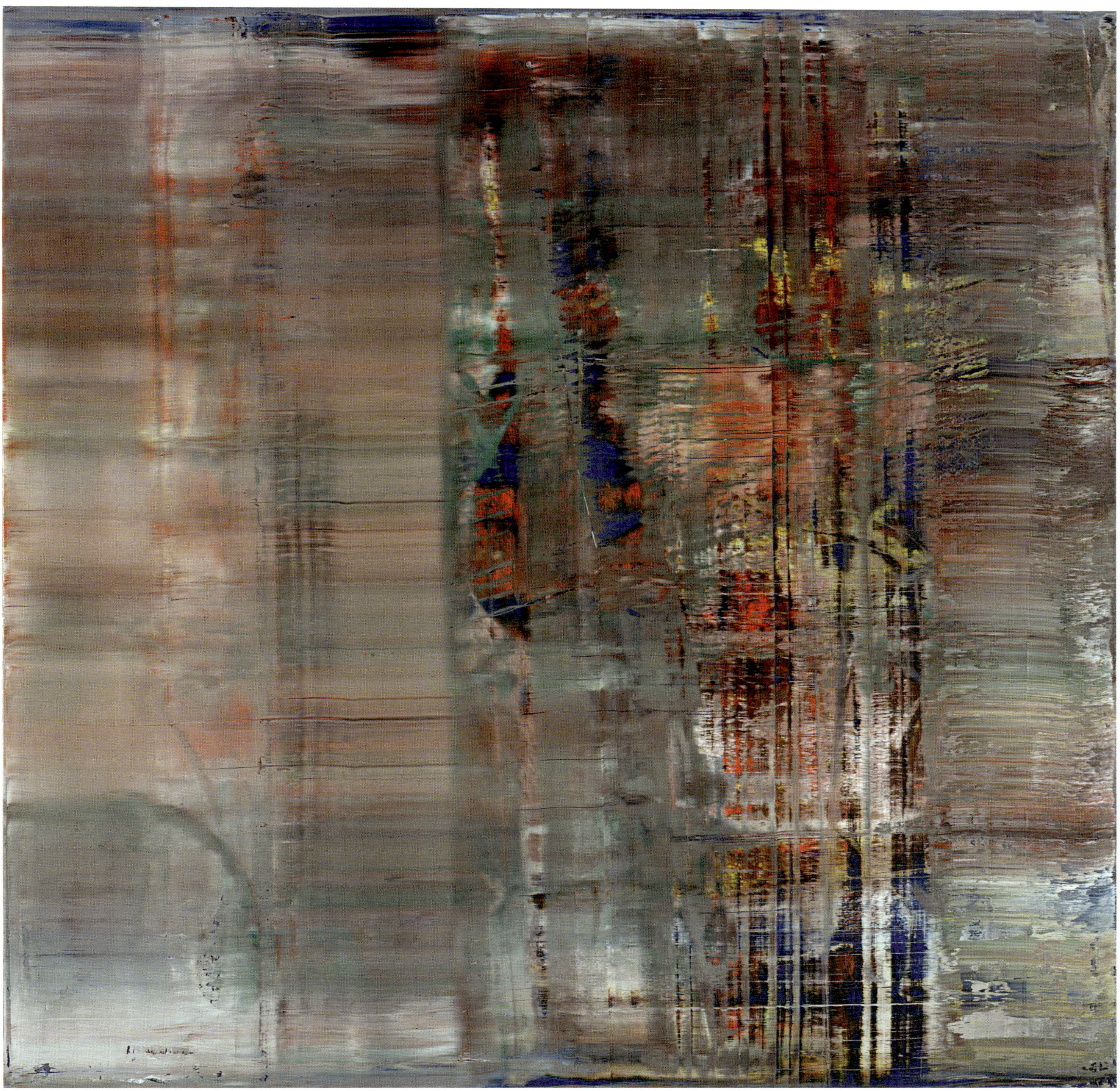

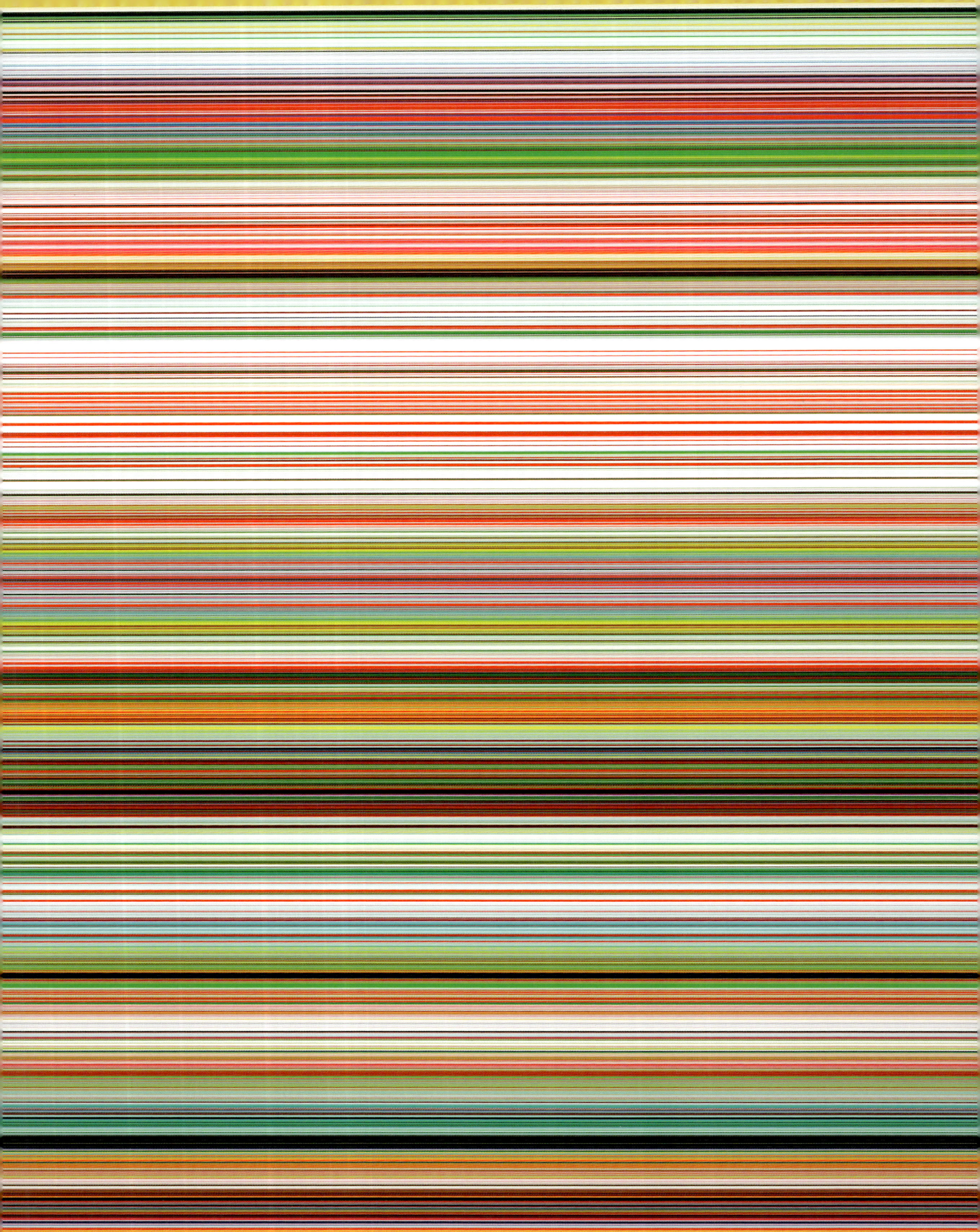

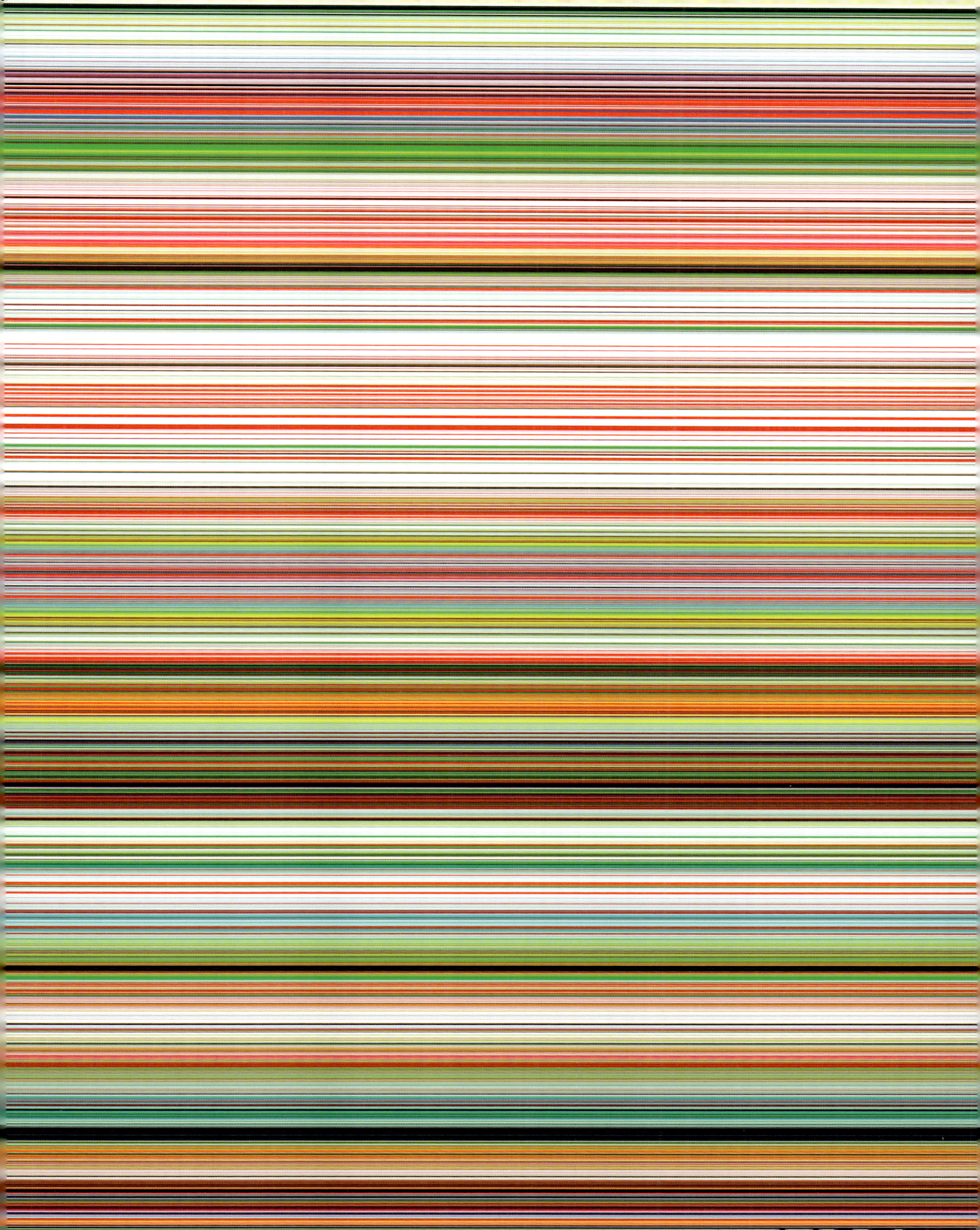

Transparenz und Reflexion. Spiegel, Glas und Strips

Janice Bretz und Kerstin Küster

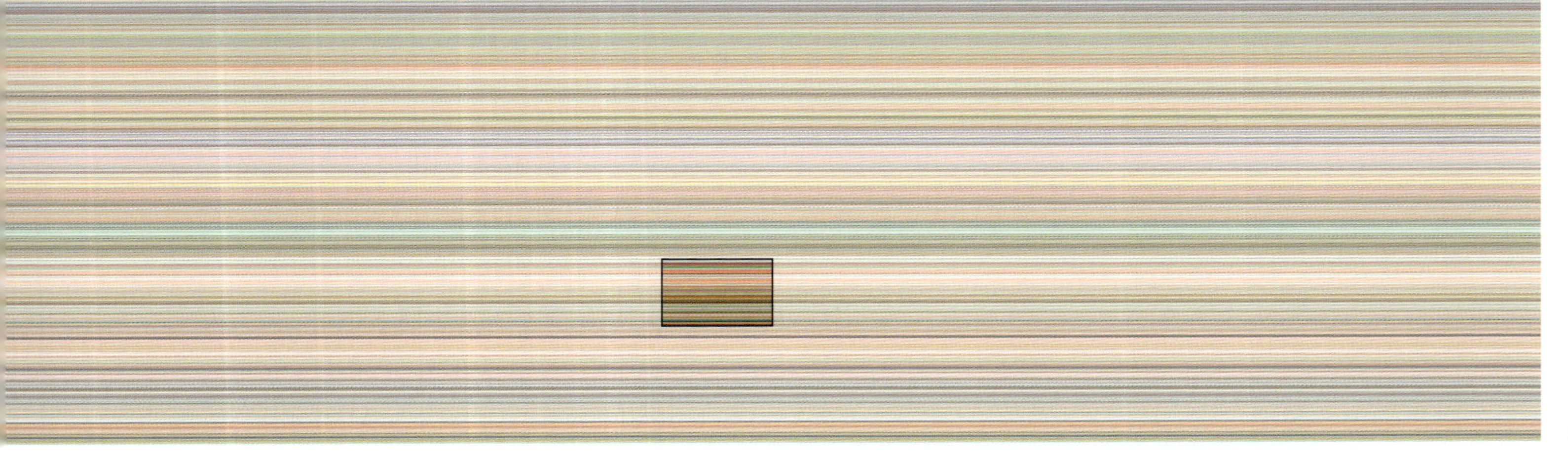

Kat. 78

Schon im 19. Jahrhundert wurde der Glanz der Oberfläche eines Bildes im Medienstreit zwischen Photographie und Malerei diskutiert. Maler wie Vincent van Gogh entwickelten ihre raue und dynamische Pinselschrift vor diesem Hintergrund. Richter spannt in seinem Werk den Bogen von den grauen, auf das Farbrelief konzentrierten Gemälden zu Glasbildern und Skulpturen mit Glasscheiben. Diese Werke spiegeln den Außenraum abhängig von der Position des Betrachters und den Lichtverhältnissen unterschiedlich. Für Richter bietet Glas eine weitere Möglichkeit, das Kunstwerk von jeglichem künstlerischen Pathos zu befreien. In seinen Hinterglasbildern setzte er es aber auch zur Intensivierung der Farben ein. Seine auf Farbwerten eines Abstrakten Bildes beruhenden, computergenerierten Strips spielen wie seine Editionen mit dem Effekt der glänzenden Oberfläche.

„Alles sehen, nichts begreifen", notierte Gerhard Richter auf einer Entwurfszeichnung für seine erste Glasarbeit 1967. Die *4 Glasscheiben* (160) (Abb. S. 15) entstanden zeitgleich mit seinen realistischen Strukturbildern (vgl. das Kapitel *Struktur und Illusion. Abstraktionen der 1960er Jahre,* S. 70–87). Beide Werkkomplexe stellte Richter in der Galerie Heiner Friedrich in München noch im selben Jahr aus und hinterfragte auf eindringliche Art und Weise die Abbildhaftigkeit der Wirklichkeit. Weil die vier unabhängig voneinander drehbaren Gläser der *4 Glasscheiben* (160) in unterschiedlichen Winkeln zum Stehen kommen können, wird das Bild des Betrachters nicht nur gespiegelt, sondern je nach Stand der Scheiben zerschnitten und neu komponiert. Mit den *7 Scheiben (Kartenhaus)* (932) von 2013 (Kat. 79) griff Richter dieses Konzept wieder auf. An die Form eines Kartenhauses erinnernd, jedoch durch das gläserne Material in der Fragilität gesteigert, lehnen die ebenerdig aufgestellten Gläser schräg aneinander und werden durch kleine Metallspangen am Boden und an ihren wenigen Schnittpunkten gehalten. So erhält die mit über 2,5 m Höhe, 6,5 m Breite und 3,5 m Tiefe raumgreifende Installation die dem Künstler so wichtige Leichtigkeit. Durch die aneinandergelehnten, sich partiell verdeckenden Scheiben wirkt das Kunstwerk wie ein Prisma. Mit jeder Bewegung des Betrachters um das Werk spiegelt sich sowohl sein Bild als auch die Kunst im Ausstellungsraum, bricht und überlagert sich, und es entstehen neue Bildvariationen. Der Museumsbesucher wird vom Betrachter zum Bildermacher und sieht sich konfrontiert mit der Differenz zwischen realem Ausstellungsraum und der im Glas zufällig aufscheinenden Wirklichkeitsreflexion. In dieser Differenz liegt die besondere Qualität des gläsernen „Kartenhauses". Es ist ein Angebot des Künstlers, über das Sehen und das Gesehene als eine von vielen verschiedenen Möglichkeiten von Realität nachzudenken. Das Sehen ist situativ, die Wirklichkeit stets abhängig von ihrem Betrachter.

Unmittelbar vor den *7 Scheiben (Kartenhaus)* (932) entstanden zahlreiche Streifenarbeiten und eine große Anzahl von Lackbildern hinter Glas, in denen Richter das Spiel mit dem transparenten Medium, der visuellen Täuschung sowie sein Vertrauen in den Zufall thematisierte. Bereits 1985 unternahm der Künstler Versuche mit Lackfarben, die er jedoch aufgrund seiner „Enttäuschung über die Art von Naturalismus, der ganz unbrauchbar, kunstgewerblich, kitschig war",[1] zerstörte. Zwischen 2008 und 2013 nahm er die Idee jedoch mit den mehrteiligen Serien *Bagdad* (914-1 bis 914-25), *Aladin* (913-1 bis 913-42), *Ifrit* (915-1 bis 915-26), *Perizade* (916-1 bis 916-21), *Abdallah* (917-1 bis 917-100) und *Flow* (933-1 bis 933-3, 934-1 bis 934-18) wieder auf. Richter goss dazu verschiedene Buntlacke auf eine glatte Oberfläche und verzog diese teilweise mit dem Spachtel. Anschließend überließ er die Lacke ihrer stofflichen Eigendynamik, dabei stießen sie sich ab oder flossen ineinander, verbanden sich und bildeten so unvorhersehbare Strukturen, die in dem Augenblick fixiert wurden, als der Künstler eine Glasplatte auf die Lackfarben legte, behutsam abzog, trocknen ließ und mit einer Alu-Dibond-Platte rückseitig abschloss. Fasziniert von der Eigenständigkeit der Lacke und der endlosen Vielfalt dieser Bilder experimentierte Richter mit verschiedenen Formaten. Analog zum Abbild und Entstehungskonzept gab er seinen bislang letzten und größten Hinterglasbildern den Titel *Flow* (933-2 und 933-3) (Kat. 76, 77). Bei deren Maßen von 100 x 200 cm musste er das Glas jedoch halbieren, um die Farbbilder unbeschadet vom Untergrund abnehmen zu können. Richters abstrakten Bildern hinter Glas ist etwas Geheimnisvolles eingeschrieben. Sie erinnern an Achate oder Luftaufnahmen der Erde (vgl. das Kapitel *Natur und Material. Landschaftliche Abstraktionen,* S. 146–167). 2008 beschrieb der Künstler diese Eigenschaft, auch im Nonfigurativen etwas erkennen zu wollen: „Wie wir es bei jedem anderen Bild, bei jedem Anblick überhaupt tun, wir suchen es ab nach Ähnlichkeiten mit Dingen oder Zuständen, die wir kennen und gespeichert haben"[2] (vgl. den Beitrag von Dietmar Elger, S. 22–33).

Jeder Motivsuche entziehen sich Richters Streifenarbeiten, die sogenannten Strips. Sie entstanden zwischen 2011 und 2013 und wurden vergleichbar den Hinterglasbildern in verschiedenen Formaten gefertigt. Was die akkuraten Drucke auf Papier zwischen Plexiglas und Alu-Dibond kaum mehr verraten, ist der Ursprung ihrer Entstehung. Alle Strips gehen auf das vielfarbige, kleinteilige *Abstrakte Bild* (724-4) aus dem Jahr 1990 (Kat. 67) zurück. Richter ließ die 92 x 126 cm große Leinwand scannen und im Anschluss nach dem Prinzip „Teilen, Spiegeln, Wiederholen" digital modifizieren. Dazu wurde die abstrakte Vorlage an der Längsachse geteilt. Jede Bildhälfte wurde im Anschluss getrennt voneinander gespiegelt und dann wiederholt. So wurden aus einem Bild zwei neue abstrakte Variationen. Nach der vertikalen Vierteilung des *Abstrakten Bildes* (724-4), dem Spiegeln und Wiederholen der vier Bildsegmente entstanden Werke, die mit ihren kleinteiligen, ornamentalen Strukturen an Muster in einem Kaleidoskop erinnern. Richter ging wie bei seinen frühen Farbtafeln in Zweierpotenzen vor: 2, 4, 8, 16, 32 bis 4096 (vgl. den Beitrag von Hubertus Butin, S. 34–45, und das Kapitel *Zufall und Konzept. Farbtafeln,* S. 88–103). Bei der computergenerierten 4096-fachen Teilung des *Abstrakten Bildes* (724-4) entstanden 0,08 mm dünne, senkrechte Streifen mit einzeln untereinander aufgereihten Farbpixeln. Jeder dieser vertikalen Bildstreifen erscheint nach der Spiegelung und vielfachen Wiederholung als Streifenbild. Der künstlerische Impetus dieser Arbeit liegt im Motivursprung sowie im Eingreifen des Malers, wenn er die Probeausdrucke im Atelier zerschneidet, die Streifen neu zusammensetzt und die Reproduktionsgröße bestimmt. Richters Streifenbilder changieren im Entstehungsprozess zwischen rationaler Mathematik und künstlerischer Neugier. Das Ergebnis ist gestochen scharf und exakt in Farbe und Form. Beim nahen Herantreten an diese Arbeiten, wie dem zehn Meter langen *Strip* (930-4) von 2013/2016 (Kat. 78), wird das Blickfeld des Betrachters vollkommen ausgefüllt, und die Streifen beginnen sich scheinbar zu bewegen. Mit seinen technisch perfekt gedruckten Streifenbildern führt Gerhard Richter das menschliche Sehvermögen an seine physischen Grenzen und hinterfragt wie bereits in den späten 1960er Jahren das Sehen als Wahrnehmung und das Medium „Bild" als Abbild der Wirklichkeit.

[1] Gerhard Richter: Notizen 1985, in: Richter 2008, S. 140–144, hier S. 141.

[2] Gerhard Richter: Abstrakte Bilder müssen eine Richtigkeit haben. Gerhard Richter im Gespräch mit Ulrich Wilmes, in: Wilmes 2009, S. 45–55, hier S. 49.

75 *Spiegel, grau* (735-3), 1991
Farbig beschichtetes Glas, gerahmt, 280 x 165 cm
Privatsammlung

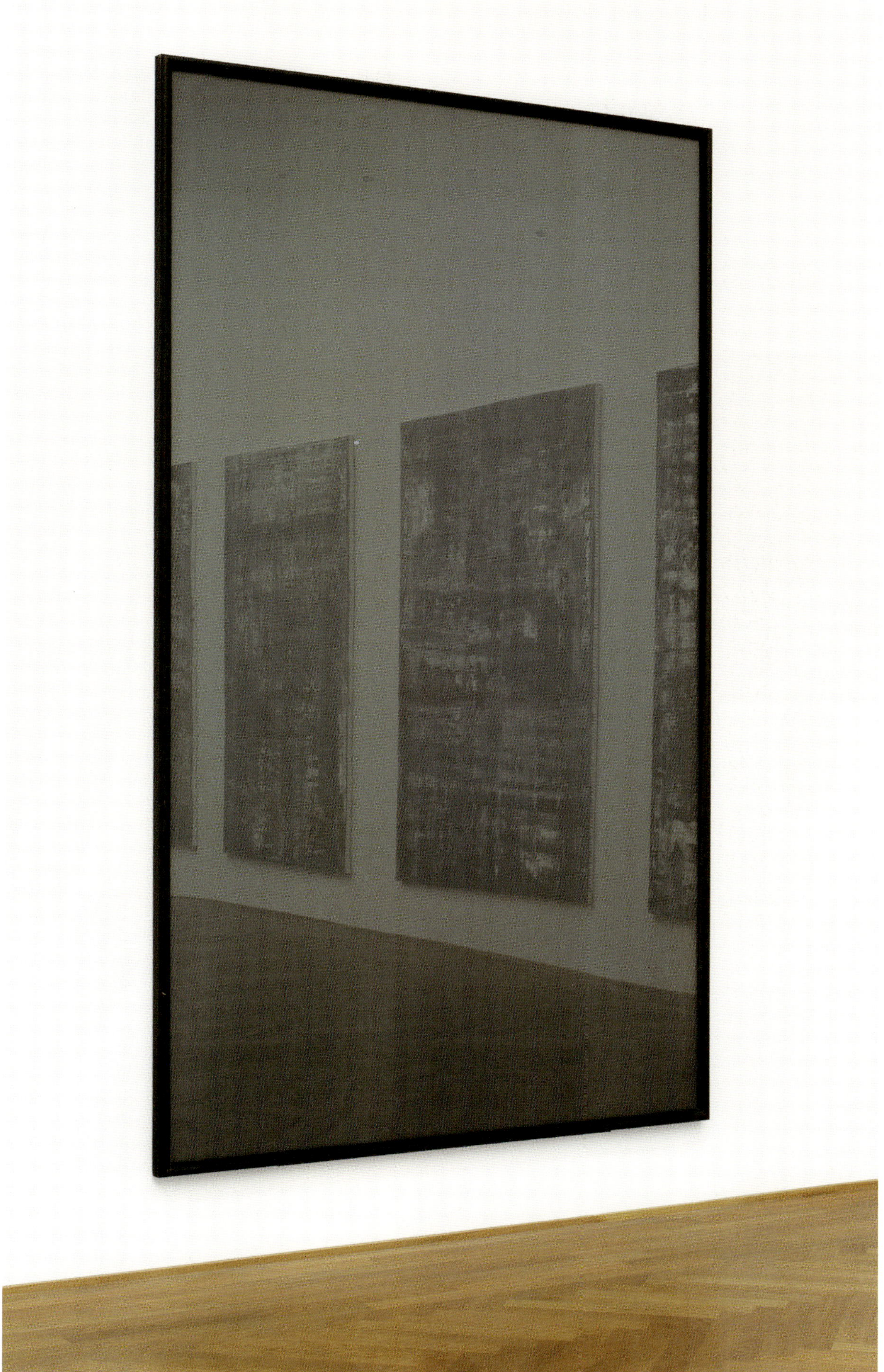

76 *Flow*, 2013/2016
Digitaldruck auf Papier hinter Glas auf Alu-Dibond, 100 x 200 cm
Privatsammlung

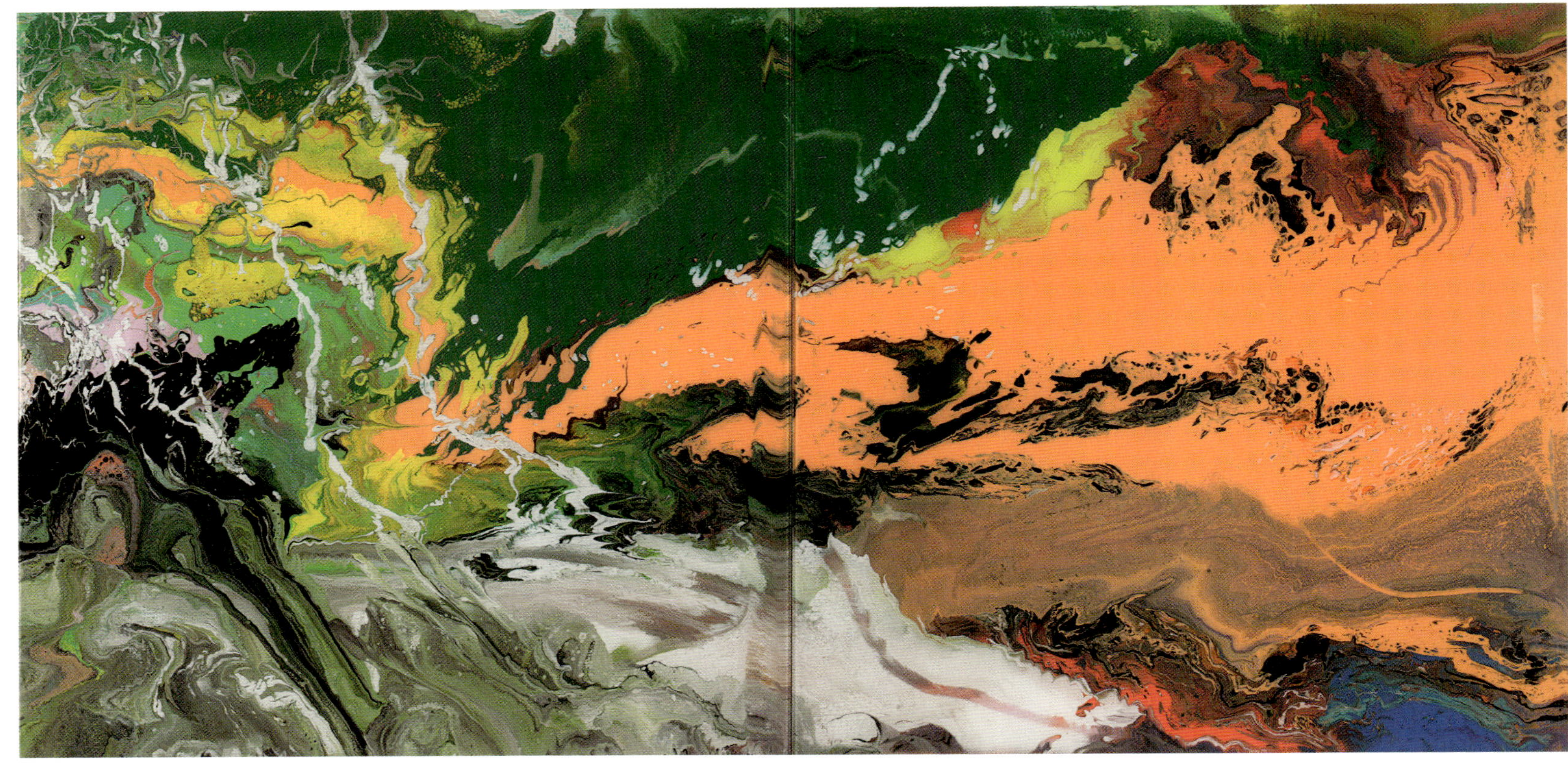

77 *Flow* (933-3), 2013
Lackfarbe hinter Glas auf Alu-Dibond, 100 x 200 cm
Privatsammlung

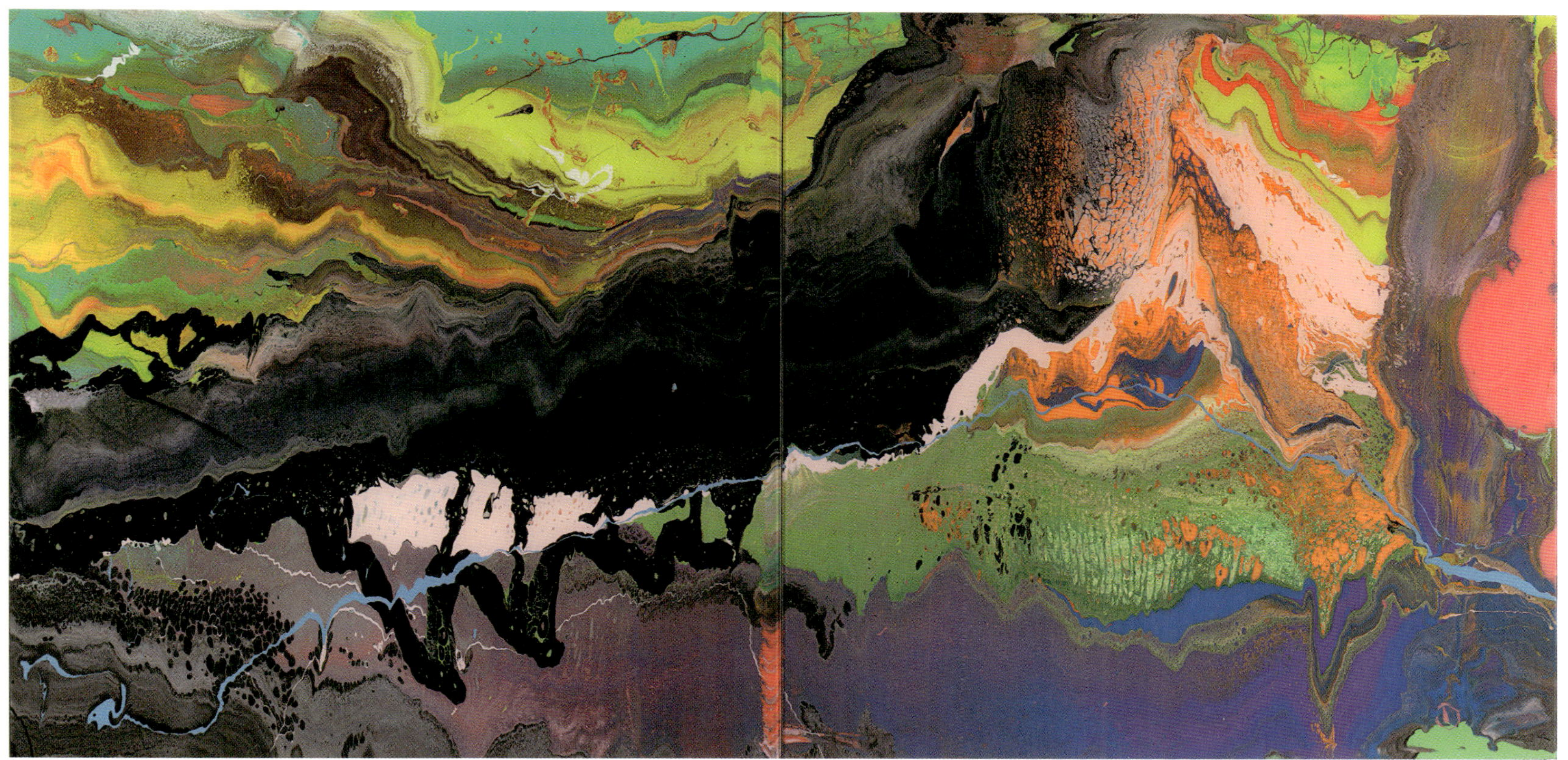

78 *Strip* (930-4), 2013/2016
Digitaldruck auf Papier zwischen Alu-Dibond und
Acrylglas, 200 x 1000 cm (4 Tafeln, je 200 x 250 cm)
Privatsammlung

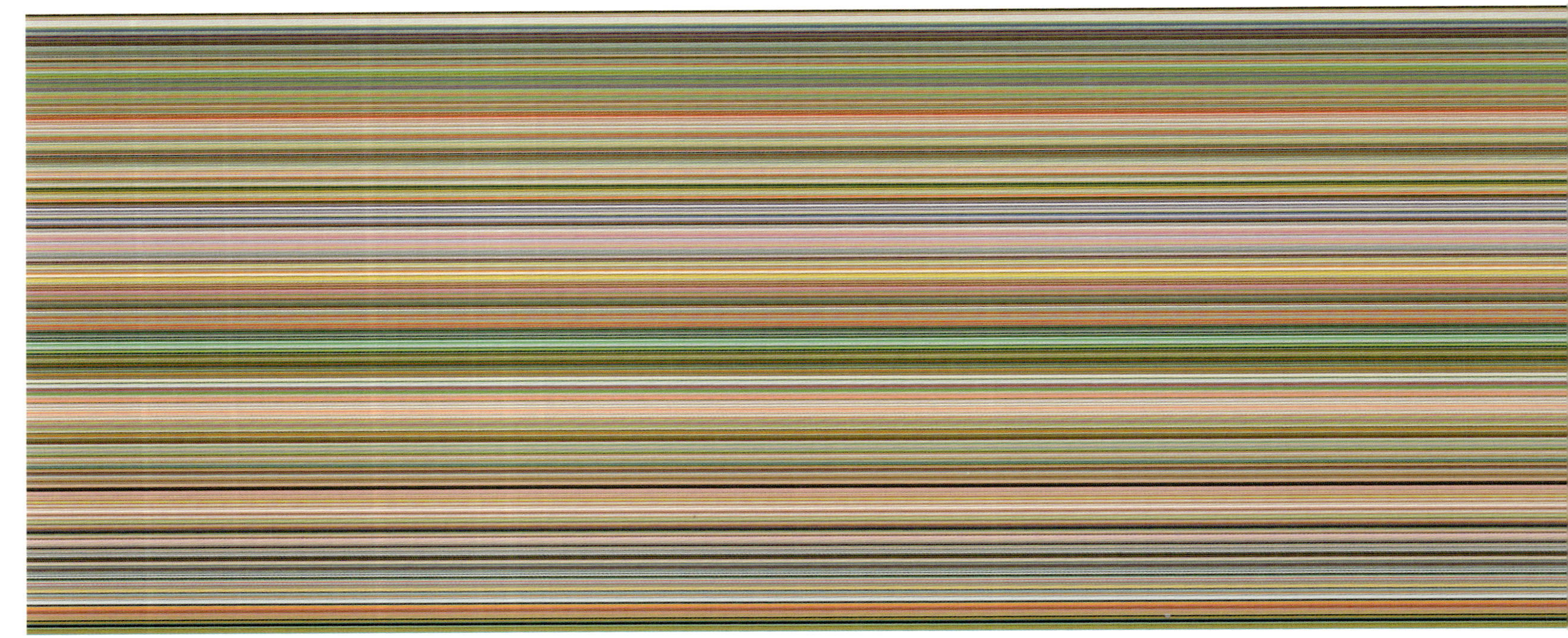

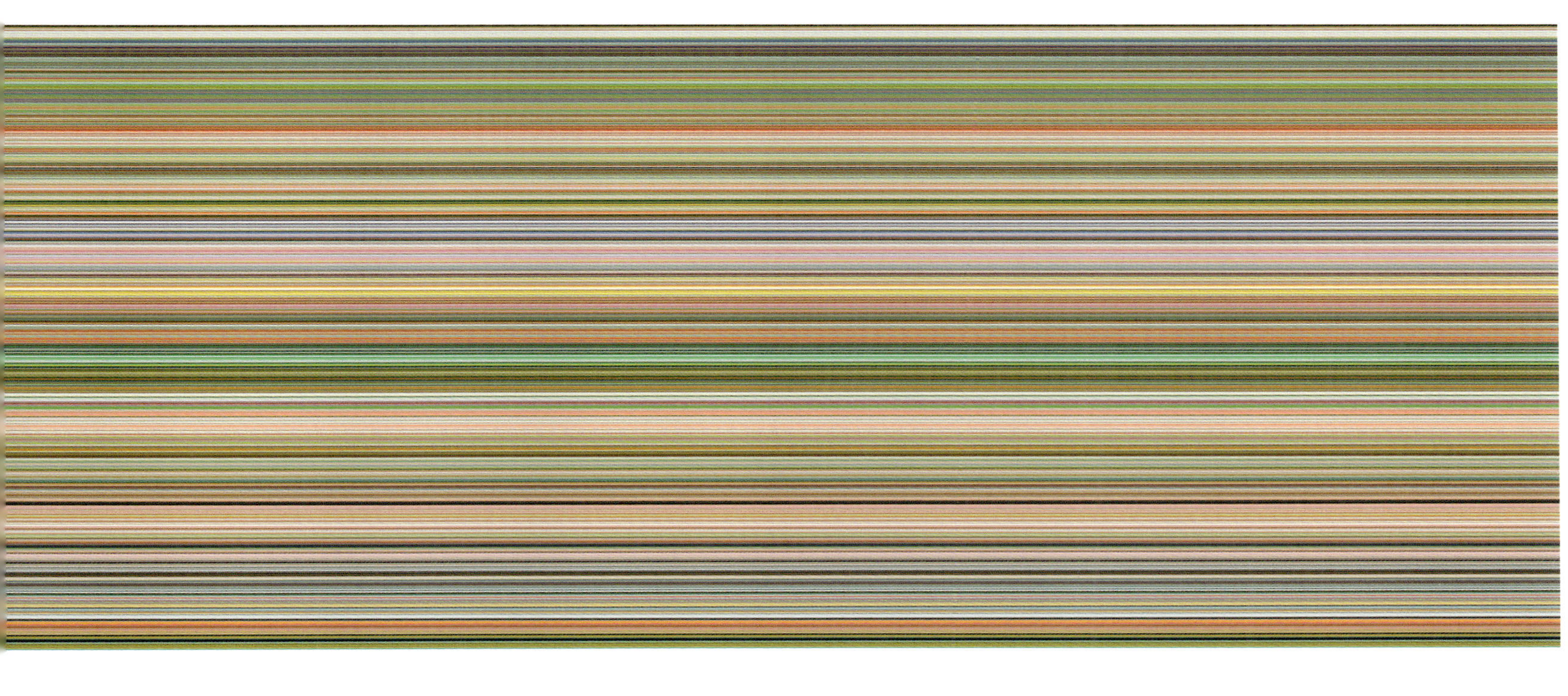

79 *7 Scheiben (Kartenhaus)* (932), 2013
Glas- und Stahlkonstruktion,
7 Glasscheiben, je 270 x 180 cm,
Gesamtmaß 257 x 650 x 360 cm
Privatsammlung

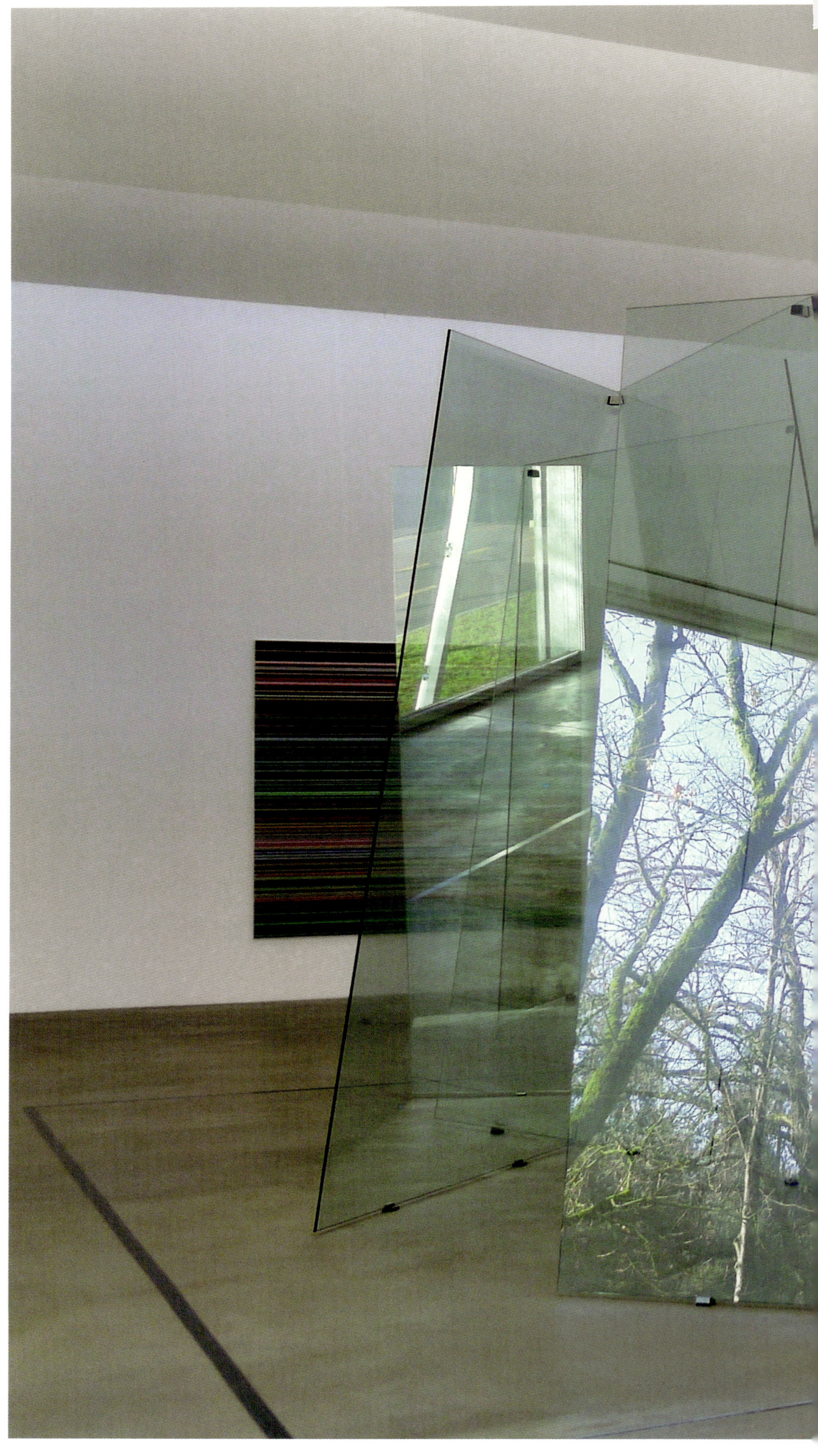

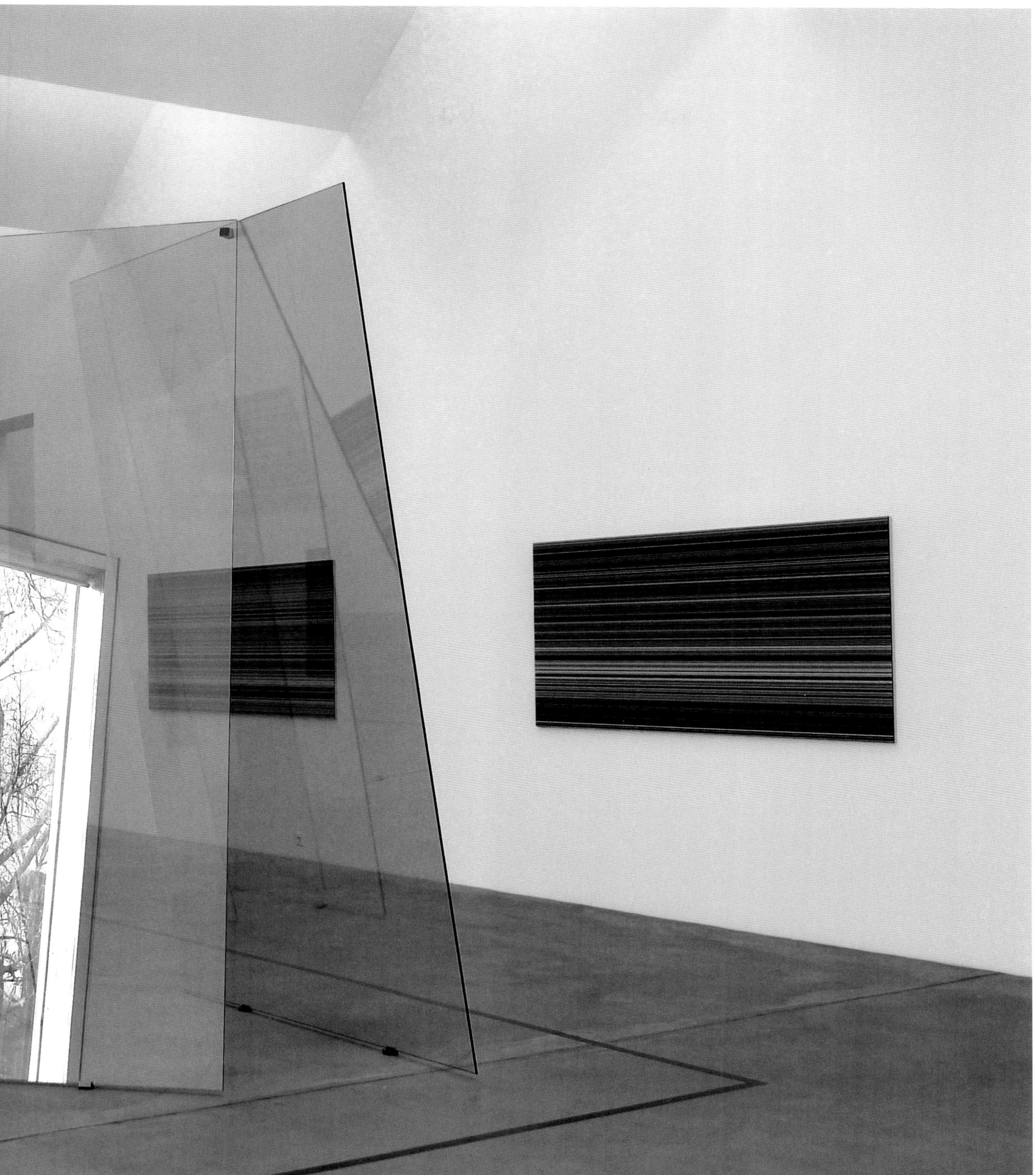

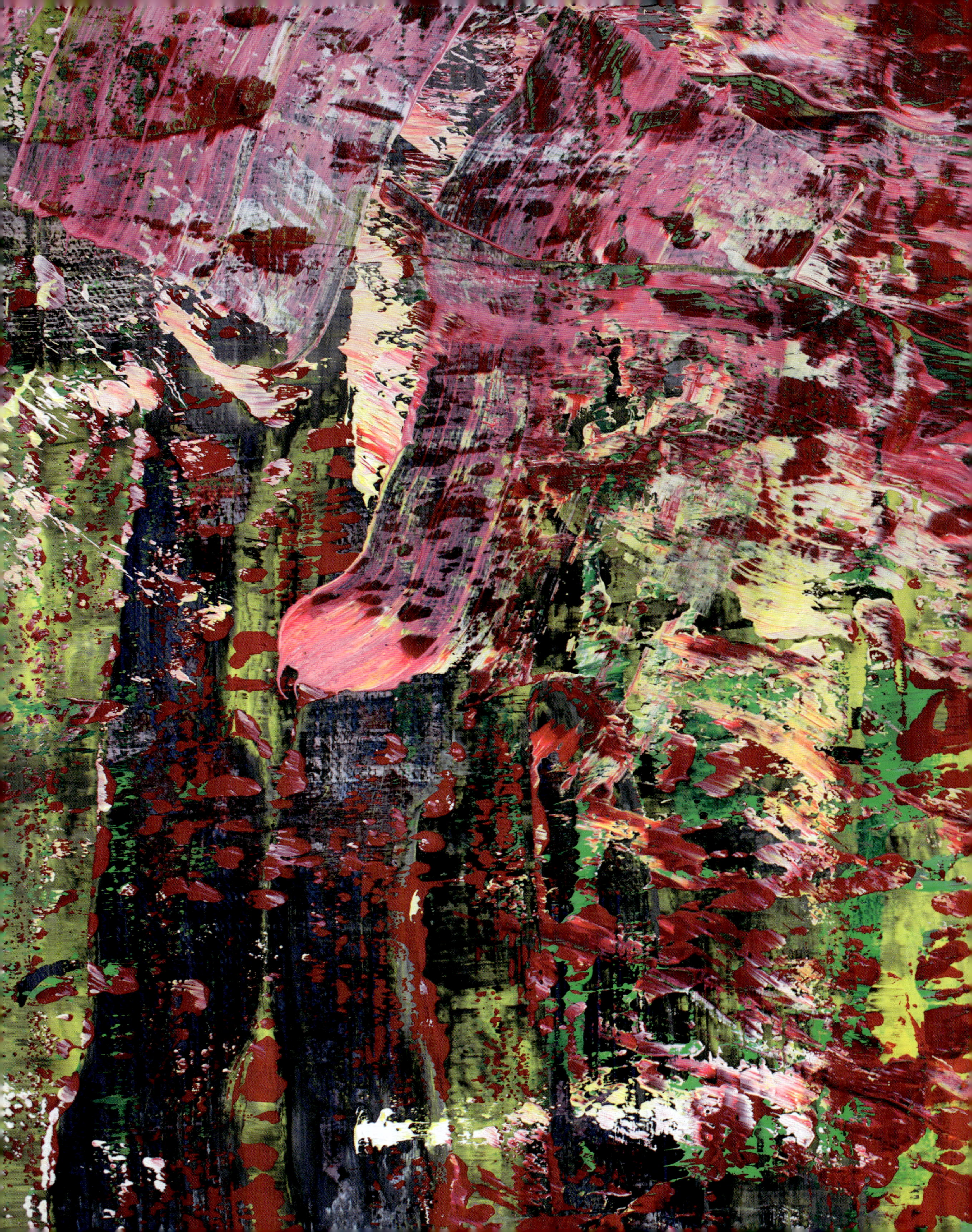

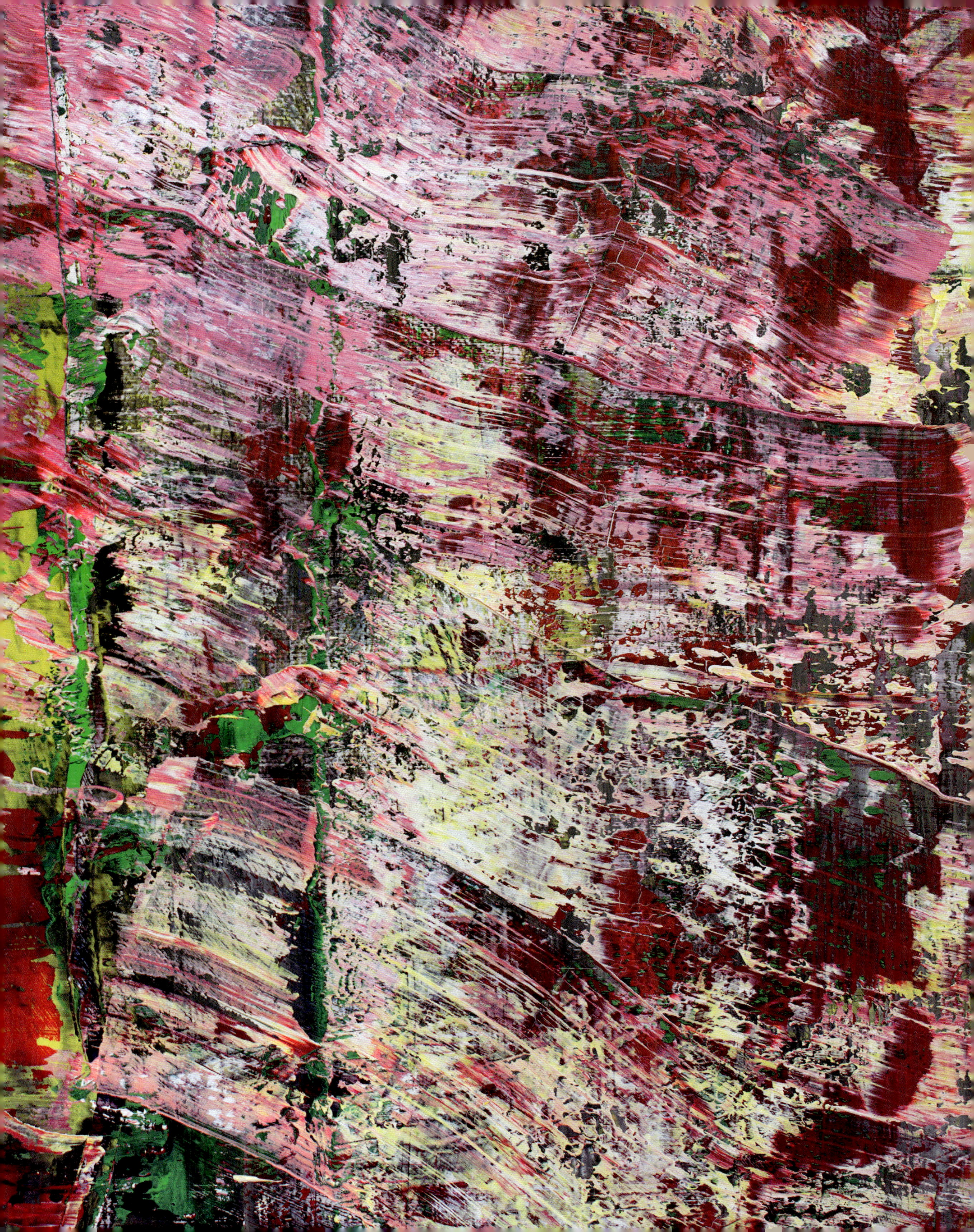

Neue Abstrakte Bilder 2005–2017

Kerstin Küster

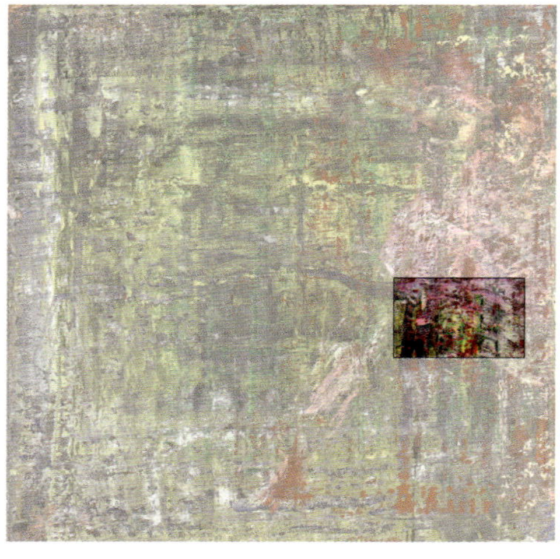

Kat. 85

Richters jüngste Gemälde setzen die Prinzipien der Abstrakten Bilder fort. Schichtungen und Übermalungen von zum Teil nach Photovorlagen entstandenen Motiven dehnen die Zeit des Malprozesses. Dabei variieren die Formate stärker, weil der Künstler mit verschiedenen Malgründen und Malwerkzeugen experimentiert. Die leuchtenden Farben bringen die Erfahrungen der Hinterglasbilder und der Strips ein. Neue Malwerkzeuge zielen darauf, eine lebendig vibrierende Oberfläche zu erzeugen, die die Farben zum Flirren bringt und den Bildern große Leichtigkeit verleiht. Richters neue Bilder zeugen von der beständigen Rückbesinnung und Weiterentwicklung seiner künstlerischen Ideen und Methoden.

Zwischen 2005 und 2009 malte Gerhard Richter die Serien *Wald* (892-1 bis 892-12) (The Museum of Modern Art, New York) und *Cage* (897-1 bis 897-6) (Tate Modern, London) sowie zahlreiche, fast monochrom weiße Abstrakte Bilder, die sich durch eine hermetische Geschlossenheit auszeichnen. Den langwierigen Malprozess dieser Abstrakten Bilder hielt die Regisseurin Corinna Belz 2011 in ihrem Dokumentarfilm *Gerhard Richter Painting* fest (Abb. S. 61).[1] In dieser Zeit entstand auch das monumentale *Kölner Domfenster* (900) von 2007 (Abb. S. 44), für dessen Realisierung Richter erstmals digitale Bildbearbeitung einsetzte. Ab 2008 wandte er sich zeitweise fast gänzlich von der Malerei auf Leinwand ab und experimentierte mit Lackfarben in den Hinterglasbildern (Kat. 76, 77) und mit digitalen Techniken in den Strips (Kat. 78, vgl. das Kapitel *Transparenz und Reflexion. Spiegel, Glas und Strips,* S. 194–207).

Erst ab 2014 griff Richter erneut auf Pinsel und Rakel zurück und stellte wieder Leinwände in sein Atelier. Im Gemäldezyklus *Birkenau* (937-1 bis 937-4) (Privatsammlung) setzte sich Richter mit dem Holocaust auseinander. Er übertrug vier Photographien – aufgenommen von einem jüdischen Häftling im August 1944 im Vernichtungslager Auschwitz-Birkenau – auf vier je 260 x 200 cm große Leinwände. Diese Dokumentarphotographien waren 2007 durch Georges Didi-Hubermans Buch *Bilder trotz allem* in das Bewusstsein der Öffentlichkeit gerückt worden.[2] Nachdem Richter drei der realistischen Gemälde abgeschlossen hatte, überrakelte er die Leinwände. Schicht für Schicht rückten die Motive damit in den Hintergrund, bis sie unter einem düsteren, abstrakten Farbteppich, der von aufblitzenden Kontrasten in Rot und Grün rhythmisiert wird, verschwanden. Diese Bilder führen Richters Auseinandersetzung mit den Verbrechen des Nationalsozialismus aus den frühen 1960er Jahren fort, die ihm ein anhaltendes persönliches Bedürfnis ist.[3]

Unmittelbar nach Fertigstellung des *Birkenau*-Zyklus wandte sich Richter einem weniger aufgeladenen, „schönen" Thema zu, das er in der Landschaft fand. Landschaftsmalerei ist für Richter seit jeher mit Sehnsucht verbunden,[4] und er fertigte zwei Seestücke nach privaten Urlaubsphotos. Richter setzte die Küstenmotive mit der dunklen Brandung, dem tiefliegenden Horizont und dem wolkenverhangenen grauen Himmel auf den 144 x 220 cm großen Leinwänden realistisch düster und bewegt verschwommen malerisch um. Wie bei den *Birkenau*-Bildern überdeckte Richter das realistische Motiv, indem er es nahezu vollständig überrakelte. An die ursprüngliche Komposition erinnern in den *Abstrakten Bildern* (943-1 und 943-2) von 2016 (Kat. 80, 81) nur noch eine vage Horizontlinie und ein landschaftlicher Habitus. Im Gegensatz zu *Birkenau* sind Richters Farbwahl und Farbauftrag in diesen Gemälden lebendiger. Die komplementären Farben Gelb und Violett stoßen im *Abstrakten Bild* (943-1) unvermittelt aufeinander (Kat. 80). Vertikale und horizontale Farbschichten in Rot, Gelb und Grün verbinden sich im *Abstrakten Bild* (943-2) zu einer leuchtenden, offenen Farbstruktur (Kat. 81).

Die seitdem entstandenen abstrakten Werkgruppen zeichnen sich durch eine dynamische Oberfläche aus, die Leichtigkeit suggeriert. Intensive Farbigkeit und ein komplexes Gefüge aus Farbschichten und Bearbeitungsspuren bestimmen ihre Wirkung. Richter experimentierte mit Bildformaten, Techniken, Malgründen und der Farbe, die er in Kolorit und Struktur variierte. Er griff auf altbewährte Malutensilien zurück, setzte diese aber im Arbeitsprozess freier ein. Er malte auf Holz, Aluminium und Leinwand, wobei die Maße von 50 x 50 bis 200 x 200 cm wechselten. Die Rakel führte er nur noch teilweise und in beliebiger Richtung über die Bildfläche. Mit dem Pinsel setzte er pointierte Lineaturen auf der Oberfläche der Bilder. Neu war der Einsatz eines Küchenmessers, mit dessen scharfer Klinge er die Farbe bis auf den Grund der Leinwand abschabte wie in den *Abstrakten Bildern* (950-3 und 950-4) von 2017 (Kat. 83, 84). Der Farbauftrag ist ungewohnt pastos. Die Rakel setzte er an den vier Ecken der Leinwände mit variiertem Druck und unterschiedlicher Ausrichtung an. Dadurch weisen die Bilder verwischte, überlagerte und abgekratzte Partien auf und bringen Techniken aus früheren abstrakten Werkserien zusammen (vgl. das Kapitel *Farbe und Schichtung. Abstrakte Bilder 1986–2005,* S. 168–193). Auch die Dynamik der Farbe in den Hinterglasbildern (Kat. 76, 77) findet hier ein Echo. Wie die früheren Abstrakten Bilder ermöglichen auch die jüngsten Abstraktionen große sinnliche Erfahrung.

[1] Vgl. Belz 2011.

[2] Georges Didi-Huberman: *Bilder trotz allem,* München 2007, erstmalig in Frankreich erschienen 2003 unter dem Titel *Images malgré tout.*

[3] Vgl. Buchloh 2016.

[4] Gerhard Richter: Interview mit Dorothea Dietrich (1985), in: Richter 2008, S. 145–159, hier S. 146.

80 *Abstraktes Bild* (943-1), 2016
Öl auf Leinwand, 144 x 220 cm
Privatsammlung

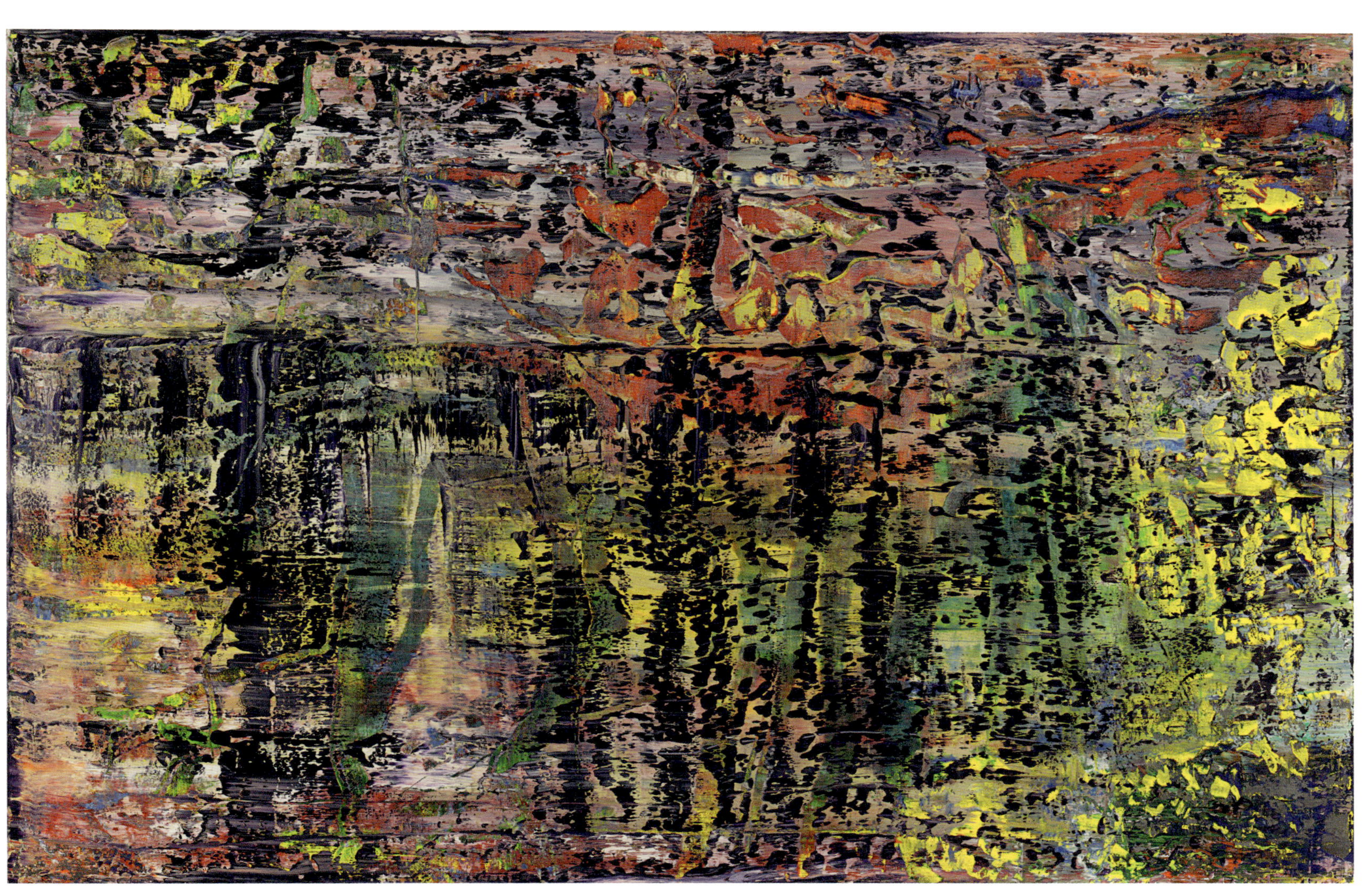

81 *Abstraktes Bild* (943-2), 2016
Öl auf Leinwand, 144 x 220 cm
Gion Collection, Japan,
Courtesy of Wako Works of Art

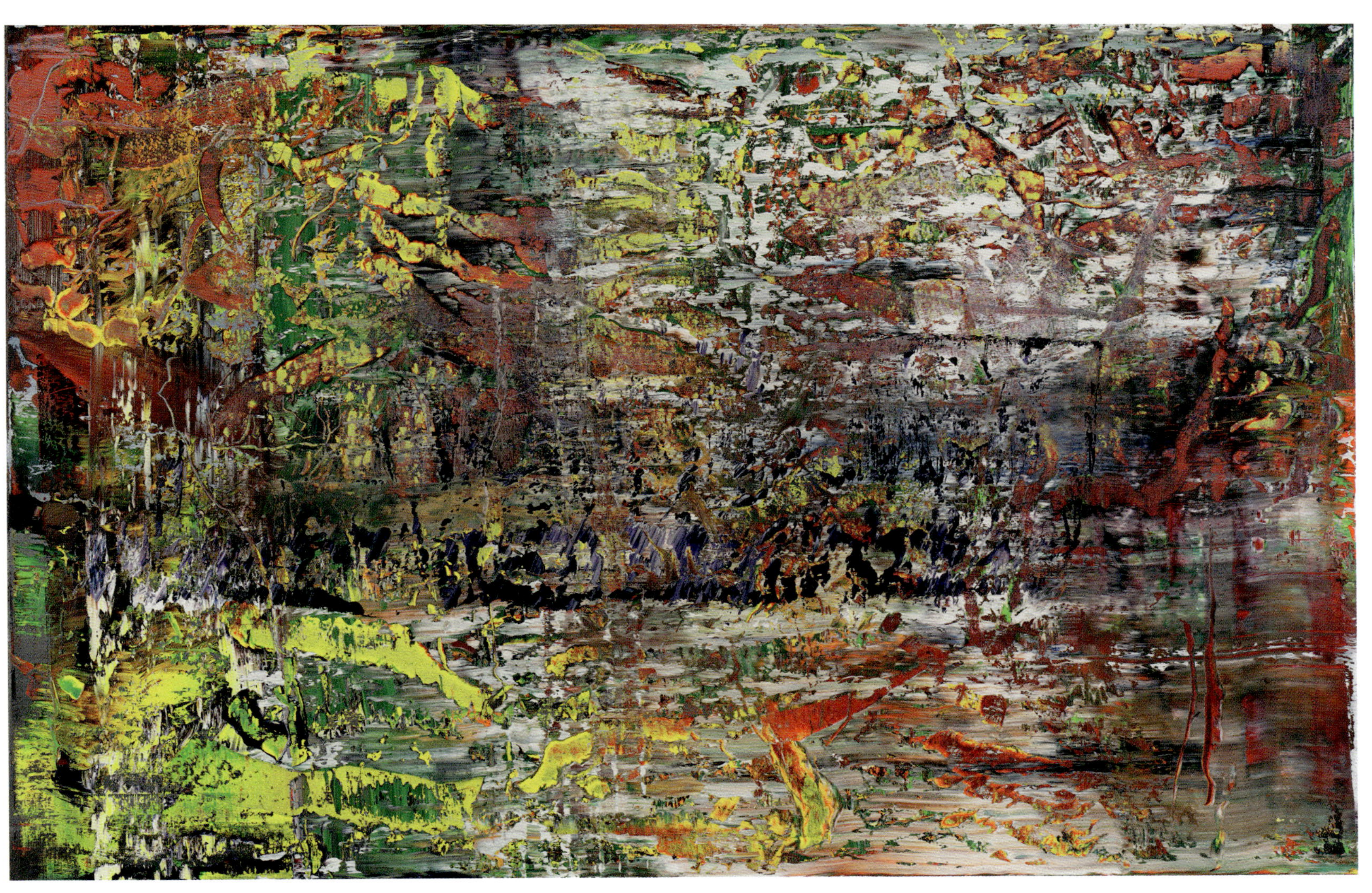

82 *Abstraktes Bild* (946-3), 2016
Öl auf Leinwand, 175 x 250 cm
Privatsammlung

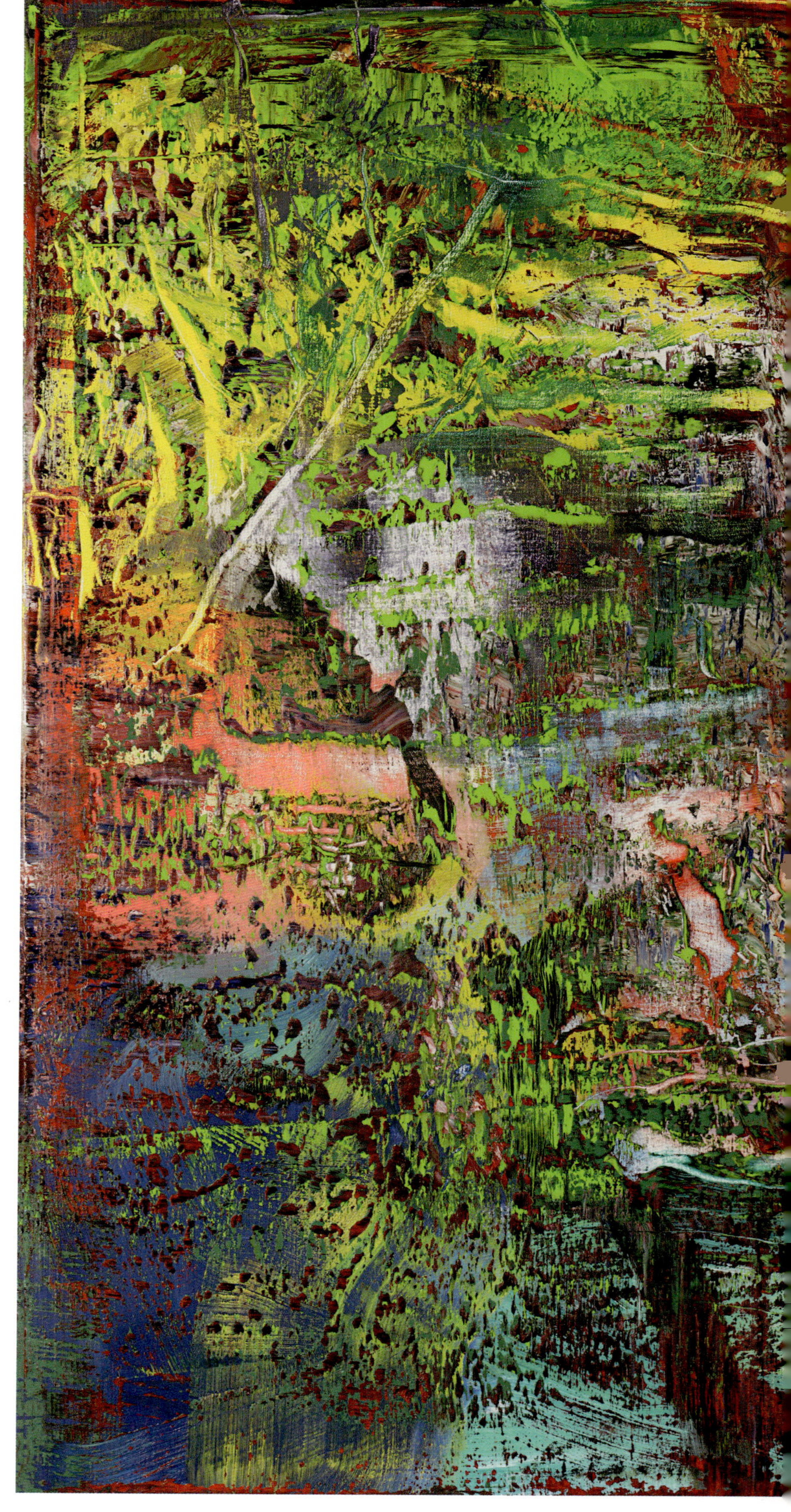

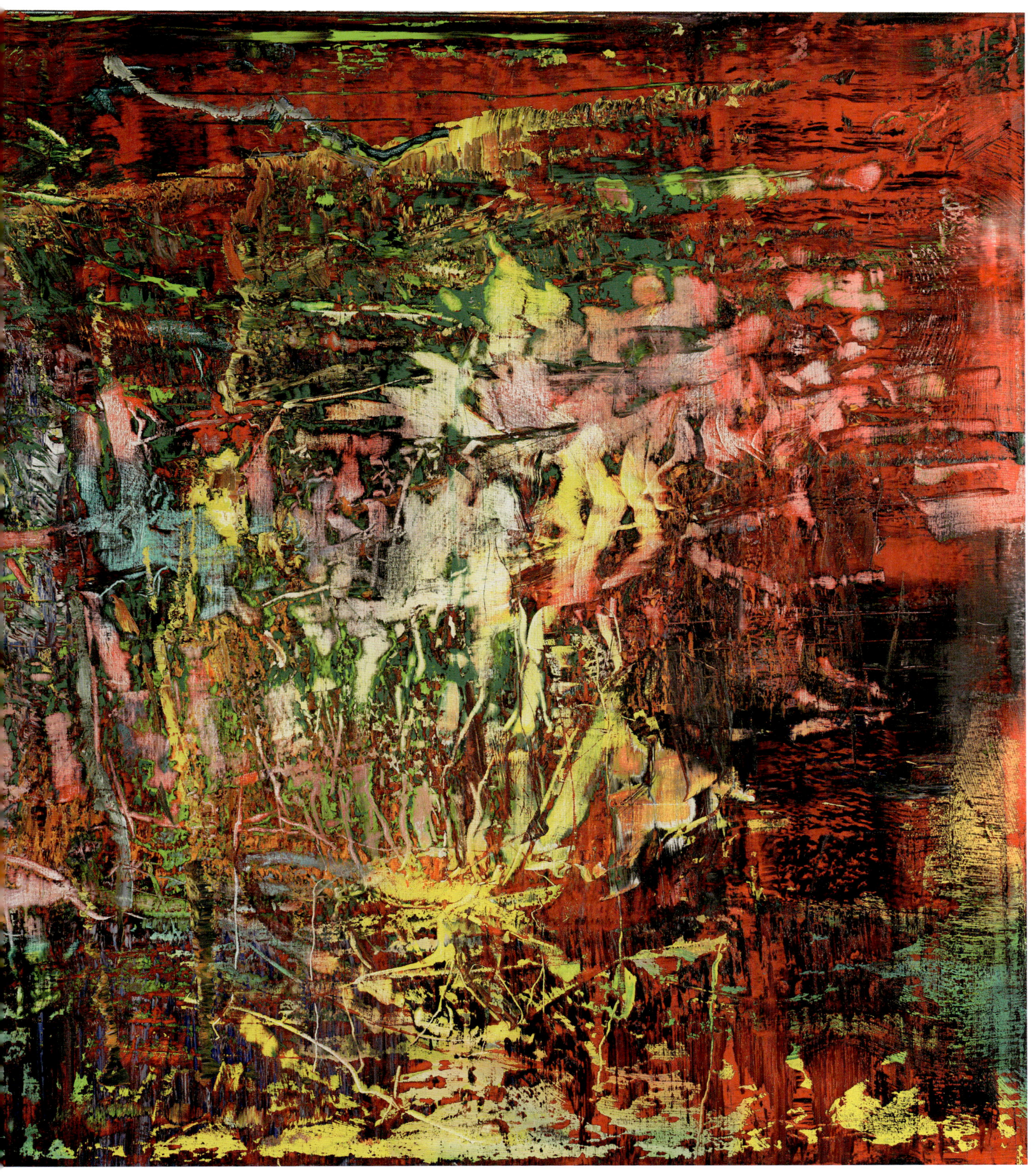

83 *Abstraktes Bild* (950-3), 2017
Öl auf Leinwand, 120 x 120 cm
Privatsammlung

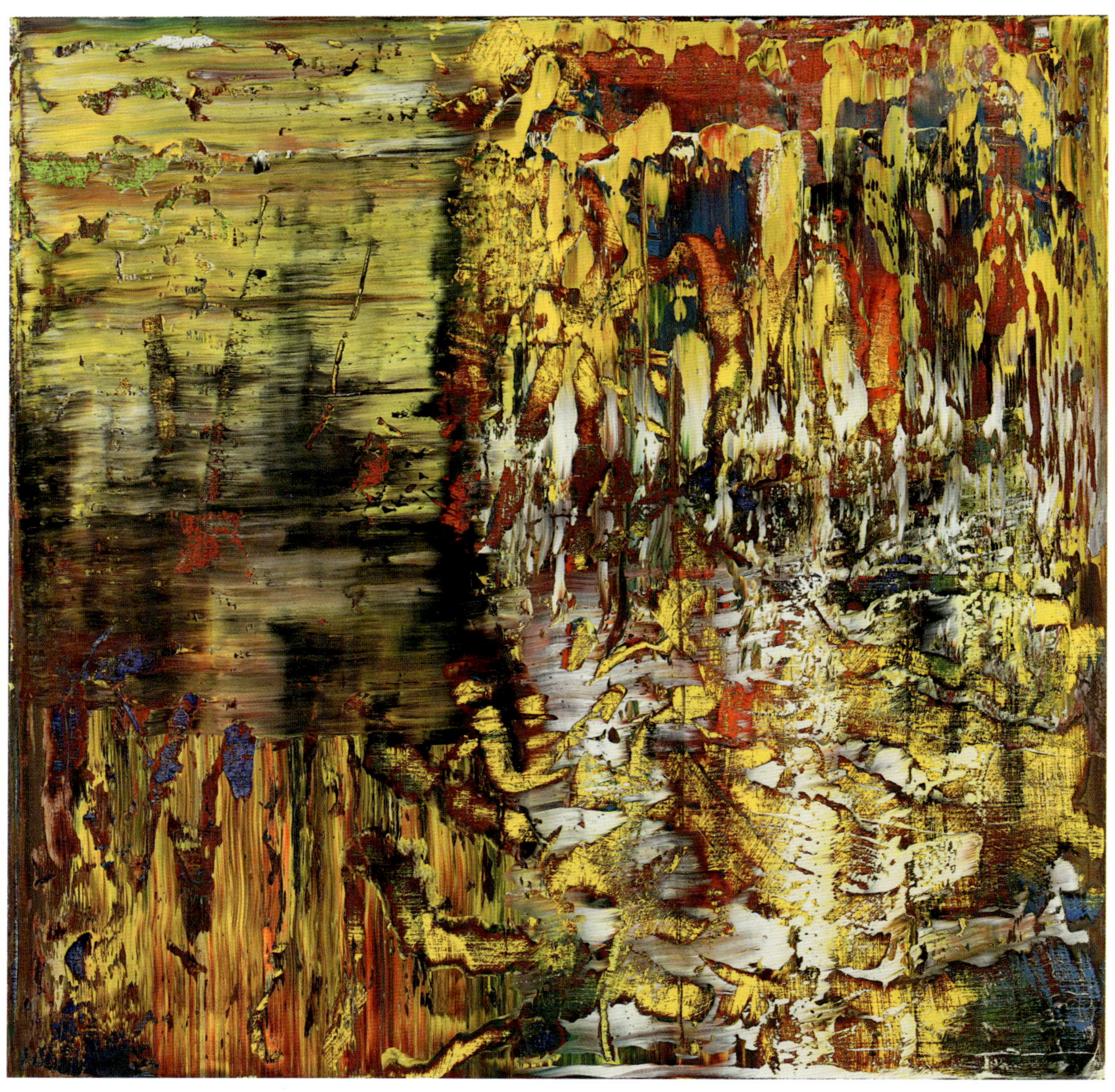

84 *Abstraktes Bild* (950-4), 2017
Öl auf Leinwand, 120 x 120 cm
Privatsammlung

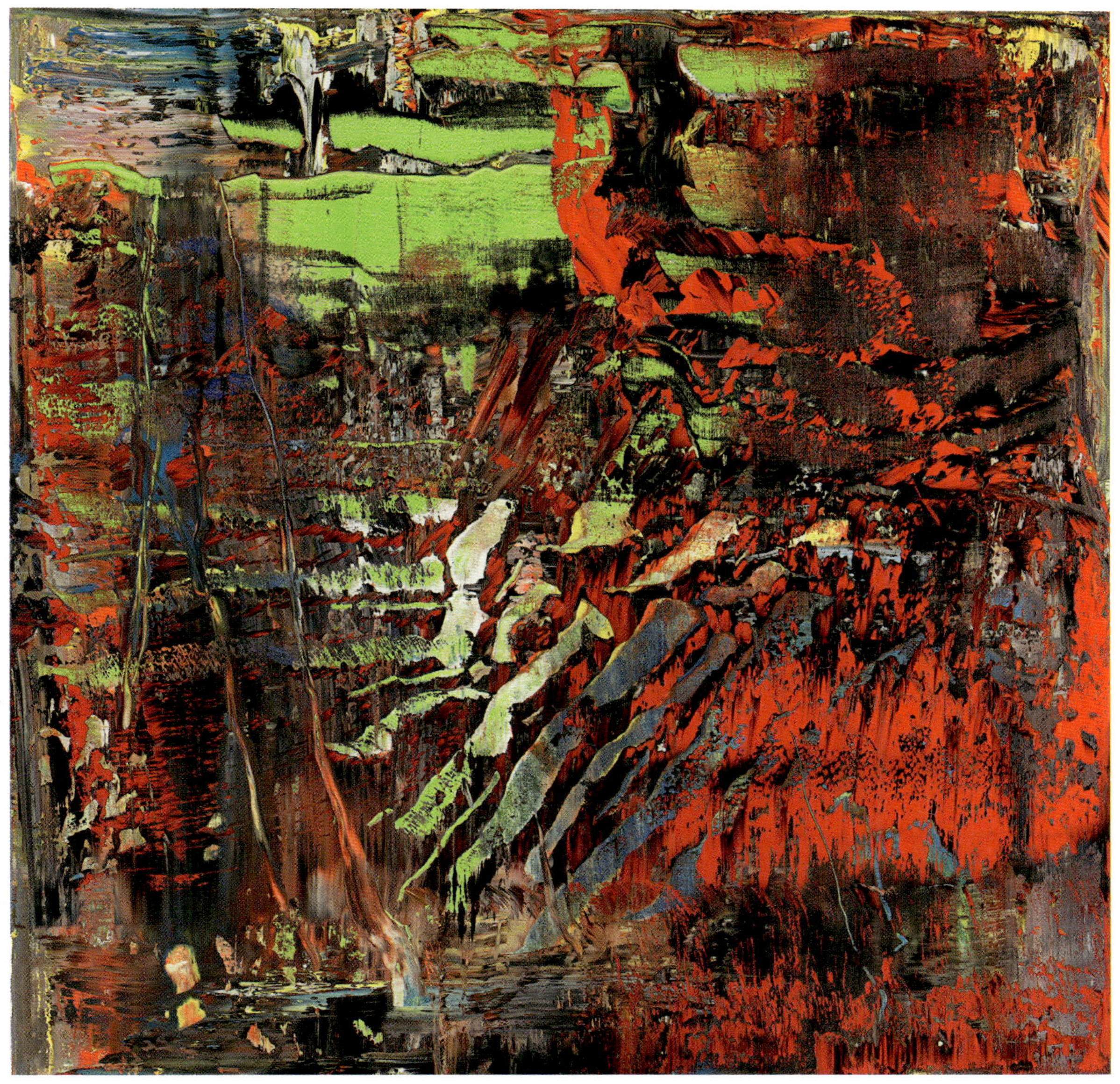

85 *Abstraktes Bild* (952-2), 2017
Öl auf Leinwand, 200 x 200 cm
Privatsammlung

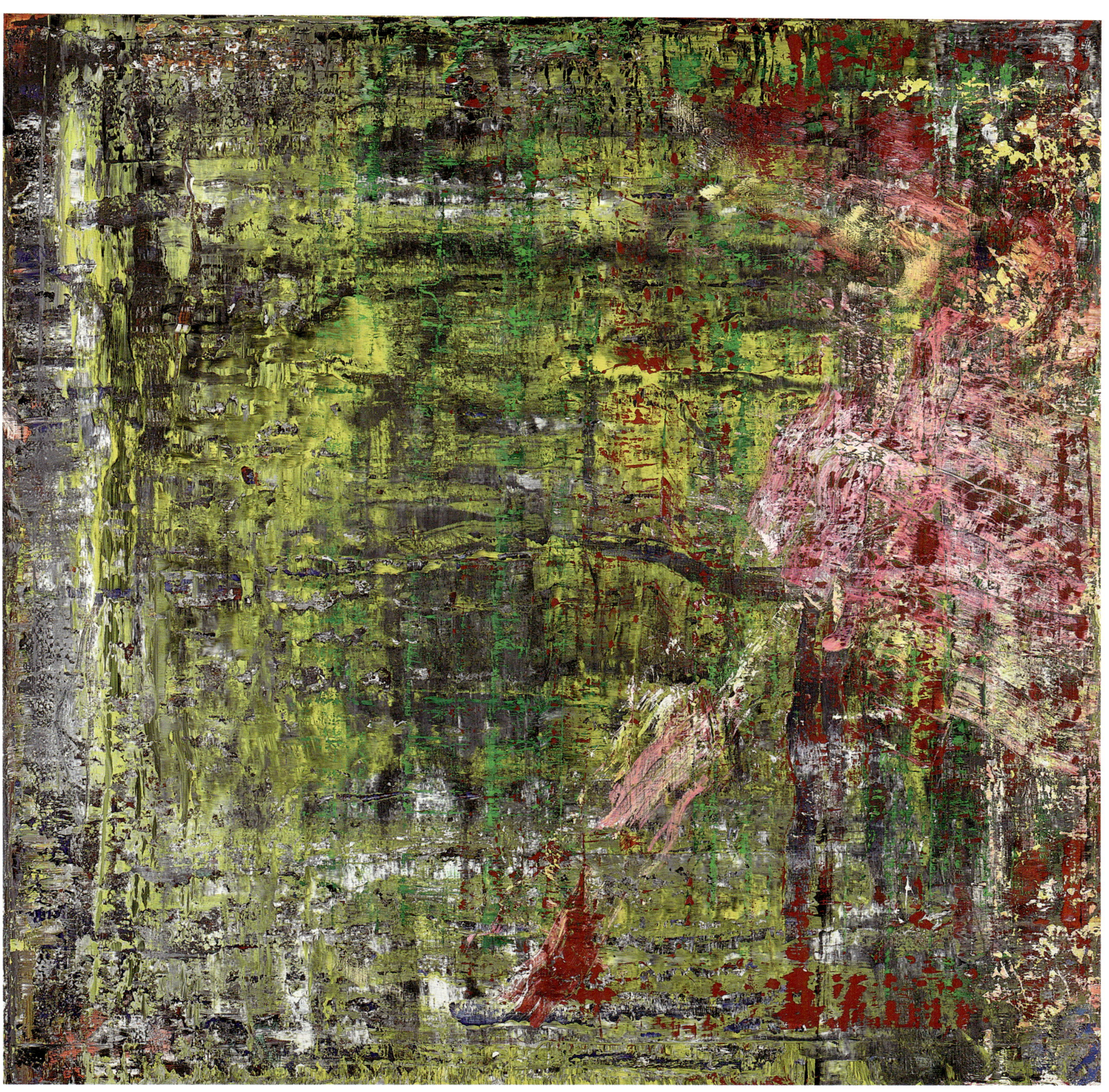

86 *Abstraktes Bild* (952-3), 2017
Öl auf Leinwand, 200 x 200 cm
Privatsammlung

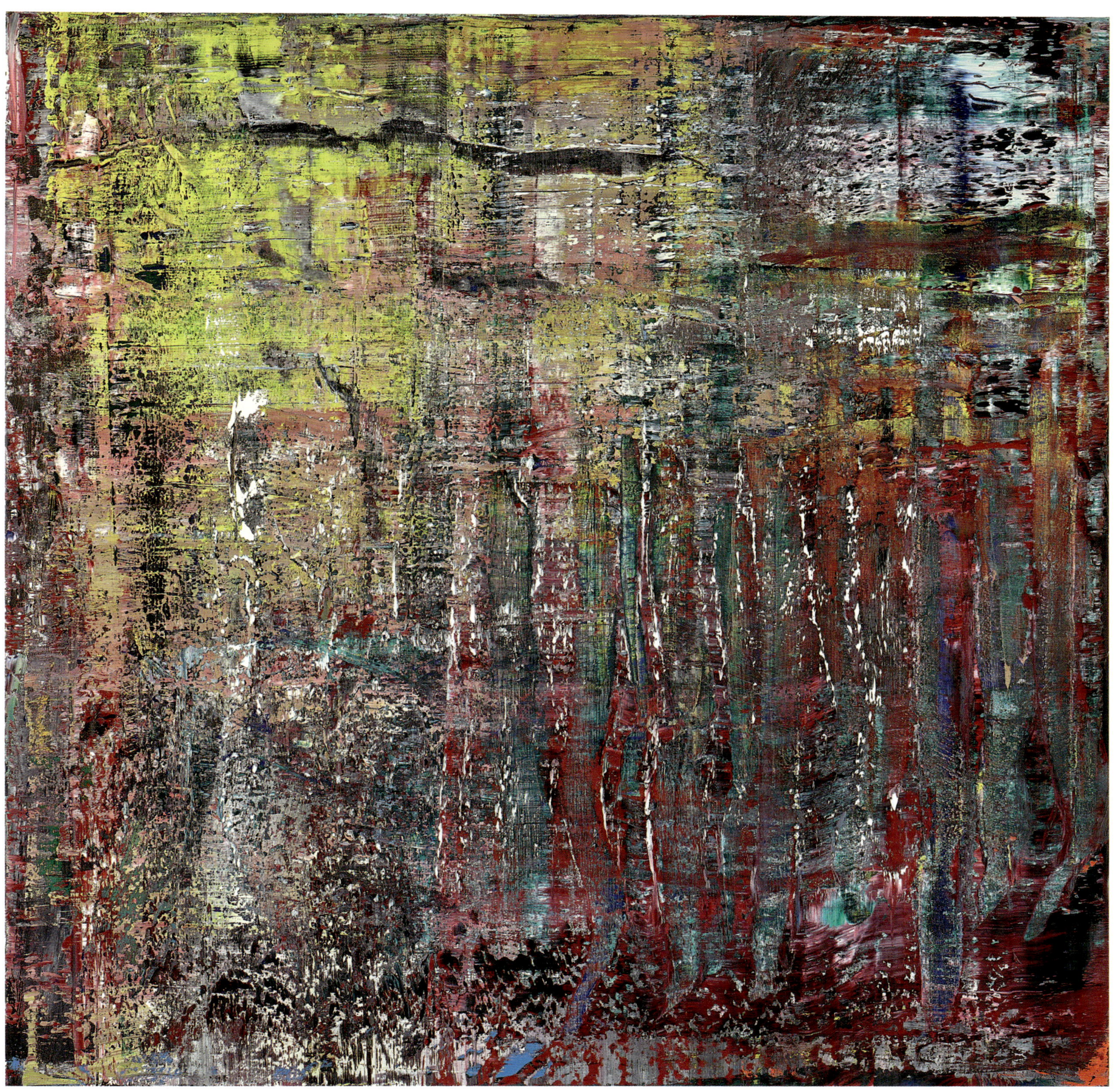

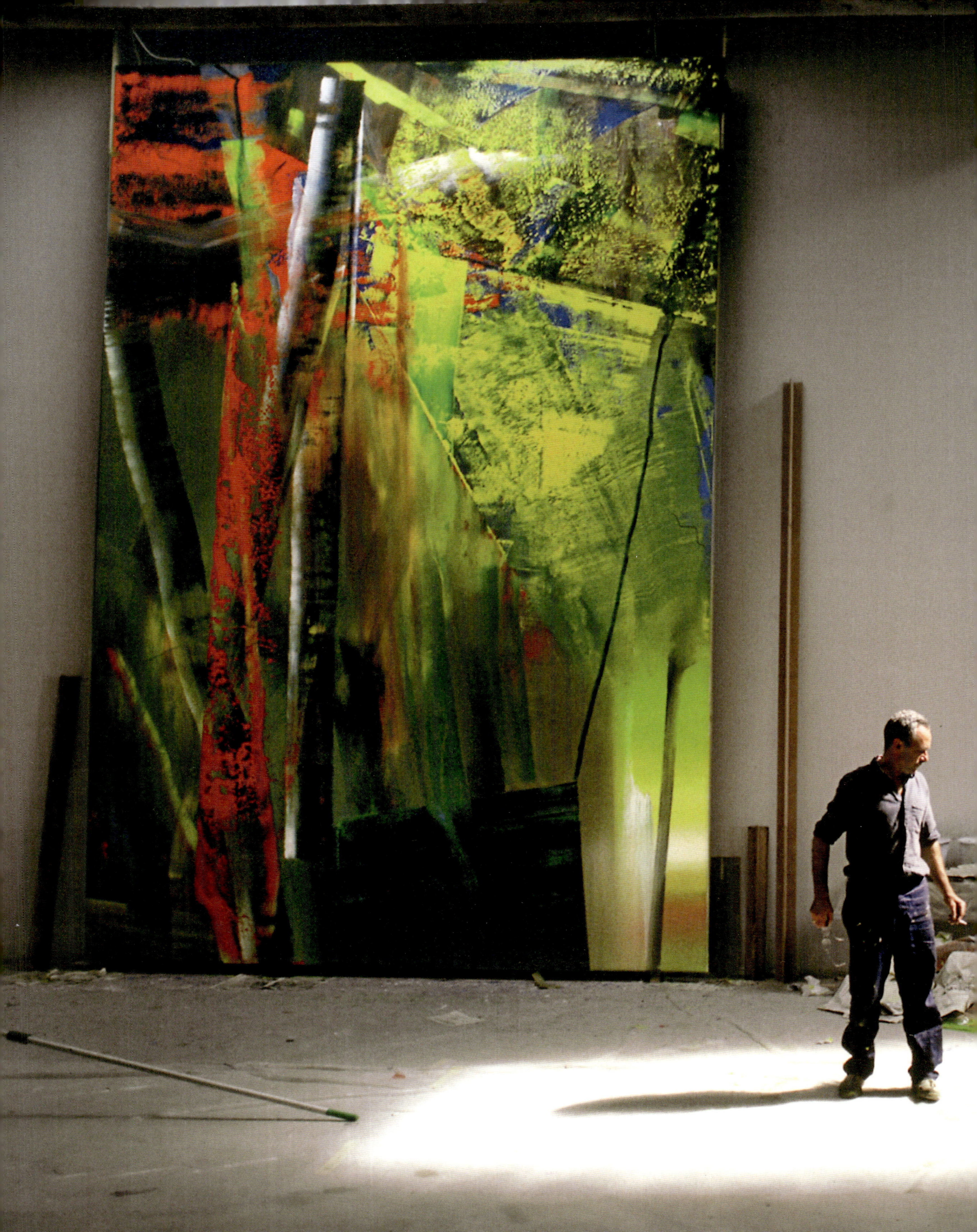

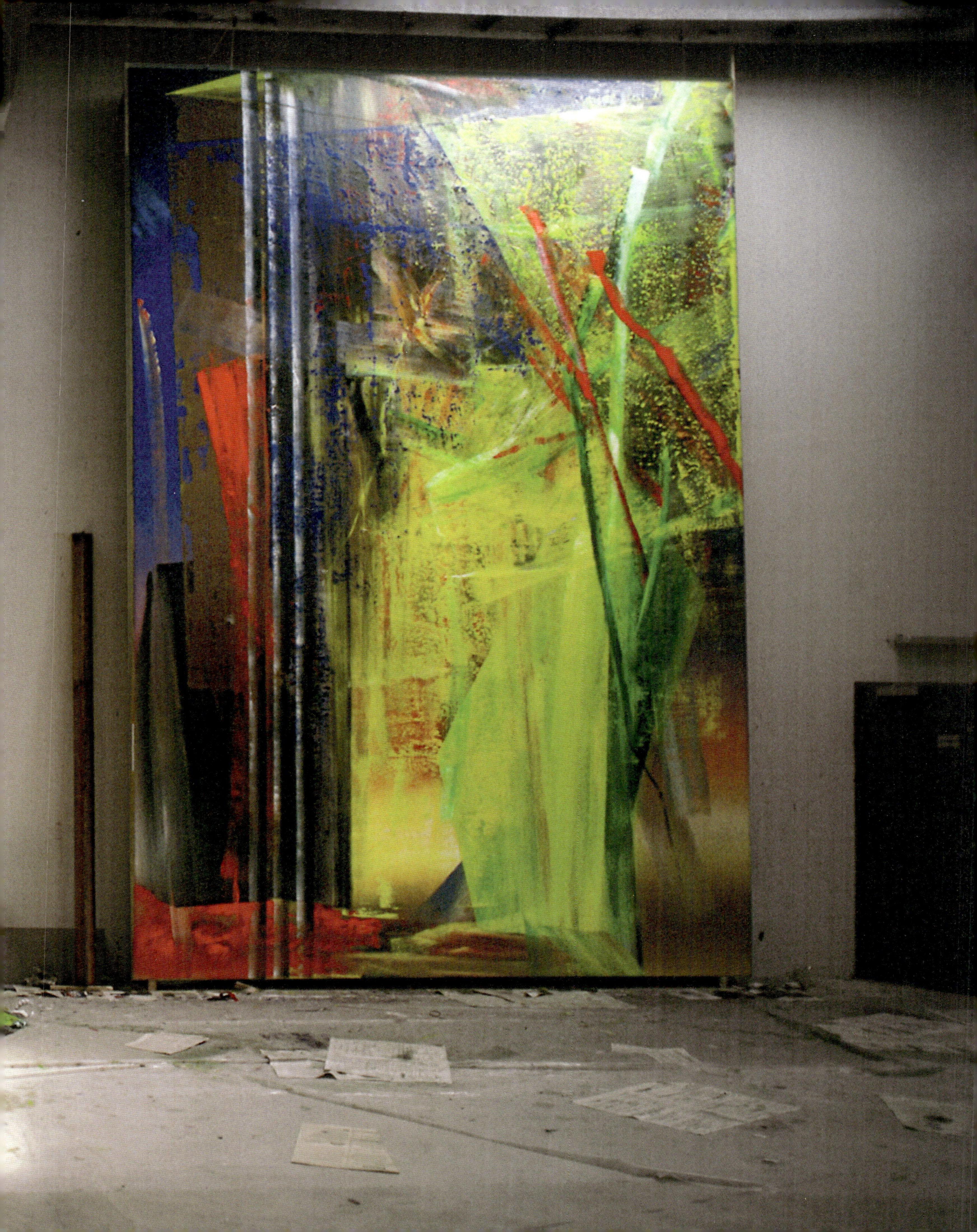

Biographie
Gerhard Richter

vorherige Doppelseite:
Timm Rautert: *Gerhard Richter*, Düsseldorf, 1986
Der Künstler bei der Arbeit an *Victoria I* (601) und *Victoria II* (602)
Courtesy of Parrotta Contemporary Art, Köln

1932 Gerhard Richter wird am 9. Februar in Dresden geboren.
Er wächst in Reichenau (heute: Bogatynia, Polen) und Waltersdorf in der Oberlausitz in Sachsen auf.

1939 Einberufung des Vaters Horst Richter zum Wehrdienst. Nach Jahren an der Ost- und Westfront kommt er in Kriegsgefangenschaft, aus der er im August 1945 entlassen wird.

1944/45 Richter fertigt erste künstlerische Arbeiten, schreibt Gedichte und photographiert.

1946 Aus finanziellen Gründen muss Richter die Oberschule in Zittau verlassen.
Er besucht kurzfristig die Volksschule in Waltersdorf und ab September die Wirtschaftsschule in Zittau.

1948/49 Abschluss der Wirtschaftsschule in Zittau mit der Mittleren Reife.
Richter arbeitet kurzfristig als Gehilfe in einem Werbe- und Anzeigenbüro in Zittau.

1950 Beginn einer Ausbildung im Malersaal des Stadttheaters Zittau.
Zum Wintersemester 1950/51 bewirbt sich Richter an der Hochschule für Bildende Künste Dresden, wird aber abgelehnt.
Tätigkeit als Betriebsmaler bei der Deutschen Werbe- und Anzeigengesellschaft (DEWAG Werbung) in Zittau.

1951 Richter bewirbt sich erneut an der Dresdner Hochschule für Bildende Künste. Diesmal wird er angenommen und beginnt zum Wintersemester das Studium (Abb. 1).
An der Hochschule lernt er seine erste Frau Marianne (Ema) Eufinger kennen, die in der Modeklasse studiert.

1953 Nach Abschluss des Grundstudiums wechselt Richter zum Wintersemester 1953/54 in die Klasse für Wandmalerei von Professor Heinz Lohmar.

1955 Beginn des zweisemestrigen Diplomstudiums.
Richter reist erstmals in die Bundesrepublik, wo er Hamburg und München besucht, sowie nach Paris.

1956 Als seine Diplomarbeit entsteht die Wandmalerei *Lebensfreude* im Deutschen Hygiene-Museum Dresden (heute übermalt).

1957 Richter beginnt eine dreijährige Aspirantur, die mit einem Atelier an der Hochschule und einem monatlichen Stipendium verbunden ist.
Er erhält staatliche Aufträge und nimmt an ersten Ausstellungen teil. Parallel entstehen freie künstlerische Arbeiten wie die Serie von Monotypien zum Thema *Elbe* (Kat. 47).
Heirat mit Marianne (Ema) Eufinger bei den Schwiegereltern in Niedersachsen.

1958 Richter führt eine Wandmalerei für das Haus der Bezirksleitung der SED in Dresden aus. Thema ist der Kampf der Arbeiterklasse.
Besuch der Weltausstellung in Brüssel.

1959 Während eines Urlaubs bei den Schwiegereltern reist Richter nach Kassel, um die *II. documenta* zu besuchen. Dort beeindrucken ihn die Werke von Jackson Pollock (Abb. S. 61), Lucio Fontana und Giorgio Morandi (Abb. S. 15), und er fertigt erste eigene informelle Arbeiten, die er später aber zerstört.

1961 Studienreise nach Moskau und Leningrad.
Ende März verlässt Richter Dresden und siedelt mit Ema in die Bundesrepublik über.
Sie ziehen nach Düsseldorf, wo Richter an der Staatlichen Kunstakademie in die Klasse von Professor Ferdinand Macketanz aufgenommen wird.

1962 In Düsseldorf lernt Richter die Künstler Manfred Kuttner, Konrad Lueg (Fischer) und Sigmar Polke kennen.
Zum Sommersemester wechselt er in die Klasse von Karl Otto Götz (Abb. S. 10, 62).
Richter malt erstmals Bilder nach photographischen Vorlagen aus Illustrierten. *Tisch* (Abb. S. 10, 24) nimmt er später als Nummer 1 in sein Werkverzeichnis auf.
Im Juni besucht Richter das Konzert *NEO-DADA in der Musik* von Nam June Paik in den Düsseldorfer Kammerspielen.
Erste Ausstellung seiner im Westen entstandenen Arbeiten in der Galerie Junge Kunst in Fulda gemeinsam mit Manfred Kuttner.
Besuch der Biennale in Venedig.

1963 Im Februar besucht Richter das von Joseph Beuys organisierte *Festum Fluxorum Fluxus* an der Düsseldorfer Kunstakademie.
An der Kunstakademie lernt er Blinky Palermo kennen.
Erste selbst organisierte Ausstellung mit Manfred Kuttner, Konrad Lueg und Sigmar Polke in einem leeren Ladengeschäft in der Kaiserstraße 31A in Düsseldorf, bei der sie den Begriff des „Kapitalistischen Realismus“ prägen.

Im Sommer reist Richter mit Lueg nach Paris, wo sich die beiden Künstler bei den führenden Galeristinnen Ileana Sonnabend und Iris Clert als „German Pop Artists" vorstellen.
Im Oktober veranstalten Richter und Lueg die Ausstellung *Leben mit Pop – eine Demonstration für den kapitalistischen Realismus* im Möbelhaus Berges in Düsseldorf, bei der sie sich und ihre Werke ausstellen.

1964 Erste Vorhang-Bilder entstehen (Abb. 3, Kat. 1, 2).
Im Februar stellen Richter, Kuttner, Lueg und Polke ihre Werke dem Wuppertaler Galeristen Rudolf Jährling von der Galerie Parnass in der sogenannten *Vorgartenausstellung* vor (Abb. 2).
Richter besucht die *documenta III* in Kassel und hat erste Ausstellungen in den Galerien Friedrich & Dahlem in München und Schmela in Düsseldorf.

1965 Studienabschluss an der Staatlichen Kunstakademie Düsseldorf.
Richter besucht die Ausstellung von Marcel Duchamp im Museum Haus Lange, Krefeld.

1966 Erste gegenstandslose Bilder (Kat. 7) und Farbtafelbilder (Kat. 13–15) entstehen.
Geburt der Tochter Babette (Betty).
Im Rahmen der Veranstaltungsreihe *Hommage à Schmela* in der Galerie Schmela präsentiert Richter seinen einzigen Künstlerfilm *Volker Bradke*.

1967 Richter malt Bilder abstrahierter Wellbleche, Röhren, Gitter und Türen (Abb. S. 15, Kat. 5).
Erstmalig arbeitet er auch mit Glasscheiben (Abb. S. 15).
Im Sommersemester übernimmt er eine Vertretungsprofessur an der Hochschule für bildende Künste in Hamburg.

1968 Nach einem Urlaub auf Korsika entstehen erste romantische Landschaften. Weiterhin fertigt Richter Bilder von Wolken, Bergen, Seen, aber auch abstrahierte Fenster-, Schatten- (Kat. 4) und Schlieren-Bilder (Kat. 3).
Richter arbeitet für ein Schuljahr als Kunstlehrer am Gymnasium Gerresheim.
Mit Günther Uecker führt Richter das Ausstellungs- und Performance-Projekt *Leben im Museum* in der Kunsthalle Baden-Baden durch.

1969 Erste Graue Bilder (Kat. 25–27) und die Serie der Sternbilder (Kat. 10–12) entstehen.
Richter beginnt mit der Zusammenstellung des *Atlas* und seines Werkverzeichnisses.
Der Verein Zentrum für aktuelle Kunst – Gegenverkehr in Aachen zeigt Richters erste institutionelle Einzelausstellung.

1970 Erste Ausschnitt-Bilder (Kat. 28, 29) entstehen.
Mit Blinky Palermo reicht Richter einen Entwurf für eine künstlerische Gestaltung zweier Sportstätten für die Olympischen Spiele 1972 in München ein, der jedoch abgelehnt wird.
Im November reist er mit Palermo nach New York. Sie besuchen Robert Ryman und James Rosenquist.

1971 Richter greift das Thema der Farbtafeln wieder auf (Abb. 4, Kat. 16–18) und beginnt die Serie der Vermalungen (Kat. 21–24).
Zum Sommersemester wird Richter als Professor für Malerei an die Staatliche Kunstakademie Düsseldorf berufen (bis 1994).

1972 Richter vertritt die Bundesrepublik Deutschland auf der 36. Biennale von Venedig und nimmt an der *documenta 5* in Kassel teil.
Im August reist er über Kopenhagen nach Grönland. Die während der Reise entstandenen Photographien bilden später die Vorlagen für mehrere Landschaftsgemälde, vor allem Seestücke.

1973 Für die BMW AG in München entstehen die drei großformatigen Bilder *Rot, Gelb* und *Blau* (Abb. S. 16), die auf dem Prinzip der Ausschnitt-Bilder basieren.

1976 Die großformatige *Konstruktion* (389) (Kat. 30) leitet die Serie der Abstrakten Bilder ein, Richters bis heute umfangreichste Werkgruppe (Kat. 31–41, 63–74 und 80–86).

1977 Anlässlich der Eröffnung des Museums hat Richter eine Einzelausstellung im Musée National d'Art Moderne, Centre Georges Pompidou in Paris.
Am Vorabend der Eröffnung der *documenta 6* in Kassel zieht Richter seine Bilder aus Unzufriedenheit mit der dortigen Hängung zurück.

1978 Richter übernimmt eine Gastprofessur am Nova Scotia College of Art and Design in Halifax, Kanada (Abb. 5). Als wichtigstes Werk während dieses Aufenthalts entsteht die Arbeit *128 Photos von einem Bild (Halifax 1978)* (Abb. S. 54). 1980 veröffentlicht Richter ein Buch zu dieser Arbeit und 1998 eine Edition (Kat. 46).

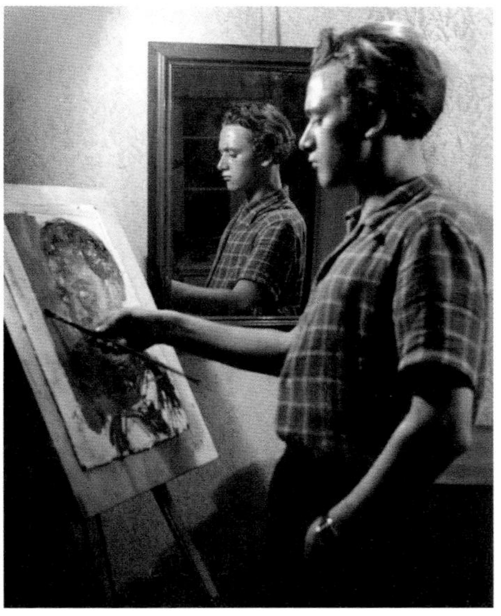

1 An der Staffelei, Dresden, um 1951

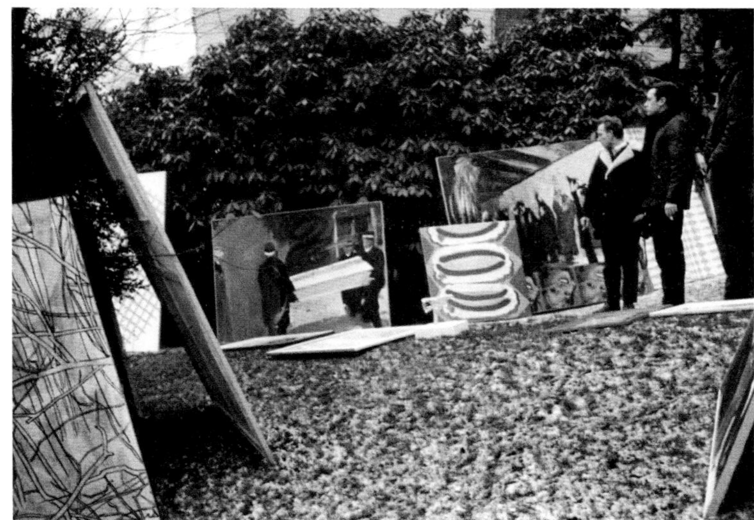

2 Manfred Kuttner, Gerhard Richter und Konrad Lueg während der *Vorgartenausstellung,* Wuppertal, 1964

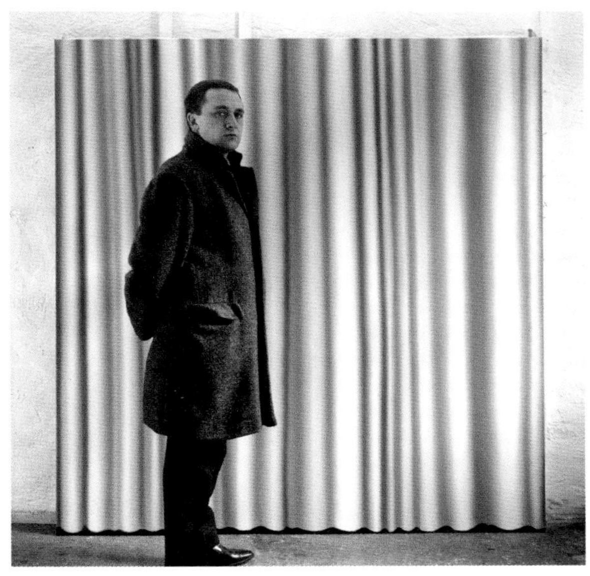

3 1965 im Atelier in Düsseldorf vor dem Werk *Vorhang III (hell)* (56) (Kat. 2)

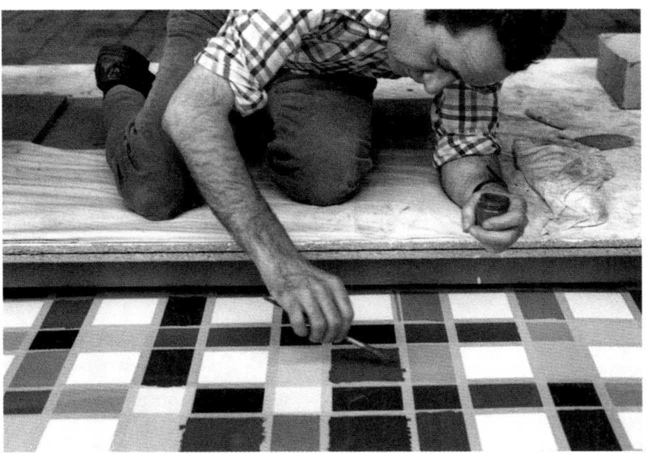

4 Bei der Arbeit an einer Farbtafel, Düsseldorf, 1974

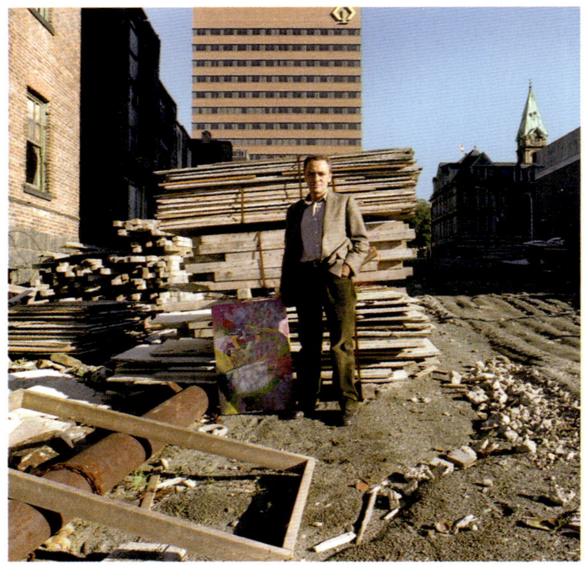

5 1978 in Halifax mit dem *Abstrakten Bild (Halifax)* (432-5) (Abb. S. 54)

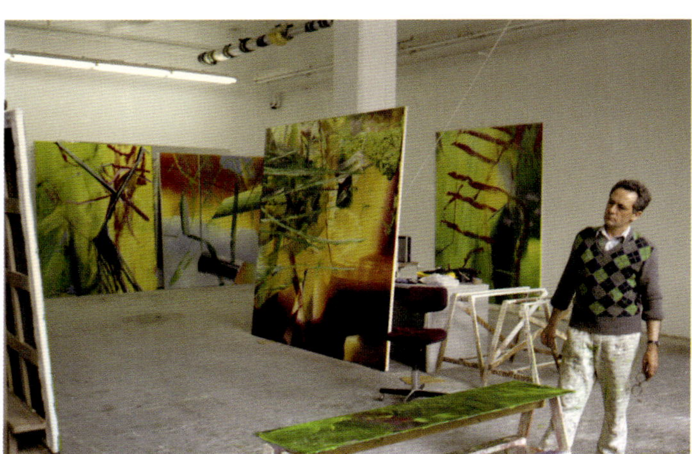

6 Im Atelier in Köln 1983 bei der Arbeit an Abstrakten Bildern

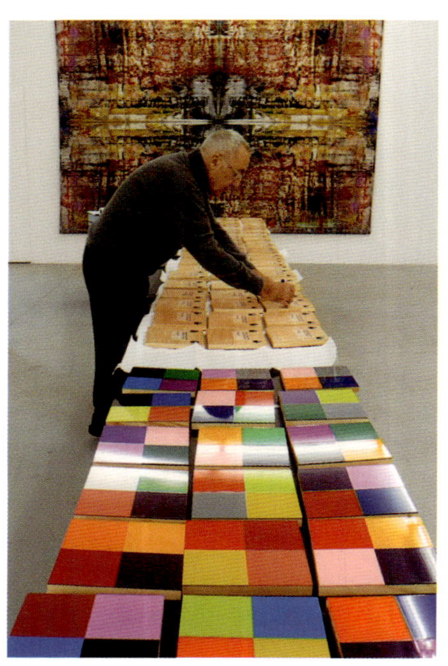

7 Beim Signieren der Edition *Quattro Colori* (Edition 138) im Atelier, Köln, 2008

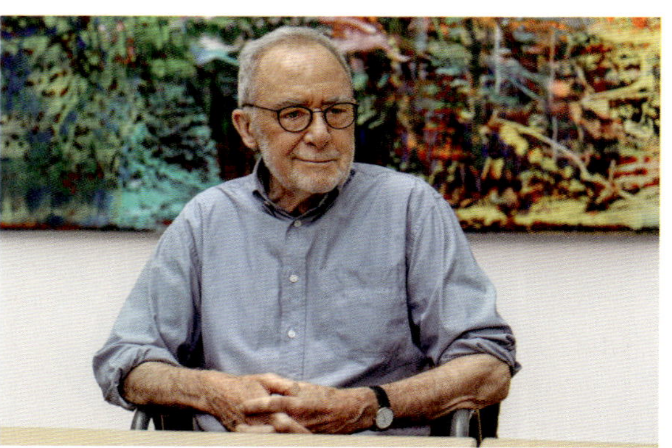

8 Anlässlich der Ausstellung *Gerhard Richter. Neue Bilder* im Albertinum in Dresden 2017

1979 Trennung von Ema. Neue Partnerschaft mit der Künstlerin Isa Genzken, mit der er auch gemeinsame Werke schafft.

1980 Erstmals verwendet Richter für die Fertigung seiner Abstraken Bilder auch die Rakel.

1982 Heirat mit Isa Genzken.
Richter beginnt eine umfangreiche Serie mit Kerzen- und Schädel-Motiven.
Er nimmt an der *documenta 7* teil.

1983 Umzug von Düsseldorf nach Köln (Abb. 6).

1986 Richter hat eine Retrospektive in der Städtischen Kunsthalle und im Kunstverein für die Rheinlande und Westfalen in Düsseldorf, die anschließend in die Neue Nationalgalerie, Berlin, die Kunsthalle Bern und das Museum des 20. Jahrhunderts in Wien reist. Zur Ausstellung erscheint der erste Catalogue Raisonné seiner Bilder und Skulpturen.
Nach 25 Jahren reist Richter erstmalig wieder in seine Geburtsstadt Dresden.

1988 Richter malt den 15-teiligen Bilderzyklus *18. Oktober 1977* (The Museum of Modern Art, New York), der sich mit dem Tod der RAF-Mitglieder in der JVA Stuttgart-Stammheim befasst.
Er hat eine Gastprofessur an der Städelschule in Frankfurt am Main.

1991 Richter reist nach Japan für ein Filmprojekt, das jedoch nie fertiggestellt wird.

1993 Eine erste Veröffentlichung von Richters Texten sowie ein erstes Werkverzeichnis seiner Editionen erscheinen.

1994 Richter beendet seine Lehrtätigkeit an der Staatlichen Kunstakademie Düsseldorf.
Scheidung von Isa Genzken.

1995 Richters Sohn Moritz wird geboren.
Heirat mit der Künstlerin Sabine Moritz.

1996 Richter beginnt mit der Verwendung von Aluminium-Verbundplatten als Malgrund für einige seiner Arbeiten (Kat. 20, 71).
Geburt der Tochter Ella Maria.

1997 Auf der 47. Biennale von Venedig wird Richter mit dem Goldenen Löwen ausgezeichnet.
Auf der *documenta X* zeigt Richter den *Atlas*.

1999 Die 20 Meter hohe Arbeit *Schwarz-Rot-Gold* (856) wird im Foyer des Reichstagsgebäudes in Berlin installiert.

2002 Im Museum of Modern Art in New York wird die Retrospektive *Gerhard Richter. Forty Years of Painting* anlässlich seines 70. Geburtstags gezeigt. Diese reist anschließend nach Chicago, San Francisco und Washington, D. C.

2006 Geburt des Sohnes Theodor.
Eröffnung des Gerhard Richter Archivs an den Staatlichen Kunstsammlungen Dresden.

2007 Vollendung des *Domfensters* (900) im Südquerhaus des Kölner Doms (Abb. S. 44), das auf dem Prinzip seiner Farbtafelbilder basiert (Abb. 7, Kat. 13–20).

2008 Richter beginnt mit der Arbeit an Hinterglasbildern (Kat. 76, 77).
Retrospektive im National Art Museum of China, Peking.

2011 Die ersten Werke aus der Serie der Strips entstehen (Kat. 78), die auf das *Abstrakte Bild* (724-4) von 1990 (Kat. 67) zurückgehen.
Die Retrospektive *Gerhard Richter. Panorama* wird in der Tate Modern in London, der Neuen Nationalgalerie in Berlin und dem Musée National d'Art Moderne, Centre Pompidou in Paris gezeigt.
Der erste Band des sechsbändigen Catalogue Raisonné erscheint.

2012 Richter stellt Zeichnungen und Aquarelle im Louvre in Paris aus.

2016 Eröffnung eines Pavillons mit einer permanenten Installation mit 14 Glasscheiben auf der japanischen Insel Toyoshima.

2017 Das Museum Ludwig in Köln und das Albertinum in Dresden zeigen die Ausstellung *Gerhard Richter. Neue Bilder* zum 85. Geburtstag des Künstlers (Abb. 8).
Gerhard Richter lebt und arbeitet in Köln.

Zusammengestellt von Dietmar Elger und Valerie Hortolani

Verzeichnis der ausgestellten Werke

Struktur und Illusion. Abstraktionen der 1960er Jahre

1 *Vorhang* (58-1), 1964
Öl auf Leinwand, 65 x 47 cm
Sammlung Block, Berlin

2 *Vorhang III (hell)* (56), 1965
Öl auf Leinwand, 199,5 x 189,5 cm
Staatliche Museen zu Berlin, Nationalgalerie
Inv.-Nr. B 1062

3 *Grauschlieren* (192-1), 1968
Öl auf Leinwand, 200 x 200 cm
Gerhard Richter Archiv, Staatliche Kunstsammlungen Dresden, Leihgabe aus Privatbesitz

4 *Schattenbild* (209-8), 1968
Öl auf Leinwand, 67 x 87 cm
Sammlung Fundação de Serralves, Museu de Arte Contemporânea, Porto, Ankauf 1998
Inv.-Nr. FS 0713

5 *Gitter* (166), 1967
Öl auf Leinwand, 155 x 130 cm
Vanmoerkerke Collection, Ostende

6 *Weihnachtsmarkt* (198), 1968
Öl auf Leinwand, 67 x 87 cm
Privatsammlung

7 *Ohne Titel* (194-9), 1966
Öl auf Leinwand, 80 x 40 cm
Hamburger Kunsthalle, Dauerleihgabe der Sammlung Elisabeth und Gerhard Sohst
Inv.-Nr. 300251

8 *Wolkig* (194-11), 1968
Öl auf Leinwand, 50 x 50 cm
Museum Wiesbaden
Inv.-Nr. M 990

9 *Gitterschlieren* (194-5), 1968
Öl auf Leinwand, 65 x 50 cm
Museum Wiesbaden
Inv.-Nr. M 945

10 *Sternbild* (224-13), 1969
Öl auf Leinwand, 70 x 70 cm
Privatsammlung Stefan Asbrand-Eickhoff, Hessen

11 *Sternbild* (224-14), 1969
Öl auf Leinwand, 70 x 70 cm
Privatsammlung Stefan Asbrand-Eickhoff, Hessen

12 *Sternbild* (224-15), 1969
Öl auf Leinwand, 70 x 70 cm
Privatsammlung Stefan Asbrand-Eickhoff, Hessen

Zufall und Konzept. Farbtafeln

13 *192 Farben* (136), 1966
Öl auf Leinwand, 200 x 150 cm
Hamburger Kunsthalle, Dauerleihgabe der Sammlung Elisabeth und Gerhard Sohst
Inv.-Nr. 300250

14 *Zwei Grau übereinander* (143-2), 1966
Lackfarbe auf Leinwand, 200 x 130 cm
Olbricht Collection, Essen

15 *Sechs Farben* (142), 1966
Lackfarbe auf Leinwand, 200 x 170 cm
Neues Museum. Staatliches Museum für Kunst und Design, Nürnberg, Dauerleihgabe aus einer Privatsammlung

16 *1024 Farben* (351), 1973
Lackfarbe auf Leinwand, 299 x 299 cm
Kunstmuseen Krefeld
Inv.-Nr. GV 1977/583

17 *1025 Farben* (357-3), 1974
Lackfarbe auf Leinwand, 120 x 123,5 cm
Privatsammlung, Köln

18 *1024 Farben* (356-2), 1974
Lackfarbe auf Leinwand, 96 x 96 cm
Collezione Prada, Mailand

19 *Abstraktes Bild* (848-10), 1997
Öl auf Leinwand, 36 x 51 cm
Anthony d'Offay

20 *Abstraktes Bild* (848-11), 1997
Öl auf Alucobond, 46 x 41 cm
Privatsammlung

Geste und Mischung. Vermalungen und Graue Bilder

21 *Ohne Titel (grün)* (315-1 bis 315-3), 1971
Öl auf Leinwand, 3 Teile, je 200 x 150 cm
Museum Küppersmühle für Moderne Kunst, Duisburg, Sammlung Ströher
Inv.-Nr. G0938 a-b-c

22 *Vermalung* (326-7), 1972
Öl auf Leinwand, 70 x 55 cm
The „M“ Art Foundation, Belgien

23 *Rot-Blau-Gelb* (339-4), 1972
Öl auf Leinwand, 98 x 92 cm
Privatsammlung, Schweiz

24 *Rot-Blau-Gelb* (333-2), 1972
Öl auf Leinwand, 251 x 200 cm
Kunsthalle Bremen – Der Kunstverein in Bremen
Inv.-Nr. 1142-1973/46

25 *Grau* (334), 1972
Öl auf Leinwand, 250 x 200 cm
Museum Küppersmühle für Moderne Kunst, Duisburg, Sammlung Ströher
Inv.-Nr. G0944

26 *Grau* (361-1), 1974
Öl auf Leinwand, 250 x 200 cm
Museum Küppersmühle für Moderne Kunst, Duisburg, Sammlung Ströher
Inv.-Nr. G0946

27 *Grau (Borke)* (348-7), 1973
Öl auf Leinwand, 90 x 65 cm
Privatsammlung

Unschärfe und Detail. Ausschnitte und frühe Abstrakte Bilder

28 *Ausschnitt (rot-blau)* (273), 1970
Öl auf Leinwand, 200 x 300 cm
Privatsammlung

29 *Ausschnitt (Makart)* (288), 1971
Öl auf Leinwand, 200 x 200 cm
Museum Küppersmühle für Moderne Kunst, Duisburg, Sammlung Ströher
Inv.-Nr. G0941

30 *Konstruktion* (389), 1976
Öl auf Leinwand, 250 x 300 cm
Neues Museum. Staatliches Museum für Kunst und Design, Nürnberg, Dauerleihgabe aus einer Privatsammlung

31 *Abstraktes Bild* (421), 1977
Öl auf Leinwand, 250 x 200 cm
Stedelijk van Abbemuseum, Eindhoven
Inv.-Nr. 777

32 *Abstraktes Bild* (436), 1978
Öl auf Leinwand, 200 x 250 cm
Privatsammlung, Nordrhein-Westfalen

33 *Abstraktes Bild* (449-3), 1979
Öl auf Leinwand, 70 x 100 cm
Privatsammlung, Schweiz

34 *Abstraktes Bild* (479-1), 1981
Öl auf Leinwand, 120 x 175 cm
Sammlung Migros Museum für Gegenwartskunst, Zürich
Inv.-Nr. 90578

35 *Abstraktes Bild* (520-6), 1983
Öl auf Leinwand, 70 x 50 cm
Sprengel Museum Hannover,
Dauerleihgabe aus einer
Privatsammlung

36 *Hecke* (504), 1982
Öl auf Leinwand, 200 x 170 cm
Privatsammlung, Hongkong

37 *Abstraktes Bild* (568-1), 1984
Öl auf Leinwand, 200 x 180 cm
Privatsammlung

38 *Pyramide* (522-2), 1983
Öl auf Leinwand, 100 x 70 cm
Sammlung Würth, Künzelsau
Inv.-Nr. 10026

39 *Abstraktes Bild* (563-1), 1984
Öl auf Leinwand, 100 x 120 cm
Privatsammlung, Hongkong

40 *Abstraktes Bild* (605-2), 1986
Öl auf Leinwand, 62 x 72 cm
Privatsammlung

41 *Abstraktes Bild* (578-3), 1985
Öl auf Leinwand, 120 x 85,5 cm
Privatsammlung

Natur und Material.
Landschaftliche Abstraktionen

42 *Abstraktes Bild* (551-1), 1984
Öl auf Leinwand, 43 x 60 cm
Privatsammlung, Schweiz

43 *Abstraktes Bild* (551-2), 1984
Öl auf Leinwand, 43 x 60 cm
Privatsammlung, Schweiz

44 *Abstraktes Bild* (551-3), 1984
Öl auf Leinwand, 43 x 60 cm
Privatsammlung

45 *Abstraktes Bild* (551-8), 1984
Öl auf Leinwand, 65 x 80 cm
Privatsammlung, Schweiz

46 *128 Photos von einem Bild (Halifax 1978) II* (Edition 99), 1998
8 Offsetdrucke in Schwarz und
Grau auf Karton, je 64,2 x 100,6 cm
Privatsammlung

47 *Elbe* (Edition 155), 1957/2012
31 digitale Tintenstrahldrucke auf
Karton, je 29,5 x 21 cm
Gerhard Richter Archiv, Staatliche
Kunstsammlungen Dresden

48 *Grauwald (10.1.08),* 2008
Lackfarbe auf Photographie,
18,6 x 12,6 cm
Privatsammlung

49 *Grauwald (11.1.08),* 2008
Lackfarbe auf Photographie,
18,6 x 12,6 cm
Privatsammlung

50 *Grauwald (12.1.08),* 2008
Lackfarbe auf Photographie,
18,6 x 12,6 cm
Privatsammlung

51 *Grauwald (22.1.08),* 2008
Lackfarbe auf Photographie,
18,6 x 12,6 cm
Privatsammlung

52 *Snow-White (29.11.05)*
(Edition 132), 2005
Farbiger Offsetdruck auf Halbkarton,
mit weißer Acrylfarbe überrakelt,
mit Bleistift überzeichnet, 22,5 x 32 cm
Privatsammlung

53 *Snow-White (13.12.05)*
(Edition 132), 2005
Farbiger Offsetdruck auf Halbkarton,
mit weißer Acrylfarbe überrakelt,
mit Bleistift überzeichnet, 22,5 x 32 cm
Privatsammlung

54 *Snow-White (14.12.05)*
(Edition 132), 2005
Farbiger Offsetdruck auf Halbkarton,
mit weißer Acrylfarbe überrakelt,
mit Bleistift überzeichnet, 22,5 x 32 cm
Privatsammlung

55 *Snow-White (1.1.06)*
(Edition 132), 2006
Farbiger Offsetdruck auf Halbkarton,
mit weißer Acrylfarbe überrakelt,
mit Bleistift überzeichnet, 22,5 x 32 cm
Privatsammlung

56 *MV. 72,* 2011
Lackfarbe auf Photographie, 10 x 15 cm
Privatsammlung

57 *MV. 80,* 2011
Lackfarbe auf Photographie, 10 x 15 cm
Privatsammlung

58 *MV. 12.9.11,* 2011
Lackfarbe auf Photographie, 10 x 15 cm
Privatsammlung

59 *MV. 209,* 2011
Lackfarbe auf Photographie, 10 x 15 cm
Privatsammlung

60 *MV. 229,* 2011
Lackfarbe auf Photographie, 10 x 15 cm
Privatsammlung

61 *MV. 233,* 2011
Lackfarbe auf Photographie, 10 x 15 cm
Privatsammlung

62 *40 Tage,* 2015
Vierfarbiger Offsetdruck auf Papier,
40-teilig,
35 Blatt je 21 x 29,7 cm,
5 Blatt je 30 x 40 cm
Privatsammlung

Farbe und Schichtung. Abstrakte Bilder 1986–2005

63 *A B, Still* (612-4), 1986
Öl auf Leinwand, 225 x 200 cm
Museum Barberini, Potsdam
Inv.-Nr. S-2016-075

64 *Abstraktes Bild* (666-2), 1988
Öl auf Leinwand, 200 x 160 cm
Kunsthalle Emden –
Stiftung Henri und Eske Nannen und
Schenkung Otto van de Loo
Inv.-Nr. 1994/29

65 *Stand* (660), 1988
Öl auf Leinwand, 300 x 250 cm
Museum Frieder Burda, Baden-Baden
Inv.-Nr. 185

66 *Abstraktes Bild* (776-3), 1992
Öl auf Leinwand, 92 x 82 cm
Privatsammlung, Schweiz

67 *Abstraktes Bild* (724-4), 1990
Öl auf Leinwand, 92 x 126 cm
Privatsammlung

68 *Abstraktes Bild* (780-3), 1992
Öl auf Leinwand, 260 x 200 cm
Privatsammlung

69 *März* (807), 1994
Öl auf Leinwand, 250 x 200 cm
Gerhard Richter Archiv, Staatliche
Kunstsammlungen Dresden,
Leihgabe aus Privatbesitz

70 *Mauer* (808), 1994
Öl auf Leinwand, 250 x 200 cm
Privatsammlung

71 *Abstraktes Bild* (860-7), 1997/1999
Öl auf Alu-Dibond, 100 x 90 cm
Privatsammlung

72 *Abstraktes Bild* (891-4), 2005
Öl auf Leinwand, 113,5 x 75 cm
Privatsammlung

73 *Abstraktes Bild* (865-2), 2000
Öl auf Leinwand, 200 x 180 cm
Gerhard Richter Archiv, Staatliche
Kunstsammlungen Dresden,
Leihgabe aus Privatbesitz

74 *Abstraktes Bild* (889-10), 2004
Öl auf Leinwand, 200 x 200 cm
Städtische Galerie im Lenbachhaus und
Kunstbau, München, Sammlung KiCo
Inv.-Nr. FH 464-2005-11

Transparenz und Reflexion. Spiegel, Glas und Strips

75 *Spiegel, grau* (735-3), 1991
Farbig beschichtetes Glas, gerahmt,
280 x 165 cm
Privatsammlung

76 *Flow*, 2013/2016
Digitaldruck auf Papier hinter Glas auf
Alu-Dibond, 100 x 200 cm
Privatsammlung

77 *Flow* (933-3), 2013
Lackfarbe hinter Glas auf Alu-Dibond,
100 x 200 cm
Privatsammlung

78 *Strip* (930-4), 2013/2016
Digitaldruck auf Papier zwischen Alu-
Dibond und Acrylglas, 200 x 1000 cm
(4 Tafeln, je 200 x 250 cm)
Privatsammlung

79 *7 Scheiben (Kartenhaus)* (932), 2013
Glas- und Stahlkonstruktion,
7 Glasscheiben, je 270 x 180 cm,
Gesamtmaß 257 x 650 x 360 cm
Privatsammlung

Neue Abstrakte Bilder 2005–2017

80 *Abstraktes Bild* (943-1), 2016
Öl auf Leinwand, 144 x 220 cm
Privatsammlung

81 *Abstraktes Bild* (943-2), 2016
Öl auf Leinwand, 144 x 220 cm
Gion Collection, Japan, Courtesy of
Wako Works of Art

82 *Abstraktes Bild* (946-3), 2016
Öl auf Leinwand, 175 x 250 cm
Privatsammlung

83 *Abstraktes Bild* (950-3), 2017
Öl auf Leinwand, 120 x 120 cm
Privatsammlung

84 *Abstraktes Bild* (950-4), 2017
Öl auf Leinwand, 120 x 120 cm
Privatsammlung

85 *Abstraktes Bild* (952-2), 2017
Öl auf Leinwand, 200 x 200 cm
Privatsammlung

86 *Abstraktes Bild* (952-3), 2017
Öl auf Leinwand, 200 x 200 cm
Privatsammlung

Ohne Abbildung

87 *Grauwald (13.1.08),* 2008
Lackfarbe auf Photographie,
18,6 x 12,6 cm
Privatsammlung

88 *Grauwald (14.1.08),* 2008
Lackfarbe auf Photographie,
18,6 x 12,6 cm
Privatsammlung

89 *Grauwald (21.1.08),* 2008
Lackfarbe auf Photographie,
18,6 x 12,6 cm
Privatsammlung

90 *Grauwald (14.2.08),* 2008
Lackfarbe auf Photographie,
18,6 x 12,6 cm
Privatsammlung

91 *Grauwald (25.2.08),* 2008
Lackfarbe auf Photographie,
18,6 x 12,6 cm
Privatsammlung

92 *Grauwald (7.3.08),* 2008
Lackfarbe auf Photographie,
12,6 x 18,6 cm
Privatsammlung

93 *Grauwald (10.3.08),* 2008
Lackfarbe auf Photographie,
12,6 x 18,6 cm
Privatsammlung

94 *Grauwald (14.3.08),* 2008
Lackfarbe auf Photographie,
18,6 x 12,6 cm
Privatsammlung

Die in Klammern gesetzte Zahl hinter dem Werktitel verweist auf das Werkverzeichnis Gerhard Richters, vgl. Elger 2011–2017.
Die mit dem Zusatz *Edition* versehene Zahl bezieht sich auf das Werkverzeichnis der Editionen, vgl. Butin u. a. 2014.

Auswahlbibliographie

Amsterdam 1987
Gerhard Richter. Werken op papier 1983–1986, Ausst.-Kat. Museum Overholland, Amsterdam 1987.

Ansted 2017
Darryn Ansted: *The Artwork of Gerhard Richter. Painting, Critical Theory and Cultural Transformation,* London u. a. 2017.

Belz 2011
Corinna Belz (Buch und Regie): *Gerhard Richter Painting,* Dokumentarfilm, Deutschland 2011, 97 Minuten.

Berlin 2002
Gerhard Richter: Acht Grau, Ausst.-Kat. Deutsche Guggenheim, Berlin 2002.

Bielefeld 1982
Gerhard Richter. Abstrakte Bilder 1976–1981, Ausst.-Kat. Kunsthalle, Bielefeld 1982.

Bonn 2017
Gerhard Richter. Über Malen – Frühe Bilder, Ausst.-Kat. Kunstmuseum, Bonn 2017.

Brisbane 2017
Gerhard Richter. The Life of Images, Ausst.-Kat. Queensland Art Gallery, Brisbane 2017.

Buchloh 2009
Gerhard Richter, hrsg. von Benjamin H. D. Buchloh, Cambridge, MA, 2009.

Buchloh 2013
Benjamin H. D. Buchloh: *Scheiben und Strips von Gerhard Richter,* Köln 2013.

Buchloh 2016
Benjamin H. D. Buchloh: *Gerhard Richters Birkenau-Bilder,* Köln 2016.

Burgdorf 2005
Gerhard Richter. Ohne Farbe/Without Color, Ausst.-Kat. Museum Franz Gertsch, Burgdorf 2005.

Butin u. a. 2014
Gerhard Richter. Editionen 1965–2013, hrsg. von Hubertus Butin, Stefan Gronert und Stefan Olbricht, Ostfildern 2014.

Dresden 2013
Gerhard Richter. Streifen und Glas, Ausst.-Kat. Staatliche Kunstsammlungen Dresden, Galerie Neue Meister, Albertinum, Dresden 2013.

Düsseldorf 1986
Gerhard Richter. Bilder 1962–1985, Ausst.-Kat. Städtische Kunsthalle, Düsseldorf 1986.

Düsseldorf 2005
Gerhard Richter, Ausst.-Kat. K20 Kunstsammlung Nordrhein-Westfalen, Düsseldorf 2005.

Elger 2008
Dietmar Elger: *Gerhard Richter. Maler,* Köln 2008.

Elger 2009
Gerhard Richter. Texte zu 4900 Farben, hrsg. von Dietmar Elger, Ostfildern 2009.

Elger 2011–2017
Dietmar Elger: *Gerhard Richter. Catalogue Raisonné,* 4 Bde. [geplant: 6 Bde.], Ostfildern 2011–2017.

Elger 2018
Dietmar Elger: *Gerhard Richter. Maler,* 3., aktual. und erw. Aufl., Köln 2018.

Elger/Küster 2011
Gerhard Richter. Fotografie als Malerei – Malerei als Fotografie. Acht Texte zu Gerhard Richters Medienstrategie, hrsg. von Dietmar Elger und Kerstin Küster, Köln 2011.

Friedel 2011
Helmut Friedel: *Gerhard Richter. Rot / Gelb / Blau. Die Gemälde für BMW,* München 2011.

Friedrich 2009
Julia Friedrich: *Grau ohne Grund. Gerhard Richters Monochromien als Herausforderungen der künstlerischen Avantgarde,* Köln 2009.

Gelshorn 2012
Julia Gelshorn: *Aneignung und Wiederholung. Bilddiskurse im Werk von Gerhard Richter und Sigmar Polke,* München 2012.

Hamburg 2011
Gerhard Richter. Bilder einer Epoche, Ausst.-Kat. Bucerius Kunst Forum, Hamburg 2011.

Honnef 1976
Klaus Honnef: *Gerhard Richter,* Recklinghausen 1976.

Kasper 2003
Astrid Kasper: *Gerhard Richter. Malerei als Thema der Malerei,* Berlin 2003.

Katz 2012
Benjamin Katz: *Gerhard Richter at Work,* München 2012.

Klinger 2013
Florian Klinger: *Theorie der Form. Gerhard Richter und die Kunst des pragmatischen Zeitalters,* München 2013.

Köln 2007
Gerhard Richter – Zufall, das Kölner Domfenster und 4900 Farben, Ausst.-Kat. Museum Ludwig, Köln 2007.

Köln 2008
Gerhard Richter. Abstrakte Bilder, Ausst.-Kat. Museum Ludwig, Köln 2008.

Köln 2017
Gerhard Richter. Neue Bilder, Ausst.-Kat. Museum Ludwig, Köln 2017.

Leverkusen 2008
Gerhard Richter. Übermalte Fotografien, Ausst.-Kat. Museum Morsbroich, Leverkusen 2008.

London 2008
Gerhard Richter. 4900 Colours: Version II, Ausst.-Kat. Serpentine Gallery, London 2008.

London 2011
Gerhard Richter. Panorama, Ausst.-Kat. Tate Modern, London 2011.

London 2015
Gerhard Richter. Colour Charts, Ausst.-Kat. Dominique Lévy Gallery, London 2015.

Mehring u. a. 2010
Gerhard Richter. Early Work, 1951–1972, hrsg. von Christine Mehring, Jeanne Anne Nugent und Jon L. Seydl, Los Angeles 2010.

Mönchengladbach 1974
Gerhard Richter. Graue Bilder, Ausst.-Kat. Städtisches Museum Abteiberg, Mönchengladbach 1974.

New York 2002
Gerhard Richter. Forty Years of Painting, Ausst.-Kat. The Museum of Modern Art, New York 2002.

New York 2005
Gerhard Richter, Ausst.-Kat. Marian Goodman Gallery, New York 2005.

New York 2012
Gerhard Richter – Strip Paintings, Ausst.-Kat. Marian Goodman Gallery, New York 2012.

New York 2016
Gerhard Richter. Abstrakte Bilder und Zeichnungen, Ausst.-Kat. Marian Goodman Gallery, New York 2016.

Nürnberg 2014
Gerhard Richter – Ausschnitt. Werke aus der Sammlung Böckmann, Ausst.-Kat. Neues Museum. Staatliches Museum für Kunst und Design, Nürnberg 2014.

Obrist 1996
Gerhard Richter. 100 Bilder, hrsg. von Hans Ulrich Obrist, Ostfildern 1996.

Obrist/Schwarz 2013
Hans Ulrich Obrist und Dieter Schwarz: *Gerhard Richter. Bücher,* Köln 2013.

Paris 2011
Gerhard Richter. Painting 2010–2011, Ausst.-Kat. Galerie Marian Goodman, Paris 2011.

Prag 2017
Gerhard Richter, Ausst.-Kat. Nationalgalerie, Prag 2017.

Richter 1980
Gerhard Richter: *128 details from a picture (Halifax 1978),* Halifax 1980.

Richter 1996
Gerhard Richter: *Abstraktes Bild 825-11, 69 Details,* Frankfurt am Main 1996.

Richter 1998
Gerhard Richter: *128 Fotos von einem Bild (WVZ 432-5), Halifax 1978,* Köln 1998.

Richter 2008
Gerhard Richter: *Text 1961 bis 2007. Schriften, Interviews, Briefe,* hrsg. von Dietmar Elger und Hans Ulrich Obrist, Köln 2008.

Richter 2012
Gerhard Richter: *Patterns,* Köln 2012.

Richter 2015a
Gerhard Richter: *Atlas,* hrsg. von Helmut Friedel, Köln 2015.

Richter 2015b
Gerhard Richter: *Birkenau,* Köln 2015.

Richter 2017
Gerhard Richter: *40 Tage,* London 2017.

Riehen 2014
Gerhard Richter. Bilder/Serien, Ausst.-Kat. Fondation Beyeler, Riehen/Basel 2014.

Schwarz 2009
Dieter Schwarz: *Gerhard Richter. Elbe 1957,* Köln 2009.

Storr 2009
Robert Storr: *Gerhard Richter. Die Cage-Bilder,* Köln 2009.

Tokio 2006
Gerhard Richter. Snow White, Ausst.-Kat. Wako Works of Art, Tokio 2006.

Venedig 1972
Gerhard Richter, Ausst.-Kat. Deutscher Pavillon, 36. Biennale, Venedig 1972.

Wilmes 2009
Ulrich Wilmes: *Gerhard Richter. Zur Entstehung der Abstrakten Bilder,* Dresden 2009.

Winterthur 1999
Gerhard Richter. Aquarelle/Watercolors, Ausst.-Kat. Kunstmuseum, Winterthur 1999.

Autorinnen und Autoren

Janice Bretz, seit 2014 freie Mitarbeiterin des Gerhard Richter Archivs an den Staatlichen Kunstsammlungen Dresden; Studium der Kunstgeschichte, Geschichte und Architekturwissenschaften an der Technischen Universität Dresden; Masterarbeit zur Darstellung von Personen des öffentlichen Lebens bei Gerhard Richter und Andy Warhol.

Hubertus Butin, freier Publizist und Kurator in Berlin; Studium der Kunstgeschichte in Bonn und Zürich; 1996–1998 kunsthistorischer Assistent im Atelier von Gerhard Richter in Köln; anschließend Gastkurator an internationalen Museen; seit 1991 Publikation zahlreicher Aufsätze und Bücher zur zeitgenössischen Kunst und Kunsttheorie; Herausgeber des Werkverzeichnisses der Editionen Gerhard Richters (2014) und des *Begriffslexikons zur zeitgenössischen Kunst* (aktualisierte, erweiterte Ausgabe 2014); derzeit Arbeit an einem Buch über Kunstfälschungen sowie Vorbereitung einer Gerhard-Richter-Ausstellung in Wien 2020.

Dietmar Elger, seit 2006 Leiter des Gerhard Richter Archivs an den Staatlichen Kunstsammlungen Dresden und Kurator für Kunst nach 1945 in der Galerie Neue Meister; Studium der Kunstgeschichte, Geschichte und Literaturwissenschaften an der Universität Hamburg; 1984 Promotion über den Merzbau von Kurt Schwitters; 1984/85 Sekretär im Atelier von Gerhard Richter; 1985–1988 stellvertretender Leiter des Museums am Ostwall, Dortmund; 1989–2006 Kustos für Malerei und Skulptur am Sprengel Museum Hannover; zahlreiche Publikationen und Ausstellungen zu den Werken Gerhard Richters, darunter die Biographie *Gerhard Richter. Maler* (aktualisierte Neuausgabe 2018); derzeit Erarbeitung des sechsbändigen Werkverzeichnisses seiner Bilder und Skulpturen.

Valerie Hortolani, seit 2016 Kuratorin am Museum Barberini; Studium der Kunstgeschichte, Musik- und Medienwissenschaften in Marburg und an der Humboldt-Universität zu Berlin; 2014–2016 wissenschaftliches Volontariat an der Kunstsammlung Nordrhein-Westfalen in Düsseldorf; dort Vorbereitung von Ausstellungen zur Kunst des 20. Jahrhunderts und der Gegenwart, darunter *Miró. Malerei als Poesie* (2015, mit dem Bucerius Kunst Forum, Hamburg), *Alberto Burri. Das Trauma der Malerei* (2016, mit dem Solomon R. Guggenheim Museum, New York), und Konzeption von Installationen in der Reihe der Künstlerräume; zuletzt Kuratorin der Ausstellung *Hinter der Maske. Künstler in der DDR* am Museum Barberini (2017).

Matthias Krüger, derzeit Vertretungsprofessur mit Schwerpunkt Kunst des 20. Jahrhunderts und der Gegenwart an der Ludwig-Maximilians-Universität München; Studium der Kunstgeschichte, Philosophie und Anglistik in Hamburg; 2004 Dissertation über pastose Malerei in der französischen Kunstkritik des 19. Jahrhunderts; ab 2005 wissenschaftlicher Mitarbeiter, Assistent, Gastdozent und Vertretungsprofessor an den Universitäten Hamburg, München, Bern und Bamberg; Publikationen zur Kunst der Moderne mit Schwerpunkt auf den Materialien, Utensilien und Techniken der Malerei; jüngste Publikationen im Rahmen der Ausstellung *Manet – Sehen. Der Blick der Moderne* der Hamburger Kunsthalle (2016) und zu Olafur Eliassons *Weather Project* in dem von ihm mit herausgegebenen Tagungsband *Der achte Tag. Naturbilder in der Kunst des 21. Jahrhunderts* (2016).

Kerstin Küster, seit 2008 wissenschaftliche Mitarbeiterin des Gerhard Richter Archivs an den Staatlichen Kunstsammlungen Dresden; Studium der Kunstgeschichte und Neueren deutschen Literaturwissenschaft an der Technischen Universität Dresden; Magisterarbeit 2009 über die Bedeutung der Grisaille im Werk Pieter Bruegels d. Ä.; 2009–2013 wissenschaftliche Mitarbeiterin am Sonderforschungsbereich 804 „Transzendenz und Gemeinsinn" an der TU Dresden.

Ortrud Westheider, seit 2016 Direktorin des Museums Barberini; Promotion über die Farbe Schwarz in der Malerei Max Beckmanns; 1998–2001 an der Kunsthalle Bremen und dem Westfälischen Landesmuseum in Münster tätig; ab 2002 Kuratorin, 2006–2016 Direktorin des Bucerius Kunst Forums in Hamburg; konzipierte dort unter anderem die Ausstellungen *Frida Kahlo* (2006), *Matisse. Menschen, Masken, Modelle* (2009), *Gerhard Richter. Bilder einer Epoche* (2011), *New York Photography 1890–1950. Von Stieglitz bis Man Ray* (2012), *Rodtschenko. Eine neue Zeit* (2013), *Picasso. Fenster zur Welt* (2016); am Museum Barberini verantwortete sie die Ausstellungen *Impressionismus. Die Kunst der Landschaft* (2017) und *Max Beckmann. Welttheater* (2018).

Armin Zweite, Kunsthistoriker und Kurator in München; Studium der Germanistik, Geschichte, Philosophie und Kunstgeschichte; Promotion 1970 über Marten de Vos und die Antwerpener Kunst des 16. Jahrhunderts; 1970/71 Forschungsaufenthalt an der University of California in Berkeley; 1974–1990 Direktor der Städtischen Galerie im Lenbachhaus, München; 1983, 1985 und 1987 Kommissar der Bundesrepublik für die Biennale in São Paulo; 1990–2007 Direktor der Kunstsammlung Nordrhein-Westfalen, Düsseldorf; 2008–2013 Direktor der Sammlung Brandhorst, München; Autor zahlreicher Publikationen und Kurator von Ausstellungen zur klassischen Moderne und zeitgenössischen Kunst, darunter zum Blauen Reiter, zu Bernd und Hilla Becher, Joseph Beuys, Barnett Newman, Richard Serra, Mark Rothko, Katharina Sieverding und Gerhard Richter.

Abbildungsnachweis

Sofern nicht unten anders angegeben, stammen alle Abbildungen vom Atelier Gerhard Richter und wurden von der Dr. Cantz'schen Druckerei in Esslingen zur Verfügung gestellt.

Weitere Abbildungen wurden zur Verfügung gestellt von:

Ettore Products Company, Alameda, CA, USA: S. 64 Mitte links

akg-images, Berlin: S. 15 oben (MONDADORI PORTFOLIO, Electa, Photo: Sergio Anelli), 64 unten (De Agostini Picture Lib.)

Archiv Hubertus Butin, Berlin: S. 39 oben, 39 unten (Photo: Dorothee Fischer), 40 unten

Lutz Bertram, Berlin: S. 168/169, 175

bpk, Berlin: National Portrait Gallery, Smithsonian Institution/Art Resource, NY: S. 61 oben (Photo: Hans Namuth) · RMN – Grand Palais: S. 67 oben (Photo: Hervé Lewandowski)

RECOM ART, Berlin: S. 120/121, 141

zero one film, Berlin: S. 61 Mitte, 61 unten (Regie und Drehbuch: Corinna Belz)

Gerhard Richter Archiv, Staatliche Kunstsammlungen Dresden: S. 24 unten rechts, 27 oben, 28 oben, 31 oben, 31 Mitte, 31 unten, 36 unten, 43 unten, 54 oben rechts, 54 unten rechts, 154, 231 oben, 231 Mitte links, 231 unten, 232 oben, 232 Mitte links, 232 Mitte rechts, 232 unten (Photo: David Pinzer)

SCALA, Florenz: The Museum of Modern Art, New York 2018: S. 19 unten

Hubert Becker, Köln: S. 162 unten, 163 oben, 163 unten, 208/209

Ernst Wilhelm Nay Stiftung, Köln: S. 36 oben

Galerie Parrotta Contemporary Art, Köln: S. 226/227 (Photo: Timm Rautert)

Hohe Domkirche Köln, Dombauhütte Köln: S. 44 (Photo: Matz und Schenk)

Benjamin Katz, Köln: S. 54 Mitte links

Zentralarchiv für deutsche und internationale Kunstmarktforschung (ZADIK), Köln: S. 231 Mitte rechts (Photo: Rolf Jährling, Galerie Parnass)

Archiv Ugo Mulas, Mailand: S. 62 oben (Photo: Ugo Mulas)

Collezione Prada, Mailand: S. 88/89, 101 (Photo: Roberto Marossi)

Sammlung Rodtschenko/Stepanowa, Moskau: S. 16 unten

K. O. Götz und Rissa-Stiftung, Niederbreibach-Wolfenacker: S. 62 unten (Photo: Willi Kemp)

Printmanagement Plitt, Oberhausen: S. 194/195, 204/205

Saarlandmuseum Saarbrücken, Stiftung Saarländischer Kulturbesitz: S. 10 unten (Photo: Tom Gundelwein)

Salzburg Museum: S. 67 unten

Privatsammlung, Schweiz: S. 104/105, 113

ARTOTHEK, Weilheim: S. 13 Mitte (Fine Art Images)

Eine Abbildung wurde aus folgender Publikation entnommen:

Anthea Callen: *The Art of Impressionism. Painting Technique & the Making of Modernity,* New Haven 2000, S. 138: S. 64 Mitte rechts

Impressum

Diese Publikation erschien anlässlich der Ausstellung

Gerhard Richter. Abstraktion
Museum Barberini, Potsdam
30. Juni bis 21. Oktober 2018

Herausgeber:
Ortrud Westheider und Michael Philipp

Ausstellung:
Dietmar Elger und Ortrud Westheider mit Valerie Hortolani

in Zusammenarbeit mit dem Gerhard Richter Archiv, Staatliche Kunstsammlungen Dresden

Katalogredaktion:
Valerie Hortolani

Bildredaktion:
Anne Barz und Valerija Kuzema

Museum Barberini, Potsdam

Direktorin:
Ortrud Westheider
Kaufmännische Leiterin:
Claudia Thurow
Chefkurator:
Michael Philipp
Kurator:
Daniel Zamani
Referentin Publikationen:
Sophie Reinhardt
Wissenschaftliche Mitarbeiterinnen:
Linda Hacka, Julia Nagel
Registrar:
Anne Barz
Presse und Marketing:
Achim Klapp, Marte Kräher, Esther Knuth
Koordinator IT-Sicherheit:
Remigiusz Plath
Referentin der Direktorin:
Theresa Büning
Koordinatorinnen Vermittlung:
Dorothee Entrup, Andrea Schmidt
Veranstaltungsmanagerinnen:
Marie-Christin Hupp, Julia Teller, Ines Wenzel-Hirschfeld
Guest Manager:
Jutta Bockhacker, Frauke Herlyn, Vanessa Souli
Kaufmännische Sachbearbeiterin:
Yvonne Benesch
Office Manager:
Sandra Spudy
Leiter Haustechnik:
Carsten Loeper
Haustechniker:
Frank Altmann, Dennis Kokert

In Zusammenarbeit mit:
Konservatorische Betreuung:
Felicitas Klein, Berlin
Friederike Beseler, Berlin
Ausstellungsgestaltung:
Gunther Maria Kolck, Hamburg
BrücknerAping, Büro für Gestaltung, Bremen
Museumsshop:
Museum Barberini. Der Shop, Jörg Klambt

Katalog

Umschlagabbildung Vorderseite:
Gerhard Richter:
Abstraktes Bild (952-2), 2017, Kat. 85

Projektleitung Verlag:
Markus Eisen
Graphische Gestaltung und Satz:
BrücknerAping, Büro für Gestaltung, Bremen
Lektorat:
Anke Beck, München
Herstellung:
Cilly Klotz
Lithographie:
Reproline Genceller, München
Druck und Bindung:
Printer Trento, Trento
Schrift:
Neue Haas Grotesk
Papier:
150 g/qm Garda Matt Ultra

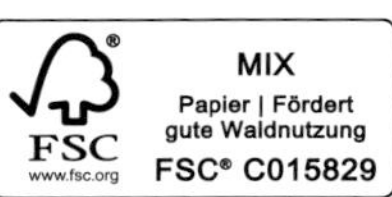

Penguin Random House Verlagsgruppe FSC® N001967

Printed in Italy

Bibliografische Information der Deutschen Nationalbibliothek:
Die Deutsche Nationalbibliothek verzeichnet diese Publikation in der Deutschen Nationalbibliografie; detaillierte bibliografische Daten sind im Internet über http://dnb.dnb.de abrufbar.

ISBN 978-3-7913-7969-2
(deutsche Ausgabe)

www.prestel.de
www.prestel.com